DR. ISMENE ANDROULIDAKIS-DIMITRIADIS

DER PASSAGIERVERTRAG AUF SEE

ÜBERSEE-STUDIEN

ZUM HANDELS-, SCHIFFAHRTS- UND VERSICHERUNGSRECHT

Herausgegeben von
Prof. Dr. HANS MÖLLER

und

Prof. Dr. HANS WÜRDINGER

in Hamburg

HEFT 33

Der Passagiervertrag auf See
Eine rechtsvergleichende Darstellung

Von

DR. ISMENE ANDROULIDAKIS-DIMITRIADIS

Rechtsanwältin in Athen

Berlin 1967

WALTER DE GRUYTER & CO.
vorm. G. J. Göschen'sche Verlagshandlung / J. Guttentag, Verlagsbuchhandlung / Georg Reimer / Karl J. Trübner / Veit & Comp.

Gedruckt mit Unterstützung der Stiftung Volkswagenwerk

Archiv-Nr. 2 733 671

Satz und Druck: Saladruck, Berlin 36

MEINEN ELTERN

Vorwort

Die vorliegende Arbeit wurde im Jahre 1963 von der Rechtswissenschaftlichen Fakultät der Universität Hamburg als Dissertation angenommen. Sie ist das Ergebnis eines dreijährigen Studiums an der Universität Hamburg, für das mir die griechische staatliche Stipendien-Stiftung ein Stipendium gewährt hat.
Ich nehme das Erscheinen der Arbeit zum Anlaß, um an dieser Stelle allen, die mir dieses Studium ermöglicht und es gefördert haben, meinen aufrichtigen Dank auszusprechen. Besonders bedanken möchte ich mich bei meinem hochverehrten Lehrer, Herrn Professor Dr. Hans Würdinger, sowie bei meinen griechischen Lehrern, Herrn Professor Dr. G. Rammos und Herrn Professor Dr. A. Tsirintanis, die mir seinerzeit den Weg zur Forschung geöffnet haben.

Hamburg, im Sommer 1967 *Ismene Androulidakis-Dimitriadis*

INHALTSVERZEICHNIS

Seite

Seite

Seite

Seite

Seite

Seite

LITERATURVERZEICHNIS

Abraham — H. J. Abraham, Das Seerecht, 2. Aufl., Berlin 1960.

Anastasiadis — E. Anastasiadis, Handbuch des Handelsrechts (in neugriechischer Sprache), 2 Bde., Athen 1937.

Anson — W. Anson, Principles of the English Law of Contract, 21. Aufl., bearbeitet von A. Guest, Oxford 1959.

Arzt — F. Arzt, Marine Laws, Brooklyn 1953.

Aubry-Rau — C. Aubry — C. Rau, Cours de droit civil français, 6. Aufl., 12 Bde. (Bd. VI bearbeitet von P. Esmein), Paris 1951.

Awad — A. Awad, La responsabilité du propriétaire de navire en droit comparé, Kairo 1955.

Backmeister — G. Backmeister, See- und Binnenschiffahrtsrecht, Hamburg 1927.

Batt — R. R. Batt, The Law of Master and Servant, 4. Aufl., bearbeitet von J. Crossley Vaines, London 1950.

Benedict — E. C. Benedict, The Law of American Admiralty, bearbeitet von A. W. Knauth, Bde. I—IV, 6. Aufl., New York 1940; Bd. V, New York 1949; Bd. VI, 7. Aufl., New York 1958; Bd. VII, 6. Aufl., New York 1941; mit jährlichen Nachträgen.

Benoist-Pettier — M. Benoist — F. Pettier, Les Transports Maritimes, Paris 1961.

Bisschop — S. Bisschop, Limitation of Shipowner's Liability and Compulsory Insurance of Passengers, London 1927.

Bonnecase — J. Bonnecase, Traité de droit commercial maritime, Paris 1923.

Boyens-Lewis — E. Boyens, Das Deutsche Seerecht, auf Grund des Kommentars von W. Lewis, 2 Bde., Leipzig 1897, 1901.

Brandis — O. Brandis, Das Deutsche Seerecht, 2 Bde., Bd. II, Leipzig 1908.

Brunner — H. Brunner, Wertpapiere in: Endemanns Hdb. des Deutschen Handels-, See- und Wechselrechts, Bd. II, Leipzig 1882.

Bülck — H. Bülck, Vom Kontrahierungszwang zur Abschlußpflicht, Heide/Holstein 1940.

Burchard	H. Burchard, Der Reisevertrag im Schiffahrtsrecht, Diss., Heidelberg 1908.
Canfield-Dalzell	G. Canfield — G. Dalzell, The Law of the Sea, New York — London 1940.
Carver	Carver, British Shipping Laws, 11. Aufl., bearbeitet von R. Colinveaux, Bd. 2 und 3 (Carriage by Sea), London 1963.
Charlesworth	J. Charlesworth, On Negligence, 4. Aufl., London 1962.
Chauveau	P. Chauveau, Traité de Droit Maritime, Paris 1958.
Cheshire-Fifoot	G. C. Cheshire — C. H. Fifoot, The Law of Contract, 5. Aufl., London 1960.
Chitty	J. Chitty, On Contracts, 22. Aufl., bearbeitet von J. Morris u. a., 2 Bde., London 1961.
Chorley-Giles	Lord Chorley und O. G. Giles, Shipping Law, 4. Aufl., London 1959.
Clamer	H. Clamer, Die Haftung des Reeders für Personenschäden an Bord, ungedruckte Diss., Hamburg 1959.
Clerk-Lindsell	J. Clerk — W. Lindsell, On Trots, 12. Aufl., Hauptbearbeiter A. Armitage, London 1961.
Colin-Capitant	A. Colin und H. Capitant, Traité de Droit Civil, 10. Aufl., bearbeitet von L. Julliot de la Morandière, 2 Bde.; Bd. I Paris 1957; Bd. II Paris 1959.
Cosack	K. Cosack, Lehrbuch des Handelsrechts, 12. Aufl., Stuttgart 1930.
Danjon	D. Danjon, Traité de Droit Maritime, 2. Aufl.,mitbearbeitet von J. Lepargneur, 5 Bde., Paris 1926, 1926, 1927, 1928, 1930.
Demoque	R. Demoque, Traité des Obligations en Général, 5 Bde., Paris 1923—1933.
Demoque-Unification	R. Demoque, L'Unification internationale du Droit Privé, Paris 1927.
Desjardins	A. Desjardins, Traité de Droit Commercial Maritime, 8 Bde., Bde. II, III, IV Paris 1882 u. 1888.
Domine	E. Domine, Grenzen der Freizeichnung im Seerecht, Hamburg 1934.
Düringer-Hachenburg	A. Düringer — M. Hachenburg, Das Handelsgesetzbuch, 5 Bde.; Bd. V, 3. Aufl. Mannheim, Berlin, Leipzig 1930—1933.
Duckworth	L. Duckworth, The Principles of Marine Law, unter Bearbeitung von Freeman, 4. Aufl., London 1930.
Edelman	P. Edelman, Maritime Injury and Death, 2 Bde., Bd. I Brooklyn 1960.
Enneccerus-Lehmann	L. Enneccerus, Lehrbuch des Bürgerlichen Rechts; Bd. II Recht der Schuldverhältnisse, 15. Bearbeitung von H. Lehmann, Tübingen 1958.

Enneccerus-Nipperdey	L. Enneccerus, Lehrbuch des Bürgerlichen Rechts, Bd. I (Allgemeiner Teil), 15. Bearbeitung von H. K. Nipperdey, Tübingen 1959—1960.
Giannini	T. G. Giannini, Il passagero maritimo istruito, Milano 1939.
v. Gierke	Otto v. Gierke, Deutsches Privatrecht, Bd. II; Sachenrecht, Leipzig 1905.
Gilmore-Black	G. Gilmore und C. L. Black jun., The Law of Admiralty, Brooklyn 1957.
Grapengeter	A. Grapengeter, Der Überfahrtsvertrag des deutschen Seerechts, Diss., Halle 1917.
Gütschow	C. Gütschow, Die Reformen und Vereinheitlichung des Seerechts durch Rückkehr zum Allgemeinen Frachtrecht, Hamburg 1911.
Halsbury's Laws	E. of Halsbury, The Laws of England, bearbeitet von Lord Simonds, 3. Aufl., 39 Bde., London, Bd. IV (Carriers) 1953; Bd. XXIV (Limitation of Actions) 1958; Bd. XXVIII (Negligence) 1959; Bd. XXXV (Shipping and Navigation) 1961; Supp. 1960, 1961, 1962, 1963.
Halsbury's Statutes	Halsbury's Statutes of England, 2. Aufl., mit laufenden Ergänzungen und jährlichen Nachträgen, London 1948, 1963.
Herrmann	W. Herrmann, Die geschichtliche Entwicklung des Seereisevertrages vom Hochmittelalter bis zur Mitte des 19. Jh., Diss., Kiel 1939.
Hurd	H. B. Hurd, The Law and Practice of Marine Insurance Relating to Collision Damages and Other Liabilities to Third Parties, 2. Aufl., London 1952.
James	Ph. James, General Principles of the Law of Torts, London 1959.
Josserand Abus des Droits	L. Josserand- De l'Esprit des Droits et de leur rélativité, Théorie dite de l'Abus des Droits, Paris 1927.
Josserand Transports	L. Josserand, Les Transports, 2. Aufl., Paris 1926.
Keil	H. Keil, History of American Shipping Law, Jena 1913.
Kemp-Kemp	D. A. Kemp — M. S. Kemp und C. I. Oustra, The Quantum of Damages, 2 Bde., 1. u. 2. Aufl., London 1956, 1961.
Kessler	F. Kessler, Die Fahrlässigkeit im Nordamerikanischen Deliktsrecht, Berlin — Leipzig 1932.
Koffka-Bodenstein-Koffka	O. Koffka, H. Bodenstein — E. Koffka, Luftverkehrsgesetz und Warschauer Abkommen, Kommentar, Berlin 1937.
Kress	J. Kress, Lehrbuch des Schuldrechtes, 2 Bde., München — Berlin, 1929—1934.

Lalou	H. Lalou, Traité pratique de la responsabilité civile, 5. Aufl., Paris 1955.
Lalou	H. Lalou, Clauses limitatives de responsabilité, Paris 1940—1941.
Larenz	K. Larenz, Lehrbuch des Schuldrechtes, 4. Aufl., 2 Bde., München und Berlin 1960.
Latty, J.	Droit Maritime Appliqué, Paris 1952.
Legendre	C. Legendre, La responsabilité limité du propriétaire de navire, Paris 1941.
Lehmann	H. Lehmann, Allgemeiner Teil des Bürgerlichen Gesetzbuches, 14. Aufl., Berlin 1963.
de Lestang	G. de Lestang, Garde et préposition à propos du capitaine de navire et du commandant d'aéronef, Paris 1963.
Lewis	W. Lewis, Das Deutsche Seerecht, 2 Bde., 2. Aufl., Leipzig 1883.
Lord-Spraque	G. Lord und G. C. Spraque, Cases of the Law of Admiralty selected from Decisions of English and American Courts, St. Paul 1926.
Lotmar	Ph. Lotmar, Der Arbeitsvertrag nach dem Privatrecht des Deutschen Reiches, 2 Bde., Leipzig 1902, 1908
Lyon-Caen et Renault	C. Lyon-Caen und L. Renault, Traité de Droit Commercial, 8 Bde.; Bde. V u. VI (Droit Maritime) 5. Aufl., bearbeitet von A. Amiaud, Paris 1934—1935.
Maclachlan	D. Maclachlan, A Treatise on the Law of Merchant Shipping, 7. Aufl., bearbeitet von G. St. Clair Pilcher und O. L. Bateson, London 1932.
Marsden	R. G. Marsden, A Treatise on the Law of Collision at Sea, 11. Aufl., bearbeitet von K. C. McGuffie, London 1961.
Mayne-McGregor	J. D. Mayne und H. McGregor, On Damages, 12. Aufl., London 1961, Supp. London 1962.
Meili	F. Meili, Telephonrecht, Leipzig 1885.
Mittelstein	M. Mittelstein, Das Binnenschiffahrtsrecht in Ehrenbergs Handbuch des gesamten Handelsrechts, Bd. VII, 1. Abt., Leipzig 1918.
Morrison-Stumberg	St. Morrison und G. W. Stumberg, Cases on Admiralty, Brooklyn 1954.
Müller-Erzbach	R. Müller-Erzbach, Deutsches Handelsrecht, 2. und 3. Aufl., Tübingen 1928.
Munkman	J. Munkman, Damages for Personal Injuries and Death, London 1960.
Murken	E. Murken, Die großen transatlantischen Linienreederei-Verbände, Pools und Interessengemeinschaften, Jena 1922.

Nipperdey	C. H. Nipperdey, Kontrahierungszwang und diktierter Vertrag, Jena 1920.
Palandt	O. Palandt, Bürgerliches Gesetzbuch, Kommentar 21. Aufl., München — Berlin 1962.
Pappenheim	M. Pappenheim, Handbuch des Seerechts, 3 Bde., Bd. II, München und Leipzig 1918.
Pappenheim Seehandel	M. Pappenheim, Die geschichtliche Entwicklung des Seehandels und seines Rechts, in Schriften des Vereins für Sozialpolitik, Bd. c III, 2 Abt. (1903).
Pardessus	J. M. Pardessus, Collection de lois maritimes antérieures au XVIII siècle, 6 Bde., Paris 1928, 1831, 1834, 1837, 1839, 1845.
Parellada	J. R. Parellada, Libro del Consulado del Mar, Madrid 1955.
Parker	R. Parker, Das Privatrecht der Vereinigten Staaten von Amerika, Wien 1960.
Planiol-Ripert	M. Planiol — G. Ripert, Traité Pratique de Droit Civil Français, 2. Aufl., 14 Bde., Paris 1952—1960.
Planck	Planck's Kommentar zum Bürgerlichen Gesetzbuch, Bd. II (Recht der Schuldverhältnisse), 1. Hälfte (Allgemeiner Teil), 5. Aufl., bearbeitet von H. Siber, Berlin 1921; 2. Hälfte (Besonderer Teil), 4. Aufl., bearbeitet von E. Brodmann, Berlin — Leipzig 1928.
Potamianos	F. Potamianos, Le Nouveau Droit Maritime Grec, Athènes 1958.
Prodromidès	M. Prodromidès, Des Destrictions Légales à la Responsabilité de Propriétaires de Navires, Diss., Paris 1919.
Prosser	W. Prosser, Handbook of the Law of Torts, 2 Bde., St. Paul 1955.
Raiser	L. Raiser, Das Recht der allgemeinen Geschäftsbedingungen, Hamburg 1935.
Riezler	E. Riezler, Der Werkvertrag, Jena 1900.
Ripert	G. Ripert, Droit Maritime, 3 Bde., 4. Aufl., Paris 1950—53.
Ripert Dr. Com.	G. Ripert, Traité Elémentaire de Droit Commercial, 4. Aufl. 2 Bde., bearbeitet von P. Durand und R. Roblot, Paris 1961.
Ripert La Règle	G. Ripert, La Règle morale dans les obligations civiles, 4. Aufl., Paris 1949.
Ripert-Boulanger	Ripert et J. Boulanger, Traité de Droit Civil, 4 Bde., Paris 1957, 1959.
Ripert-Rodière	R. Rodière, Supplement (bis 1. IV. 1963) zum Droit Maritime von G. Ripert, Paris 1963.
Robinson	G. H. Robinson, On Admiralty, St. Paul 1939.
Rodière	R. Rodière, Droit Maritime, nach dem Précis von G. Ripert, Paris 1963.

Rodière Transports	R. Rodière, Droits des Transports, 3 Bde., Paris 1953—1962.
Roscoe	E. S. Roscoe, The Admiralty Jurisdiction and Practice, 5. Aufl., London 1931.
Salmond	W. Salmond, On the Law of Torts, 13. Aufl., bearbeitet von R. Heuston, London 1961.
Schanz	A. Schanz, Die Gefährdungshaftung im französischen Recht, verglichen mit dem deutschen, Diss., Tübingen 1957.
Schaps-Abraham	G. Schaps, Das Deutsche Seerecht, 3. Aufl., bearbeitet von H. J. Abraham, 3 Bde.; Bd. I, Berlin 1959; Bd. II, Berlin 1962.
Schaube	A. Schaube, Das Konsulat des Meeres, Leipzig 1888.
Schlegelberger-Liesecke	F. Schlegelberger, Seehandelsrecht, mitbearbeitet von R. Liesecke, Berlin — Frankfurt a. M. 1960.
Schleicher-Reymann-Abraham	R. Schleicher — F. Reymann — H. J. Abraham, Das Recht der Luftfahrt, Kommentar und Quellensammlung, 3. Aufl., bearbeitet von H. J. Abraham, Bd. I, Köln — Berlin 1960.
Schulze-Smidt	E. Schulze-Smidt, Die Zwangsversicherung der Passagiere nach dem Entwurf des Comité Maritime International, Diss., Leipzig 1926.
Sieveking	Das Deutsche Seerecht, Hamburg 1907.
Siquier	Br. Siquier, Le transporteur maritime de passagers et le projet des Bruxelles de 1957, ungedruckte Diss., Paris 1960.
Smeesters-Winckelmolen	C. Smeesters und G. Winkelmolen, Droit Maritime et Fluvial, 2. Aufl., 3 Bde., Brüssel 1929, 1933, 1938.
Soergel	Th. Soergel, Bürgerliches Gesetzbuch, Kommentar, 6 Bde.; Bd. I, 9. Aufl., bearbeitet von W. Siebert, Stuttgart 1959.
Spraque-Healy	G. Spraque — N. Healy, Cases on the Law of Admiralty, St. Paul 1950.
Staub	Staub's Kommentar zum Handelsgesetzbuch, 4 Bde., Bd. III, 14. Aufl. Berlin und Leipzig 1933.
Staudinger	J. v. Staudinger's Kommentar zum BGB, 11. Aufl., 7 Bde.; Bd. I (Allgemeiner Teil); Bd. II (Schuldverhältnisse: Teil 1 b, § 242 BGB, Teil 2, §§ 243 bis 610 BGB, Teil 3, §§ 611—704 BGB), Berlin 1957, 1961, 1958, 1958.
Stoll	H. Stoll, Das Handeln auf eigene Gefahr, Berlin — Tübingen 1961.
Symmers	W. G. Symmers, Limitation of Shipowner's Liability, 2 Bde., London 1951.
Temperley	R. Temperley's Merchant Shipping Acts, 5. Aufl., bearbeitet von Sir W. L. McNair und J. P. Honour.
Tsangaris	E. Tsangaris, Kommentar zum griechischen Seegesetzbuch (in neugriechischer Sprache), Piräus 1958.

Sotiropoulos BRH	P. Sotiropoulos, Die Beschränkung der Reederhaftung, Hamburg 1962.
Sotiropoulos HP	P. Sotiropoulos, Die Hilfspersonen der Schiffsbesatzung, Stuttgart 1960.
de Valroger	P. de Valroger, Commentaire du Livre II du Code de Commerce, 5 Bde., Paris 1883.
Vortisch-Zschucke	O. Vortisch — O. Zschucke, Binnenschiffahrts- und Flößereirecht, 2. Aufl., Berlin 1953.
Wagner	R. Wagner, Handbuch des Seerechts, Leipzig 1884.
Wahl	E. Wahl, Vertragsansprüche Dritter im französischen Recht, Berlin, Leipzig 1935.
Warneuer	O. Warneuer, Das bürgerliche Gesetzbuch, 2 Bde., Bd. I (§§ 1—1296 BGB) 11. Aufl., Detmold, München, Berlin 1950.
Weilbauer	A. Weilbauer, Die ergänzenden Leistungspflichten nach Treu und Glauben, Mannheim — Berlin — Leipzig 1922.
Willner	H. Willner, Die Zeitcharter, Hamburg 1953.
Windscheid	B. Windscheid, Lehrbuch des Pandektenrechts, 9. Aufl., 2 Bde., Bd. I, Frankfurt 1906.
Winfield	Sir P. H. Winfield, A Text-Book of the Law of Tort, 6. Aufl., bearbeitet von T. E. Lewis, London 1954.
Wodrich	K. Wodrich, Der Schiffsreisevertrag im Seeverkehr, ungedruckte Diss., Hamburg 1951.
Würdinger-Sotiropoulos	H. Würdinger, Schiffsgläubigerrechte und Schiffshypothek, unter Mitarbeit von P. Sotiropoulos, Hamburg 1961.
Wüstendörfer HB	H. Wüstendörfer, Das Seeschiffahrtsrecht, in Ehrenberg's Handbuch des gesamten Handelsrechts, Bd. VII. Abs. II, Leipzig 1923.
Wüstendörfer SHR	H. Wüstendörfer, Neuzeitliches Seehandelsrecht, 2. Aufl., Tübingen 1950.
Wüstendörfer Studien	H. Wüstendörfer, Studien zur modernen Entwicklung des Seefrachtvertrages, Bd. I, 1905—1909.
Zeller	H. Zeller, Das Seerecht von Oleron, Mainz 1907.
Zitelmann	E. Zitelmann, Internationales Privatrecht, 2 Bde., München — Leipzig 1837, 1912.

ABKÜRZUNGSVERZEICHNIS

a. A.	anderer Ansicht
a. a. O.	am angeführten Ort
Abk.	Abkommen
Abs.	Absatz
A. C.	Law Reports; Appeal Cases (zit. nach Band, Satz und Seite)
AcP.	Archiv für die civilistische Praxis (zit. nach Band und Seite)
ADHGB	Allgemeines Deutsches Handelsgesetzbuch von 1861
Adm.	Probate, Divorce and Admiralty Division des High Court of Justice
AG	Aktiengesellschaft
All E. R.	All England Reports (zit. nach Jahr, Band und Seite)
ALV	Archiv für Luftverkehr (zit. nach Jahr, Band und Seite)
ArchLR	Archiv für Luftrecht (1931—1943 — zit. nach)
A. M. C.	American Maritime Cases (zit. nach Jahr und Seite)
Anm.	Anmerkung
Art.	Artikel
Asp. M. L. C.	Aspinals Reports of Maritime Cases, New Series Bde. 1—19 von 1870—1940 (zit. nach Band und Seite)
Aspinal's Rep.	Aspinal's Reports of Cases relating to Maritime Law ab 1941 (zit. nach Band und Seite)
Athen 1962	XXV. Konferenz des C. M. I. in Athen, Materialien
Ausw. G.	Gesetz über das Auswanderungswesen vom 9. VI. 1897 (RGBl. 463)
Baltime	Uniform Time-Charter der „The Baltic and International Maritime Conference" in Kopenhagen
Bef.B.	Beförderungsbedingungen
Beil.	Beilage
Bek.	Bekanntmachung
Bem.	Bemerkungen
BG	Die Berufsgenossenschaft
BGB	Bürgerliches Gesetzbuch
BGBl	Bundesgesetzblatt (zit. nach Jahr, Teil und Seite)
BGH	Bundesgerichtshof (Deutschland)

BGHZ	Amtliche Sammlung der Entscheidungen des Bundesgerichtshofes in Zivilsachen
Blue Star Line	Beförderungsbedingungen der Blue Star Line
BOSA	Bundesoberseeamt
B & P	Bosanquet and Pullet's Reports, Common Pleas, 3 Bde. 1796—1804
BRT	Bruttoregistertonne
Bruxelles 1957	Conférence Diplomatique de Droit Maritime 10. Session, Bruxelles 1957, Materialien, Brüssel 1957
Bruxelles 1961	Conférence Diplomatique de Droit Maritime, 11. Session Bruxelles 1961 (Materialien), Brüssel 1961
BschG	Binnenschiffahrtsgesetz vom 15. VI. 1895 i. d. F. vom 15. VI. 1898 (RGBl. 868)
Bulletin C. M. I.	Comité Maritime International, Bulletins (zit. nach Heft und Seite)
bzw.	beziehungsweise
C. A.	Cour d'Appel (Frankreich)
C. A.	Court of Appeal (England) (Vereinigte Staaten)
Cal.	California
Camb. L. J.	Cambridge Law Journal (zit. nach Jahr und Seite)
Cass.	Cour de Cassation (Frankreich)
Cass. civ.	Cour de Cassation, Chambre Civil, Section Civile (zit. nach Datum der Entscheidung)
Cass. Com.	Cour de Cassation (Chambre Civile), Section Commercial (zit. nach Datum der Entscheidung)
C. C.	City Court
C. C. A.	Circuit Court of Appeals (Vereinigte Staaten)
C. civ.	Code Civil (Frankreich)
C. com.	Code de Commerce (Frankreich)
C. disc.	Code Disciplinaire et Penal de la Marine Marchande (Frankreich)
Ch. Reunies	Entscheidungen der Chambres Reunies der Cour de Cassation (zit. nach Datum der Entscheidung)
C. of Ex.	Court of Exchequer
Cir.	United States Court of Appeals (1st Circuit 2nd Circuit usw.)
C. L. J.	Cambridge Law Journal (zit. nach Jahr und Seite)
C. J.	Corpus Juris, Erste Reihe (zit. nach Band, Titel und Paragraph)
C. J. Sec.	Corpus Juris Secundum, A Complete Restatement of the Entire American Law, Zweite Reihe (zit. nach Band, Titel und Paragraph)
C. M. I.	Comité Maritime International
Co.	Compagnie, Company
Cod. nav.	Codice della navigatione vom 27. I. 1941 (Italien)

Co. Gen. Trans.	Beförderungsbedingungen der Compagnie Général Transatlantique
C. O. G. S. A.	Carriage of Goods by Sea Act.
Col. L. R.	Columbia Law Review (zit. nach Band und Seite)
Com. Cas.	Commercial Cases (ab 1895, zit. nach Band und Seite)
C. & P.	Carrington und Payne (englisch)
Cum. supp.	Cumulative Supplement der Halsbury's Statutes, (zit. nach Jahr und Seite)
D.	Recueil Dalloz de Doctrine de Jurisprudence et de Législation, hebdomadaire (ab 1945, Teile Chron = Chroniques, J = Jurisprudence, L = Législation, Supp = Supplément, zit. nach Jahr, Teil und Seite)
D. A.	Dalloz, Recueil analytique de Jurisprudence et de Législation, hebdomadaire (von 1941—1944, Teile J = Jurisprudence, L = Législation, zit. nach Jahr, Teil und Seite)
D. C.	United States District Court (es folgt der Name des Staates abgekürzt, z. B. D. C. Cal = District Court California, oder D. C. N. Y. = District Court New York)
D. Cr.	Dalloz, Recueil Critique de Jurisprudence et de Législation, mensuel (von 1941—1944, Teile J = Jurisprudence, L = Législation, zit. nach Jahr, Teil und Seite)
D. E.	Dalloz, Encyclopédie juridique, répertoire de droit commercial et des sociétés, Bd. II, Droit Commercial (zit. nach Band, Seite und Nummer)
D. H.	Dalloz, Recueil hebdomadaire de jurisprudence (bis 1940, zit. nach Jahr und Seite)
Dig.	Digesta (Corpus Juris Civilis)
Digest	The English and Empire Digest (ab 1919, zit. nach Band, Seite und Nummer)
Digest Repl.	The English and Empire Digest Replacement Volumes (zit. nach Band, Seite und Nummer)
Digest Supp.	Cumulative Supplement to the English and Empire Digest (zu den Bänden 1—44 [1939])
2nd Digest Supp	Second Cumulative Supplement to the English and Empire Digest (von 1940—1951)
3rd Digest Supp	Third Cumulative Supplement to the English and Empire Digest (1952—1959)
Diss.	Dissertation
D. M. B.	Le Droit Maritime Belge (zit. nach Jahr und Seite)
D. M. F.	Droit Maritime Français, seit 1949 (zit. nach Jahr und Seite)
D. P.	Dalloz, Recueil périodique et critique, mensuel (bis 1940, Teile: I: Entscheidungen des Court de

	Cassation, II: Entscheidungen der Courts d'Appel und Tribunaux, III, Entscheidungen des Conseil d'État, IV: Législation, zit. nach Jahr, Teil und Seite)
D. R.	Deutsches Recht (Zeitschrift zit. nach Jahr und Seite)
DRZ	Deutsche Rechtszeitschrift (zit. nach Jahr, Beilage und Spalte)
Dor. Sup.	Le Droit Maritime Français, Supplément à la Revue de Droit Maritime Comparé et du Journal de la Marine Marchande (von 1923—1939, zit. nach Band und Seite)
DVIS	Deutscher Verein für Internationales Seerecht (Deutsche Landesgruppe des C. M. I., zit. nach Jahr und Seite)
E. D.	United States District Court, Eastern District (es folgt abgekürzt der Name des Staates, z. B. E. D. N. J. = Eastern District of New Jersey)
E. E. D.	Epitheorissis Emporikou Dikaiou (griechische Zeitschrift für das gesamte Handelsrecht, zit. nach Jahr und Seite)
EGHGB	Einführungsgesetz zum Handels-Gesetzbuch v. 10. V. 1857
EnergWIG	Energiewirtschaftsgesetz v. 13. XI. 1935 (RGBl. I 1951)
E. R.	English Reports (zit. nach Band und Seite)
ErmAK	Herminia Astikou Kodikos (Erläuterungen zum griechischen BGB, zit. nach Art. des griech. BGB u. Anm.)
EVO	Eisenbahnverordnung vom 8. IX. 1936 (RGBl. II 633)
F.	National Reporter System, The Federal Reporter, Erste Serie (zit. nach Band und Seite)
f.	folgender
ff.	folgende
F. 2d.	National Reporter System, Zweite Serie (zit. nach Band und Seite)
Fed. Cas.	Federal Cases
FernmG.	Gesetz über Fernmeldeanlagen vom 14. I. 1928 (RGBl. I 8)
F Supp.	National Reporter System, The Federal Reporter, Zweite Serie (zit. nach Band und Seite)
GG	Grundgesetz für die Bundesrepublik Deutschland v. 23. V. 1949 (RGBl. 1)
G. P.	Gazette du Palais (zit. nach Jahr, Halbjahr, Teil und Seite)
G. Trib.	Gazette Tribunaux (zit. nach Jahr, Halbjahr, Teil und Seite)

Hansa	Zeitschrift für Schiffahrt, Schiffsbau, Hafen (zit. nach Jahr und Seite)
Hans G. Z.	Hanseatische Gerichtszeitung (Hbl.-Hauptblatt, zit. nach Jahr und Nummer des Urteils)
Hans OLG	Hanseatisches Oberlandesgericht (Hamburg oder Bremen)
Hans R. G. Z.	Hanseatische Rechts- und Gerichtszeitschrift (zit. nach Jahr, Abteilung und Spalte)
Hans RZ.	Hanseatische Rechtszeitschrift (zit. nach Jahr und Spalte)
Hbg. A. Lin.	Beförderungsbedingungen der Hamburg-Amerika-Linie
Hdb.	Handbuch
HG	Handelsgericht
HGB	Handelsgesetzbuch
H. L.	House of Lords
h. M.	herrschende Meinung
HRR	Höchstrichterliche Rechtsprechung (zit. nach Jahr und Nummer des Urteils)
i. d. F.	in der Fassung
Informateur	L'Informateur maritime, aeronautique, fluvial et commercial (zit. nach Jahr und Nummer)
I. L. A.	International Law Association
i. S.	im Sinne
I. S. F.	Berichte des Instituts für Schiffahrtsforschung, Bremen (zit. nach Jahr und Heft)
IÜZ	Brüsseler Übereinkommen zur einheitlichen Feststellung von Regeln über den Zusammenstoß von Schiffen (1910)
i. V.	in Verbindung
J. B. L.	Journal of Business Law (zit. nach Jahr und Seite)
J. C. P.	La Semaine Juridique, Juris-classeurs périodiques (zit. nach Jahr, Teil und Nummer, Teil I: Chroniques, II: Jurisprudence)
JhJ	Jherings Jahrbücher für die Dogmatik des Bürgerlichen Rechtes (zit. nach Band und Seite)
J. M. M. N. A.	Journal de la Marine Marchande et de la Navigation aérienne (zit. nach Satz und Seite)
J. O.	Journal Officiel, Édition des Lois et Décrets, (zit. nach Datum)
JW	Juristische Wochenschrift (zit. nach Jahr und Seite)
J. Z.	Juristenzeitung
K. B.	King's Bench Division des High Court of Justice
K. B.	Law Reports, King's Bench Division (zit. nach Jahr, Band und Seite)
Kl.	Klausel
Kom. G.	Kommanditgesellschaft
La	Louisiana

LG	Landgericht
L. J.	Lord Justice
L. J. Adm.	Law Journal Admiralty (zit. nach Band und Seite)
L. J. C. P.	Law Journal Common Pleas (zit. nach Band und Seite)
L. J. K. B.	Law Journal King's Bench (zit. nach Band und Seite)
L. J. P.	Law Journal, Probate, Divorce and Admiralty (zit. nach Band und Seite)
L. J. P. C.	Law Journal, Privy Council (zit. nach Band und Seite)
L. J. Q. B.	Law Journal Queen's Bench (zit. nach Band und Seite)
Ll. L. Rep.	Lloyd's List Law Reports (bis 1950; zit. nach Band und Seite)
LM	Das Nachschlagewerk des Bundesgerichtshofes in Zivilsachen (Loseblattsammlung) herausgegeben von Lindenmaier, Möhring u. a.
Lloyd's Rep.	Lloyd's List Law Reports (ab 1951: zit. nach Jahr, Band und Seite)
L. Q. R.	Law Quarterly Review (ab 1884, zit. nach Band und Seite)
L. R. A. & E.	Law Reports, Admiralty and Eccelesiastical Cases (Band und Seite)
L. R. A.	Lawyers Reports Annotated (zit. nach Band und Seite)
L. R. A. N. S.	Law Reports Annotated. New Series (zit. nach Band und Seite)
L. R. P. C.	Law Reports, Privy Council
L. R. Q. B.	Law Reports, Queen's Bench Division (zit. nach Jahr, Band und Seite)
L. T.	Law Times Reports (zit. nach Band und Seite)
Ltd.	Limited
Lush.	Lushington's Reports (1859—1862, zit. nach Jahr und Seite)
LVG	Luftverkehrsgesetz vom 1. VIII. 1922, i. d. F. vom 21. VIII. 1936 (RGBl. I 653)
LZ	Leipziger Zeitschrift für Deutsches Recht (1907 bis 1933) (zit. nach Jahr und Seite)
Madrid 1955	XXI. Konferenz des C. M. I. in Madrid, Materialien
Md	Maryland
Mar. L. R.	Maritime Law Reports
MDR	Monatsschrift für Deutsches Recht (zit. nach Jahr und Seite)
Me	Meine
Mich.	Michigan
Mo.	Missouri

Mo. L. R.	Modern Law Review (zit. nach Jahr und Seite)
M. S. A.	Merchant Shipping Act (England)
m. w. N.	mit weiteren Nachweisen
N. C.	North Carolina
N. E.	North Eastern Reporter (zit. nach Band und Seite)
N. E. 2nd	North Eastern Reporter, Zweite Reihe (zit. nach Band und Seite)
N. J.	New Jersey
Nord-Lloyd	Beförderungsbedingungen des Norddeutschen Lloyd Bremen
Nr.	Nummer
NRT	Nettoregistertonne
N. Y.	New York
N. Y. S.	New York Supplement (zit. nach Band und Seite)
N. Y. S. 2d	New York Supplement, zweite Reihe (zit. nach Band und Seite)
OHG	Offene Handelsgesellschaft
OLG	Oberlandesgericht
OLGRspr.	Die Rechtsprechung der Oberlandesgerichte auf dem Gebiete des Zivilrechts (zit. nach Band und Seite)
Ozean-Linie	Beförderungsbedingungen der Ozean-Linie
P.	Law Reports, Probate, Divorce and Admiralty Division (ab 1891, zit. nach Jahr und Seite)
Pac.	Pacific Reporter (zit. nach Band und Seite)
Pac. 2nd	Pacific Reporter, Zweite Reihe (zit. nach Band und Seite)
P. C.	Privy Council
P. D.	Law Reports, Probate, Divorce and Admiralty Division (1875—1890) (zit. nach Jahr, Band und Seite)
PostG	Gesetz über das Postwesen vom 28. X. 1871 (RGBl. 347)
Prot.	Protokolle der Kommission zur Beratung eines allgemeinen deutschen Handelsgesetzbuches, herausgegeben von J. I. Lutz, 9 Teile, Würzburg 1858—1861
Q. B.	Queen's Bench Division des High Court of Justice
Q. B.	Law Reports, Queen's Bench Division (zit. nach Jahr, Band und Seite)
RabelsZ	Zeitschrift für ausländisches und internationales Privatrecht (zit. nach Jahr und Seite)
RDMC	Révue de Droit Maritime Comparé, begründet von L. Dor, bekannt auch als Révue Dor (von 1923—1939)
Recht	Das Recht, Zeitschrift, begründet von Soergel, Bde. 1—48 (1944), Beilage zum Zentralblatt für

	Handelsrecht; ab Bd. 39 (1935), Beilage zu Deutsche Justiz
Req.	Entscheidungen der Chambre de Requêtes des Cour de Cassation
Rev. Civ.	Révue trimestelle de Droit Civil (ab 1902, zit. nach Jahr und Seite)
Rev. Com.	Révue trimestrielle de Droit Commercial (zit. nach Jahr und Seite)
Rev. Critique	Revue Critique de Droit International, begründet von A. Darras (zit. nach Jahr und Seite)
RG	Reichsgericht (Deutschland)
RGBl	Reichsgesetzblatt (zit. nach Jahr, Teil und Seite)
RGRK	Kommentar der Reichsgerichtsräte zum Bürgerlichen Gesetzbuch
RGZ	Amtliche Sammlung der Entscheidungen des Reichsgerichtes in Zivilsachen (zit. nach Band und Seite)
RHG	Reichshaftpflichtgesetz vom 7. VIII. 1871 (BGBl. 207)
RIDM	Revue Internationale du Droit Maritime, begründet von F. Autran, bekannt auch als Revue Autran (1885—1911) (zit. nach Band und Seite)
ROHG	Entscheidungen des Reichsoberhandelsgerichts (zit. nach Band und Seite)
ROLG	Reichsoberlandesgericht (zugleich Entscheidungen des ROLG, zit. nach Band und Seite)
R. S.	United States Revised Statutes 1873
RT	Registertonne
S.	Seite
S. C.	Court of Session Cases (zit. nach Jahr und Seite)
S. Ct.	Supreme Court (Vereinigte Staaten)
S. D.	United States District Court, Southern District (es folgt abgekürzt der Name des Staates, z. B. S. D. Mass. = Southern District of Massachusetts)
S. E.	South Eastern Reporter (zit. nach Band und Seite)
S. E. 2nd	South Eastern Reporter, Zweite Reihe (zit. nach Band und Seite)
Sec., Sect.	Section (Englisch, Französisch)
SeeG	Seegesetz
SeemO	Seemannsordnung vom 2. VI. 1902 (BGBl. 175)
Ses.	Session
SeuffArch	Seufferts Archiv für Entscheidungen der obersten Gerichte in den deutschen Staaten bis 1944 (zit. nach Band und Seite)
Sh. Ag.	Shipping Agency
Sirey	Recueil des Lois et des Arrêts (ab 1791 — zit. nach Jahr, Teil und Seite. Teile: I: Entscheidungen des Cour de Cassation, II: Entscheidungen der C. A. und Tribunaux)

Sp.	Spalte
St. Co.	Steamship Company
StGB	Strafgesetzbuch vom 15. V. 1871 i. d. F. v. 25. VIII. 1953 (BGBl. I 1083)
Stockholm 1963	XXVI. Konferenz des C. M. I. in Stockholm 1963, Materialien
StPO	Strafprozeßordnung i. d. F. v. 22. III. 1924 (RGBl. I 299, 322)
StVG	Straßenverkehrsgesetz vom 19. III. 1952 (RGBl. I 837)
Supp.	Supplement (Französisch, Englisch)
S. W.	South Western Reporter (zit. nach Band und Seite)
S. W. 2nd	South Western Reporter, Zweite Reihe (zit. nach Band und Seite)
T. L. R.	Times Law Reports (zit. nach Band und Seite)
Trib. civ.	Tribunal civil (Frankreich)
Trib. com.	Tribunal de commerce (Frankreich)
U. S.	Reports of Cases in the Supreme Court of the United States ab 1854 (zit. nach Band und Seite)
U. S. C.	United States Code, herausgegeben von „The Committee on Revision of the Laws and the Committee on the Judiciary of the House of Representatives" (zit. nach Titel und Paragraph)
U. S. C. A.	United States Code Annotated, herausgegeben von West Publishing Co., St. Paul Minn., and Edward Thompson Co., Brooklyn, New York (zit. nach Titel und Paragraph)
v.	versus, Bezeichnung des Gerichtsgegners bei englischen und amerikanischen Entscheidungen
Va	Virginia
Vers. R.	Versicherungsrecht, juristische Rundschau f. die Individualversicherung (ab 1950, zit. nach Jahr und Seite)
Vers. Wiss.	Zeitschrift für die gesamte Versicherungswissenschaft (zit. nach Jahr und Seite)
Vgl.	vergleiche
VKBl.	Verkehrsblatt, Amtsblatt des Bundesministers für Verkehr (zit. nach Jahr und Seite)
VO	Verordnung
Vorb.	Vorbemerkung
VRS	Verkehrsrechts-Sammlung (zit. nach Band und Seite)
WA	Abkommen zur Vereinheitlichung von Regeln über die Beförderung im internationalen Luftverkehr vom 12. X. 1929 (RGBl. 1933 1039) (Warschauer Abkommen)
WarnRspr.	Rechtsprechung des Reichsgerichts, soweit sie nicht in der amtlichen Sammlung der Entscheidungen

	des RG abgedruckt ist. Hrsg. von Warneuer (zit. nach Jahr und Nummer der Entscheidung)
W. D.	United States District Court, Western District (es folgt abgekürzt der Name des Staates: z. B. W. D. N. Y. = Western District New York)
WeltArch.	Zeitschrift des Instituts für Weltwirtschaft und Seeverkehr, Kiel. Hrsg. v. B. Harms (zit. nach Band und Seite)
W. L. R.	Weekly Law Reports, ab 1953 (zit. nach Jahr, Band und Seite)
Yale L. J.	Yale Law Journal (zit. nach Band und Seite)
z. B.	zum Beispiel
ZfBsch	Zeitschrift für Binnenschiffahrt (zit. nach Jahr und Seite)
ZfV	Zeitschrift für Versicherungswesen (zit. nach Jahr und Seite)
ZHR	Zeitschrift für das gesamte Handelsrecht und Konkursrecht (zit. nach Band und Seite)
zit.	zitiert
ZLR	Zeitschrift für Luftrecht (1952—1959; zit. nach Jahr und Seite)
ZPO	Zivilprozeßordnung vom 30. I. 1877

Einleitung

Der Passagierverkehr auf See bildet heute einen sehr wichtigen Teil des Seehandels und zugleich des gesamten Personentransports. Trotz aller Fortschritte der Technik bleibt ein Passagiervertrag über See immer noch ein risikoreiches Unternehmen für den Transporteur und ist für den Passagier nicht ganz ungefährlich. Und obwohl die meisten Schiffahrtsnationen strenge Schutzmaßnahmen für die Sicherheit von Personen an Bord getroffen haben, bestimmen sich für einen großen Teil des internationalen Passagierverkehrs Rechte und Ansprüche des Passagiers nach den Geschäftsbedingungen des Transporteurs, der in Wirklichkeit eine Monopolstellung innehat. Zugleich leidet der Transporteur an der internationalen Konkurrenz nicht nur durch den Passagierverkehr auf See, sondern auch durch den Luftpassagierverkehr[1].

Daß die Sachlage nach einer international einheitlichen Regelung verlangte, hatten die Schiffahrtsnationen schon seit Anfang des 20. Jh. erkannt. Trotzdem gelang es erst im Jahre 1961, ein internationales Übereinkommen über die Vereinheitlichung einiger Regeln des Passagiertransports auf See zu verabschieden. Nur wurde dies Übereinkommen von einem großen Teil der Schiffahrtsmächte (Deutschland, Frankreich, Großbritannien, Griechenland, Niederlande, Vereinigte Staaten) nicht unterzeichnet und bis jetzt von keiner der großen Schiffahrtsnationen ratifiziert[2]. Man vermutet schon, daß dies Übereinkommen wenig Chancen hat, das Weltrecht des Passagierverkehrs auf See zu werden. Daher bleibt das Problem der Erneuerung der nationalen Rechte nach einem internationalen Vorbild immer offen. Es ist aus diesen Gründen zweckmäßig, vom deutschen Recht ausgehend auch die Rechte Frankreichs,

---

[1] Der Transatlantische Verkehr betrug z. B. im Jahre 1957 1 037 200 Passagiere auf See gegen 1 041 900 durch Lufttransport, während im Jahre 1958 der Luftverkehr auf 1 289 900 stieg und der Seeverkehr auf 958 000 fiel; vgl. Benoist-Pettier, S. 35.

[2] Heute überlegt man in Deutschland, ob dieses Übereinkommen auch ohne gleichzeitigen Beitritt Großbritanniens und bestimmter anderer Nationen zu unterzeichnen sei. Siehe Gessler, die Reform des Seehandelsrechts in Zusammenhang mit der Ratifikation der Brüsseler Seerechtsabkommen von 1952 und 1957, S. 13 (14), Schriften des DVIS, Reihe A, Heft 6, Hamburg 1959.

Englands und der Vereinigten Staaten, die untereinander die meisten Unterschiede aufweisen und die einen großen Teil des gesamten Passagierverkehrs auf See führen, in dieser Arbeit darzustellen und sie mit dem Recht des Übereinkommens von 1961 zu vergleichen, mit dem Ziel festzustellen, ob für alle diese Rechte eine einheitliche Regelung dieses Problems möglich ist und ob diese Regelung dieses Übereinkommens als Vorbild einer solchen Vereinheitlichung dienen kann. Zu diesem Zweck wird in dieser Arbeit versucht, ein nach Möglichkeit vollständiges Bild der Problematik aus einem Passagiervertrag auf See in den einzelnen Rechtsordnungen zu geben.

Untersucht wird nur der Passagiervertrag, welcher gegen Entgelt erfolgt. Die Problematik von Gefälligkeitsfahrten sowie von „blinden Passagieren" wird nur gelegentlich erwähnt.

Ebenso wird das Recht des Auswanderungsvertrages nur insofern berücksichtigt, als es auch für die gewöhnlichen Passagiere, deren Rechte und Pflichten in dieser Arbeit dargestellt werden, maßgebend ist. Dargestellt wird weiterhin nur das Recht der Passagierbeförderung auf See. Binnen-Schiffahrt und Binnenbeförderung fallen aus dem Rahmen dieser Arbeit. Die Darstellung des deutschen, französischen, englischen und amerikanischen Rechts erfolgt im ersten Abschnitt der Arbeit. Im zweiten Abschnitt werden die Vereinheitlichungsbestrebungen zu diesem Problem und das internationale Übereinkommen von 1961 über die Vereinheitlichung einiger Regeln des Passagiertransports auf See dargelegt.

Die Darstellung in beiden Abschnitten erfolgt nach Kapiteln. Innerhalb des ersten Abschnitts enthält das erste Kapitel das deutsche Recht, das zweite das französische Recht, das dritte das englische Recht und das vierte das amerikanische Recht. Dementsprechend enthält der zweite Abschnitt als erstes Kapitel einen geschichtlichen Überblick über die Vereinheitlichungsbestrebungen bis zum zweiten Weltkrieg. Diese Darstellung ist notwendig, weil in dem Zeitraum vom Anfang des 20. Jh. bis zum zweiten Weltkrieg die Frage der Vereinheitlichung der Vorschriften zum Passagiervertrag unter anderen Aspekten als nach dem zweiten Weltkrieg gesehen wurde, obwohl die Notwendigkeit, eine Vereinheitlichung dieses Rechtes zu schaffen, dieselbe bleibt. Als zweites Kapitel des zweiten Abschnitts wird das Recht des Übereinkommens von 1961 dargestellt und mit den geltenden Grundsätzen der behandelten Rechte verglichen. Als Schlußbetrachtungen werden einige Gedanken „de lege ferenda" über die Vereinheitlichungsmöglichkeiten und die zutreffende nationale Gesetzgebung geäußert.

Die systematische Darstellung folgt in jedem Kapitel nach Paragraphen. Dabei wird versucht, nach Möglichkeit für alle dargestellten Rechte dieselbe systematische Darstellung einzuhalten. Aus der Eigenart der einzelnen Rechte erklärt sich aber, warum diese gleiche Systematik nicht immer beibehalten werden kann und warum die Erörterung der gleichen Frage in den verschiedenen Berichten oft einen ungleich langen Raum in Anspruch nimmt, oder warum einige Probleme, die unter einer Rechtsordnung ausführlich dargestellt sind, bei der Darstellung der anderen kaum erwähnt werden. So werden z. B. nach dem französischen, englischen und amerikanischen Recht die Ansprüche der Hinterbliebenen der während der Reise ums Leben gekommenen Passagiere dargestellt, während sich nach deutschem Rechte eine solche Darstellung erübrigt, weil die Ansprüche dieser Personen den Ansprüchen des Passagiers gleichgestellt sind. Die Bedeutung der Ansprüche von Hinterbliebenen nach dem französischen Recht für die französische und die internationale Passagierschiffahrt erklärt, warum nach diesem Recht die Darstellung dieser Einheit ausführlicher erfolgen mußte.[3]

Zur Bezeichnung des Vertragsverhältnisses wurden die Ausdrücke *„Passagiervertrag"*, *„Passagier"* und *„Transporteur"* gewählt, obwohl sie in der deutschen Rechtssprache nicht eingebürgert sind[3a], doch am ehesten international anerkannt wurden.

Bei der Darstellung wird meistens vom „Transporteur" gesprochen. Damit sind sowohl der Reeder des Schiffes als auch die ihm gleichzustellenden Personen gemeint. Wo die Haftung des Transporteurs von der Haftung des Reeders oder des Ausrüsters des Schiffes abweicht, wird dies besonders angedeutet.

---

[3] Literatur u. Rechtsprechung wurden auf den Stand vom Juni 1965 gebracht.

[3a] Über den Streit wegen dieser Bezeichnungen im deutschen Recht s. Wodrich, S. 1 ff.; Pappenheim, S. 147; Herrmann, S. 3; Wohlhaupter, Der Schiffsreisevertrag (Passagiervertrag) im deutschen und italienischen Recht, in ZHR 112; 172 ff. (172); Clamer, S. 2 a; Schaps-Abraham, II Vorb. 664 Anm. 1; Abraham, S. 150; Schlegelberger-Liesecke, Vorb. § 664 Anm. 1; Wüstendörfer SHR, S. 365 ff.

Erster Abschnitt

Die heutige Regelung des Passagiervertrages nach deutschem, französischem, englischem und amerikanischem Recht.

Erstes Kapitel

DEUTSCHES RECHT

§ 1: Die Entstehung des Passagiervertrages

A. DIE RECHTSQUELLEN

Der Passagiervertrag[3b] ist im deutschen Recht in Abschnitt V des HGB (§ 664—678) unter der Bezeichnung „Frachtgeschäft zur Beförderung von Reisenden" durch ausgiebige Bestimmungen geregelt[4]. Eine zwingende Vertragsregelung, wie sie für die Güterbeförderung auf See durch die Haager Regeln[5] und für den Lufttransport durch das Warschauer Übereinkommen[6] geschaffen wurde, gilt für den PassV. nach deutschem Recht nicht[7].

Einer zwingenden Sonderregelung[8] unterliegt nach deutschem Recht nur die Beförderung von Auswandern. Im übrigen kommen die allgemeinen Bestimmungen des bürgerlichen Rechts ergänzend zur Anwendung. Jedoch ist bei der Anwendung bürgerlichen Rechts Sorge zu tragen, daß den spezifisch seerechtlichen Grundsätzen Rechnung getragen wird.

[3b] (zunächst im Text PassV).

[4] Schaps-Abraham, II Vorb. § 664 Anm. 3; Wüstendörfer SHR, § 26.

[5] Brüsseler Übereinkommen von 1924 zur einheitlichen Feststellung von Regeln über Konnossemente; vgl. Schlegelberger-Liesecke, S. 462; Abraham, S. 150 f.; Röhrecke, zur Seerechtskonferenz des CMI, in Hansa 1955, 1735.

[6] Vgl. Art. 17 ff. des W. Ü. und §§ 44 ff. des LVG.

[7] Anders Italien, CdN Art. 948; Niederlande, HGB Art. 522, 524 a; Norwegen, Seegesetz Art. 171, 172.

[8] §§ 1 ff. AusG.; Bekanntmachung über Auswanderungsunternehmer und Agenten vom 14. V. 1898 (RGBl. II 39); Verordnung über die Einrichtung von Auswandererschiffen vom 21. XII. 1956 (RGBl. II 2145).

Die Regelung des HGB über den PassV. entsprach wohl den im deutschen Rechtskreis während seiner Kodifikation geltenden Verkehrssitten, sie entstand aber in einer Zeit, in der volle Vertragsfreiheit sowohl in dem Bereich der bürgerlichen Schuldverhältnisse als auch im Seeverkehr herrschte. Diese Vertragsfreiheit, von der alle europäischen Kodifikationen des 19. Jahrhunderts beherrscht werden, ist jedoch heute für das Verkehrsrecht und besonders für das Seeverkehrsrecht kein Faktor mehr. Dem Beispiel der Seefrachtpraxis folgend, sind auf dem Gebiet der Passagierbeförderung auf See allgemeine Beförderungsbedingungen[9] von den Transporteuren aufgestellt worden, mit dem Ergebnis, daß die Regelung des HGB völlig ausgeschaltet worden und an die Stelle des geschriebenen Rechtes ein von diesem abweichendes, den Transporteur allein begünstigendes Vertragsrecht getreten ist[10]. Soweit dieses Recht von der Rechtsprechung für gültig erklärt wird, bildet es die hauptsächliche Rechtsquelle des PassV.

B. DIE RECHTLICHE NATUR DES PASSAGIERVERTRAGES

Sind in dem konkreten PassV. keine Bef.B. vorhanden oder werden sie für unwirksam erklärt, so kommen an ihrer Stelle die Vorschriften des HGB über den PassV. (§§ 664—678) ergänzend zur Anwendung. Die Regelung des HGB umfaßt aber nicht alle Rechtsverhältnisse, die sich aus dem PassV. herleiten. Die §§ 664—678 HGB befassen sich mehr mit der Beförderung des Reisegepäcks als mit der des Passagiers selbst. Wesentliche Verbindlichkeiten, die sich aus der Eigenart des PassV. ergeben (Fürsorgepflicht, Haftung des Transporteurs für Personenschäden, Beweislast usw.), werden von dem Gesetz nicht berücksichtigt. Wo es an Sonderbestimmungen fehlt, ist ein Rückgriff auf analoge Rechtsgrundsätze erforderlich. Daher ergibt sich die Frage, unter welche Rechtsnormen des geltenden Vertragssystems der PassV. einzuordnen ist. Im allgemeinen geht die in Deutschland herrschende Meinung dahin, daß die Gestaltung mannigfacher Sondererscheinungen des Verkehrsrechtes keineswegs eines besonderen Vertragstypus bedarf[11].

---

[9] Zunächst Bef.B.; Beispiel für deutsche Bef.B. siehe bei SCHAPS-ABRAHAM, II S. 862 ff.

[10] SCHAPS-ABRAHAM, II § 664 Anm. 3; WODRICH, S. 120; WÜSTENDÖRFER SHR, S. 280; Studien, S. 357 ff.; CLAMER, S. 67 ff.

[11] RGZ 62, 120; STAUB, IV § 472 Anm. 3; DÜRINGER-HACHENBURG, V 2 § 472 Anm. 4; REINDL, Die rechtliche Natur des Personenbeförderungsvertrages, in Recht 1917, 279; RUNDNAGEL, Beförderungsgeschäfte, in EHRENBERGS HB. V 2, S. 111 ff.

Früher wurde der PassV. als Dienstvertrag, Mietvertrag oder gemischter Vertrag verschiedener Vertragselemente ausgelegt[12].

In der neueren Rechtsprechung und dem Schrifttum herrscht die Meinung, daß der PassV. ein *Werkvertrag* ist, welcher durch die Sonderregeln der seerechtlichen Bestimmungen des HGB ergänzt wird[13]. Die notwendige Voraussetzung der „Herstellung eines Werkes" im Sinne des BGB (§ 631) wird in dem Erbringen der Beförderungsleistung des Transporteurs gesehen. Diejenigen Leistungen, z. B. Beköstigung, Unterbringung, Beförderung des Reisegutes usw., die nicht unmittelbar die Beförderung des Passagiers im engeren Sinne bilden, sind als unmaßgebliches Beiwerk zu beurteilen[14]. Nur vereinzelt zeichnet sich im deutschen Schrifttum die Tendenz ab, den PassV. als einen atypischen und dem Vertragssystem des BGB fremden Vertrag anzusehen[15]. In Wirklichkeit stehen jedoch im Vordergrund des PassV. einschlägige Bef.B., die das gegebene nachgiebige Vertragssystem abändern und nur in den einzelnen zwingenden Vorschriften der Rechtsordnung ihre Grenze finden. Außerdem lassen sich nur wenige Verbindlichkeiten aus dem PassV. unter die Normen des Werkvertrages subsummieren (so z. B. bei Personenschäden)[16]. Auch von Mängeln, die den Wert oder die Tauglichkeit der Beförderungsleistung aufheben oder mindern, kann man beim PassV. nicht sprechen. Fehler können selbstverständlich auch bei der Durchführung der Beförderungsleistung vorkommen, z. B. bei Verzögerung in der Beförderung. Solche Fehler betreffen aber nicht den Gesamterfolg einer Schiffsreise und sind nicht als Mängel des PassV. zu betrachten[17]. Vielmehr bildet der PassV. einen *Transportvertrag*, der sich in der Hauptsache aus Elementen des Werk-, Miet- und Kaufvertrages, wie sie von den Verkehrssitten entwickelt werden, zusammensetzt.

---

[12] Boyens-Lewis, II S. 395 bei ihm älteres Schrifttum; Brandis, II S. 78.

[13] RGZ 98, 325; Schaps-Abraham, II Vorb. § 664 Anm. 10; Abraham, S. 151; Mittelstein, S. 67; Riezler, § 10; Grapengeter, S. 23; Staudinger, II 3 Vorb. § 631 Anm. 3; Schlegelberger-Liesecke, S. 461 Anm. 1; vgl. für den Lufttransport Schleicher — Reymann — Abraham, S. 462 Anm. 12.

[14] Grapengeter, S. 25.

[15] Döring, Die Neugestaltung des Luftbeförderungsvertrages im europäischen Luftverkehr, in ALV 1932, II, 1 ff. (5); Wodrich, S. 23 ff.; Wüstendörfer SHR, S. 365.

[16] Raape, Die Beweislast bei positiver Vertragsverletzung in AcP 147, 217 ff. (266); Wodrich, S. 29; vgl. RGZ 66, 12; 62, 120; Riezler, S. 124.

[17] Die deutsche Rechtslehre behandelt den besonderen Vertragstypus „Transportvertrag" im allgemeinen nach Werkvertragsregeln. So Schlegelberger-Liesecke, S. 462; Schaps-Abraham, II Vorb. 664, Anm. 10; Abraham, S. 151; Wohlhaupter, a. a. O., S. 185 f.; So auch die Rechtsprechung z. B. BGHZfBSch 1959, 334 = Hansa 1959, 1504 = VersR 1959, 443.

Das Besondere bei diesem Transportvertrag ist, daß ein Mensch das zu befördernde Objekt ist, und dadurch erfordert die Herbeiführung des versprochenen Leistungserfolges ein Verhalten, das sich von dem nach einem Werkvertrag erforderlichen unterscheidet; so z. B. die Sorgfaltspflicht des Transporteurs nach § 276 Abs. I Satz 2 BGB i. V. mit § 347 HGB. So ist bei jeder Störung der einzelnen Leistungen zu prüfen, ob sie nach Analogie des Kauf-, Miet- oder Werkvertragsrechtes zu behandeln ist oder ob für den konkreten Fall nur die vom Verkehrsrecht entwickelten Gebräuche und Verkehrssitten maßgebend sind.

C. GEGENSTAND DES PASSAGIERVERTRAGES

Durch den PassV. verpflichtet sich der Transporteur, den Passagier und sein Gepäck gegen Entgelt zur See nach einem bestimmten Ort *(Bestimmungsort)* zu befördern[18]. Der Bestimmungsort kann im Falle einer Rundreise mit dem Abfahrtsort identisch sein. Gegenstand und Ziel des PassV. ist die Beförderung des Passagiers nach dem vereinbarten Bestimmungsort gegen Zahlung des Überfahrtgeldes. Wichtig ist nicht nur der Beförderungserfolg, sondern auch die Art seiner Durchführung. So sind Hauptbestandteile des PassV. die Unterbringung und die Beköstigung des Passagiers wie auch die Beförderung seines Reisegutes.

In dem älteren deutschen Schrifttum herrschte die Meinung, daß der PassV. eine Art Frachtgeschäft sei und daß daher die Bestimmungen des HGB über die Beförderung von Gütern eine direkte Anwendung auf Fragen des Passagiervertrages finden könnten[19]. Der PassV. auf See gehört tatsächlich zu den Transportverträgen des Seerechtes. Zweck beider Verträge ist die Beförderung von Menschen oder Gütern über See an einen bestimmten Ort. Dennoch unterscheiden sich die beiden Verträge durch ihren Gegenstand insofern, als der PassV. dem Frachtgeschäft nicht gleichgestellt werden kann. Die Beförderung von Menschen ist mit Gefahren verbunden, welche der Güterbeförderung fremd sind. Ein Gut wird in die Laderäume des Schiffes verladen und bleibt hier bis zum Bestimmungsort fest liegen. Der Passagier bewegt sich dagegen frei im Schiff und ist viel eher gefährdet als das festliegende Gut.

Daher ergibt sich die Feststellung, daß die Regelung des HGB über die Güterbeförderung zur See nur dann für Fragen des PassV. maßgebend ist, wenn die Verhältnisse des konkreten Falles ihre Anwendung ermöglichen.

---

[18] Abraham, S. 150; Burchard, S. 1; Schaps-Abraham, II Vorb. § 664 Anm. 1; Wodrich, S. 18; Grapengeter, S. 11 ff.; Schlegelberger-Liesecke, S. 461; Wüstendörfer SHR, S. 365.

[19] Vgl. Lewis unter ADHGB S. 414; Boyens-Lewis, II S. 392 ff.

Die Beförderung des Passagiers soll durch eine *Seereise* erfolgen. Eine Seereise liegt vor, wenn sich die Beförderung entweder ausschließlich auf Seegewässern vollzieht oder wenn ihr wesentlicher Teil auf See erfolgt. Von deutschen Gewässern aus vollzieht sich selten eine reine Passagierfahrt ausschließlich auf Seegewässern. Meistens liegt eine sog. kombinierte Fahrt vor, z. B. zwischen Hamburg — New York. Sind jedoch bei dieser Fahrt die von dem Schiff durchfahrenen Binnengewässer lediglich ein verlängerter Arm des Seeweges, so liegt nur eine einheitliche Seereise vor, auf welche nur Seerecht zur Anwendung kommt[20].

D. DIE VERTRAGSPARTEIEN

1. Der Transporteur

„*Transporteur*" ist derjenige, der betriebsmäßig Passagiertransport auf See betreibt[21]. Der Gewerbebetrieb, der die Übernahme der Beförderung von Passagieren zur See zum Gegenstande hat, ist ein Handelsgewerbe nach § 1 Nr. 5 HGB. Der Transporteur also, der gewerbsmäßig Passagiere auf See befördert, wird dadurch Kaufmann nach § 1 Abs. 1 HGB. Somit kommen für den PassV. die Bestimmungen des HGB zur Anwendung, vorausgesetzt, daß er gegen Entgelt erfolgt[22]. Ein gesetzlicher Zwang für eine bestimmte Form des Unternehmens besteht für den Transporteur nicht[23]. Gewöhnliche Rechtsformen des Transportunternehmens sind die AG, GmbH, OHG, KommG und immer noch die Partenreederei. Die Eröffnung eines Transportunternehmens auf See ist nach deutschem Recht im Gegensatz zum Eisenbahnverkehr der freien Privattätigkeit überlassen. Zur Einrichtung einer neuen Passagierschiffahrtslinie braucht der Transporteur nur die gewerbliche Erlaubnis, welche jedoch kein rechtliches Monopol verschafft; denn es ist jedem erlaubt, gleichfalls eine Schiffahrtslinie für dieselbe Fahrtroute zu eröffnen[24].

Der Transporteur wird in der Praxis durch sein Landpersonal oder den Kapitän des Schiffes oder durch die Vermittlung eines Agenten oder Schiffsmaklers zur Vertragspartei. Der Kapitän des Schiffes ist laut Gesetz

---

[20] Schaps-Abraham, I S. 233 Anm. 14; Wüstendörfer SHR, S. 45 f.; vgl. RGZ 165, 166; BGHZ 8, 147; s. contra LG Hamburg in Hansa 1952, 1763 = MDR 1952, 680.

[21] Clamer, S. 2 a ff.; Wodrich S. 19.

[22] Schaps-Abraham, II Vorb. § 664 Anm. 9; Wodrich, S. 19; Clamer, S. 6; v. Gierke, § 6 S. 39; Burchard, § 1 S. 2 f.; Schlegelberger-Liesecke, S. 461, Anm. 1.

[23] Vgl. aber §§ 1, 11 des AuswG.

[24] Wodrich, S. 36.

(HGB §§ 526—527) in zwei Fällen zum Abschluß eines Passagiervertrages befugt:

a) Außerhalb des Heimathafens, soweit die Ausführung der Reise diese Notwendigkeit mit sich bringt (HGB § 527) und

b) Innerhalb des Heimathafens, soweit er auf Grund einer Vollmacht handelt, oder wenn ein anderer besonderer Verpflichtungsgrund vorhanden ist (HGB § 526).

Hat der Transporteur die gesetzlichen Befugnisse des Kapitäns beschränkt, so kann er die Nichteinhaltung dieser Beschränkungen nur dann dem Passagier entgegensetzen, wenn sie diesem bekannt waren (HGB § 531)[25].

2. *Der Passagier*

„Passagier“ ist derjenige, der auf Grund eines PassV. an Bord eines Schiffes zur See befördert wird. Infolgedessen sind keine Passagiere der Transporteur und sein Stellvertreter, der Kapitän und die Besatzung des Schiffes, Personen, die sich an Bord des Schiffes wegen einer entgeltlichen Tätigkeit befinden, Mitglieder des Landpersonals des Transporteurs in der Ausführung ihrer Dienstverrichtungen. Außerdem werden Kinder unter einem Jahr nicht als Passagiere angesehen[26]. Meistens ist der Passagier der Vertragsgegner des Transporteurs. Die Eigenschaft eines Passagiers kann dennoch auch mittels eines Vertreters erlangt werden[27]. Ein besonderer Fall liegt bei den sog. Familienreisen vor. Hier ist Vertragsgegner des Transporteurs nur der Familienvertreter[28]. Zwischen den mitreisenden Familienangehörigen und dem Transporteur liegt kein PassV. vor. Sie erlangen jedoch auf dem Wege eines Vertrages zugunsten Dritter die Rechte des Passagiers[29]. Ein ähnlicher Fall eines PassV. zugunsten eines Dritten sind die sog. Gruppenreisen und Kreuzfahrten, die von einem selbständigen, mit dem Transporteur nicht identischen Unternehmer organisiert werden.

Die Eigenschaft, Passagier zu sein, setzt einen PassV. voraus. Demnach sind Personen, die sich in einem Hafen ohne Wissen des Kapitäns oder einer der aufsichtführenden Personen an Bord des Schiffes verbergen und erst nach dem Antritt der Reise entdeckt werden, keine Passagiere („blinde

---

[25] Grapengeter, S. 37.

[26] Clamer, S. 2a; Wohlhaupter, a. a. O., S. 172 ff.; Grapengeter, S. 11 f.; vgl. Schaps-Abraham, I S. 747.

[27] Schlegelberger-Liesecke, S. 461 Anm. 2 b; Schaps-Abraham, II Vorb. § 664 Anm. 4.

[28] Seine Vollmacht beruht auf §§ 1353 I und 1626 BGB.

[29] Clamer, S. 4 m. w. N.

Passagiere")[30]. Auf die *„blinden Passagiere"* finden die Vorschriften des HGB über den PassV. keine Anwendung. Die Rechtsbeziehungen zwischen den „blinden Passagieren" und dem Transporteur ergeben sich allein aus dem Deliktsrecht.

§ 2: Der Abschluß des Passagiervertrages

A. ALLGEMEINES

Voraussetzung für die Herleitung von Rechten aus dem PassV. ist, daß er wirksam entstanden ist. Dafür muß eine Einigung über alle wesentlichen Vertragselemente erzielt sein. Insbesondere müssen die Parteien über die Art und den Inhalt der Beförderungsleistung, die Zeit und den Abgangsort bestimmen. Es muß weiter der Bestimmungsort, die Fahrtroute, der Name des Schiffes, mit dem die Beförderung erfolgen soll, der Raum, der dem Passagier allein oder zusammen mit anderen Passagieren zur Verfügung zu stellen ist, bestimmt werden. Soweit der Transporteur zur Beköstigung des Passagiers verpflichtet ist, müssen die Parteien auch über deren Beschaffenheit einig sein.

B. DER VERTRAGSANTRAG

Um PassV. abzuschließen, wendet sich der Transporteur an das Publikum und veröffentlicht Reisepläne und Abfahrtszeiten. Diese Veröffentlichungen sind, der h. M. nach[31], kein bindendes Angebot, sondern bloße Mitteilungen an das Publikum, daß der Transporteur zum Abschluß von PassV. bereit ist. Zu diesen Aufforderungen des Transporteurs muß derjenige, der einen PassV. abschließen will, einen wirksamen Antrag stellen. Der PassV. kommt erst dann zustande, wenn der Transporteur diesen Antrag angenommen hat.

C. DIE ANNAHMEFREIHEIT DES TRANSPORTEURS

Während auf dem Gebiet des Verkehrsrechtes im allgemeinen die Annahmefreiheit des Transportunternehmers zugunsten des Verkehrsteil-

---

[30] Siehe über diese CLAMER, S. 133 ff.; SCHAPS-ABRAHAM, II Anhang zum Abschnitt V Ziff. 6; vgl. Brüsseler Übereinkommen über Maßnahmen gegen das Einschleicherungswesen und darüber RÖHRECKE-NECKER, Die diplomatische Seerechtskonferenz Brüssel 1957, in Hansa 1957, 2218 ff.

[31] LEHMANN, § 33 II; RIEZLER, S. 597; WODRICH, S. 38; SCHAPS-ABRAHAM, II Vorb. § 664 Anm. 8.

nehmers vielfach eingeschränkt worden ist[32], herrscht dagegen bei der Passagierbeförderung zur See und beim Lufttransport Vertragsfreiheit zugunsten des Transporteurs[33]. Ein Kontrahierungszwang darf im Bereich der Passagierbeförderung zur See nur dann angenommen werden, wo ihn ein besonderer Rechtssatz begründet[34]. Auch ist eine entsprechende Anwendung des § 3 EVO abzulehnen, da die notwendigen Voraussetzungen nicht vorliegen; die Beförderung mit der Eisenbahn wird nämlich unter dem Privilegium der Monopolstellung eines öffentlichen Unternehmers ausgeführt, während der Passagierverkehr zur See der Privatinitiative überlassen ist. Ein gesetzlicher Zwang zum Abschluß von PassV. zur See kann sich nur aus öffentlichen Interessen ergeben. Kraft Gesetzes[35] ist der Transporteur verpflichtet, auf eine Anweisung des Seeamtes hin im Ausland befindliche Seeleute gegen eine Entschädigung mitzunehmen und in die Heimat zu befördern, besonders wenn sie hilfsbedürftig sind oder wegen einer strafbaren Handlung den heimischen Kriminalbehörden ausgeliefert werden müssen. Fraglich ist, ob der Transporteur, der sich faktisch in einer Monopolstellung befindet, den Abschluß von PassV. beliebig verweigern darf. Der h. M. nach[36] ist das wirtschaftliche Bedürfnis des Publikums zur Beförderung als solches keine Rechtsquelle für einen Kontrahierungszwang. Jedoch ist schon von einem Teil des Schrifttums mit Recht anerkannt worden, daß der Transporteur, der sich in der wirtschaftlichen Position eines faktischen Monopols befindet, nicht ohne besonderen Grund den Antrag des Passagiers ablehnen darf[37].

---

[32] Kontrahierungszwang besteht für den Eisenbahnverkehr (§ 453 HGB i. V. mit § 3 EVO), den Postverkehr (§ 3 PostG), die Fernmeldeanstalten (§ 5 FernmeldeG), die Energiewirtschaft (§ 6 EnergWIG), die Kraftfahrzeugunternehmen im Personenverkehr (§ 63 VO über den Betrieb von Kraftfahrzeugunternehmen im Personenverkehr vom 13. 2. 1939, RGBl. 39, 241) usw.; vgl. Nipperdey, S. 36 ff.

[33] Lehmann, § 33 III 4; Biermann, Der Rechtszwang zum Kontrahieren, in JhJ, 32, 289 ff.; Boyens-Lewis, II S. 96 Anm. 19; Brandis, II § 24; Nipperdey, S. 36 ff.; Wüstendörfer SHR, S. 187; Schaps-Abraham, Vorb. § 664 Anm. 8; Grapengeter, S. 32.

[34] Riezler, § 17 S. 597; Staudinger, I Vorb. § 145 Anm. 4; contra Meili, S. 161 ff.; Burchard, S. 39.

[35] Vgl. Gesetz betr. die Verpflichtung der Kauffahrteischiffe zur Mitnahme heimzuschaffender Seeleute vom 2. VI. 1902 § 1 Abs. 1 u. 5 (RGBl. II S. 218) und §§ 59 u. 60 der SeemO.

[36] Biermann, a. a. O., S. 286; Nipperdey, S. 46 f.; Meili, S. 161 f.; Grapengeter, S. 34; Staudinger, I Vorb. § 145 Anm. 6; Wodrich, S. 36.

[37] Vgl. RGZ 145, 388; Bülck, S. 87; Raiser, S. 113, 116; Wodrich, S. 37; siehe aber Biermann, a. a. O., S. 280 f.; und Riezler, S. 98.

D. DER ZEITPUNKT DES ABSCHLUSSES

Nach den deutschen Schiffahrtsgebräuchen wird nur in wenigen Fällen ein PassV. durch sofortige Herausgabe einer Fahrkarte und Zahlung des Fahrgeldes abgeschlossen. In der Regel wird für den Passagier auf Grund seines Antrages zuerst ein Platz auf einem bestimmten Schiff gebucht (Buchung der Passage). Die *„Buchung"*, die mit teilweiser oder voller Zahlung des Fahrpreises verbunden ist, bildet nur ein Vorstadium des PassV. In der Praxis ist dieses Zwischenstadium von der Buchung bis zum Abschluß des PassV. deshalb eingeführt worden, um nicht gebunden zu sein, wenn der Passagier die erforderlichen Ausweis- und Einreisepapiere nicht beizubringen vermag, zum anderen aber auch, um den Transporteur hinsichtlich der Stellung des Schiffes und der Abfahrtszeiten freie Hand zu lassen. Kurz vor der Einschiffung wird dann, wenn alle Unterlagen des Passagiers für die beabsichtigte Reise vorliegen, der PassV. abgeschlossen[38].

E. FORM

Theoretisch unterliegt der Abschluß des PassV. der Formfreiheit und erfolgt durch die Übereinstimmung der Parteien über die Vertragselemente. Der Vertrag kann auf jeden Fall nach Belieben der Parteien schriftlich vereinbart werden (BGB §§ 127, 268)[39]. In der Praxis verlangen die allgemeinen Bef.B., die eigentlich die Rechtswirklichkeit des PassV. beherrschen, vielfach die Ausstellung einer Fahrkarte.

Der Besitz der Fahrkarte verleiht dem Passagier das Recht, von dem Transporteur die Beförderungsleistung zu verlangen, ermächtigt ihn zum Besteigen des Schiffes und gewährt ihm einen Platz oder eine Kabine und eventuell eine dem Fahrpreis entsprechende Beköstigung. Die Fahrkarte wird entweder als Urkunde auf den Inhaber (§ 807 BGB) oder auf einen genannten Passagier ausgestellt. Eine Fahrkarte auf den Inhaber wird nach den deutschen Schiffahrtsgebräuchen nur bei Binnenverkehr oder kurzen Seereisen ausgestellt[40]. Für die transozeanische Passagierbeförderung werden dagegen ausschließlich Fahrkarten auf den Namen des Passagiers ausgestellt. Die Fahrkarte auf den Namen des Passagiers dient als Hilfsmittel für den Abschluß des PassV. Ihre rechtliche Bedeutung setzt

---

[38] Wodrich, S. 40.

[39] Lewis, S. 514; Wodrich, S. 38; Schaps-Abraham, Vorb. § 664 Anm. 7; Grapengeter, S. 35 f.; vgl. § 530 HGB Niederlande.

[40] Gierke, II S. 107 Anm. 16; Brunner, S. 147; Jakobi, § 5; Wodrich, S. 42; Burchard, S. 12; Biermann, a. a. O., S. 292.

voraus, daß der PassV zustande gekommen ist und daß der Passagier den Fahrpreis entrichtet hat. Sofern kein PassV. vorhanden ist, kann der Transporteur dem Besitzer der Fahrkarte die Beförderung verweigern. Ebenso ist der Passagier berechtigt, beim Verlust der Fahrkarte sein Recht auf die Beföderung aus einem anderen Beweis herzuleiten.

F. DIE ÜBERNAHME DER BEF.B. IM KONKRETEN PASSAGIERVERTRAG

1. Bindung an die Beförderungsbedingungen

Die Bef.B. des Transporteurs sind meistens in der Fahrkarte enthalten oder es wird auf der Fahrkarte auf sie verwiesen. Nimmt der Passagier die Fahrkarte, ohne die Bef.B. gelesen oder verstanden zu haben, so muß er im Interesse der Sicherheit des Rechtsverkehrs seine Risikoerklärung gegen sich gelten lassen[41]. Auf seine Unkenntnis kann sich der Passagier nicht berufen, denn es ist allgemein bekannt, daß der Transporteur den PassV. nur auf Grund seiner Bef.B. abschließt[42]. Ein Hinweis auf die Kenntnis des Passagiers vom Inhalt der Bef.B. ist nicht notwendig, denn es ist Sache des Passagiers, sich rechtzeitig über sie zu informieren[43]. Doch ist für die Bindung an die Bef.B. die Kenntnis des Passagiers nicht gleichgültig. Der Passagier muß die Bef.B. kennen, da sie den Umfang seiner Rechte und Pflichten festlegen. Ihm muß also die Möglichkeit gegeben werden, sich davon in Kenntnis zu setzen. Wurde dem Passagier diese Möglichkeit gegeben, so ist es seiner Initiative überlassen, ob und wann er Kenntnis nehmen will. Sollte aber der Abschluß des PassV. in einer so knappen Zeit vollzogen werden, daß dem Passagier keine Zeit bleibt, sich nach den Bef.B. zu erkundigen, so wird von dem Transporteur eine öffentliche Bekanntgabe seiner Bef.B. verlangt. In diesem Falle hängt die Verbindlichkeit der Bef.B. von dieser Veröffentlichung ab[44]. Als Veröffentlichung würde ein Hinweis auf die Bef.B. oder ein Auszug aus ihnen auf der Fahrkarte genügen[45]. In den Fällen schließlich, wo der PassV. erst während der Reise abgeschlossen wird, muß der Passagier das Risiko, sich auf Grund ihm unbekannter Bef.B. verpflichtet zu haben, auf sich nehmen.

---

[41] RGZ 62, 201; 88, 410; Raiser, S. 170; Schaps- Abraham, II, S. 862.
[42] Raiser, S. 171.
[43] Raiser, S. 173.
[44] Vgl. Raiser, S. 173.
[45] Das RG hat einen solchen Auszug aus einem Flugschein als maßgebliche Veröffentlichung erklärt. S. RGZ 117, 102.

2. *Verweisung auf die Beförderungsbedingungen kraft normierter Verkehrssitten*

Es ist zweifelhaft, ob die Bef.B. des Transporteurs im Falle einer Seereise für den Passagier kraft Verkehrssitten auch dann bindend sind, wenn der Transporteur nicht ausdrücklich oder durch sein Verhalten auf sie verwiesen hat. Im allgemeinen hat die Rechtssprechung anerkannt, daß die Bef.B. in der Tat für die einzelnen Vertragsabschlüsse maßgebend werden können, vorausgesetzt, daß sie ordnungsgemäß veröffentlicht worden sind und daß sie nicht solche Bestimmungen enthalten, die nicht üblich sind, und deshalb eine freiwillige Unterwerfung des Passagiers unter sie von vornherein ausgeschlossen erscheinen lassen. Dieses Prinzip hat sich zuerst im Eisenbahnverkehr durchgesetzt[46]. In der Rechtsprechung steht heute ganz außer Zweifel, daß die Bef.B. auch ohne ausdrückliche Verweisung Inhalt der einzelnen Beförderungsverträge werden[47]. Das gilt sowohl für die Personenbeförderung auf See im Linienverkehr als auch für die meisten übrigen Verkehrsmittel[48].

Auf jeden Fall darf eine ergänzende Normierung der Bef.B. zu Lasten des Passagiers nur nach sorgfältiger Prüfung angewandt werden, denn es darf an seine Lebenserfahrung keine große Anforderung gestellt werden. In Betracht kommen nur die Bef.B., welche so allgemein gebräuchlich sind und deren Kenntnis in eine so breite Schicht gedrungen ist, daß der Massenverkehr mit ihrer Anwendung zu rechnen gewohnt ist.

3. *Die Rechtswirksamkeit der Beförderungsbedingungen*

Als Vertragsinhalt sind die Bef.B. in der Regel wirksam und bestimmen meistens ausschließlich die Art der Ausführung des PassV. So z. B. für die Festsetzung und Einhaltung von Abfahrts- und Ankunftszeiten des Schiffes, die Beförderung des Reisegutes, die Unterbringung und Beköstigung des Passagiers usw. Sofern aber die Bef.B. Freizeichnungen zum Inhalt haben, wird ihre Rechtswirksamkeit nicht ohne weiteres zugebilligt. Die Einführung von Freizeichnungsklauseln, die aus mehreren Anlässen immer umfassender wurde, hat zum Ergebnis die völlige Befreiung des Transporteurs von irgendwelchen Ansprüchen des Passagiers aus vertrags- oder

---

[46] RGZHansGZ 21, II 1917; ROLG 37, 51.
[47] ROHG 21, 108; RGZ 99, 250; 101, 84; 110, 324.
[48] S. für Straßenbahn Hamburg OLG 8, II, 9. III. 1926; ROLG 45, 158; für Omnibusse verneint Hamburg HansRGZ 1928, 407, bejaht von RG v. 14. II. 1931 = JW 1931, 1958; für Flugscheine nicht endgültig entschieden, vgl. RGZ 117, 102.

gesetzwidriger Ausführung des PassV.[49]. Auf Grund der im deutschen Recht herrschenden Vertragsfreiheit wird die Einführung von solchen Klauseln im Rahmen eines PassV. geduldet. Überschreiten sie jedoch die von dieser Rechtsordnung festgesetzten Grenzen der Vertragsfreiheit, so werden sie für unwirksam und nichtig erklärt. An ihre Stelle tritt dann eine Haftung des Transporteurs, welche sich nach den für den konkreten Fall maßgebenden Rechtsgrundsätzen richtet. Eine solche Überschreitung der Grenze der Gestaltungsfreiheit von Freizeichnungsklauseln wird in dem Verstoß gegen die guten Sitten (§ 138 BGB)[50] und gegen das Institut „Treu und Glauben" (§ 242 BGB)[51] gesehen.

G. ABTRETUNG DER RECHTE AUS DEM PASSAGIERVERTRAG

Passagiere, die eine *Fahrkarte auf den Inhaber* besitzen, sind frei befugt, das Recht auf die Beförderung an eine andere Person abzutreten[52]. Der Beförderungsanspruch aus dem PassV. ist dagegen nicht abtretbar, wenn der Passagier auf der Fahrkarte genannt ist (§ 664 HGB). Der Name des Passagiers wird in diesem Falle Inhalt des PassV.[53]. Auch in der Praxis wird dem Passagier durch die Bef.B. die Übertragung der Rechte aus dem PassV. untersagt. Dem Transporteur ist bei einer Seereise nicht gleichgültig, mit wem er den PassV. abschließt und wen er zu befördern hat. Daher würde die Abtretung des Beförderungsanspruches an einen Dritten eine unerlaubte Veränderung der Lage des Transporteurs sein. Dies dürfte auch dann gelten, wenn der PassV. mündlich und ohne Aushändigung einer Fahrkarte abgeschlossen ist. Ebenso ist eine teilweise Abtretung der Fahrkarte und des Beförderungsanspruches nicht gestattet. Die Beförderung ist eine einheitliche Leistung, auch wenn sie nach dem Vertrag geteilt worden ist[54].

---

[49] Wüstendörfer Studien, S. 357 ff.; SHR, S. 280 ff.; Pappenheim, III § 480 Anm. 6; Clamer, S. 67 f.; Wodrich, S. 120 ff.

[50] RGZ 103, 82; 115, 220; 117, 102; 120, 42; 62, 264; BGH 13, III 1956 = LM § 138 Cc BGB Nr. 1; s. Betrachtungen über diese Rechtssprechung bei Domine, S. 21 ff.; einstimmig v. Brunn, Zur Schadensersatzpflicht im modernen Industrierecht, in NJW 1951, 103; vgl. auch Coing, Rechtsgrundsätze in der Rechtssprechung des Reichsgerichts zum Begriff der „guten Sitten", in NJW 1947, 213 ff.; Müller-Erzbach, S. 546; Mittelstein, S. 259; Schulze-Schmidt, S. 23 f.; Wodrich, S. 120 ff.; Wüstendörfer SHR, S. 243.

[51] Enneccerus-Nipperdey, Allg. Teil II § 163 VI; Palandt, § 242 Anm. 5; vgl. Clamer, S. 75 ff.

[52] Prot. 2504; BGB § 807; vgl. HGB Niederlande 523, Belgien 120; Türkei Art. 138.

[53] Schaps-Abraham, II § 664 Anm. 34.

[54] Nach HGB Niederlande § 523 und Belgien Art. 120 sind die Rechte des Passagiers nur nach Einwilligung des Kapitäns übertragbar.

Der Transporteur kann seine Pflichten aus dem PassV. nicht auf eine andere Person übertragen. Dies ergibt sich aus BGB §§ 414, 415, wonach eine Schuldübernahme ohne Zustimmung des Gläubigers nicht gestattet ist. Dasselbe gilt auch für die Pflicht des Transporteurs zur Durchführung der Beförderung[55]. Ausnahmen sind nur da erlaubt, wo der Vertrag ausdrücklich eine Substitution zuläßt. Der Anspruch des Transporteurs auf Zahlung des Fahrpreises ist dagegen übertragbar (§ 398 BGB).

§ 3: Die Pflichten des Passagiers

A. ALLGEMEINES

Soweit die Pflichten des Passagiers nicht in den Bef.B. aufgezählt sind, ergeben sie sich aus den besonderen Bestimmungen des V. Abschnittes des IV. Buches des HGB, den allgemeinen Bestimmungen des II. Buches des BGB und den allgemeinen zu den Pflichten der Vertragspartner entwickelten Grundsätzen. Dabei ist besonders zu beachten, daß sich der Passagier während der Reise in einer Situation befindet, in der eine Einwirkung stärkster Naturgewalten kaum auszuschließen ist und sich dadurch bestimmte Verpflichtungen gegenüber der Schiffsgemeinschaft ergeben können, die nicht im voraus zu sehen sind (vgl. § 665 HGB). Die bedeutendsten Pflichten des Passagiers lassen sich in die *Zahlungspflicht* (A), die *Mitwirkungspflicht* (B), die *Schonungspflicht* (C), die *Einordnungspflicht* (D) und die *Hilfeleistung bei Notfällen* (E) gliedern, von denen nur die erste eine aktive Pflicht ist, während die übrigen sich jeweils nach der Situation auf ein Tun oder auf ein Unterlassen beziehen können.

B. DIE ZAHLUNGSPFLICHT

Die Zahlung des Fahrpreises bildet die Hauptleistung des Passagiers für die Erfüllung des PassV. und stellt die Vergütung dar, welche dem Transporteur für die gesamte von ihm übernommene Leistung zusteht. Die Festsetzung des Fahrpreises unterliegt dem freien Willen der Parteien und entspricht der Vergütung in Geld für die Beförderung des Passagiers und seines Reisegutes, für die Kabinenüberlassung und, wenn es vereinbart oder von den Umständen zu erwarten ist, für die Beköstigung des Passagiers während der Reise.

Die Höhe des Fahrpreises richtet sich nach der Entfernung, der Art und Weise der Beförderung und dem Umfang der bedungenen Nebenleistungen[56]. Für Kinder und Bedienstete des Passagiers tritt in der Regel eine

---

[55] Wodrich, S. 45.

[56] Wodrich, S. 129; Grapengeter, S. 56.

Ermäßigung des Fahrpreises ein. Für an Bord geborene Kinder ist aber kein Fahrpreis zu entrichten[57].. Der Fahrpreis ist in Ermangelung besonderer Vereinbarung bei der Vollendung der Reise zu entrichten (BGB § 641 Abs. 1)[58]. In der Praxis wird der Fahrpreis jedoch gewöhnlich beim Erhalt der Fahrkarte entrichtet[59]. Die Vergütung braucht nicht unbedingt in Geld bestehen. Sie kann an sich auch in anderen Werten entrichtet werden. Als Vergütung kann ein Werk oder eine Verpflichtung zu Dienstleistungen übernommen werden. Doch scheint die Vereinbarung der „Passagierarbeit" an Bord, im Sinne, daß der Passagier während der Reise gleich einem Besatzungsmitglied Dienste leistet, gesetzwidrig zu sein[60]. Der Passagier hat auch dann den Fahrpreis im Ganzen zu entrichten, wenn er sich, unabhängig davon, ob schuldhaft oder nicht, vor oder nach Antritt der Reise nicht rechtzeitig an Bord begibt und das Schiff, ohne auf ihn zu warten, abfährt (§ 666 HGB)[61]. Dagegen ist bei Rücktritt des Passagiers von dem PassV. vor dem Antritt der Reise nur die Hälfte des Fahrpreises zu entrichten (HGB § 667 II). In der Praxis wird von dem Passagier im letzteren Falle nur $^{1}/_{10}$ des Fahrpreises verlangt. Für eine bereits angetretene und abgebrochene Beförderung hat der Passagier Distanzgeld (§§ 631 ff. HGB) zu zahlen. Dies gilt selbst dann, wenn der Passagier mit dem Schiff untergeht. Der Grundsatz des Frachtrechtes (§ 617 HGB) „Keine Fracht für verlorene Güter" gilt im PassV. nicht.

C. DIE MITWIRKUNGSPFLICHT

Wie bei allen Personenbeförderungsverträgen steht der Passagier auch beim PassV. auf See im Mittelpunkt der Beförderungsleistung und muß daher bei ihrer Erfüllung zugegen sein. Er muß sich rechtzeitig vor dem Beginn der Reise an Bord des Schiffes begeben und sich während der Reise auf dem Schiff aufhalten. Auch wenn das Schiff während der Reise in einem Hafen eingelaufen ist, hat er rechtzeitig wieder zur Abfahrt bereit zu sein. Verletzt der Passagier diese Pflichten, so befindet er sich in Gläubigerverzug, da er die ihm von dem Transporteur angebotene Lei-

---

[57] Der Satz stammt aus Dig. ULPIAN XIX, 2, 19 § 7 und wird heute in allen europäischen Rechten anerkannt. BOYENS-LEWIS, II, S. 395 Anm. 2; GRAPENGETER, S. 56; v. WITTKEN, S. 13; vgl. Art. 1 und 666.

[58] Hieraus erklärt sich das dem Transporteur am Reisegute zustehende Pfandrecht (§ 674 HGB).

[59] WÜSTENDÖRFER SHR, S. 368.

[60] GRAPENGETER, S. 56.

[61] WÜSTENDÖRFER SHR, S. 369.

stung nicht annimmt (§ 666 f. HGB, BGB §§ 242 ff., 320 ff.)[62]. Dadurch wird für den Transporteur die Beförderungsleistung nicht ausführbar infolge eines Umstandes, den er nicht zu vertreten hat. Dennoch behält er seinen Anspruch auf die Entrichtung des Fahrpreises[63]. Der Zeitpunkt, an dem sich der Passagier einzustellen hat, wird im allgemeinen vorher abgemacht sein. Ist diese Zeit nicht vereinbart, so hat der Passagier sich auf die Aufforderung oder die Mitteilung des Kapitäns an Bord zu begeben. Bei einer Verspätung der Abfahrt darf der Passagier ohne Erlaubnis des Kapitäns das Schiff nicht verlassen. Fährt das Schiff vor der festgesetzten Zeit ab, so kann der Passagier Schadenersatz nicht beanspruchen, wenn er zu diesem Zeitpunkt nicht zur Stelle war.
Die Mitwirkungspflicht des Passagiers entfällt, wenn das Schiff vor oder nach Reiseantritt durch einen Zufall verlorengeht (§ 668 HGB); wird von diesem Ereignis der Passagier auch betroffen, so kommt § 668 HGB zur Anwendung und nicht § 667 Abs. II HGB. Außerdem ist der Passagier von einer Mitwirkung an der Reise gemäß § 669 HGB im Falle bestimmter Ereignisse (Krieg, Verfügung von hoher Hand usw.) entbunden.

D. DIE SCHONUNGSPFLICHT

Der Passagier hat die ihm überlassenen Sachen an Bord vertragsgemäß zu gebrauchen. Soweit ein Mietverhältnis zwischen dem Passagier und dem Transporteur begründet ist, hat der Passagier in bezug auf die ihm zugewiesenen Räume an Bord des Schiffes die Rechte und die Pflichten eines Mieters[64]. Während der Erfüllung des PassV. hat der Passagier den tatsächlichen Besitz der ihm überlassenen Schiffsräume. Hinsichtlich der Räume, welche zur gemeinsamen Benutzung aller Passagiere bestimmt sind, steht ihm ein Besitzrecht nur mit den sich aus der Benutzung der anderen Passagiere und der Sicherheit des Schiffes ergebenden Beschränkungen zu.

E. DIE EINORDNUNGSPFLICHT

Das Zusammenleben der Passagiere an Bord setzt voraus, daß sich der einzelne Passagier während der Reise ordnungsgemäß verhält. Daher kann ihm das Nichtbetreten oder Verlassen bestimmter Schiffsteile verboten werden. Außerdem hat der Passagier an Bord sein Verhalten so einzurichten, daß er die Rechte der anderen Passagiere nicht stört. Daraus

---

[62] Ebenso HGB Niederlande § 552, Berlgien Art. 127; Schaps-Abraham, II § 666 Anm. 1 ff.; Abraham, S. 152.
[63] Wodrich, S. 133; Grapengeter, S. 57; Wohlhaupter, a. a. O., S. 213.
[64] Grapengeter, S. 58; Wodrich, S. 134; Wohlhaupter, a. a. O., 215 f.

folgt, daß der Passagier verpflichtet ist, die Schiffsordnung und die Anweisungen des Kapitäns zu befolgen (HGB § 665). Befolgt er diese Anweisungen nicht, so ist der Kapitän befugt, vorläufige Maßnahmen gegen ihn zu ergreifen, um die Ordnung und die Sicherheit auf dem Schiff zu gewährleisten[65]. Zwang ist aber gegen den Passagier nur dann anzuwenden, wenn die Ordnung auf dem Schiff nicht anders aufrechterhalten werden kann[66]. Der Kapitän hat im allgemeinen dem Passagier gegenüber die Befugnisse, welche das Bürgerliche Recht (BGB §§ 227, 229) und das Strafrecht (StG §§ 53, 54) für Notwehr und Selbsthilfe gewähren. Es kann ihm aber nicht zugemutet werden, daß er warten muß, bis Notstand oder Notwehr vorliegt. Darüber hinaus steht dem Kapitän des Schiffes das Recht zur Schiffsgewalt aus § 665 HGB zu. Jedoch haben die Befugnisse des Kapitäns gegenüber dem Passagier im wesentlichen nur negativen Inhalt. Es handelt sich meistens um die Wahrung der Schiffsordnung durch Verhinderung bestimmter Handlungen, z. B. Verbot des Deckaufenthaltes bei schlechtem Wetter. Die Schiffsgewalt des Kapitäns gegenüber dem Passagier entspringt nicht nur aus dem privaten Vertragsverhältnis zwischen Transporteur und Passagier, sondern ist gleichzeitig Ausdruck der öffentlich-rechtlichen Stellung des Kapitäns[67]. Allerdings gibt die Schiffsgewalt dem Kapitän keine Disziplinargewalt gegenüber dem Passagier. Jedoch können die Befugnisse des Kapitäns durch ausdrückliche Vereinbarung noch erweitert werden, z. B. Vertragsstrafen für den Fall der Nichtbefolgung der Schiffsordnung[68]. Macht sich der Passagier an Bord des Schiffes einer strafbaren Handlung schuldig, so ist der Kapitän befugt, ihn vorläufig festzunehmen, sofern die Voraussetzungen des § 127 StPO vorliegen. Polizeiliche Befugnisse stehen dem Kapitän aber nicht zu[69].

F. HILFELEISTUNG IN NOTFÄLLEN

Eine allgemeine Verpflichtung des Passagiers, im Notfall bei den erforderlichen Arbeiten zur Rettung des Schiffes Schiffsdienste zu leisten, ist zwar vom Gesetz nicht ausdrücklich ausgesprochen, sie wird aber auf Grund der gemeinschaftlichen Notlage anzuerkennen sein (§ 330 StGB)[70].

---

[65] Schaps-Abraham, II § 665; Wüstendörfer SHR, S. 365.

[66] Grapengeter, S. 61.

[67] A. a. O., S. 60; Wüstendörfer SHR, S. 184; Wodrich, S. 135; Abraham, S. 151; Schlegelberger-Liesecke, S. 465; Grapengeter, S. 61.

[68] Schaps-Abraham, II § 665 Anm. 1; Boyens-Lewis, I S. 447 Anm. 2.

[69] Boyens-Lewis, I S. 448; Grapengeter, S. 62; Wagner, S. 347, 351.

[70] Grapengeter, S. 61; Wagner, S. 352; Schaps-Abraham, II § 665 Anm. 2; Wüstendörfer SHR, S. 365.

Der Kapitän dürfte bei Notfällen berechtigt sein, angemessene Dienstleistungen von dem Passagier zu verlangen, die auch eine dem Schiffsbetrieb fernstehende Person zu verrichten imstande ist. Verletzt der Passagier diese Pflicht, obwohl er sie ohne erhebliche eigene Gefahr erfüllen könnte, so darf der Kapitän mit Gewalt zur Durchführung seiner Anordnungen gelangen[71]. Überschreitet andererseits der Kapitän die Grenze seiner Befugnisse, so kann der dadurch verletzte Passagier Schadensersatz verlangen.

§ 4: Die Pflichten des Transporteurs

Zur Erfüllung des PassV. hat der Transporteur den Passagier und sein Reisegut an den Bestimmungsort zu befördern (A), ihm Beköstigung, Unterbringung und Befriedigung seiner individuellen Bedürfnisse zu gewähren (B) und für seine Unversehrtheit zu sorgen (C).

A. DIE BEFÖRDERUNGSPFLICHT

Zur Durchführung der Beförderungspflicht ist von dem Transporteur ein Schiff zu stellen, mit dem die Beförderung erfolgen wird (1), dem Passagier die Abfahrts- und die Ankunftszeiten dieses Schiffes bekanntzumachen (2), während der Reise die vereinbarte Route einzuhalten (3) und mit dem Passagier gleichzeitig sein Reisegut zu befördern (4).

1. Die Stellung des Schiffes

Als *„Schiff"*, das der Transporteur für die Beförderung des Passagiers zu stellen hat, ist ein schwimmfähiger Hohlkörper von nicht ganz unbedeutender Größe zu verstehen, der fähig und bestimmt ist, auf See fortbewegt zu werden und dabei Passagiere und Sachen zu tragen[72]. Infolgedessen kann die Beförderung des Passagiers bei Seereisen nicht mit Flößen, Caissons, Schlauchbooten, Frachtkähnen, Wohn- und Gaststättenschiffen, Wasserflugzeugen usw. erfolgen[73].

Für die Beförderung des Passagiers auf See hat der Transporteur ein regelmäßig zur Seefahrt verwendetes Schiff und nicht ein Binnenschiff zu stellen. Die Frage, ob es sich um ein See- oder Binnenschiff handelt, kann nur in dem Dauercharakter seiner tatsächlichen Verwendung gefunden

---

[71] Boyens-Lewis, I S. 447; Wodrich, S. 135.

[72] Schaps-Abraham, I 3, S. 227 Anm. 1; vgl. Wüstendörfer SHR, S. 38, vgl. BGB 14. XII. 1955 in NJW 1952 S. 1135 = Hansa 1952 S. 1502.

[73] Schaps-Abraham, I S. 228 Anm. 4; Wüstendörfer HB, S. 77.

werden, ohne Rücksicht darauf, ob im Einzelfall eine Seereise oder eine Binnenreise vorliegt[74].

Der Transporteur hat für die Beförderung des Passagiers außer bei besonderer Vereinbarung ein *Passagierschiff* zu stellen. Eine stillschweigende Zustimmung des Passagiers, daß er mit einem *Frachtschiff* befördert wird, darf deshalb nicht angenommen werden, weil eine solche Beförderung höhere Transportgefahren mit sich bringt, wegen der mitbeförderten Güter, der geringeren Sicherheitsmaßnahmen und der weniger bequemen Aufenthaltseinrichtungen[75]. Erfolgt die Beförderung des Passagiers mit einem Passagierschiff, so hat der Transporteur auf die Vorschriften des Übereinkommens zum Schutz des menschlichen Lebens auf See (SSV, London 1948), dem Deutschland beigetreten ist, zu achten[76]. Die Nichtbefolgung des Übereinkommens gibt aber dem Passagier ein Recht zum Schadensersatz nur wenn er dadurch in seiner körperlichen Unversehrtheit verletzt wurde.

Ein *Passagierschiff* ist im Sinne des Übereinkommens ein Schiff, welches mehr als 12 Passagiere befördert oder für die Beförderung von mehr als 12 Passagieren bestimmt ist. Schiffbrüchige oder andere Personen, die sich infolge höherer Gewalt oder einer öffentlichen Verpflichtung zu ihrer Mitnahme an Bord befinden, bleiben bei der Feststellung der Anzahl der beförderten Personen außer Betracht (SSV § 4 Satz 3)[77]. Die Beförderung des Passagiers mit einem *Nichterwerbsschiff* kann nicht als stillschweigend vereinbart gelten, denn bei solchen Schiffen finden die Schiffssicherheitsbestimmungen keine Anwendung, und die technische Ausrüstung des Schiffes liegt in dem Belieben des Transporteurs[78].

2. *Stellung des Schiffes und Einhaltung der Abfahrts- und Ankunftszeiten*

Die Stellung und Einhaltung der Abfahrts- und Ankunftszeiten des Schiffes gehört zu den Hauptverpflichtungen des Transporteurs hinsichtlich der

---

[74] RGZ 102, 45; 13, 69; SCHAPS-ABRAHAM, I S. 230 Anm. 11 ff.; WÜSTENDÖRFER SHR, S. 146.

[75] Vgl. SCHAPS-ABRAHAM, I S. 234 Anm. 16.

[76] Internationales Übereinkommen zum Schutz des menschlichen Lebens auf See von 1947 (London) BGBl. 1935 II 615, Gesetz über den Beitritt der Bundesrepublik Deutschland zum Internationalen Schiffssicherheitsvertrag London 1948 v. 22. XII. 1953 (BGBl. I 603); SCHAPS-ABRAHAM, I S. 746 ff.

[77] SCHAPS-ABRAHAM, I S. 747.

[78] SCHAPS-ABRAHAM, I S. 868 ff.; Die Beförderung mit solchen Schiffen ist nicht vom Seehandel ausgeschlossen. Nach Art. 7 EGHGB gelten die Vorschriften der §§ 485, 486 Abs. 1 Nr. 3 HGB über die Haftung des Reeders und die §§ 734 bis 739 HGB über die Haftung desselben im Falle eines Schiffszusammenstoßes auch für nicht Erwerbsschiffe. Vgl. SCHAPS-ABRAHAM, I S. 236 Anm. 16.

Durchführung der Beförderungspflicht[79]. Diese Zeiten sind dem Passagier bei dem Abschluß des PassV. oder mindestens eine genügende Zeit vor dem Antritt der Reise bekanntzugeben. Aber die Pflicht des Transporteurs, diese Zeiten einzuhalten, besteht nur dann, wenn keine außerordentlichen Umstände vorliegen, die eine verspätete Abfahrt oder Ankunft des Schiffes an den Bestimmungsort rechtfertigen[80]; denn trotz der Festsetzung dieser Zeiten liegt es immer in den Befugnissen des Kapitäns, zu entscheiden, ob Wetterlage oder andere Umstände die Abfahrt des Schiffes oder die Fortsetzung der Reise gestatten[81]. Es kann z. B. auch aus einer Verspätung des Schiffes wegen Hilfeleistung kein Recht des Passagiers auf Schadensersatz hergeleitet werden. Die Beweislast, daß ungewöhnliche Umstände dem Antritt der Reise oder der rechtzeitigen Ankunft des Schiffes am Bestimmungsort entgegenstanden, trifft den Transporteur. In der Praxis werden Fahrplanänderungen zu jeder Zeit vorbehalten, und jegliche Ansprüche des Passagiers wegen Verspätung des Schiffes durch die Bef.B. ausgeschlossen.

3. Das Verbot der Abweichung von der vereinbarten Reiseroute (Deviation)

Die Abweichung von der vereinbarten oder der vom Transporteur angekündigten Reiseroute ist dem Transporteur bei Personenbeförderung ähnlich wie bei der Güterbeförderung untersagt[82]. Der Kapitän ist jedoch in Notfällen zur Abweichung von der Reiseroute oder zum Anlaufen eines Nothafens berechtigt (§ 536 HGB), es sei denn, das Anlaufen des Nothafens oder die Abweichung von der Reiseroute wurden wegen mangelhafter Ausrüstung des Schiffes oder eines Verschuldens, welches der Transporteur zu vertreten hat, erforderlich[83]. Auch das Anlaufen der geplanten Zwischenhäfen darf ohne besonderen Grund nicht ausfallen, weil es zu dem Vertragsinhalt gehört. Dies wird bei einer Vergnügungsreise besonders deutlich. Werden Zwischenhäfen nicht angelaufen, so kann dies unter Umständen als Verletzung der Vertragspflichten des Transporteurs angesehen werden[84]. Nach den Bef.B. behält sich jedoch der Transporteur

---

[79] HansGZ 1903, 36; Schaps-Abraham, II Vorb. § 664 Anm. 14; Wodrich, S. 47; Abraham, S. 152; Schlegelberger-Liesecke, S. 466.

[80] Brandis, II S. 75; Grapengeter, S. 50.

[81] HansGZ 1888, 193; 1870, 96; Wodrich, S. 48.

[82] Grapengeter, S. 51; vgl. § 4 der VO v. 15. XII. 1956 (BGBl. II 1579) über die Sicherung der Seefahrt; vgl. auch HGB, Niederlande, § 529; Belgien Art. 126.

[83] Wüstendörfer SHR, S. 256; HansGZ 1913, 19; RGZ 10, 27 ff.

[84] Wodrich, S. 49.

das Recht vor, von der Reiseroute abzuweichen oder erforderlichenfalls, was im Ermessen des Kapitäns steht, irgendeinen anderen Hafen anzulaufen[85].

4. Unterbrechung der Reise

In der Regel hat der Transporteur die Beförderung des Passagiers einheitlich durchzuführen und darf die Reise nicht unterbrechen.

Einen außerordentlichen Fall sieht § 671 HGB wegen notwendiger Schiffsreparaturen vor. Die Gefahr, die eine solche Reparatur rechtfertigt, muß die gemeinsamen Interessen des Schiffes und der Passagiere betreffen. Falls eine vorläufige Ausbesserung des Schiffes genügt, um die Reise ohne Gefahr fortzusetzen, ist dem Transporteur nicht erlaubt, das Schiff gründlich ausbessern zu lassen[86].

Es steht in dem Belieben der Passagiere, auf die Reparatur des Schiffes zu warten oder nicht. Wenn ein Passagier aber den PassV. kündigen will, so hat er keinen Anspruch auf Rückerstattung des schon bezahlten Fahrpreises (§ 671 Satz I HGB). Wartet der Passagier auf die Reparatur des Schiffes, so hat der Transporteur ihm bis zum Wiederantritt der Reise ohne besondere Vergütung Wohnung und Beköstigung zu gewähren. In der Praxis findet der Transporteur auf Grund seiner internationalen Verbindungen stets eine andere Reisegelegenheit, um die Passagiere nach dem Bestimmungsort zu befördern. Ist das neue Schiff, welches der Transporteur zur Fortsetzung der Reise anbietet, von derselben Tauglichkeit wie das erste und weigert der Passagier sich dennoch, seine Beförderung damit fortzusetzen, so darf er zwar auf das erste Schiff warten, er hat aber keinen Anspruch mehr auf Gewährung von Wohnung und Kost bis zum Wiederantritt der Reise[87].

Scheint die Reparatur so umfangreich und zeitraubend, daß die Weiterbeförderung des Passagiers mit diesem Schiff auf eine längere Zeit unmöglich wird, so ergibt sich dadurch rechtlich eine Lage, die dem Verlust des Schiffes entspricht (§ 668 HGB). Infolgedessen tritt der PassV. in diesem Fall ipso jure außer Kraft[88]. In der Praxis gewähren die Bef.B. dem Transporteur das Recht, die Passagiere auf irgendein anderes Schiff, das den Bestimmungshafen anläuft, umzuschiffen, einerlei, ob es sich um ein Schiff derselben Gesellschaft handelt oder nicht[89].

---

[85] Hamburg-Amerika-Linie Kl. 7.

[86] RGZ 14, 44; HansGZ 1881, 72; Grapengeter, S. 81; Wodrich, S. 65.

[87] Wodrich, S. 57; Schaps-Abraham, II § 672 Anm. 1; Schlegelberger-Liesecke, § 672, Anm. 2.

[88] HansGZ 1898, 268; Wodrich, S. 57.

[89] Ozeanlinie Kl. 2; Hamburg-Amerika-Linie Kl. 6 d.

5. *Die Beförderung des Reisegutes*

a) „Übernommenes" Reisegut

Das Interesse des Passagiers beschränkt sich in der Regel nicht nur auf seine Beförderung selbst, sondern erfordert vielmehr eine Mitbeförderung seine Reisegutes. Die Befugnis des Passagiers, sein Gepäck mit sich zu nehmen, ergibt sich aus dem PassV. Sie kann ausdrücklich vereinbart sein oder sich aus den Umständen ergeben. Das HGB enthält nur ausgiebige Vorschriften über die Beförderung des Reisegutes (§§ 672—674). Unter dem Begriff „Reisegut" sind Sachen zu verstehen, die der Passagier als seine persönliche Habe dem Transporteur zur Beförderung übergibt oder mit sich an Bord bringt, im Gegensatz zu Sachen, welche er als Frachtgut verladen sollte. Das Reisegut sind in erster Linie Gegenstände, die dem Reisezwecke dienen. Es ist aber nicht nur auf die Gegenstände zu beziehen, deren der Passagier auf der Reise zu seinem persönlichen Gebrauche bedarf. Güter, welche der Passagier unabhängig von seiner Beförderung befördern läßt, sind kein Reisegut im Sinne der §§ 672 ff. HGB[90].

Das Reisegut wird dem Transporteur übergeben und seiner Obhut überlassen. Die rechtliche Regelung des übernommenen Reisegutes lehnt sich an das Vorbild des Seefrachtrechtes an. So trifft den Transporteur eine Sorgfaltspflicht für die Aufbewahrung des Reisegutes, ähnlich der des Verfrachters beim Stückfrachtgeschäft. Nach § 606 I HGB hat der Transporteur beim Einladen, Verstauen, Befördern und Ausladen des Reisegutes mit der Sorgfalt eines ordentlichen Verfrachters zu verfahren. Die Reise beginnt für das Reisegut, sobald es in die Gewalt des Kapitäns gelangt ist und endet erst mit seiner Ablieferung durch ihn. Wenn nichts anderes vereinbart oder üblich ist, dann hat der Passagier das Reisegut auf seine Kosten bis an das Schiff zu liefern. Das Ein- und Ausladen des Reisegutes geschieht dagegen auf Kosten des Transporteurs. Alle anderen Kosten hat der Passagier zu tragen (HGB §§ 673 I, 561, 593). Ist das Reisegut schon vor der Einschiffung des Passagiers an den Transporteur abgesandt, so ist er berechtigt, es vor der Ankunft des Passagiers einzuladen. Wenn der Passagier sich aber nicht rechtzeitig an Bord begibt, und das Reisegut trotzdem befördert wird, so ist der Transporteur dafür nicht verantwortlich[91]. Welchen Umfang das Reisegut haben kann, wird von den Bef.B. und von der Art der Reise bestimmt. Die Beförderung erfolgt ohne Ausstellung eines Konnossementes und ohne besondere Vergütung

---

[90] HansGZ 1887, Nr. 15; Grapengeter, S. 64, 65; Schaps-Abraham, II § 673 Anm. 2.

[91] Grapengeter, S. 67.

(HGB § 672)[92]. Wenn aber das Reisegut die Gewichts- oder Maßbestimmungen überschreitet, hat der Passagier eine besondere Vergütung zu entrichten. Ist nichts anderes vereinbart, so hat er für das Übermaß die im Entladungshafen zur Abladezeit übliche Fracht zu zahlen (HGB §§ 673 III, 619). Geht das übermäßige Reisegut verloren, so hat der Passagier keine Fracht zu bezahlen (§§ 673 I, 617).

Einige Sachen werden von der Beförderung als Reisegut gänzlich ausgeschlossen: z. B. entzündliche, explosive oder sonst gefährliche Sachen. Kommt der Transporteur zu Schaden wegen der an Bord eingelieferten entzündlichen, explosiven oder sonst gefährlichen Sachen, so ist der Passagier ihm gegenüber schadensersatzpflichtig, auch wenn ihn kein Verschulden trifft (HGB § 564 b I). Enthält das Reisegut Sachen, deren Ausfuhr oder Einfuhr in den Bestimmungshafen verboten ist, so darf der Kapitän ihre Annahme und Beförderung ablehnen. Hat der Passagier dennoch solche Sachen an Bord gebracht, so ist der Kapitän befugt, sie an Land zu setzen oder in dringenden Fällen über Bord zu werfen. Dieses Recht hat der Kapitän nicht nur für übergebene Sachen, sondern auch für „Handgepäck", das der Passagier in seiner eigenen Obhut behält. Dieselben Rechte stehen dem Kapitän zu, wenn der Passagier ohne sein Wissen verbotenes oder übermäßiges Reisegut an Bord gebracht hat. Behält der Kapitän es an Bord, so ist dafür die höchste am Abladungsort zu der Abladezeit für solche Reisen und Güter bedungene Fracht zu zahlen (HGB §§ 673 III, 564).

Der Passagier hat die öffentlich-rechtlichen Vorschriften über den Zoll zu berücksichtigen und dem Transporteur bei der Übergabe des Reisegutes eine genaue Inhaltsangabe über Maß, Zoll und Gewicht zu machen. In Analogie zur Haftung des Befrachters beim Frachtgeschäft über Beförderung von Gütern (§ 563 HGB) ist der Passagier dem Transporteur für die Richtigkeit seiner Angaben über Maß, Zoll oder Gewicht des an Bord gebrachten Reisegutes verantwortlich, wenn aus dieser Unrichtigkeit dem Transporteur ein Schaden entsteht, unabhängig davon, ob ihn ein Verschulden trifft oder nicht. Außerdem muß er dem Transporteur über die Art und Beschaffenheit des Reisegutes berichten. Macht der Passagier unrichtige Angaben über die Beschaffenheit und die Art des Reisegutes, so ist er dem Transporteur gegenüber für die daraus entstandenen Schäden nur dann schadensersatzpflichtig, wenn ihm dabei ein Verschulden zur Last fällt (§ 564 I HGB).

Mit der Übernahme gelangt das Reisegut in die Obhut des Transporteurs. Damit ist das Reisegut in seine Haftungssphäre gekommen. *„Übernommen"* ist das Reisegut, wenn es zum Zwecke der Beförderung auf das

[92] Cosack, § 147; Schaps-Abraham, II § 672 Anm. 1.

Schiff entgegengenommen worden ist[93]. Dazu reicht nicht die Annahme des Reisegutes von der Kaianstalt. Die Kaianstalt ist nicht „Allonge des Schiffes". Dagegen gilt das Reisegut als übernommen, wenn der Kaischuppen Eigentum des Transporteurs ist. Auch „Handgepäck", das dem Passagier während seiner Einschiffung abgenommen worden ist, gilt als übernommen[94]. Aus denselben Gründen wie im Frachtvertrag ist die Verladung des Reisegutes auf ein anderes Schiff (§ 565 HGB) ohne Erlaubnis des Passagiers untersagt. Befördert der Transporteur das Reisegut mit einem anderen Schiff ohne Zustimmung des Passagiers, so ist er für jeden daraus entstehenden Schaden verantwortlich, weil hierin grundsätzlich eine Vertragsverletzung zu sehen ist (§ 673, § 565 HGB). Die Haftung tritt nicht ein, wenn der Schaden auch auf dem vertragsmäßigen Schiff entstanden wäre oder falls der Transporteur wegen Notfall nach dem Reiseantritt eine Umladung verfügt (§ 673 III i. V. mit § 565 I 1, 2 und II HGB)[95]. Der Transporteur haftet für das *„übernommene"* Reisegut gemäß § 673 Abs. II Satz 1 HGB ex recepto (vgl. §§ 606—608, 610 bis 613 HGB). Danach hat der Transporteur von dem Zeitpunkt der Übernahme des Reisegutes bis zu seiner Ablieferung es mit der Sorgfalt eines ordentlichen Verfrachters zu behandeln[96]. Für *Kostbarkeiten, Kunstgegenstände, Geld* und *Wertpapiere* haftet der Transporteur nur, wenn die Beschaffenheit oder der Wert dieser Gegenstände dem Kapitän angegeben ist (§ 763 II 2 HGB). Zufällige Kenntnis des Wertes der Kostbarkeiten seitens des Transporteurs ersetzt die formelle Anzeige des Passagiers nicht. Der Passagier ist alternativ verpflichtet, entweder die Beschaffenheit oder den Wert des Inhalts der Sachen anzugeben. Diese Regelung steht im Gegensatz zu den Haftungsvorschriften, welche die Beförderung von Gütern betreffen, nach denen sowohl die Beschaffenheit als auch der Wert des Inhalts der Güter angegeben werden müssen (§ 606 HGB).

Während des Prozeßverfahrens hat sich der Transporteur regelmäßig aus seiner Haftung wegen Beschädigung oder Verlustes des Reisegutes entlasten müssen, es sei denn, der Passagier hat versäumt, den Schaden rechtzeitig anzuzeigen (§ 611 III HGB)[97]. Nach § 723 Satz 3 HGB ist das Reisegut von Beiträgen zur großen Havarie befreit, und zwar unabhängig davon, ob für seine Beförderung ein besonderes Entgelt zu zahlen ist oder nicht. Diese Ausnahme umfaßt aber nicht die Waren, welche der Passagier als Frachtgut verlädt. Diese Waren haben in gleichem Maße wie die übrige Ladung zur großen Havarie beizutragen. Wird aber dennoch das Reisegut

---

[93] Vgl. Schaps-Abraham, II § 606 Anm. 19.

[94] Lebhuhn, Die Haftung des Reeders für Reisegepäck in VersWiss. 1962, 654 ff. (656).

[95] Lebhuhn, a. a. O.; Schlegelberger-Liesecke, § 603 Anm. 3.

[96] Lebhuhn, a. a. O., S. 656; Schlegelberger-Liesecke, § 606 Anm. 3.

[97] Lebhuhn, a. a. O.

geopfert, so wird nach §§ 711, 715 HGB dem Passagier Vergütung gewährt[98]. Dennoch bleiben bei der Schadensberechnung außer Ansatz Kostbarkeiten, Kunstgegenstände, Geld und Wertpapiere, die dem Kapitän nicht gehörig bezeichnet worden sind (§ 708 Satz 3 HGB).
Stirbt der Passagier an Bord, so wird von dem Kapitän sein Gepäck im Interesse seiner Rechtsnachfolger aufbewahrt (§ 675 HGB). Verletzt der Kapitän diese Pflicht, so wird sowohl er als auch der Transporteur den Erben des Passagiers gegenüber verantwortlich. Der Kapitän hat die Stellung eines Nachlaßpflegers, der die Interessen der Erben des verstorbenen Passagiers wahrzunehmen hat (§ 2012 BGB). Wenn unter den Passagieren Erben des Verstorbenen sind, so kann der Kapitän durch Ausstellung eines Inventars von seiner Sorgfaltspflicht aus § 675 HGB entbunden werden[99]. Sonst muß er den Nachlaß bis zum Bestimmungshafen in seinem Besitz behalten und alle erforderlichen Maßnahmen dafür treffen. Er muß weiter von dem Bestimmungshafen den Nachlaß des verstorbenen Passagiers in seine Heimat zu Händen der zuständigen Nachlaßbehörde übersenden[100].

b) „Handgepäck“

Außer dem Reisegut, welches dem Transporteur übergeben wird, hat der Passagier das Recht, verhältnismäßig beschränktes, sogenanntes *Handgepäck* mit sich zu führen. Hierauf finden die seefrachtrechtlichen Vorschriften keine Anwendung[101]. Die Haftung des Transporteurs gegenüber dem Passagier für Schäden, welche am Handgepäck entstehen, wird nur nach den allgemeinen Grundsätzen (§ 278 BGB) bestimmt. Infolgedessen wird dem Passagier kein Schiffsgläubigerrecht zuerkannt, wenn das Handgepäck beschädigt wird oder verlorengeht. In diesem Fall haftet der Transporteur nach § 278 BGB und, wenn er Reeder ist, nach den allgemeinen Bestimmungen (HGB §§ 485, 486, I. Ziff. 1 u. 3). Der Passagier, dessen Handgepäck beschädigt oder abhanden gekommen ist, hat das Verschulden des Transporteurs oder seiner Leute nachzuweisen[102].
Auf Grund der Bef.B. ist der Transporteur weder für Verlust noch für Beschädigung von Reisegepäck oder sonstigem Eigentum des Passagiers noch für verspätete Beförderung und Auslieferung oder andere Nachteile irgendwelcher Art verantwortlich, selbst wenn der Schaden auf Verschul-

---

[98] HansGZ 1887, 15; Grapengeter, S. 68.
[99] Wodrich, S. 63.
[100] Wodrich, S. 64.
[101] Grapengeter, S. 65; Wodrich, S. 59; Lebhuhn, S. 656; Schaps-Abraham, II § 673 Anm. 3.
[102] Wüstendörfer SHR, S. 366.

den der Gesellschaft oder der See- und Landangestellten oder seiner Beauftragten beruht.

c) Das Pfandrecht des Transporteurs

Den Schiffsgläubigerrechten des Passagiers steht ein gesetzliches Pfandrecht des Transporteurs an den an Bord eingebrachten Sachen des Passagiers gegenüber (§ 674 HGB)[103]. Der Inhalt und die Ausübung dieses Pfandrechtes richtet sich nach den in den §§ 1204 ff. BGB aufgestellten Pfandrechtsgrundsätzen. Dieses Pfandrecht ergreift das Gepäck des Passagiers insgesamt, wobei es gleichgültig ist, ob es sich um „*Reisegut*" oder „*Handgepäck*" handelt. Es ist sogar erforderlich, daß die an Bord eingebrachten Sachen Eigentum des Passagiers sind[104]. Das Pfandrecht endet mit der Ausschiffung des verpfändeten Reisegepäcks, es sei denn, daß der Transporteur die Sachen zurückbehält oder hinterlegt (§ 674 HGB). Ein Verfolgungsrecht, wie im Seefrachtrecht (§ 623 HGB), besteht beim PassV. nicht.

d) Das Schiffsgläubigerrecht des Passagiers

Die Ansprüche des Passagiers gegenüber dem Transporteur wegen Verlustes oder Beschädigung des übergebenen Reisegutes sind mit einem Schiffsgläubigerrecht gesichert. Ein solches Schiffsgläubigerrecht kann aber nicht begründet werden, wenn das Handgepäck des Passagiers beschädigt wird. Dem Passagier als Schiffsgläubiger steht ein gesetzliches Pfandrecht zu (§ 755 I HGB). Das Pfandrecht des Passagiers bezieht sich auf Schiff und Fracht (§ 754 Nr. 7 HGB). Zu seiner Befriedigung bedarf er aber eines vollstreckbaren Titels (§§ 761 I HGB, 704 ZPO), den er sich auf dem Wege der Duldungsklage verschafft. Die Klage richtet sich gegen den Transporteur oder den Kapitän des Schiffes (§ 761 II HGB). Die Zwangsvollstreckung geschieht gegenüber dem eingetragenen Seeschiff durch Zwangseintragung einer Schiffshypothek oder durch gerichtliche Zwangsversteigerung (§§ 761 II, 864 I HGB, 870 Abs. a ZPO) und hinsichtlich der Fracht- oder Surrogatenforderung durch gerichtlichen Pfändungs- und Überweisungsbeschluß (§§ 761 I HGB, 828 ff. ZPO)[105].
Das Schiffsgläubigerrecht des Passagiers geht allen Schiffsgläubigerrechten vor, welche aus einer früheren Reise entstanden sind (§ 767 I HGB). Trifft es auf derselben Reise mit den in § 754 Ziff. 1—7 HGB vorgeschriebenen

---

[103] Wüstendörfer SHR, S. 368.
[104] Wodrich, S. 63.
[105] Clamer, S. 67; Lebhuhn, a. a. O., S. 656.

Schiffsgläubigerrechten zusammen, so steht es ihnen im Range nach (§ 786 Ziff. 5 HGB). Schiffsgläubigerrechte der Passagiere aus derselben Reise sind untereinander gleichberechtigt (§ 769 I HGB)[106].

Die Forderungen des geschädigten Passagiers wegen Verlustes oder Beschädigung des Reisegutes, welches dem Kapitän oder seinen Substituten übergeben wird, gewähren dem Passagier ein Schiffsgläubigerrecht auf das Schiffsvermögen. Ein Schiffsgläubigerrecht kann nicht begründet werden, wenn das Handgepäck des Passagiers beschädigt wird.

B. UNTERBRINGUNG, BEKÖSTIGUNG UND BEFRIEDIGUNG INDIVIDUELLER BEDÜRFNISSE DES PASSAGIERS

1. Die Unterbringung des Passagiers

Der Transporteur ist verpflichtet, mit Rücksicht auf den Zweck und die Art der Reise, dem Passagier die Annehmlichkeit eines Aufenthaltes zu gewähren, die ihm auf Grund seiner Beförderungsklasse zukommt. Inwieweit dem Passagier auf dem Schiff eine Gebrauchsüberlassung von Räumen zu gewähren ist, ergibt sich aus dem PassV. — Soweit die Art und die Dauer der Reise es erfordern, ist der Transporteuer verpflichtet, dem Passagier eine Kabine oder einen Bettplatz zu überlassen. Die Kabinenräume müssen so eingerichtet sein, daß sie von den Passagieren gefahrlos benutzt werden können. Die herrschende Meinung in Deutschland sieht in der Kabinenüberlassung ein Mietverhältnis (§§ 535 ff. BGB), in dem der Transporteur als Vermieter dem Passagier als Mieter eine Kabine als vermietete Sache in einem für den vertragsmäßigen Gebrauch geeigneten Zustand zu überlassen und sie während der Mietzeit in diesem Zustand zu erhalten hat. Das Mietrecht des BGB wird jedoch für die Rechtsbeziehungen aus der Kabinenüberlassung nur so weit herangezogen, wie die im Mietrecht enthaltenen Rechtsgedanken der Natur des PassV. entsprechen[107]. Der Passagier darf nicht das Recht auf Benutzung seiner Kabine einem Dritten überlassen (vgl. § 549 BGB). Nach der Beendigung der Beförderung ist der Passagier verpflichtet, dem Transporteur die Kabine in ordnungmäßigem Zustand zu übergeben (§ 556 BGB analog). Wenn der Passagier die ihm überlassene Kabine vertragswidrig benutzt, hat der Transporteur dennoch weder das Recht einer Unterlassungsklage noch ein Kündigungsrecht. Er ist nur auf einen Schadensersatzanspruch wegen Vertragspflichtverletzung gegen den Passagier angewiesen. Wird im Gegenteil dem Passagier der vertragsgemäße Gebrauch der Kabine nicht

---

[106] Würdinger-Sotiropoulos, S. 12 ff.

[107] RG 21. XII. 1917 in Hansa 1918, 128; Grapengeter, S. 51; Wodrich, S. 64; Palandt, § 536 Anm. 2.

gewährt oder entzogen, so hat dieser einen Minderungsanspruch auf den Fahrpreis (§ 537 BGB).

2. *Die Beköstigung des Passagiers*

Aus dem PassV. ergibt sich, ob dem Passagier während der Fahrt Beköstigung zu gewähren ist und von welcher Beschaffenheit sie sein soll. Fehlt eine konkrete Vereinbarung über die Beköstigung des Passagiers, so hat der Transporteur, den Verkehrssitten entsprechend, je nach der Art und der Dauer der Reise, dem Passagier Beköstigung anzubieten[108]. Es kann aber unter Umständen dem Belieben des Passagiers überlassen werden, ob er Beköstigung verlangt oder nicht. In diesem Fall muß der Passagier eine entsprechende Vergütung entrichten. Die tatsächliche Monopolstellung des Transporteurs verpflichtet ihn noch nicht, mit dem Passagier während der Fahrt Beköstigungsverträge abzuschließen.
Es dürfte aber Gegenstand seiner Sorgfaltspflicht für die unversehrte Beförderung des Passagiers sein, daß er für die Verpflegung des Passagiers an Bord sorgt.
Die Beköstigung des Passagiers wird entweder durch eigene Leistung des Transporteurs oder von einem auf dem Schiff errichteten Wirtschaftsbetrieb (Schiffsökonomie[109]) durchgeführt. Obwohl die Beköstigungspflicht des Transporteurs der Leistungspflicht eines Verkäufers gleichgeartet ist (§ 433 ff. BGB), ist das Kaufrecht beim PassV. nicht ohne weiteres anzuwenden. Die Eigenart des PassV. bringt es mit sich, daß eine Wandlung gemäß § 462 BGB wegen Fehler oder Mängel in der Beköstigung weder im ganzen noch hinsichtlich einer einzelnen Speise möglich ist. Ist eine einzelne Speise mangelhaft, so ist dem Passagier nur ein Nachlieferungsrecht zuzubilligen. Wenn aber die Verpflegung insgesamt nicht vertragsmäßig bzw. mangelhaft ist, so hat der Passagier bei der Ankunft am Bestimmungsort einen Minderungsanspruch gemäß § 462 BGB. Wegen mangelhafter Lieferung von einzelnen Speisen hat der Passagier entweder einen Nachlieferungsanspruch aus § 480 BGB oder einen Anspruch auf Minderung des Fahrgeldes bei Ankunft am Bestimmungsort nach § 462 BGB[110]. Dagegen ist eine Wandlung aus dem PassV. gemäß § 462 BGB weder im ganzen noch hinsichtlich einer einzelnen Speise möglich.

3. *Befriedigung individueller Bedürfnisse des Passagiers*

Außer der Hauptpflicht des Transporteurs, den Passagier an den Bestimmungsort zu befördern, ihm Unterbringung und Beköstigung zu gewäh-

108 Vgl. HGB Belgien Art. 121, abw. HGB Niederlande § 530 I.
109 Wodrich, 69.
110 A. a. O., S. 70.

ren, obliegen ihm weitere Nebenpflichten kraft des PassV. Der Passagier hat an Bord zur Befriedigung seiner individuellen Bedürfnisse Gelegenheit, verschiedene Einzelleistungen entgegenzunehmen. Er kann z. B. gegen Entgelt alkoholische Getränke erhalten, Deckstühle und Sicherheitsschränke mieten, die Dienstleistungen von Friseuren, Schneidern, Masseuren und die Funktelegraphie und -telephonie des Schiffes benutzen. Das Entgelt für diese Nebenleistungen ist entweder im Gesamtfahrpreis enthalten oder es ist dafür ein besonderes Entgelt nach Art eines Kaufpreises oder eines Werklohnes zu entrichten.

Die Nebenleistungen des Transporteurs bilden für den Passagier einen „verhaltenen" Anspruch, der zwar seit dem Zeitpunkt des Vertragsabschlusses besteht, aber nicht von vornherein, sondern durch Erklärung des Passagiers in jedem Augenblick fällig wird[111]. Erfüllt der Transporteur seine Verpflichtungen hinsichtlich der individuellen Bedürfnisse des Passagiers nicht, so ist ein Bezugsrecht des Passagiers verletzt. Nach Treu und Glauben wird in diesem Fall dem Passagier ein Schadensersatzanspruch zugebilligt[112].

C. DIE FÜRSORGEPFLICHT[113]

Die Pflichten des Transporteurs aus dem PassV. erschöpfen sich nicht mit der Erfüllung der Beförderungspflicht[114]. Der Begriff der Ortsveränderung eines Menschen schließt nämlich sämtliche Maßnahmen mit ein, die erforderlich sind, das Beförderungsziel zu erreichen. Bei der Beförderung einer Sache ist das Beförderungsziel, sie in unverändertem Zustand an den Bestimmungsort zu bringen. Dieses Ziel ist nicht ohne weiteres auf den PassV. zu übertragen. Beim PassV. handelt es sich um einen lebenden Menschen, der sich bewegt und bestimmte spezifische Bedürfnisse entwickelt. Diese menschliche Eigenschaft muß bei der Abgrenzung des Beförderungziels beim PassV. gehörig berücksichtigt werden. Der zu befördernde Passagier soll nach Bewirkung der Ortsveränderung in einem Zustand sein, der durch diesen Vorgang nicht mehr beeinträchtigt oder verändert ist, als es sein natürlicher Lebenslauf auch sonst mit sich bringen würde. Daher sind alle Maßnahmen, die erforderlich sind, um dieses Ziel zu erreichen, in die Pflichten des Transporteurs einzuschließen.

---

[111] WODRICH, S. 75; WINDSCHEID, I § 107 S. 522 ff.; GRAPENGETER, S. 54.
[112] WODRICH, S. 74.
[113] Über den Ausdruck vgl. CLAMER, S. 10 Anm. 33.
[114] SCHAPS-ABRAHAM, Vorb. § 664 Anm. 15.

1. *Die Rechtsgrundlage der Fürsorgepflicht*

Die Rechtsgrundlage der Fürsorgepflicht ist im deutschen Recht sehr umstritten, weil sich weder die Vorschriften des HGB über den PassV. (HGB §§ 664—678) noch die sie ergänzenden Rechtsgrundsätze des BGB mit der körperlichen Unversehrtheit des Passagiers befassen. Für eine Begründung der Fürsorgepflicht des Transporteurs aus § 606 Satz 2 HGB analog zu der des Verfrachters fehlt die notwendige Rechtsähnlichkeit. § 606 HGB setzt beim Verfrachter den Besitz des geladenen Frachtgutes voraus, während der Passagier ein sich frei bewegendes Rechtssubjekt an Bord des Schiffes ist[115]. Er wird daher nicht in die Obhut des Transporteurs wie ein Ladungsgut übernommen.

Ein wesentlicher Teil der Literatur will dagegen nur aus Treu und Glauben den Inhalt des PassV. um die Verpflichtung des Transporteurs dahin erweitern, bei der Erfüllung des Vertrages sein gesamtes Verhalten so einzurichten, daß der Passagier in seinen sachlichen und persönlichen Rechtsgütern nicht geschädigt wird[116].

Die ständige Rechtssprechung des Reichsgerichts[117] und die im deutschen Schrifttum herrschende Meinung[118] gehen dagegen mit Recht dahin, daß die Fürsorge für die körperliche Unversehrtheit des Passagiers zum Inhalt des PassV. gehöre[119]. Der Transporteur habe kraft seiner Vertragspflicht dafür zu sorgen, daß die zu befördernden Passagiere unbeschädigt ans Reiseziel gelangen. Er haftet daher für den Schaden, den sie auf der Reise durch Beförderungsvorgänge oder Beförderungseinrichtungen an ihrer Ge-

---

[115] Vgl. Raape, Die Beweislast bei positiver Vertragsverletzung, in AcP 147, 217 ff. (267).

[116] Kress, I S. 580; II S. 194; Larenz, I S. 6, 71 ff.; Zitelmann, Nichterfüllung und Schlechterfüllung, in Festgabe für Krüger 1911, 265 ff. (272).

[117] RGZ 55, 335; 62, 120; 66, 15; 116, 213; 124, 49 (50); 98, 327.

[118] S. Abraham, S. 129; Boyens-Lewis, II S. 393 f.; Clamer, S. 11; Cosack, S. 457; Grapengeter, S. 52, 55; Gutjahr, S. 21, 24; Kress, II § 28 S. 194 Anm. 77; Larenz, ... Verkehrssicherungspflicht und sozialer Kontakt, in MDR 1954, 515 ff.; Lotmar, II S. 653; Planck, II 2, § 631, Anm. 2b S. 1024; Raape, a. a. O., S. 265; Schultze-Schmidt, S. 38; Soergel, § 276, Anm. I, 4b; Wodrich, S. 78 ff.; Wüstendörfer SHR, S. 367; ferner auch Backmeister, S. 92; Brandis, II S. 78; Schaps-Abraham, II Vorb. § 664 Anm. 15, abweichend Wohlhaupter, a. .a O., S. 204.

[119] Die Fürsorgepflicht des Transporteurs wird auch auf anderen Gebieten des Transportverkehrs anerkannt. Im Luftverkehr ist diese Pflicht des Lufttransporteurs ausdrücklich vorausgesetzt (vgl. § 29a LVG). Für den übrigen Transportverkehr wird aus § 242 BGB eine Fürsorgepflicht des Transporteurs angenommen. Das gilt insbesondere für die Binnenschiffahrt (RGZ 98, 327; 126, 329 [330]; vgl. auch Vortisch-Zschucke, § 77, Anm. 1c); den

sundheit erleiden[120]. Die Verpflichtung des Transporteurs, für die sichere Beförderung des Passagiers zu sorgen, ist tatsächlich begrifflich nicht von seiner Beförderungspflicht aus dem PassV. zu trennen. Es ist undenkbar, daß eine Beförderung eines Menschen versprochen wird, ohne daß darin nicht auch die Verpflichtung des Transporteurs enthalten wäre, alle erforderlichen Maßnahmen zu treffen, um diesem Menschen eine unversehrte Beförderung zu beschaffen. Diese bei jeder Transportart geltende Regel ist als ein allgemeiner Grundsatz des modernen Transportrechts anzusehen.

2. *Die Rechtsnatur der Fürsorgepflicht*

Die Pflicht des Transporteurs, den Passagier wohlbehalten an den Bestimmungsort zu befördern, wird von der Mehrheit der Literatur als eine der Erfüllung eines Schutzinteresses dienende Nebenverpflichtung angesehen[121]. Allmählich tritt aber das neuere Schrifttum für die Ansicht ein, daß die Fürsorgepflicht einen Bestandteil der vertraglichen Verpflichtungen des Transporteurs bildet[122].

Darüber hinaus sieht die herrschende Meinung in der Fürsorgepflicht keine selbständige Rechtspflicht, sondern erklärt sie für Bestandteil der Beförderungspflicht[123]. Gegen diese Ansicht ist einzuwenden, daß die Fürsorgepflicht von der eigentlichen Beförderungspflicht durch ihren Inhalt zu unterscheiden ist[124]. Während sich die Beförderungspflicht auf einen Erfolg, nämlich die Ankunft des Passagiers an den Bestimmungsort, richtet, bezweckt die Fürsorgepflicht die Ausschaltung aller die Unversehrtheit des Passagiers beeinträchtigenden Ereignisse. Außerdem treffen beide Pflichten auch zeitlich nicht zusammen, denn zur Fürsorge ist der Transporteur meistens auch vor und nach dem Antritt der eigentlichen Beförderung des Passagiers auf See verpflichtet.

Eisenbahnverkehr (RGZ 4, 192 [193]; 86, 321 [322]; RG 14. XI. 1923 in Recht 1924 Nr. 161); den Straßenverkehr (RGZ 66, 12 [15]; 83, 343 [346]); und den Kraftfahrzeugverkehr (RGZ 62, 119 [120]).

120 So RGZ 127, 18; 56, 198.

121 So RGZ 124, 49; Grapengeter, S. 55; Stoll, Abschied von der Lehre der positiven Vertragsverletzung, in AcP 136, 299 Fn. 89; Weilbauer, S. 6; Wodrich, S. 78 ff.; Lindenmaier, Zur Beweislast bei Dienstverträgen, in Festschrift für Raape 1948, 349 ff. (357 f. = Hansa 1951, 513 f.; Rappe, a. a. O., S. 265.

122 So Abraham, S. 153; Schaps-Abraham, II Vorb. § 664 Anm. 15; Wüstendörfer SHR, S. 367; Clamer, S. 14.

123 Abraham, S. 129; Grapengeter, S. 55; Wodrich, S. 86; Wüstendörfer SHR, S. 367; vgl. RG 27. III. 1929, RGZ 124, 49.

124 Ebenso Clamer, S. 13; Schaps-Abraham, II Vorb. § 664 Anm. 1; Plank, II 1 Vorb. 13 b vor §§ 275—292; abweichend Lindenmaier, a. a. O., S. 357 f.

Im Verhältnis zu der Beförderungspflicht und den übrigen Pflichten des Transporteurs (wie Unterbringung, Beköstigung usw.) trägt die Fürsorgepflicht nur ergänzenden Charakter. Sie begleitet die einzelnen Vertragspflichten und füllt die vertraglichen Lücken aus. Darüber hinaus verfolgt sie jedoch Eigenzwecke, die von den übrigen Vertragsleistungen nicht berührt werden können.

3. Der Umfang der Fürsorgepflicht

Der Umfang der Fürsorgepflicht ist nach Treu und Glauben und mit Rücksicht auf die Verkehrssitten zu ermitteln (§ 157 BGB). Der Transporteur braucht jedoch nicht den Passagier vor jeder besonderen Gefährdung zu schützen noch zu ermahnen[125]. So ist nach Ansicht des Reichsgerichts[126] ein Schutzgitter, das die gefährliche Berührung der Reeling verhindert, in der Ostsee bei Lübeck weder üblich noch möglich. Der Transporteur ist weiter nicht verpflichtet, unverhältnismäßig große Mühe und Kosten für die Sicherheitsmaßregeln aufzuwenden[127]. Im Vergleich zum Landtransport ist die Zahl der Einzelpflichten des Transporteurs größer, da der Schiffsbetrieb mit erhöhten Gefahren verbunden ist[128]. Die „*Obhutspflicht*" des Transporteurs ist dagegen nicht so umfangreich wie beim Gütertransport, weil der Gegenstand der Personenbeförderung ein sich frei bewegender Mensch ist[129].

4. Die Dauer der Fürsorgepflicht

Die Fürsorgepflicht beschränkt sich auf die Zeit zwischen Beginn und Ende der Reise. Als Zeitpunkt des Beginns der Fürsorgeleistungen kommt in Betracht die Einschiffung des Passagiers. Es gehört nämlich zu dem Inhalt des PassV., daß der Transporteur dem Passagier ein gefahrloses Besteigen des Schiffes gewährt. Dazu hat der Transporteur dafür zu sorgen, daß das Schiff sichere Zugänge besitzt[130]. Die Fürsorgepflicht endet

---

[125] SCHAPS-ABRAHAM, II Vorb. § 664, Anm. 15; vgl. BGH in Hansa 1955, S. 1886 = VersR. 1955, S. 420.

[126] RGZ 124, 49 (52); s. aber RG, XI. 1923, in Recht 1924, 166; vgl. CLAMER, S. 15.

[127] RG 17, XII. 1915 in LZ 1916, 607; und RG 3, III. 1931 in JW 1932, 2064 (für Eisenbahnverkehr).

[128] RGZ 124, 330 (331), RGRK § 276, Anm. 4; vgl. CLAMER, S. 16; WODRICH, S. 80.

[129] RG 21, XII. 1917 in Hansa 1918, 128; vgl. ABRAHAM, S. 152; WODRICH, S. 67, 80; WOHLHAUPTER, a. a. O., S. 197.

[130] RGZ 86, 321; 126, 142; RGZ 1903 Nr. 36, S. 90; BOSA 29. IV. 1958 in Hansa 1958, 1537; CLAMER, S. 20; GRAPENGETER, S. 48; SCHAPS-ABRAHAM, a. a. O.; WODRICH, S. 103; SOERGEL, § 276 Anm. 4 b.

mit dem An-Land-Kommen des Passagiers im Bestimmungshafen. Beim Anlegen an eine Kaimauer oder eine Landungsbrücke obliegt dem Transporteur eine Fürsorgepflicht bis zu dem Augenblick, in dem die Passagiere den Kai oder die Landungsbrücke betreten haben. Für den Zustand des Kais oder der Brücke hat er jedoch grundsätzlich nicht zu sorgen, wenn diese dem öffentlichen Verkehr dienen[131].

Häufig übernimmt der Transporteur noch den Zubringerdienst vom Binnenland zum Ausreisehafen oder innerhalb des Hafens zum Liegeplatz des Schiffes oder auch das An-Land-Bringen des Passagiers bis zum Zielhafen. Die Fahrt vom Reisebüro bis zum Liegeplatz des Schiffes wird man als Bestandteil des PassV. ansehen, wenn sie vom Transporteur übernommen wird. Dasselbe gilt auch für das An-Land-Bringen des Passagiers, wenn dafür Zubringerfahrzeuge benutzt werden, die dem Betriebe des Transporteurs zugehören[132].

In der Praxis wird die Haftung des Transporteurs für Schäden, die dem Passagier beim Ein- und Ausschiffen entstehen, ausgeschlossen oder beschränkt auf die Zeit, während der sich der Passagier an Bord des Schiffes oder des Zubringerfahrzeuges befindet[133].

5. Der Inhalt der Fürsorgepflicht

Die Fürsorgepflicht des Transporteurs besteht aus einem Komplex vieler Einzelpflichten[134] und läßt sich systematisch in drei Gruppen gliedern:

in die Pflicht des Transporteurs, ein gehörig ausgerüstetes und seetüchtiges Schiff für die Beförderung des Passagiers zu stellen (a),

in die Pflicht, die Beförderung des Passagiers ordnungsgemäß zu betreiben (b) und

in die Pflicht, dem Passagier ärztliche Betreuung an Bord zu gewährleisten (c).

a) Die Seetüchtigkeit des Schiffes

Grundbedingung für die Durchführung jeder Schiffsreise ist die Seetüchtigkeit des Beförderungsträgers, d. h. des Seeschiffes. Der Transporteur hat auch beim PassV. die Pflicht, das für die Beförderung bestimmte Schiff

---

[131] BGH ZfBsch 1959, S. 334 = Hansa 1959 S. 1504 = VkBl. 1959, 486 = VersR. 1959, 443 = NJW 1959, 1366 (betr. Binnenschiffahrt); vgl. auch RGZ 118, 91.

[132] Clamer, S. 21; Grapengeter, s. S. 17.

[133] Ozeanlinie Kl. 5; Hbg. Am. Lin. Kl. 1, 16; Nord. Lloyd Kl. 19.

[134] Clamer, S. 15; Wodrich, S. 80; Wohlhaupter, a. a. O., 196 ff.

in einem solchen Zustand zu stellen, daß es tauglich ist, die gewöhnlichen Gefahren der beabsichtigten Reise zu überstehen (Reisetüchtigkeit)[135]. Die Frage, woraus sich die Pflicht des Transporteurs ergibt, ein seetüchtiges Schiff für die Beförderung des Passagiers zu stellen, ist in der deutschen Literatur sehr umstritten. Die Ungewißheit besteht darin, ob diese Pflicht sich aus der analogen Anwendung des § 559 HGB ergibt[136] oder ob sie auf der allgemeinen Verkehrssicherungspflicht beruht[137].

Gegen die zweite Ansicht ist einzuwenden, daß § 559 HGB sich zwar nur mit der Güterbeförderung befaßt, jedoch gegen seine Anwendung bei der Passagierbeförderung kein gesetzlicher Text mehr spricht. Dagegen ist nicht einzusehen, warum der Transporteur bei Personenbeförderung eine bessere Stellung einnehmen soll als der Verfrachter beim Gütertransport. Die Verantwortung des Transporteurs für das Leben von Personen ist erheblich größer als die des Verfrachters für die Unversehrtheit der beförderten Güter. Außerdem entspricht es auch der Billigkeit, den Transporteur für anfängliche Seeuntüchtigkeit des Schiffes mit Exkulpationsmöglichkeit haften zu lassen, statt dem Passagier nach den allgemeinen Grundsätzen der gutgläubigen Erfüllung der Vertragsleistung (BGB § 242) die Beweislast der Seeuntüchtigkeit aufzubürden[138].

Zur Fürsorgepflicht des Transporteurs für die Seetüchtigkeit des Schiffes gehört, daß der Schiffskörper gehörig eingerichtet, ausgerüstet, bemannt und verproviantiert ist, und daß die Schiffseinrichtungen in einem verkehrssicheren Zustand erhalten sind, um Verletzungen des Passagiers zu vermeiden[139]. Für diesen Zustand des Schiffes hat der Transporteur nicht nur beim Antritt, sondern auch während der Dauer der Reise zu sorgen. Gefährliche Anlagen, wie Maschinenräume, Ankerwinde, Ladegeschirr, Laderäume sind mit der erforderlichen Sicherung zu versehen. Warnungstafeln sind nur an Stellen ganz ungewöhnlicher Gefahr notwendig. Die erkennbaren Gefahren zu vermeiden, bleibt der Aufmerksamkeit des Passagiers überlassen. Der Transporteur hat auch dafür zu sorgen, daß das Schiff ausreichend erwärmte oder gekühlte Räume be-

---

[135] Wüstendörfer SHR, 238; Schaps-Abraham, II S. 152 Anm. 2; Clamer, S. 16; Wodrich, S. 50.

[136] So Wodrich, S. 50 ff.; Wüstendörfer SHR, S. 239.

[137] So Boyens-Lewis, II S. 393 f.; Clamer, S. 17; Gutjahr, S. 21, 24; Wohlhaupter, a. a. O., S. 197; vgl. RGZ 120, 45; HansRGZ 1935, 299.

[138] Vgl. Wodrich, S. 52; Grapengeter, S. 50.

[139] RGZ 116, 213; Schaps-Abraham, II Vorb. § 664 Anm. 15; Wodrich, S. 80; Wohlhaupter, a. a. O., S. 197; Clamer, S. 17.

sitzt[140] und daß die Beleuchtungsmöglichkeit einer Schlafkabine so eingerichtet ist, daß sie von dem Passagier gefahrlos benutzt werden kann[141]. Schließlich hat der Passagier einen Anspruch darauf, daß das Schiff nicht mit Passagieren überbesetzt wird. Ob und inwieweit im Einzelfalle tatsächlich Seetüchtigkeit vorliegt, ist nach den Anschauungen der beteiligten Verkehrskreise zu beurteilen[142]. Höchst beachtlich dafür sind:

aa) die öffentlich-rechtlichen Bestimmungen über die Schiffssicherheit. Die Hauptregelung enthält das Gesetz über den Beitritt der BRD zum internationalen Schiffssicherheitsvertrag (SSV) London 1948[143].
Ein Passagierschiff in Auslandsfahrt benötigt § 11 Abs. 1 SSV gemäß ein Ausrüstungssicherheitszeugnis, in welchem die Seeberufsgenossenschaft (SBG) bescheinigt, daß das Schiff in einer wirksamen Weise die Vorschriften des SSV sowie aller sonstigen Sicherheitsvorschriften erfüllt. Dies Zeugnis ist nach Überprüfung und Besichtigung des Schiffes auszustellen.

bb) Die Unfallverhütungsvorschriften der SGB[144]. Gemäß § 19 Abs. 1 SSV werden die Passagierschiffe jährlich von der SBG besichtigt. Darauf ist ein Fahrterlaubnisschein zu erteilen.

cc) Die Klassifizierung des Schiffes bei einem Klassifikationsinstitut (meistens im Germanischen Lloyd), die eine Bescheinigung bildet, daß das Schiff zu einem bestimmten Zeitpunkt eine gewisse Güte und Leistungsfähigkeit besessen hat (Passagierzertifikat)[145].

Die Innehaltung der diesbezüglichen Vorschriften oder das Vorhandensein der vorgesehenen Urkunden begründen in vielen Fällen eine tatsächliche Vermutung für das Bestehen der Seetüchtigkeit des Schiffes[146]. Dennoch sind diese Urkunden und Bestimmungen für die Haftung des Transporteurs wegen Seeuntüchtigkeit des Schiffes nicht entscheidend. Sie haben

---

140 RG 8. III. 1930 in DRZ 1930, Beil. Nr. 301, Sp. 172; Clamer, S. 18; Grapengeter, S. 52; Wodrich, S. 69; vgl. RG 10. VIII. 1914; SeuffArch. 70, 55 (Verpflichtung des Eisenbahnunternehmers, die Wagen während der Winterzeit zu erwärmen).

141 Vgl. RG 21. XII. 1917 in Hansa 1918, 128 JW 1932 S. 2064 (Eisenbahn).

142 Boyens-Lewis, a. a. O., S. 394; Brandis, a. a. O., 78; Grapengeter, S. 49; Schaps-Abraham, II § 513 Anm. 7.

143 S. Abdruck bei Schaps-Abraham, I S. 583 ff.; vgl. II 513 Anm. 8.

144 S. Abdruck bei Schaps-Abraham, I S. 866 ff.; vgl. II § 513 Anm. 9; über die SBG siehe Dieter, Aufgaben, Ziele und Aufbau der SGB, in Hansa 1959, 7 ff., 27 ff.

145 Schaps-Abraham, I S. 251 Anm. 13 und II § 513 Anm. 10.

146 HansRGZ 1936, 431; 1941, 305; Schaps-Abraham, II § 513 Anm. 7; Wüstendörfer SHR, S. 242.

keine weitergehende Bedeutung als die einem vom Gericht nach seinem Wert zu würdigenden Beweismittels[147].
Es ist auf jeden Fall davon abzusehen, daß die öffentlich-rechtlichen Schiffssicherheitsbestimmungen nur das Mindestmaß dessen darstellen, was der Passagier von dem Transporteur zu erwarten hat. Der Transporteur haftet aus dem PassV. dafür, daß alle zur sicheren Beförderung des Passagiers gebotenen Einrichtungen und Maßnahmen getroffen sind und sachgemäßer Überprüfung unterliegen[148].
Ein Ausschuß der Haftung für anfängliche Seetüchtigkeit des Schiffes durch die Bef.B. ist in Deutschland wegen Verstoßes gegen die guten Sitten nichtig[149]. Dagegen wird eine Enthaftungsmöglichkeit aus nachträglicher Seetüchtigkeit des Schiffes anerkannt[150].

b) Ordnungsmäßige Führung der Beförderung

Zum Inhalt der Fürsorgepflicht gehört ferner, daß der Transporteur die Beförderung des Passagiers ordnungsgemäß und frei von Navigationsfehlern durchführt. Es sind z. B. Schiffskollisionen und Strandungen zu vermeiden. Außerdem hat der Transporteur den Passagier von Naturereignissen, wie Sturm, Nebel usw., zu schützen. Zu der Fürsorgepflicht des Transporteurs gehört weiter, dafür zu sorgen, daß der Passagier von Behelligungen und groben Belästigungen durch die Schiffsinsassen geschützt wird. Der Begriff der Schiffsinsassen enthält hier sowohl die Mannschaft des Schiffes, die Schiffsoffiziere und den Kapitän, als auch die mitreisenden Passagiere[151].

c) Schutz der Gesundheit des Passagiers an Bord

Zum Schutz der Gesundheit des Passagiers an Bord wird dem Transporteur untersagt, Passagiere, die mit ansteckenden Krankheiten behaftet sind, an Bord zu nehmen. Geschieht es dennoch, so hat der Transporteur dafür zu sorgen, daß mitgenommene kranke Passagiere in besonderen Räumen befördert werden, so daß davon keine Ansteckungsgefahr für die anderen Passagiere besteht. Ebenso muß der Transporteur dafür sorgen, daß die Passagiere durch Infektionskrankheiten der Angestellten des Schiffes nicht gefährdet werden.

---

[147] RG in JW 1957, 190; Schaps-Abraham, a. a. O.
[148] RGZ 83, 197; 116, 214; 124, 49; 126, 329; Schaps-Abraham, II Vorb. § 664 Anm. 15.
[149] BGH 13. III. 1956 in LM § 138 Cc; HansGZ 1926, 137; Clamer, S. 84 f.; Domine, S. 73 ff.; Raiser, S. 313.
[150] Vgl. Wüstendörfer SHR, S. 239.
[151] Clamer, S. 18; Grapengeter, S. 59; Wodrich, S. 82; Wohlhaupter, a. a. O., S. 198.

Gefährliche geisteskranke Passagiere hat der Transporteur von der Beförderung auszuschließen oder ihnen die Benutzung der Gemeinschaftsräume zu untersagen. Er darf ihnen ferner keine alkoholischen Getränke verabreichen[152].
Eine weitere Pflicht des Transporteurs besteht darin, daß er für die ärztliche Betreuung des Passagiers zu sorgen hat[153]. Diese Pflicht erfolgt unentgeltlich und umfaßt nur die erforderliche und notwendige Behandlung des erkrankten Passagiers. Der Passagier hat einen Schadensersatzanspruch direkt gegen den Transporteur, wenn ihm infolge unzulänglicher Behandlung durch den Schiffsarzt ein Schaden zugefügt wurde.
Kommt der Passagier bereits krank an Bord, so ist der Transporteur nicht mehr verpflichtet, ihm ohne Entgelt ärztliche Betreuung zu gewährleisten. In diesem Fall ist der Passagier zur Zahlung eines Entgeltes für die Inanspruchnahme ärztlicher Hilfe verpflichtet.
Die Gesundheit des Passagiers an Bord wird außerdem durch gesetzliche Bestimmungen über die Krankenfürsorge auf Kauffahrteischiffen geschützt[154].

D. ANSPRÜCHE WEGEN VERLETZUNG DER FÜRSORGEPFLICHT (RECHTSGRUNDLAGE DER VERANTWORTLICHKEIT)

Verletzt der Transporteur seine Pflicht, den Passagier unversehrt an den Bestimmungsort zu befördern, so ist von ihm Schadensersatz zu verlangen. Da aber eine Körperverletzung keinen Fehler der Beförderung darstellt und das Gewährleistungsrecht des Werkvertrages als Grundlage der Schadensersatzpflicht des Transporteurs nicht in Betracht kommen kann, ist die Rechtsgrundlage der Verantwortlichkeit des Transporteurs wegen Verletzung der Fürsorgepflicht umstritten.
Die in der deutschen Literatur herrschende Lehre betrachtet die Verletzung der Fürsorgepflicht des Transporteurs mit Recht als positive Vertragsverletzung[155]. Bei einer Verletzung der Fürsorgepflicht liegt das vertragswidrige Verhalten des Transporteurs in einem positiven Tun, das weder Verzug noch Unmöglichkeit der Leistung zur Folge hat. Der Transporteur verletzt etwas, was er zu tun verpflichtet ist.

---

[152] Wodrich, S. 81; Boyens-Lewis, I S. 442 Anm. 12; Schaps- Abraham, II Vorb. § 664 Anm. 15; Wohlhaupter, a. a. O., S. 197; Clamer, S. 19; Grapengeter, S. 53 Anm. 2.
[153] Nach der Bef. B. der Hbg. Am. Lin. Kl. 4 besteht diese Pflicht nicht.
[154] VO v. 21. XII. 1956 (BGBl. II S. 752) § 8; vgl. Wodrich, S. 81; Grapengeter, S. 54; Schaps-Abraham, I S. 1221 ff.
[155] Staub, III. Anhang zu § 374 Anm. 271 ff.; Staudinger, II 2. Anm. 1 c zu § 326; Düringer-Hachenburg, IV S. 324 ff.

Nach einer zweiten Auffassung soll sich die Schadensersatzpflicht des Transporteurs wegen Verletzung der Fürsorgepflicht aus einer Gesetzesanalogie zu § 606 Satz 2 HGB ergeben. Wenn beim Seefrachtgeschäft für schuldhafte Sachbeschädigung des Verfrachters auf Schadensersatz gehaftet wird, muß erst recht auch im Personenfrachtgeschäft gehaftet werden, wenn der Transporteur infolge schuldhafter Verletzung seiner Sorgfaltspflicht seine *„Personenfracht"* beschädigt[156].

Gegen diese Meinung ist einzuwenden, daß eine analoge Anwendung des § 606 HGB nur da möglich ist, wo eine Rezeptumshaftung Platz greift. Der Passagier gelangt jedoch nicht wie das Frachtgut in die Obhut des Transporteurs, sondern bleibt auch während der Reise ein sich frei bewegendes Subjekt, so daß von einer Rezeptumshaftung keine Rede sein kann[157].

In der Praxis pflegen die Transporteure ihre Haftung wegen Körperschäden des Passagiers an Bord völlig auszuschließen[158], und häufig behalten sie sich das Recht vor, an Bord gefährliche und explosive Ladung mitzubefördern[159], die Passagiere in ein anderes Schiff umzuschiffen[160] oder Schiffslotsen nur freiwillig zu nehmen[161].

E. DIE BEWEISLAST BEI VERLETZUNG DER FÜRSORGEPFLICHT

Nach den allgemeinen Grundsätzen hat der Anspruchserhebende alle Tatsachen zu beweisen, die seinen Anspruch begründen. Diese Beweislastverteilung ist im deutschen Recht für Ersatzansprüche wegen Körperverletzung eines Passagiers heftig umstritten[162].

Ein Teil der älteren Rechtsprechung, dem auch ein wesentlicher Teil des Schrifttums zustimmte[163], ließ auch beim PassV. die allgemeine Beweislastregel gelten und bürdete dem Passagier als Gläubiger den Beweis eines ursächlichen Verschuldens des Transporteurs auf, wobei ein Beweis des

---

156 Wodrich, S. 67, 68.

157 Abraham, S. 111; Clamer, S. 23; Pappenheim, III S. 438; Wüstendörfer SHR, S. 268.

158 Siehe Hbg. Am. Lin. Kl. 11; Hamburg-Süd „Haftpflicht".

159 Ozean-Linie 10; Nord-Lloyd 7; Hbg. Am. Lin. 7.

160 Ozean-Linie 2.

161 Ozean-Linie 4; Nord-Lloyd 7, Hbg. Am. Lin. 7.

162 RGZ 68, 429; Lindemaier, Zur Beweislast, in Festschrift für Raape 1948, S. 349 ff. (357); Clamer, S. 29 ff.; Schaps-Abraham, Vorb. § 664 Anm. 17; Wüstendörfer SHR, S. 367 f.; Wodrich, S. 104 ff.

163 RGZ 55, 335; 86, 321 (322); 66, 12; HansOLG 10. III. 1910, in Recht 1910, 1923; Schaps-Mittelstein, I Vorb. § 664 Anm. 6.

ersten Anscheins genügen sollte[164]. Nach der Ansicht des BGH hat der Transporteur den Beweis seiner Schuldlosigkeit zu führen, wenn die Schadensursache aus einem solchen Gefahrenkreis hervorgegangen ist, für welchen er im Zweifel die Verantwortung trägt[165]. Dabei, meint der Bundesgerichtshof, genüge ein prima facie Beweis. Im Gegensatz zu der Rechtsprechung vertritt die Literatur überwiegend die Meinung, daß die Beweislast für fehlendes Verschulden § 282 BGB gemäß dem Transporteur aufzubürden sei[166]. Diese Meinung beruht mit Recht auf dem Gedanken, daß der Transporteur mit seinem Schiffsbetrieb einen Gefahrenkreis schafft, in den sich der Passagier für die Dauer der Reise in einer Weise begibt, daß ihm häufig die Möglichkeit fehlt, die Ursache des Schadens zu erkennen[167]. Der Transporteur ist dagegen in der Lage, mit seiner fachkundigen Schiffsbesatzung mit geringerer Mühe die Unfallursache aufzuklären und den Beweis zu führen, daß er und seine Hilfspersonen sorgfältig gehandelt haben[168].

Häufig wird die Beweislast von den Bef.B. dem Passagier entweder durch eine ausdrückliche Klausel oder durch Entlastung von bestimmten Schadensarten („fire, explosion, bursting of boilers or pipelines, breaking of shafts" usw.) oder Ursachen („Act of God, the perils of seas and rivers, King's enemies, pirate, barratry, arrest, rules of people" usw.)[169] aufgebürdet. Diese Klauseln werden anerkannt, solange sie nicht gegen zwingende Verschuldenshaftung oder Beweislastverteilung verstoßen. Freizeichnungen aus zufälligen Ereignissen haben immer die Bedeutung der Umkehrung der Beweislast zu Lasten des Passagiers[170].

§ 5: Die Auflösung des Passagiervertrages

A. ALLGEMEINES

Das aus dem PassV. begründete Vertragsverhältnis endet zweckgemäß mit der Ankunft des Passagiers an dem vereinbarten Bestimmungsort.

---

[164] RGZ 124, 49 (51); 126, 329 (331) = Hansa 1930, 246; WODRICH, S. 105 f.; CLAMER, S. 29 f.

[165] BGHZ 4, 260; 8, 239 (241); BGH 11. II. 1957, in NJW 1957, 746; ABRAHAM, S. 130; PALANDT, Vorb. § 249 Anm. 8; CLAMER, S. 30.

[166] RGZ 126, 137; 124, 511; 66, 15; 86, 321; SOERGEL, I Vorb. § 275 Anm. 4 b f.; CLAMER, S. 33; LINDENMAIER, a. a. O., S. 360; RAAPE, a. a. O., S. 266; WÜSTENDÖRFER SHR, S. 367; SCHAPS-ABRAHAM, II Vorb. § 664 Anm. 17; SCHLEGELBERGER-LIESECKE, § 664 Anm. 13.

[167] CLAMER, S. 31; RAAPE, a. a. O., S. 267; vgl. LINDEMAIER, a. a. O., S. 359.

[168] BGHZ 8, 239 (241); BGH 11. II. 1957, in NJW 1957, 746; CLAMER, S. 32.

[169] Hbg. Am. Lin. Kl. 8; Nord-Lloyd Kl. 8; Ozean-Linie Kl. 1.

[170] WÜSTENDÖRFER, Studien, S. 390 Anm. 2.

Liegt aber ein Grund für vorzeitige Auflösung des PassV. vor, so ist zu unterscheiden, ob die Vorschriften des BGB über den Werkvertrag (§§ 631 bis 651) oder die allgemeinen Grundsätze über die Unmöglichkeit der Leistung (§§ 306, 308, 323—327 BGB) zur Anwendung kommen oder ob eine seerechtliche Sonderbestimmung den Parteien ein Rücktrittsrecht einräumt. Das HGB enthält eine Regelung über die Rücktrittsrechte der Vertragsparteien, welche die Anwendung der Vorschriften des BGB entsprechend der Eigenart des PassV. erheblich beschränkt. In der nachfolgenden Darstellung kommen nur die Sonderbestimmungen des HGB über die Auflösung des PassV. in Betracht.

B. DIE RÜCKTRITTSRECHTE DES PASSAGIERS NACH § 667 HGB

Dem Passagier steht wegen der Eigenart des PassV. jederzeit die Befugnis zu, seinen Rücktritt zu erklären. Weil aber der PassV. ein kaufmännisches Geschäft ist und der Transporteur mit der Zahlung des Fahrpreises gerechnet hat, ist das Recht des Passagiers zum Rücktritt aus dem PassV. meistens mit der Zahlung der Hälfte oder des vollen Fahrpreises verbunden.

1. Rücktritt vor dem Antritt der Reise

Gegen Zahlung der Hälfte des Fahrpreises hat der Passagier das Recht, seinen Rücktritt aus dem PassV. vor Antritt der Reise zu erklären oder wegen Krankheit oder aus einem anderen seine Person betreffenden Grund, von dem PassV. zurücktreten (§ 667 I HGB).

2. Rücktritt nach Antritt der Reise

Dem Passagier wird nach dem Antritt der Reise in den Fällen des § 667 I HGB nur gegen Zahlung des vollen Fahrpreises ein Rücktrittsrecht gewährt. Erfolgt der Rücktritt des Passagiers wegen Unterbrechung der Reise seitens des Transporteurs, so ist dem Transporteur nur Distanzgeld zu gewähren.

C. DIE RÜCKTRITTSRECHTE DES TRANSPORTEURS

Erfolgt die Beförderung des Passagiers mit einem Schiff, das hauptsächlich zur Beförderung von Gütern bestimmt ist, so steht dem Transporteur ein Rücktrittsrecht zu, wenn die Reise unterbleiben muß, weil die Güter ohne sein Verschulden nicht befördert werden können. Es handelt sich um eine vereinbarte Beförderung des Passagiers mit einem Frachtschiff, die als

Zusatzgeschäft anzusehen ist und unter der stillschweigenden Vereinbarung getroffen wurde, daß die Beförderung der Güter, deretwegen die Reise ursprünglich angetreten werden sollte, zustande kommt[171]. Das Rücktrittsrecht aus HGB § 669 II hat der Transporteur nicht nur, wenn das ganze Gut nicht befördert werden kann, sondern auch, wenn die Unmöglichkeit der Beförderung den für das Interesse des Verfrachters wesentlichen Teil der Fracht betrifft.

Unternimmt der Transporteur dennoch die Reise aus irgendwelchen Gründen, so lebt der aufgelöste PassV. nicht wieder auf. In dem Entschluß des Transporteurs, die Reise dahingehend auszuführen, ist eine Aufforderung zum Abschluß eines neuen PassV. zu sehen.

Ob dem Transporteur erlaubt ist, von dem PassV. auf Grund einer ansteckenden Krankheit des Passagiers zurückzutreten, richtet sich nach den polizeilichen Schutzgesetzen und Verordnungen. Im Interesse der übrigen auf dem Schiffe befindlichen Personen soll ihm das Recht zugebilligt werden, einen an ansteckender Krankheit leidenden Passagier von der Beförderung auszuschließen[172].

D. DIE RÜCKTRITTSRECHTE BEIDER VERTRAGSPARTEIEN

Das HGB billigt beiden Vertragsparteien ein Rücktrittsrecht zu:

a) wenn ein Krieg ausbricht, infolgedessen das Schiff nicht mehr als frei betrachtet werden kann und der Gefahr der Aufbringung ausgesetzt ist und

b) wenn die Reise durch eine das Schiff betreffende Verfügung von hoher Hand aufgehalten wird (§ 669 I HGB). Unerhebliche Verzögerung der Reise kommt nicht in Betracht (vgl. § 629 Abs. I HGB).

E. AUSSERKRAFTTRETEN DES PASSAGIERVERTRAGES VON GESETZES WEGEN

Nach § 668 HGB tritt der PassV. außer Kraft, wenn durch einen Zufall das Schiff verlorengeht. Das Schicksal des Schiffes ist mit der Erfüllung des PassV. derartig verbunden, daß ein Zufall, welcher das Schiff als solches trifft, die Erfüllung des ganzen PassV. unmöglich macht (vgl. § 628 HGB). Durch den zufälligen Verlust des Schiffes tritt der PassV. automatisch außer Kraft und seine Nichterfüllung bedarf nicht einer ausdrücklichen Erklärung der Beteiligten. Tritt der Verlust des Schiffes vor dem Antritt der Reise ein und stellt der Transporteur ein neues Schiff

[171] Burchard, S. 32; Murken, S. 29; Wodrich, S. 55.

[172] Wodrich, S. 55 f.; Grapengeter, S. 77 f., 84; a. A. Burchard, S. 31; Boyens-Lewis, II S. 397; Brandis, II § 94; Schaps-Abraham, II § 669 Anm. 4.

für die Beförderung, so ist sein Verhalten als Aufforderung zum Abschluß eines neuen PassV. auszulegen[173].

F. SCHADENSERSATZ WEGEN RÜCKTRITT

Nach § 670 HGB ist in allen Fällen, in denen nach §§ 668, 669 HGB der PassV. aufgelöst wird, kein Teil zur Entschädigung des anderen verpflichtet. Infolgedessen ist der Passagier berechtigt, auf dem Wege der ungerechtfertigten Bereicherung den schon bezahlten Fahrpreis zurückzuverlangen (§ 812 BGB). Erfolgt aber die Auflösung des PassV. nach dem Antritt der Reise, so hat der Passagier den Fahrpreis nach dem Verhältnis der zurückgelegten Strecke zur ganzen Reise zu zahlen[174]. Durch die Bef.B. wird meistens vereinbart, daß der Passagier auf jeden Fall den ganzen Fahrpreis zu zahlen hat.

§ 670 HGB setzt voraus, daß die Auflösung des PassV. auf solchen Umständen beruht, die von keinem der Vertragspartner zu vertreten sind. Trifft dagegen eine Vertragspartei ein Verschulden bei dem Eintritt eines Umstandes, welcher die Unmöglichkeit der Leistung herbeiführt, so stehen der anderen Vertragspartei die Rechte aus BGB §§ 324 ff. zu.

§ 6: Schadensersatz wegen Verletzung der Vertragspflichten des Transporteurs

Ein Schadensersatzanspruch des Passagiers wegen Verletzung der Vertragspflichten gegen den Transporteur setzt voraus (§ 276 BGB), daß dadurch dem Passagier in Ausführung des Vertrages ein Schaden entstanden ist (A) und daß der Schaden auf einer Ursache beruht, die der Transporteur zu vertreten hat (B).

A. SCHADEN

Die Verletzung der Vertragspflichten macht den Transporteur schadensersatzpflichtig, wenn sie einen Schaden in den Rechtsgütern des Passagiers zur Folge hat. Zwischen Verletzung der Vertragspflichten und dem erlittenen Schaden des Passagiers ist ein Ursachenzusammenhang notwendig. In Betracht kommen nur materielle Schäden. Wegen eines Schadens, der nicht Vermögensschaden ist (etwa Schmerzen), kann auf Grund des PassV. keine Entschädigung verlangt werden (§ 253 BGB).

Die Schäden, die ein Passagier an Bord erleidet, sind meistens positive Schäden, z. B. Verlust oder Beschädigung des Reisegutes oder Kosten

---

[173] Grapengeter, S. 80; Schlegelberger-Liesecke, § 668.

[174] Vgl. HGB Niederlande § 525.

wegen ärztlicher Behandlung und für Arzneimittel im Falle einer Körperverletzung; Schäden in der Gestalt eines „entgangenen Gewinns" sind jedoch möglich (§ 252 BGB), z. B. Verdienst- oder Erwerbsausfall wegen einer Körperverletzung oder wegen verschuldeter Verspätung des Schiffes. Auch diese Schäden hat der Transporteur zu ersetzen[175].

B. VERSCHULDEN

Der Transporteur ist für Schäden des Passagiers nur dann verantwortlich, wenn die Verletzung seiner Vertragspflichten auf seinem eigenen Verschulden oder auf dem Verschulden seiner Hilfspersonen beruht. Ist der Passagier bei der Verursachung des Schadens mitschuldig, so wird die Schadensersatzpflicht des Transporteurs im Verhältnis zum beiderseitigen Verschulden gemindert oder ausgeschlossen (§ 254 Satz 1 BGB)[176].
Durch die BefB. wird die Schadensersatzpflicht des Transporteurs für jegliches Verschulden ausgeschlossen[177]. Eine ausdrückliche generelle Enthaftungsklausel ist in den deutschen BefB. der Linienreedereien nicht entwickelt worden, dennoch führen praktisch die einzelnen Freizeichnungsklauseln durch ihre Häufung zu einem generellen Haftungsausschluß des Transporteurs. Eine Grenze für die Rechtswirksamkeit dieser Klauseln sieht die Rechtsordnung in der Freizeichnung des Transporteurs aus Vorsatz (§ 276 II BGB). Die Enthaftung bei Verschulden (eigenes Verschulden oder Verschulden der Hilfspersonen) tritt deswegen in Gestalt der Verfehlungsklausel (negligence-Klausel) auf, welche bei fahrlässig verursachten Schäden sowohl die Haftung aus dem PassV. als auch aus unerlaubter Handlung ausschließt[178].

1. Verantwortlichkeit für eigenes Verschulden

Der Transporteur wird zum Schadensersatz verpflichtet, wenn er bei der Erfüllung seiner Vertragspflichten vorsätzlich oder fahrlässig dem Passagier einen Schaden verursacht hat (§ 276 I Satz 1 BGB). Vorsatz des Transporteurs kommt selten in Betracht. Seine Haftung aus Fahrlässigkeit ist aber wegen der Gefahren seines Seeunternehmens besonders erhöht. Eigenes Verschulden des Transporteurs liegt vor, wenn er z. B. das Schiff nicht rechtzeitig zur Beförderung der Passagiere stellt, einen untauglichen

---

[175] Clamer, S. 26.
[176] RG 8, III. 1930 DRZ Beil. Nr. 301, Sp. 172; Boyens-Lewis, II 394 Anm. 3; Grapengeter, S. 59 f.
[177] Siehe jedoch Staudinger, II Teil 1 b, Anm. D 107 und OLG Köln DR 1943, 591.
[178] Ozean-Linie 1; Hapag-Lloyd 8; Nord-Lloyd 8; vgl. Clamer, S. 72; Wodrich, S. 125; Wüstendörfer SHR, S. 282.

Kapitän oder Schiffsoffizier auswählt, ein seeuntüchtiges Schiff stellt, die Besatzung nicht beaufsichtigt, der Besatzung vertragswidrige Weisungen erteilt oder Dienstobliegenheiten der Besatzung persönlich übernimmt und dabei schuldhaft handelt[179].

Der Transporteur kann sich von seiner Haftung wegen eigenen Vorsatzes nicht im voraus freizeichnen (§ 276 II BGB), auch dann nicht, wenn er keine Monopolstellung besitzt. Das Freizeichnungsverbot gilt gleichermaßen für vertragliches wie auch für deliktisches Verschulden[180]. Die Freizeichnung von der Haftung aus eigener Fahrlässigkeit ist vom BGB nicht ausdrücklich untersagt. Es wurde aber von der Rechtsprechung und vom Schrifttum angenommen, daß eine solche Freizeichnung gegen die guten Sitten verstoße, auch wenn der Transporteur keine Monopolstellung besitzt[181].

2. *Verantwortlichkeit für das Verschulden der Hilfspersonen*

Die Durchführung der Passagierbeförderung benötigt sowohl an Land als auch an Bord des Schiffes zahlreiche verschiedene Hilfspersonen. Büroangestellte und Gehilfen schließen anstelle des Transporteurs den PassV. mit dem Passagier ab. Seeleute und Hafenarbeiter verwirklichen die Beförderung des Passagiers zur See. Lotsen, Handwerker, Ärzte übernehmen verschiedene Werkleistungen und helfen dem Transporteur, seine Verpflichtungen aus dem PassV. zu erfüllen. Das Verschulden aller dieser Personen hat der Transporteur zu vertreten, wenn sie in Erfüllung seiner Verbindlichkeiten aus dem PassV. dem Passagier einen Schaden zufügen. Ein Handeln der Hilfspersonen „bei Gelegenheit" genügt nicht, eine Haftung des Transporteurs zu begründen[182].

Besitzt der Transporteur nicht die Eigenschaft eines *Reeders* (oder desgleichen die Eigenschaft eines Ausrüsters, so hat er nach den allgemeinen Grundsätzen des BGB (§ 278 BGB) das Verschulden seiner Hilfspersonen in Erfüllung seiner aus dem PassV. entstehenden Verbindlichkeiten wie eigenes Verschulden zu vertreten. Er ist trotzdem befugt, sich nach § 278, Satz 2 BGB von seiner Haftung wegen Vorsatzes dieser Personen im voraus freizuzeichnen.

---

[179] RGZ 133, 167; HansGZ 1872, 107; Boyens-Lewis, I S. 224, II S. 394 Anm. 3; Schaps-Abraham, II § 486 Anm. 1; Wagner, S. 183; Clamer, S. 27; Wüstendörfer SHR, S. 133.

[180] Palandt, § 276 A. 1 c und 5 c.

[181] RGZ 103, 82; Domine, S. 35 ff.; Wüstendörfer SHR, S. 243; Raiser, S. 308.

[182] Z. B. ein Matrose bestiehlt einen Passagier; ein Büroangestellter gerät aus persönlichen Gründen in Streit mit einem Passagier und verletzt ihn. Vgl. Wüstendörfer SHR, S. 177.

Ist dagegen der Transporteur mit dem Reeder identisch oder mit ihm gleichzusetzen (was in der Praxis meistens der Fall ist), so unterliegt seine Verantwortlichkeit wegen Verschuldens bestimmter Hilfspersonen einer Sonderregelung durch die Normen des Seerechtes. Das deutsche Schrifttum unterscheidet zwischen Hilfspersonen des Landbetriebes und Hilfspersonen des Seebetriebes[183]. Das Verschulden der Hilfspersonen des Landbetriebes bei Erfüllung einer Verbindlichkeit aus dem PassV. hat der Transporteur nach den allgemeinen Grundsätzen des BGB (§ 278) in gleichem Umfange wie eigenes Verschulden zu vertreten. Dagegen ergibt sich die Schadensersatzpflicht des Reeder/Transporteurs wegen Verschuldens der Schiffsbesatzung und der ihr gleichzustellenden Personen aus § 485 HGB[184]. § 485 HGB umfaßt Verantwortlichkeit des Reeders sowohl aus vertraglicher als auch aus deliktischer Handlung[185]. Beim PassV. hat der Reeder/Transporteur meistens als Vertragspartner für die Handlungen der Schiffsbesatzung einzustehen. Daher kommt in erster Linie § 278 BGB zur Anwendung. Daneben besteht aber seine Haftung aus § 485 HGB. Die Verantwortlichkeit des Reeder/Transporteurs aus § 485 HGB geht weiter als die aus § 278 BGB, weil sie auch das Verschulden von Verrichtungsgehilfen des Reeders erfaßt, deren er sich als Transporteur bei der Erfüllung des PassV. nicht bedient. Dies wird besonders deutlich bei kombinierten Fracht-Passagierschiffen, die hauptsächlich Güter befördern, z. B. Verletzung des Passagiers durch eine ausschließlich mit der Stauung der Ladung beschäftigte Person der Schiffsbesatzung[186]. § 485 HGB setzt ein fahrlässiges oder vorsätzliches Handeln einer Person der Schiffsbesatzung voraus. Infolge der Einführung der Haager Regeln[187] hat das deutsche Seerecht den Verfrachter (§ 607 HGB) und den Reeder (§ 485 Satz II HGB) von der Haftung aus nautischem Verschulden der Besatzungsmitglieder befreit[188]. Aber hinsichtlich der Personalschäden bei der Passagierbeförderung auf See ist in Deutschland umstritten, ob der Reeder/Transporteur eine solche Erleichterung genießen sollte. Das Problem liegt darin, ob der Rechtsgedanke des § 607 Abs. II HGB, wonach

---

[183] Vgl. Schaps-Abraham, II § 481 Anm. 4 ff.

[184] Vgl. BGH 12. XII. 1957 in NJW 1958, 220 (221); BGH 15, II. 1955 in Hansa 1955, 1886; RGZ 9, 158 (162); s. auch Schaps-Abraham, II § 485 HGB; Wodrich, S. 85; Clamer, S. 46; Wüstendörfer SHR, S. 177 f.

[185] Vgl. Sotiropoulos BRH, S. 44; Wüstendörfer SHR, S. 176; Abraham, S. 73; BGH 27. I. 1958 = Hansa 1958, 627 (628) = MDR 1958, 307.

[186] Wodrich, S. 92.

[187] Gesetz vom 10. VII. 1937 (RGBl. 1939 II 1049).

[188] Wüstendörfer SHR, S. 271—275, Studien, S. 392 ff.; Abraham, S. 115 ff.; Gütschow, S. 36 ff.

der Verfrachter den Ladungsbeteiligten nur für eigenes nautisches Verschulden haftet, auch auf den PassV. zutrifft. Hingegen hat der Transporteur als Verfrachter bei Beschädigung oder Verlust des „übernommenen“ Reisegutes als Verfrachter das Verschulden seiner Leute, nur soweit es sich um kommerzielles Verschulden handelt, im gleichen Umfange wie eigenes Verschulden zu vertreten (§ 607 HGB). Eine Haftung für Verschulden der Schiffsbesatzung ist daher ausgeschlossen, wenn der Schaden bei der Führung oder sonstiger Bedienung des Schiffes oder durch Feuer entstanden ist (nautisches Verschulden).

An Bord des Schiffes sind ferner sehr oft Personen tätig, welche der Schiffsbesatzung nicht angehören, weil sie nicht auf Rechnung des Transporteurs, sondern ihm nicht gleichzustellender Dritter arbeiten. Solche Personen sind z. B. Angestellte eines Gaststättenpächters an Bord eines Passagierschiffes, welche nicht für den Transporteur, sondern für den Pächter arbeiten[189]. Dennoch löst das Verschulden dieser Personen eine Haftung des Transporteurs nach den allgemeinen Grundsätzen aus (§ 278 BGB), weil sie im Rahmen des PassV. als seine Erfüllungsgehilfen betrachtet werden.

Eine Freizeichnung des Transporteurs von seiner Verantwortlichkeit für Verschulden (Vorsatz und Fahrlässigkeit) der Hilfspersonen ist zulässig (§278 Satz 2 BGB).

Die Praxis hat aber gezeigt, daß sehr oft die Größe des Betriebes dem Transporteur eine eigene Leistung unmöglich macht, so daß er sein Unternehmen in die Hand erfahrener *„leitender Angestellter“* zu legen hat. In der Freizeichnung von der Haftung für das Verschulden solcher leitenden Angestellten sieht die Rechtsprechung eine Sittenwidrigkeit, denn ihr Verschulden ist in Wirklichkeit dem des Transporteurs gleichzustellen, weil sie seine Funktion ausüben[190]. Unter den Begriff des leitenden Angestellten fallen nur diejenigen Personen, welche auf Grund der Organisation des Transporteurs Anordnungsbefugnisse nach innen und Vertretungsmacht nach außen in so weitgehendem Maße ausüben, daß ihr Handeln im Geschäftsleben dem des Transporteurs tatsächlich und rechtlich als gleichwertig zu betrachten ist, z. B. Prokuristen und höhere Abteilungsleiter seines Betriebes. Den leitenden Angestellten ist aber der Kapitän des Schiffes nicht zuzurechnen[191].

---

[189] Sotiropoulos HP, S. 64; Wodrich, Haftpflicht und PI Versicherung beim Passagiervertrag, in Hansa 1958, 634; Wüstendörfer SHR, S. 172.

[190] BGH 13. III. 1956 = LM § 138 Cc BGB Nr. 1; RGZ 102, 396 (397); 106, 386 (388); Domine, S. 40 ff.; Raiser, S. 309; Wüstendörfer SHR, S. 243.

[191] Domine, S. 64, 80; Clamer, S. 83; Wüstendörfer SHR, S. 243.

§ 7: Schadensersatz wegen unerlaubter Handlungen

A. ALLGEMEINES

Das schadenstiftende Verhalten des Transporteurs erfüllt oft sowohl den Tatbestand einer Forderungsverletzung als auch den einer unerlaubten Handlung, z. B. Körperverletzung des Passagiers bei einer Explosion auf dem Schiff. In solchen Fällen hat der Passagier außer den vertraglichen Ansprüchen auf Schadensersatz auch deliktische Ansprüche aus §§ 823 ff. BGB. Beide Ansprüche können gerichtlich unabhängig voneinander geltend gemacht werden. Wird aber einer dieser Ansprüche befriedigt, so erlischt auch der andere, soweit er auf dasselbe Ziel gerichtet ist[192]. Der Vorteil der Vertragshaftung für den Passagier liegt darin, daß der Transporteur nach § 282 BGB nachweisen muß, seine Hilfspersonen treffe kein Verschulden, während bei deliktischer Haftung der geschädigte Passagier das Verschulden des Transporteurs oder seiner Verrichtungsgehilfen zu beweisen hat.

B. DIE RECHTSGRUNDLAGE DER VERANTWORTLICHKEIT

1. Die Verkehrssicherungspflicht

Aus § 823 Satz I BGB ergibt sich die Pflicht des Transporteurs, für den von ihm eröffneten Verkehr zu sorgen, da er verschiedene Gefahren in sich birgt[193]. Die Schiffe enthalten zwar während der Reise nur den begrenzten Kreis der Passagiere und der Schiffsbesatzung, jedoch soll der Transporteur zur Verkehrssicherung verpflichtet sein, denn schon die Eröffnung eines begrenzten Verkehrs bedarf erforderlicher Sicherungsmaßnahmen[194].

2. Der Verstoß gegen ein Schutzgesetz

Der Transporteur ist zum Schadensersatz verpflichtet, wenn sein Verhalten gegen ein den Schutz des Passagiers bezweckendes Gesetz („Schutz-

---

[192] Abraham, S. 130; Clamer, S. 37; Schulze-Schmidt, S. 38; Wohlhaupter, a. a. O., S. 203; Wüstendörfer, a. a. O., S. 367; Schaps-Abraham, II § 485 Anm. 27; Lehmann, S. 39 V; vgl. RGZ 88, 433; 102, 44.

[193] RGZ 116, 213 (214); 124, 49 (50); 126, 329 (330); ebenso Abraham, S. 153, Clamer, S. 38; vgl. Enneccerus-Nipperdey, I 2 § 216.

[194] Vgl. RG 10. XI. 1915 = JW 1916, 293; RG 18. X. 1934 in JW 1935, 273 und LG Fulda 7, II. 1952 in VersR 1952, 280.

gesetz") verstößt (§ 823 Abs. II BGB)[195]. Schutzgesetze, die die Passagierbeförderung betreffen, sind vor allem die Schiffssicherheitsvorschriften[196], die Seeverkehrsvorschriften[197] und die allgemeinen Strafgesetze[198]. Die Unfallverhütungsvorschriften der SBG enthalten dagegen keine Vorschriften zum Schutz des Passagiers, da sie nicht Passagierunfälle sondern Arbeitsunfälle verhüten sollen. Die Schadensersatzpflicht wegen Verstoßes gegen ein Schutzgesetz beruht auch dann auf dem Verschulden des Transporteurs, wenn der Tatbestand des betreffenden Schutzgesetzes kein Verschulden voraussetzt. Das Verschulden bezieht sich hier nicht auf die Vorhersehbarkeit des schädigenden Erfolges, sondern nur auf die Vorhersehbarkeit des Verstoßes gegen das Schutzgesetz[199].

C. DIE VERANTWORTLICHKEIT FÜR UNERLAUBTE HANDLUNGEN DER HILFSPERSONEN

Das deutsche Recht kennt eine Erfolgshaftung für fremdes Verschulden nicht. Dennoch ist innerhalb seerechtlicher Beziehungen ein deliktischer Anspruch auf Schadensersatz unter den Voraussetzungen des § 485 HGB möglich. Nach § 485 HGB ist der Reeder für jeden Schaden verantwortlich, den eine Person der Schiffsbesatzung oder ein an Bord tätiger Seelotse einem Dritten in Ausführung von Dienstverrichtungen schuldhaft zufügt[200]. Aus § 485 HGB wird kein selbständiger Schadensersatzanspruch geschaffen. Diese Haftung ist lediglich eine Haftung adjectitiae qualitatis, d. h. sie dehnt die nach dem bürgerlichen Recht begründete Haftung des schuldigen Besatzungsmitgliedes auf die Person des Reeders aus. Der Reeder haftet dem Passagier gegenüber neben der schuldigen Person als Gesamtschuldner. Auf ein eigenes Verschulden des Reeders kommt es jedoch im Falle des § 485 HGB, anders als nach § 831 BGB, nicht an. Die Haftung aus § 485 HGB trifft den Transporteur nur, wenn er mit dem Reeder des Schiffes identisch oder gleichzustellen ist. Ein Nicht-Reeder/Transporteur haftet den Passagieren gegenüber für unerlaubte Handlun-

---

195 Für den Begriff des Schutzgesetzes s. ENNECCERUS-LEHMANN, § 235; LARENZ II S. 343; SCHAPS-ABRAHAM, II § 735 Anm. 170.

196 So z. B. SSV London 1948. VO über die Sicherheitseinrichtungen für Fahrgast- und Frachtschiffe v. 31. V. 1955 (BGBl. II 645); Seeunfallgesetz v. 28. IX. 1953 (RGBl. II 1183).

197 So z. B. VO über die Sicherung der Seefahrt v. 15. XII. 1956 (RGBl. II 1579); VO über die Funkausrüstung und den Sicherheitsfunkwachdienst der Schiffe (Funksicherheitsverordnung) v. 9. IX. 1955 (RGBl. II 860) usw.

198 StGB §§ 145; 112; 223 ff.; 227; 230; 306 Ziff. 2; 309; 315; 316; 327.

199 RGZ 145, 107 (115 f.); CLAMER, S. 41; ENNECCERUS-LEHMANN, § 235 III.

200 SCHAPS-ABRAHAM, II § 485 Anm. 1 ff.; WODRICH, S. 92 ff.; CLAMER, S. 50 f.; WÜSTENDÖRFER SHR, S. 177.

gen seiner Hilfspersonen nur nach den allgemeinen Grundsätzen. Der Reeder/Transporteur haftet nach § 485 HGB nur für solche Ansprüche, für die auch die schuldige Besatzungsperson selbst in Anspruch genommen werden kann[201]. Liegen die Voraussetzungen des § 485 HGB vor und wurde der Schaden aus einer Handlung verursacht, die eine Verletzung des zwischen Passagier und Transporteur bestehenden Vertragsverhältnisses darstellt und die gleichzeitig die Merkmale einer unerlaubten Handlung aufweist, so hat der Passagier gegen den Transporteur eine doppelte Klage zur Verfügung[202]. Doch ist zu beachten, daß im Rahmen einer bestehenden vertraglichen Obliegenheit § 485 HGB nicht über § 278 BGB hinausgeht. Daher liegt die Hauptbedeutung von § 485 HGB auf außervertraglichem Gebiet[203]. Erfüllt das Verhalten der Hilfspersonen allein die Voraussetzungen einer unerlaubten Handlung, so hat der Passagier einen Anspruch gegen den Transporteur auf Schadensersatz nur unter den Voraussetzungen von § 485 HGB.

Der nach § 485 HGB zu ersetzende Schaden muß in einer Verletzung der im § 823 BGB genannten Rechtsgüter liegen. Auch Schmerzensgeld darf aus § 485 HGB unter den Voraussetzungen von § 847 BGB verlangt werden[204]. Ein Anspruch aus § 485 HGB kann gegen den Transporteur nur dann geltend gemacht werden, wenn der Schaden auf eine unerlaubte Handlung eines Besatzungsmitgliedes oder des an Bord tätigen Seelotsen zurückzuführen ist[205]. Für unerlaubte Handlungen anderer der Schiffsbesatzung nicht angehörender oder ihr nicht gleichzustellender Personen hat der Transporteur nicht einzustehen.

Als Mitglieder der Schiffsbesatzung sind der Kapitän des Schiffes, die Schiffsoffiziere, die Schiffsmannschaft sowie alle übrigen auf dem Schiff angestellten Personen (§ 481 HGB) anzusehen. Es ist dennoch zu beachten, daß die deutsche Rechtsprechung die Haftung des Reeders aus § 485 HGB auch für schuldhafte Handlungen anderer Hilfspersonen außer der Schiffsbesatzung anwendet[206]. Von dieser Rechtsprechung wird eine entsprechende Anwendung des § 485 HGB angenommen, wenn eine vorübergehende Beschäftigung einer Hilfsperson in „typischen Schiffsdiensten" vorliegt oder wenn die beschäftigten Personen Angestellte eines von der Schiffs-

---

[201] BGH 16, 152; BGH 12. XII. 6957 = NJW 1958, 220; RGZ 55, 316; Clamer, S. 146; Schaps-Abraham, II § 485 Anm. 16; Wüstendörfer SHR, S. 177.

[202] Schaps-Abraham, II § 485 Anm. 15 u. 30; Enneccerus-Lehmann, § 232.

[203] Schaps-Abraham, II § 485 Anm. 15.

[204] HansGZ 1915, 71 ff.; Wodrich, S. 95.

[205] Schaps-Abraham, II § 485 Anm. 7.

[206] BGHZ 26, 152; OLG Hamburg 29. IV. 1958 = MDR 58, 847 = Hansa 1958, 2102; Schaps-Abraham, II § 481 Anm. 9; Wüstendörfer SHR, S. 175, 247; Sotiropoulos HP, S. 9 ff.

leitung bestellten, selbständigen Unternehmers sind[207]. Der Transporteur haftet für unerlaubte Handlungen der Schiffsbesatzung nur, wenn das schuldige Besatzungsmitglied in Ausführung von Dienstverrichtungen gehandelt hat. „Dienstverrichtungen" sind Tätigkeiten, die mit der Benutzung des Schiffes zum Seefahrtserwerb in ursächlichem Zusammenhang stehen[208]. Dagegen hat der Transporteur für „bei Gelegenheit" begangene unerlaubte Handlungen der Besatzungsmitglieder nicht einzustehen, z. B. fallen nicht unter den Begriff der Dienstverrichtungen im Sinne des § 485 HGB Verletzungen aus Anlaß von Streitigkeiten bei der Arbeit oder Mißhandlung eines Passagiers durch den Kapitän anläßlich eines politischen Gesprächs bei einer Revision des Schiffes[209].

D. DIE VERANTWORTLICHKEIT FÜR VERRICHTUNGSGEHILFEN

Der Transporteur ist zum Ersatz des Schadens verpflichtet, den seine Verrichtungsgehilfen in Ausführung ihrer Verrichtungen dem Passagier widerrechtlich zugefügt haben (§ 831 Satz I BGB), es sei denn, daß der Transporteur bei der Auswahl dieser Personen, die im Verkehr erforderliche Sorgfalt beobachtet hat oder der Schaden auch bei Anwendung dieser Sorgfalt entstanden sein würde (§ 831 Satz II BGB). In Wirklichkeit liegt hier keine Haftung für das Verschulden dritter Personen, sondern nur eine Haftung für das Verschulden des Transporteurs bei der Auswahl der Verrichtungsgehilfen vor. Die Haftung aus § 831 BGB besteht sowohl für unerlaubte Handlungen des Landpersonals als auch für solche der Schiffsbesatzung und ist unabhängig von der Haftung des Transporteurs für unerlaubte Handlungen seiner Hilfspersonen nach § 485 HGB[210].

E. ANSPRÜCHE AUS SCHIFFSZUSAMMENSTOSS

Unerlaubte Handlungen, die einen Schiffszusammenstoß zur Folge haben, unterliegen wegen ihrer Eigenart einer besonderen Regelung (§§ 734 bis 739 HGB). Die Haftung für Schäden aus einem Schiffszusammenstoß ist durch das Gesetz vom 7. I. 1913 dem Brüsseler Übereinkommen zur einheitlichen Feststellung von Regeln über den Zusammenstoß von Schiffen

---

[207] BGHZ 26, 152; 3, 34 (40); RG 126, 35; Sotiropoulos HP, S. 11; Wüstendörfer SHR, S. 174.

[208] Schaps-Abraham, II § 485 Anm. 13.

[209] Schaps-Abraham, II § 485 Anm. 14; Wüstendörfer SHR, S. 170.

[210] BGH 14. III. 1957 in VersR 1957, 286; BGH 27. I. 1958 in Hansa 1958, 627 = MDR 1958, 307; Clamer, S. 36; Wodrich, S. 96; Wohlhaupter, a. a. O., S. 206 f.; Wüstendörfer SHR, S. 176.

(IÜZ) vom 23. IX. 1910[211] angepaßt. In der deutschen Literatur herrscht die Ansicht, daß die §§ 734 ff. HGB und das IÜZ nur die Haftung des schuldigen Schiffes gegenüber dem anderen Schiff und dessen Reise- und Ladungsbeteiligten regelte. Demnach habe der Passagier keinen Sonderanspruch gegen den Transporteur aus Personenschäden, welche durch einen Zusammenstoß verursacht worden sind. Nur die Haftung gegenüber fremden Passagieren sei Gegenstand dieser Vorschriften[212].

Dagegen ist schon darauf hingewiesen worden, daß § 739 Satz II HGB lediglich die Haftung aus Verträgen von der Anwendung der Sondernormen ausnimmt. Daß die gesetzlichen Ansprüche aus §§ 734 ff. HGB dem Vertragspartner des Transporteurs auch zuzubilligen sind, bestätigt § 736 II Satz I HGB. Danach sind die Reeder beider Schiffe als Gesamtschuldner zum Ersatz des Schadens verpflichtet, obwohl der Verletzte nur zu einem der beiden Reeder in Vertragsbeziehungen steht, sei es als Landungsbeteiligter, als Seemann oder als Passagier[213].

F. AUSSCHLUSS DER DELIKTISCHEN HAFTUNG

Auch von seiner deliktischen Haftung wird der Transporteur durch Freizeichnungsklauseln befreit[214]. Auf Grund der Vertragsfreiheit werden nach deutschem Recht auch solche Klauseln anerkannt, insofern sie nicht gegen die öffentliche Ordnung verstoßen. Einen solchen Verstoß sieht die herrschende Meinung im Schrifttum in der Freizeichnung des Transporteurs aus seiner eigenen vorsätzlich verursachten unerlaubten Handlung (§§ 276 Abs. 2, 278 Abs. 2 BGB). Die Wirkung dieser Klauseln greift im Falle einer Tötung oder Körperverletzung des Passagiers auch auf die Ansprüche berechtigter Dritter über, seien es Ansprüche, die erst in der Person des Passagiers entstehen oder selbständige Ansprüche von Unterhalts- oder Dienstberechtigten eines umgekommenen Passagiers (§§ 844 II, 845 BGB)[215].

Der Reeder kann sich auch zugunsten seiner Hilfspersonen freizeichnen, daß sie nicht für ihr Verschulden (abgesehen vom Vorsatz) haften. Dies

---

[211] RGBl. 1913, 49 ff.

[212] Schaps-Abraham, II Vorb. § 734 Anm. 1; Wüstendörfer SHR, S. 401 ff.

[213] Abraham, S. 166; Schaps-Abraham, II Vorb. § 734 Anm. 13; vgl. Clamer, S. 42; Backmeister, S. 105 f.; Schlegelberger-Liesecke, Vorb. § 664 Anm. 14.

[214] HansGZ 1929, 19; Schmidt-Lossberg ... vertragliche Haftungsbeschränkung gegenüber außervertraglichen Ansprüchen in MDR 1954, 521; Clamer, S. 86; Schaps-Abraham, II § 485 Anm. 24.

[215] RGZ 117, 102; Enneccerus-Lehmann, § 249 III; Palandt, § 844 Anm. 1 a; Clamer, S. 87.

ist auch dann zulässig, wenn der Reeder selbst sich nicht freizeichnen kann[216].

§ 8: Die gesetzliche Beschränkung der Haftung des Transporteurs

A. ALLGEMEINES

Die Art und der Umfang der Haftung des Transporteurs unterliegen einer Sonderregelung durch die Normen des Seerechts, falls der Transporteur (was in der Praxis die Regel ist) zugleich die Eigenschaft eines Reeders besitzt. Den Reeder/Transporteur trifft in den meisten Fällen nur eine beschränkte Sachhaftung, jedoch haftet er unter gewissen Voraussetzungen persönlich bis zu einer bestimmten Höhe oder unbeschränkt mit seinem ganzen Vermögen[217].

B. DIE BESCHRÄNKTE SACHHAFTUNG

Nach deutschem Seerecht (§ 486 Satz I HGB) schuldet der Reeder/Transporteur den vollen Ersatz des dem Passagier verursachten Schadens, er haftet aber ihm gegenüber nur dinglich beschränkt mit Schiff und Fracht (§ 486 Ziff. 2 u. 3 HGB)[218]. Das bedeutet, daß der Zwangsvollstreckung nur das Schiffsvermögen des Reeders unterliegt, bestehend aus dem Schiff nebst Zubehör (§ 755, 478 HGB), der Bruttofracht (§ 756, 757 HGB), den Fahrpreisforderungen von abgeschlossenen PassV. (§ 756, 677 HGB) und deren Surrogaten (§ 764 I; 530; 775 II; 775 I; 709 f.; 715 HGB, 865 I, 87 a ZPO)[219].

Die beschränkte Sachhaftung greift Platz in den folgenden drei Fällen:

a) Nach § 486 I Ziff. 1 HGB tritt die beschränkte Haftung des Transporteurs ein, wenn der Kapitän als solcher kraft seiner gesetzlichen Befugnisse und ohne eine besondere Vollmacht den PassV. abgeschlossen hat. Der Fall findet seine praktische Bedeutung nur außerhalb des

---

216 Schaps-Abraham, II § 485 Anm. 24.

217 Gesetzliche Haftungsbeschränkungen bei Personentransport wegen Fahrgastschäden sind allen Verkehrsarten eigentümlich. So § 7 a RHG; § 12 StVG; § 29 c LVG; § 486 HGB; vgl. für die Güterbeförderung § 430 HGB; §§ 85, 86, 88, 90 f. EVO; § 29 c II LVG; §§ 26, 59 f. BSchG; §§ 486, 658 ff. HGB.

218 Clamer, S. 58; Müller-Erzbach, Gefährdungshaftung und Gefahrtragung, in AcP 106, 309 ff. (405); Gierke, S. 570, 586; Wüstendörfer SHR, S. 125; Sotiropoulos BRH, S. 49; Schaps-Abraham, II § 486 Anm. 6.

219 Clamer, S. 59; Schaps-Abraham, II § 486 Anm. 13; Sotiropoulos BRH, S. 61.

Heimathafens, wo nach §§ 526ff. HGB dem Kapitän eine solche gesetzliche Vertretungsmacht gegeben ist. Dieselbe Beschränkung tritt ein, wenn anstelle des Kapitäns andere Personen, denen er Vollmacht erteilt hat oder welche kraft der Schiffshierarchie an seine Stelle getreten sind, den PassV. abgeschlossen haben[220].

b) Die Haftung des Reeder/Transporteurs wird ebenfalls beschränkt (§ 486 I Ziff. 2), wenn er selbst persönlich oder durch sein bevollmächtigtes Landpersonal den PassV. abgeschlossen hat, aber seine Ausführung zu den Dienstobliegenheiten des Kapitäns gehört. Wird in diesem Fall ein Anspruch des Passagiers auf die Nichterfüllung oder unvollständige oder mangelhafte Erfüllung des PassV. erhoben und ist der Schaden durch ein Verschulden des Kapitäns oder der Schiffsbesatzung verursacht, so wird die Haftung des Transporteurs auf Schiff und Fracht beschränkt[221].

c) Die Haftung des Transporteurs wird ebenfalls auf Schiff und Fracht beschränkt (§ 486 I Ziff. 3 HGB), wenn der Schadensersatzanspruch des Passagiers auf das Verschulden einer Person der Schiffsbesatzung oder eines an Bord tätigen Seelotsen nach § 485 HGB begründet wird. Als Ausgleich für die Haftungsbeschränkung auf das Schiffsvermögen in den Fällen des § 486 I HGB gewähren § 754 Ziff. 8 und 9 HGB dem Passagier zur Sicherung seiner Ersatzforderung ein Schiffsgläubigerrecht. Die Tatbestände der § 754 Ziff. 8 und 9 HGB stimmen mit denen des § 486 I HGB überein und setzen voraus, daß ein Fall der dinglich beschränkten Haftung des Reeder/Transporteurs vorliegt. Sollte für den Transporteur die Erleichterung einer solchen beschränkten Haftung entfallen (§ 486 II HGB), so steht dem Passagier kein Schiffsgläubigerrecht zu[222].

C. PERSÖNLICH BESCHRÄNKTE HAFTUNG

Als Ausgleich für die Vereitelung oder Gefährdung der Sachhaftung läßt das HGB in Höhe des Wertes des entzogenen Haftungsobjektes eine persönliche Haftung des Transporteurs eintreten. Diese Haftung tritt ein, wenn der Transporteur die Fracht, den Fahrpreis oder deren Surrogate dem Zugriff seiner Gläubiger entzieht, weil damit auch das Schiffsgläu-

---

220 Clamer, S. 60; Grapengeter, S. 37; Wodrich, S. 101; Schaps-Abraham, II § 486 Anm. 16; Sotiropoulos BRH, S. 49; Boyens-Lewis, I S. 224; Wüstendörfer HB, S. 339, Studien, S. 241.

221 Clamer, S. 62; Schaps- Abraham, II § 486 Anm. 22ff.; Wüstendörfer HB, S. 347; Sotiropoulos BRH, S. 50.

222 RGZ 83, 135ff.; Clamer, S. 65f.; Wüstendörfer SHR, S. 136; Wodrich, S. 101; Würdinger-Sotiropoulos, S. 17; Schaps-Abraham, II § 486 Anm. 26.

bigerrecht des Passagiers erlischt (§ 771 I HGB). Bedeutsam ist der Fall, daß der Transporteur trotz Kenntnis der Ersatzansprüche des Passagiers (§ 757 HGB) und gegen seine Interessen (§ 774 I HGB) das Schiff auf neue Fahrt sendet[223].

D. PERSÖNLICH UNBESCHRÄNKTE HAFTUNG

Auch der Reeder/Transporteur haftet unbeschränkt persönlich mit seinem ganzen Vermögen, wenn sein Verschulden aus Verbindlichkeiten verursacht ist, welche nicht unter § 486 I HGB fallen.

So haftet er persönlich unbeschränkt für den vollen Betrag der Ersatzforderung, wenn ihn selbst in Ansehung der Erfüllung des PassV. ein Verschulden trifft oder wenn er die Vertragserfüllung besonders gewährleistet hat (§ 486 II HGB)[224]. Die unbeschränkte Haftung bildet rechtlich die Regel. Sie gilt, wo das Gesetz nichts anderes bestimmt. Dieselbe unbeschränkte Haftung tritt ein, wenn der Reeder/Transporteur für ein Verschulden bei der Auswahl seiner Hilfspersonen (Landpersonal und Schiffsbesatzung) im Falle einer widerrechtlichen Handlung dieser Personen einzustehen hat (§ 831 BGB), z. B. Verschulden des Transporteurs bei der Auswahl des Kapitäns und der anderen seemännischen und technischen Offiziere.

Auch für das Verschulden seiner Erfüllungsgehilfen, die nicht unter §§ 485, 486 I HGB fallen, hat der Reeder/Transporteur persönlich unbeschränkt einzustehen, z. B. für das Verschulden des Landpersonals. Hierher gehören auch die Ansprüche des Passagiers, aus Verschulden der Seereisenausgabestellen, der Reisebüros und der Agenturen der Linienreedereien bei dem Abschluß des Passagiervertrags. Es wurde zwar hier über eine beschränkte Haftung in Analogie zu § 486 Ziff. 1 HGB gesprochen[225]. Diese Auffassung hat aber heute nicht das Übergewicht, weil angenommen wird, daß eine solche Analogie dem Zweck des § 486 I Ziff. 1 HGB, nämlich das ungewöhnlich hohe Risiko des Reeders aus den Rechtsgeschäften des Kapitäns zu mindern, nicht entspreche. Diese Personen leiten ihre Vollmacht unmittelbar vom Reeder/Transporteur ab[226], sind nur zum Abschluß ganz bestimmter Rechtsgeschäfte bevollmächtigt und können leichter angewiesen und beaufsichtigt werden, so daß eine beschränkte Haftung des Reeders für ihr Verschulden nicht zu billigen ist.

---

[223] Clamer, S. 63; Wüstendörfer SHR, S. 131; Schaps-Abraham, II § 486 Anm. 4; Sotiropoulos BRH, S. 64 f.

[224] Schaps-Abraham, II § 486 Anm. 2; Sotiropoulos BRH, S. 51 f.

[225] HansGZ 1887, 128 = Seuff. Arch. 43, 211; Wagner, S. 265; Wüstendörfer SHR, S. 132.

[226] Boyens-Lewis, I S. 224; Clamer, S. 60; Schaps-Abraham, II § 486 Anm. 16; WüstendörferHB, 339 f.

E. FESTSETZUNG VON HÖCHSTBETRÄGEN IN DEN BEF.B.

Ausnahmslos pflegen die Transporteure durch Festsetzung von Höchstbeträgen in den Bef.B. die Höhe der Schadensersatzpflicht zu beschränken[227]. Diese Klauseln sind nur dann unzulässig, wenn die Haftungssumme im Einzelfall die des Schadens unterschreitet und der Schaden durch eine solche Handlung verursacht wurde, von der sich der Transporteur nicht freizeichnen darf, z. B. Schäden wegen Seetüchtigkeit des Schiffes, eigenes Verschulden, Verschulden der leitenden Angestellten[228].

§ 9: Die Beschränkung der Haftung des Transporteurs bei Beförderung mit fremden Schiffen

Ist der Transporteur mit dem Reeder, d. h. dem Eigentümer des Schiffes nicht identisch und wird der Passagier mit einem fremden Schiff befördert, so ist es für die Art und den Umfang der Haftung des Transporteurs von Bedeutung, ob er hinsichtlich seiner Beziehungen zu diesem Schiff die Eigenschaft eines Ausrüsters besitzt oder nicht.

A. DIE HAFTUNG DES AUSRÜSTERS

1. Rechtsbeziehungen zwischen Passagier und Ausrüster

Hat der Transporteur für die Beförderung des Passagiers ein ihm nicht gehörendes, aber von ihm bemanntes und für seine Rechnung ausgerüstetes Schiff gestellt[229] oder wird ihm neben dem Schiff auch die Besatzung des Schiffes überlassen, so daß der Kapitän in die Dienste des Transporteurs tritt, so ist er im Verhältnis zu dem Passagier kraft der Fiktion des § 510 HGB als Reeder anzusehen[230]. Die für den Reeder dargestellten Haftungsgrundsätze (§§ 485 ff. HGB) kommen auch für den Ausrüster zur Anwendung[231].

---

227 Vgl. Hbg. Am. Lin. Kl. 17; Nord-Lloyd Kl. 17; welche diese Haftung auf US $ 2500 beschränken.

228 RGZ S. 48, 234; Clamer, S. 85; Domine, S. 54.

229 Wüstendörfer SHR, S. 117; Clamer, S. 88; Sotiropoulos BRH, S. 71; Schaps-Abraham, II § 510.

230 Grapengeter, S. 19; Mittelstein HB, S. 36; Schaps-Abraham, II § 676 Anm. 1 ff.; Sotiropoulos BRH, S. 73; Clamer, S. 89; Wüstendörfer SHR, S. 117; Studien, S. 142 f.

231 Wodrich, S. 31 ff.

2. *Rechtsbeziehungen zwischen Passagier und Eigentümer des Schiffes*

Zwischen Passagier und Eigentümer des Schiffes entstehen keine vertraglichen Beziehungen. Der Schiffseigentümer haftet auch nicht für das Verschulden der von dem Ausrüster gestellten Besatzung. Er ist trotzdem verpflichtet, wegen der dinglich gesicherten Schadensersatzpflicht des Transporteurs die Zwangsvollstreckung an dem Schiff zu dulden (§ 510 II, 754 Ziff. 8 und 9 HGB).

B. DIE HAFTUNG DES TIMECHARTERERS

1. *Rechtsbeziehungen zwischen Timecharterer und Passagier*

Wird dem Transporteur neben dem Schiff auch die Besatzung überlassen mit der Vereinbarung, daß der Kapitän in den Diensten des Reeders verbleibt und nur unter die Befehlsgewalt des Transporteurs gestellt wird, so ist es für die Haftung des Transporteurs dem Passagier gegenüber von Bedeutung, ob er die Eigenschaft eines Ausrüsters besitzt. Das würde voraussetzen, daß er dem Kapitän die Führung des Schiffes anvertraut (§ 510 HGB). Das Letztere ist aber in der Theorie sehr umstritten, weil der Kapitän nach dem Inhalt der Employementklausel (Baltime Ziff. 70/71) einerseits, den nautischen Weisungen des Reeders und andererseits den kommerziellen Weisungen des Transporteurs zu folgen hat[232].

Die herrschende Meinung spricht dem Transporteur die Eigenschaft des Ausrüsters bei Timecharter ab[233]. Infolgedessen ist seine Haftung aus dem PassV. nach dem bürgerlichen Recht zu beurteilen. Für das Verschulden der Hilfspersonen haftet er nach §§ 278, 831 BGB mit seinem ganzen Vermögen, aber nur bis zum Werte von Schiff und Fracht[234]. Diese beschränkte persönliche Haftung ergibt sich aus dem Zweckgedanken des § 486 HGB, das Vermögensrisiko des Seeschiffahrt treibenden Transporteurs auf einen bestimmten Betrag zu begrenzen.

---

[232] WÜRDINGER, zur Rechtsnatur der Zeitcharter, in MDR 1957, 257 ff.; WÜSTENDÖRFER SHR, S. 118; SCHAPS- ABRAHAM, II § 510 Anm. 7 ff.; RIENDSBERG, die rechtliche Natur der Zeitcharter in Hansa 1956, 2294 f.

[233] BGH 22, 197; RGZ 48, 89 (91); 69, 127; 78, 307; vgl. BACKMEISTER, S. 15; BOYENS-LEWIS, I S. 301; BRANDIS, I S. 44; BRODMANN, § 510 Anm. 1; PAPPENHEIM, III S. 96 f.; SCHAPS-ABRAHAM, II § 510 Anm. 7; SIEVEKING, S. 14; WÜSTENDÖRFER, Studien, S. 106 f.; HB, S. 308.

[234] WÜSTENDÖRFER SHR, S. 131; HB, 376.

2. *Rechtsbeziehungen zwischen Passagier und Reeder*

Zwischen Passagier und Reeder entstehen keine Vertragsbeziehungen. Der Reeder haftet aber für deliktisches Verschulden der Schiffsbesatzung, und zwar dinglich beschränkt mit seinem Schiffsvermögen (§§ 485, 486 Ziff. 3 HGB). Der Passagier hat ein Schiffsgläubigerrecht an diesem Vermögen zur Befriedigung seiner Ersatzansprüche aus dem PassV. oder aus unerlaubten Handlungen der Schiffsbesatzung.

C. DIE HAFTUNG DES UNTERVERFRACHTERS

1. *Allgemeines*

Dem Transporteur als Nichtreeder dient in der Schiffahrtspraxis weithin die Rechtsform der Unterverfrachtung. Hier schließt er mit dem Reeder oder Ausrüster des Schiffes einen Vertrag, laut dessen der letztere zum Transport von Passagieren verpflichtet wird (§ 676 HGB). Gegenstand dieses Vertrages ist die Unterverfrachtung des ganzen Schiffes oder eines bestimmten Teils zur Beförderung von Passagieren oder die Beförderung einer bestimmten Zahl von Passagieren. In diesem Komplex handelt der Transporteur in zwei voneinander unabhängigen Eigenschaften.
Als *Hauptbefrachter* schließt er mit dem Hauptverfrachter (Reeder) den Hauptfrachtvertrag ab, kraft dessen der letztere die Passagiere mit seinem Schiff befördern muß. Als *Unterverfrachter* schließt er mit dem Unterbefrachter (Passagier) den Unterfrachtsvertrag (PassV.) ab, kraft dessen der Passagier von dem Reeder an den Bestimmungsort befördert wird[235].

2. *Rechtsbeziehungen zwischen Unterverfrachter und Passagier*

Die Rechtsbeziehungen zwischen Passagier und Transporteur regelt ausschließlich der PassV. Der Transporteur bleibt immer die Vertragspartei des Passagiers. Er selbst ist für die Erfüllung des PassV. verpflichtet, auch wenn die Reise angetreten ist (Beförderungspflicht und Fürsorgepflicht)[236]. Zur Erfüllung seiner Pflichten aus dem PassV. bedient er sich des Hauptverfrachters (Reeders) und seiner Schiffsbesatzung. So werden der Hauptverfrachter und seine Schiffsbesatzung als Hilfspersonen des Transporteurs betrachtet. Da er aber die Eigenschaft eines Ausrüsters nicht besitzt, weil nicht er, sondern der Hauptverfrachter (Reeder) die Schiffsführung dem Kapitän anvertraut, richtet sich seine Haftung nach den allgemeinen

---

[235] Über die Terminologie s. GRAPENGETER, S. 19; vgl. SCHAPS-ABRAHAM, II § 676 Anm. 3; WODRICH, S. 23 f.; CLAMER, S. 98.
[236] SCHAPS-ABRAHAM, II § 676 Anm. 4.

Grundsätzen des bürgerlichen Rechts (§§ 278 ff. HGB). Er haftet dem Passagier gegenüber für Verschulden der Schiffsbesatzung persönlich mit seinem ganzen Vermögen, aber nur bis zu einer, dem Wert von Schiff und Fracht gleichkommenden Summe ohne Schiffsgläubigerrecht[237].

3. Rechtsbeziehungen zwischen Hauptverfrachter und Passagier

Zwischen Passagier und Hauptverfrachter (Reeder) bestehen keine Vertragsbeziehungen. Auch liegt kein Vertrag zugunsten des Passagiers vor, weil der Transporteur den Hauptfrachtvertrag nicht zugunsten des Passagiers, sondern in seinem eigenen Interesse abschließt. So darf der Passagier die Erfüllung des Vertrages von dem Hauptverfrachter nicht verlangen. Der Hauptverfrachter haftet außervertraglich kraft Gesetzes (§§ 485, 486 I Ziff. 3 HGB) dem Passagier gegenüber für das Verschulden der Schiffsbesatzung, und zwar dinglich beschränkt mit seinem Schiffsvermögen. Die Schadensersatzforderung des Passagiers sichert ein Schiffsgläubigerrecht auf das Schiffsvermögen des Hauptverfrachters (§ 754 Ziff. 8 u. 9 HGB)[238].

4. Rechtsbeziehungen zwischen Transporteur und Hauptverfrachter

Die Rechtsbeziehungen zwischen Transporteur und Hauptverfrachter richten sich nach dem Seefrachtrecht (§ 676 HGB), soweit die Natur der Sache ihre Anwendung zuläßt. So hinsichtlich der Form des Hauptfrachtvertrages, der Seetüchtigkeit des Schiffes (§ 559 HGB), des Liegegeldes und der Einwirkung zufälliger Ereignisse. Im übrigen finden die Vorschriften über die Haftung für Frachtgut keine entsprechende Anwendung auf die Haftung für Körperschäden des Passagiers, so daß zur Begründung einer Haftung aus Fürsorgepflicht der § 242 BGB bemüht werden muß[239].

§ 10: Die Verjährung der Ansprüche aus dem Passagiervertrag

A. DIE VERJÄHRUNG DER ANSPRÜCHE DES TRANSPORTEURS

Der Anspruch des Transporteurs gegen den Passagier auf Zahlung des Fahrgeldes verjährt nach § 196 Nr. 3 BGB nach 2 Jahren. § 196 Nr. 3

[237] Boyens-Lewis, II S. 376 f.; Clamer, S. 99; Pappenheim, III S. 667; Schaps-Abraham, II § 676 Anm. 4; Sieveking, § 353; Willner, S. 21; Wüstendörfer HB, S. 376, SHR, S. 131.
[238] Clamer, S. 99; Grapengeter, S. 20; Pappenheim, III S. 196 Anm. 2; Wüstendörfer, Studien, S. 132; Schaps-Abraham, II § 676 Anm. 3.
[239] Wodrich, S. 34; Clamer, S. 100; Schaps-Abraham, II § 676 Anm. 3.

BGB findet hier entsprechende Anwendung, denn dem Zwecke des Gesetzes nach sind unter dieser Vorschrift alle Beförderungsunternehmer gleichzustellen. Die Verjährungsfrist beginnt mit dem Schlusse des Jahres, in welchem der Anspruch auf Zahlung des Fahrgeldes fällig geworden ist (§§ 201 und 198 BGB)[240].

B. DIE VERJÄHRUNG DER ANSPRÜCHE DES PASSAGIERS

Das Recht des Passagiers, die Ausführung des PassV. zu verlangen, unterliegt der regelmäßigen 30jährigen Frist (§ 195 BGB).

Die Forderung des Passagiers auf Beseitigung eines Mangels der Beförderung, auf Wandlung, auf Minderung und Schadensersatz verjähren nach 6 Monaten (§ 638 BGB). Die Verjährungsfrist beginnt mit der Vollendung der Reise[241].

Die Ansprüche des Passagiers wegen Nichtbeförderung oder Beschädigung seines an Bord gebrachten und von dem Kapitän übernommenen Reisegutes verjähren in einem Jahr (§ 901 HGB). Dieser Verjährungsfrist unterliegen sowohl das Schiffsgläubigerrecht des Passagiers (§ 754 Nr. 7 HGB) als auch der persönliche Anspruch gegen den Transporteur und die Schiffsbesatzung (§ 902 HGB).

Der Verlust oder die Beschädigung des Reisegutes muß dem Transporteur spätestens bei Auslieferung oder, wenn der Schaden äußerlich nicht erkennbar ist, spätestens drei Tage nach diesem Zeitpunkt angezeigt werden (§ 611 I 1 HGB). Einer Anzeige bedarf es nicht, wenn die Beschädigung des Gepäcks innerhalb von drei Tagen nach der Auslieferung, unter Hinzuziehung der Parteien, durch einen amtlich bestellten Schadensgutachter festgestellt wird (§ 609 II HGB). Die Kosten der Besichtigung trägt derjenige, der sie beantragt hat (§ 613 HGB).

Der Transporteur wird weiterhin von seiner Haftung wegen Verlustes oder Beschädigung des Reisegutes vollständig befreit, wenn der Schadensersatzanspruch nicht innerhalb eines Jahres nach Auslieferung des Reisegutes gerichtlich geltend gemacht wird (§ 612 HGB).

Von den Bef.B. werden aber viel kürzere Verjährungsfristen vereinbart. Diese Fristen sind im allgemeinen anerkannt[242].

Die Verjährung der Forderung wegen Beschädigung oder verspäteter Ablieferung des Reisegutes beginnt mit dem Ablauf des Jahres, in welchem die Ablieferung erfolgt ist. Die Verjährung des Anspruches wegen Nichtablieferung beginnt mit dem Ablauf des Jahres, in welchem das Schiff

---

[240] Grapengeter, S. 85; Sieveking, § 210.

[241] RG 36, 5; Grapengeter, S. 86.

[242] Siehe deutsche Bef.B. Art. 18 b; Schaps-Abraham, II S. 867.

den Bestimmungshafen erreicht hat, wo die Ablieferung erfolgen sollte, und wenn dieser Hafen nicht erreicht wird, mit dem Ablauf des Jahres, in welchem der Passagier von dem Schaden Kenntnis erlangt hat. (HGB § 903 II).
Die Verjährungsfrist des Anspruchs des Passagiers auf Schadensersatz wegen Körperverletzung ist im deutschen Recht umstritten. Ein Teil der Literatur hält die Sondervorschriften der §§ 901 ff. HGB für anwendbar[243].

C. VEREINBARUNG KURZER AUSSCHLUSSFRISTEN

Soweit der Transporteur für Verlust oder Beschädigung des Reisegutes oder für Körperschäden des Passagiers überhaupt noch haftet, wird seine Haftung weitgehend erleichtert durch Einführung von kürzeren Ausschluß- und Verjährungsfristen. Meistens verlangen die Bef.B., daß der Passagier seine Ansprüche auf Schadensersatz gegen den Transporteur innerhalb von zehn Tagen nach seiner Ausschiffung bei ihm oder bei seinen Agenten anmeldet und daß er seine Klage für diese Ansprüche innerhalb von dreißig Tagen einreicht[244]. Gegen diese Vereinbarung ist grundsätzlich nichts einzuwenden. Trotzdem steht dem Passagier gegen die Berufung des Transporteurs auf die Verspätung nach Treu und Glauben der Einwand der unzulässigen Rechtsausübung zu, wenn höhere Gewalt ihn an der Einhaltung der Frist gehindert hat[245].

---

[243] LINDENMAIER, a. a. O., 360; RAAPE, a. a. O., S. 266; WÜSTENDÖRFER SHR, S. 367.
[244] Ozean-Linie Kl. 17; vgl. Hbg. Am. Lin. Kl. 17; Nord-Lloyd Kl. 18.
[245] RGZ 157, 14.

Zweites Kapitel

FRANZÖSISCHES RECHT

§ 1: Die Entstehung des Passagiervertrages

A. DIE RECHTSQUELLEN

Die Rechtsbeziehungen aus dem PassV. sind im französischen Recht Gegenstand des Gewohnheitsrechts[1]. Die Passagierbeförderung auf See war zur Zeit der Entstehung des C.com. ein so seltenes Unternehmen, daß sich eine gesetzliche Regelung erübrigte[2]. Trotz der umfangreichen Entwicklung des 20. Jahrhunderts hält die in Frankreich herrschende Meinung[3] heute noch eine gesetzliche Regelung des PassV. nicht für notwendig[4].
Die Rechte und Pflichten der Parteien aus dem PassV. sind grundsätzlich vertraglicher Natur und werden in der Regel von dem Transporteur frei bestimmt. Aus denselben Gründen wie im deutschen Recht ist die Gestaltung von Bef. B. auch im französischen Recht aus Handelsbrauch entwickelt worden, so daß ihre Rechtswirksamkeit allgemeine Anerkennung genießt. Infolgedessen kommen die Bestimmungen des C.civ. und des C.com. nur ergänzend zur Anwendung[5]. Die Vertragsfreiheit des Transporteurs ist in der letzten Zeit von der Rechtsprechung erheblich beschränkt worden. Daher sind die französischen Transporteure im Vergleich zu den ausländischen in eine Konkurrenzunterlegenheit geraten. Dies ist einer von den Gründen, warum in Frankreich eine einheitliche zwischenstaatliche Regelung des PassV. gewünscht wird.

---

[1] Einer gesetzlichen Regelung unterliegt in Frankreich die Beförderung von Auswanderern (Gesetz vom 18. VII. 1860, VO vom 9. II. 1861, modifiziert von der VO vom 19. V. 1949, D. P. 1861, IV. 43); RODIÈRE, Nr. 398.

[2] RIPERT, II Nr. 1959 ff.; CHAUVEAU, Nr. 858. Über die Bedeutung des PassV. für die neuzeitliche französische Seeschiffahrt siehe RIPERT-RODIÈRE, Nr. 1960 bis 1961 u. 1986; vgl. auch BENOIST-PETTIER, S. 1 ff.

[3] RIPERT, II Nr. 1980; vgl. RODIÈRE, Nr. 394, 396.

[4] Der Revisionsentwurf des C. com. enthält in Art. 287—293 eine Regelung über den PassV. vgl. RIPERT-RODIÈRE, Nr. 1962; das nach dem Vorbild dieses Entwurfs abgefaßte HGB von Marokko enthält in Art. 279—290 eine ausführliche Regelung über den Passagiervertrag.

[5] DE JUGLARD, Les arrêts „Lamoricière" in DMF 1952, 283 ff. (291).

B. DIE RECHTLICHE NATUR DES PASSAGIERVERTRAGES

Die Frage der rechtlichen Natur des PassV. wurde auch im französischen Recht erörtert. Die ältere französische Rechtsprechung hat den PassV. dem Frachtgeschäft gleichgestellt und ihn nach den Regeln des zweiten Buches des C.com. (Art. 273 ff.) ausgelegt. Diese Meinung beruht auf dem Consolat del mar, welches den Passagier als „celui qui paie un frait pour sa personne" (Cons. del mar Kap. CXIII) definiert. Aus diesen Gedanken wurde der Tatbestand der Tötung eines Passagiers während der Reise dem Verlust eines Frachtgutes gleichgestellt[6]. Die enge Verbindung des PassV. mit dem Frachtgeschäft hatte zum Ergebnis, daß der juristische Streit über die rechtliche Natur des Frachtgeschäftes auch für den PassV. galt. Das ältere Schrifttum, das immer von dem Grundsatz des numerus clausus der zivilrechtlichen Verträge ausging, versuchte die Rechtsbeziehungen aus dem Frachtgeschäft und damit diejenigen aus einem PassV. unter einen der bekannten Verträge des C.civ. zu stellen. Die römischen Quellen sprechen von *locatio conductio navis*[7] und Art. 273 C.com. definiert das Frachtgeschäft als „convention pour le louage d'un vaisseau". Daher sollte auch der PassV. ein Mietvertrag sein. Der Passagier, der an Bord eines Schiffes einen Platz oder überhaupt einen Raum erhält, habe die Rechte und die Pflichten eines Mieters[8]. Mit dieser Argumentation schreibt Pothier[9] „on loue une place à un passager dans le navire". Diese Ansicht wird in Frankreich nicht mehr vertreten. Dennoch hat sich noch der Ausdruck „on loue une place" in der Umgangssprache erhalten[10].

Eine weitere Untersuchung des Frachtgeschäftes hat zu der Auffassung geführt, der Frachtvertrag sei vor allem ein Dienstvertrag, durch den der Transporteur seine Dienste und die Dienste seiner Erfüllungsgehilfen dem Befrachter zur Verfügung stellt. Auch diese Auffassung fand in Frankreich Gegenstimmen. Der Verfrachter vermiete nicht die Dienste seines Kapitäns und seiner Schiffsbesatzung, solange er das Bestimmungsrecht auf dem Schiff behalte. Er stelle dagegen seine persönlichen Dienste und die Dienste seines Personals als Unternehmer zur Verfügung. Somit unternehme der Verfrachter ein Transportunternehmen auf See[11]. Daraus ist die Auffassung entstanden, der Frachtvertrag und gleichzeitig der PassV. seien Transportverträge des Seerechts.

---

[6] Vgl. RIPERT, II Nr. 1964.

[7] Dig. 19, 5, Fr. 1 § 1; vgl. PARDESSUS, I S. 65.

[8] Req. 11. I. 1860, D. P. 1860, I. 91; PARDESSUS, II S. 261; LYON-CAEN et RENAULT, II Nr. 830.

[9] Zitiert bei RIPERT, II Nr. 1964.

[10] RIPERT, II Nr. 1339.

[11] RIPERT, II Nr. 1341; RIPERT-BOULANGER, II Nr. 2987 ff.; DANJON, II Nr. 744 ff.

Allmählich wurde vom Schrifttum und der Rechtsprechung anerkannt, daß der Passagiertransport kein Frachtgeschäft im Sinne des C.com. ist[12]. Unabhängig von dem Frachtvertrag sieht die heute in Frankreich herrschende Ansicht in der gesamten Materie des Transportrechtes einen *„contrat de transport"*, welcher sich von dem Frachtgeschäft durch seinen Gegenstand unterscheidet[13]. Jedoch werden beide Verträge als „deux variétés du même genre" bezeichnet, weil das Frachtgeschäft auch in die Kategorie der Transportverträge gehört[14]. So wird man die Regelung des Frachtgeschäftes für die Auslegung des PassV. anwenden, wo es die Natur der Sache zuläßt. Es werden z. B. die Regeln über die Ein- und Auslieferung der Güter nicht auf den Passagier angewendet, weil der Passagier nicht nur das Objekt, sondern auch das Subjekt des PassV. ist.
Der PassV. wird in Frankreich als *„gemischter Transportvertrag"* angesehen. Darunter fällt auch ein Mietvertrag für die Kabinenüberlassung oder für den Besitz eines Platzes an Bord des Schiffes. Der PassV. wird meistens von einem Gastwirtvertrag („contrat de l'hôtellerie") beeinflußt. Diese Nebenverträge bleiben jedoch für die juristische Natur des PassV. als Transportvertrag unbedeutend.

C. DER HANDELSRECHTLICHE CHARAKTER DES PASSAGIERVERTRAGES

Auf Grund der Trennung der Gerichtsbarkeit von Zivil- und Handelssachen, ist in Frankreich die Frage über den handelsrechtlichen Charakter des PassV. von besonderer Bedeutung[15]. Die ältere französische Literatur, welche den PassV. dem Frachtgeschäft gleichstellte, sah in dem PassV. ein Handelsgeschäft für beide Vertragsparteien[16].
Allein ein Teil dieser Literatur, der dem Frachtvertrag den absoluten handelsrechtlichen Charakter verweigerte, erkannte nur teilweise den handelsrechtlichen Charakter des PassV. an[17]. Die Unterstellung des PassV. unter die Bestimmungen des Handelsrechts für beide Vertragsparteien stützte das ältere Schrifttum auf Art. 633 Satz V C.com. „La loi répute ... actes de commerce: ... et (toutes autres contrats on ernant de commerce de mer)". Gegen die Anwendung des Art. 633 Satz V C.com. wurde eingewendet, der Gesetzgeber habe den Fall der Passagierbeförderung bewußt außer acht gelassen[18]. Außerdem sei es ungerecht, im Falle

[12] Req. 11. I. 1860, D. P. 60. I. 91.
[13] Ripert, II Nr. 1964; Rodière, Nr. 397.
[14] Josserand, Transports, Nr. 422 ff.; Rodière, Nr. 397.
[15] Ripert, II Nr. 2011, Rodière, Nr. 398.
[16] Lyon-Caen et Renault, V Nr. 832.
[17] Desjardins, III Nr. 861.
[18] Ripert, II Nr. 1969; de Valroger, II Nr. 951.

einer Verletzung den Passagier von der Gerichtsbarkeit der Zivilgerichte auszuschließen. Dieser Ansicht nach ist der PassV. nur für den Transporteur ein Geschäft des Handelsrechts und zwar nur dann, wenn er die Passagierbeförderung auf See als seinen gewöhnlichen Beruf ausübt (Art. 1 C.com.)[19].

Heute steht die herrschende Meinung auf dem Standpunkt, für den Passagier sei der Abschluß des PassV. auf See in der Regel eine bürgerlichrechtliche Handlung. Hat er aber die Reise im Zusammenhang mit seiner kaufmännischen Tätigkeit unternommen, so wird der PassV. auch für ihn ein Handelsgeschäft. Als Ergebnis dieser Ansicht ergibt sich, daß der Passagier die alternative Wahl hat, seine Ansprüche aus einer Verletzung des PassV. entweder vor dem Zivil- oder vor dem Handelsgericht vorzubringen[20]. Dagegen kann der Transporteur in der Regel den Passagier wegen Nichterfüllung seiner Vertragspflichten nur vor dem Zivilgericht verklagen. Für die Klage des Passagiers ist in erster Linie das Gericht des Ortes des Vertragsabschlusses zuständig[21]. Öfter enthalten aber die Bef.B. eine Klausel, die für jede Klage aus dem PassV. als Gerichtsort den Sitz des Transporteurs bestimmt[22]. Diese Klausel wird im allgemeinen als gültig anerkannt. Ihre Anerkennung beruht auf der vertraglichen Vereinbarung zwischen Passagier und Transporteur[23]. Aus diesem Grund ist diese Klausel gegen die Erben des Passagiers nicht wirksam, wenn diese ihre Schadensersatzansprüche auf ein Delikt des Transporteurs stützen.

§ 2: Der Abschluß des Passagiervertrages

A. ALLGEMEINES

Der Abschluß des PassV. setzt auch im französischen Recht die Einigung der Vertragsparteien über die Vertragselemente voraus. Darüber hinaus verlangt die Praxis als notwendige Voraussetzung für die Gültigkeit des

---

[19] C. A. Le Havre, 21. III. 1892, R. I. D. M. VIII, 73; vgl. unter belgischem Recht Smeesters-Winkelmolen, II Nr. 876.

[20] Cass. 30. VII. 1884, D. P. 85. I. 177; Trib. Marseille 17. XI. 1954, D. M. F. 1955, 350; Cass. 8. V. 1907, D. P. 1911, I. 222; vgl. Trib. Marseille 24. IV. 1951, D. M. F. 1952, 105; Rodière, Nr. 398; Chauveau, Nr. 863; Ripert, II Nr. 1969.

[21] C. A. Aix, 24. VI. 1896, R. I. D. M. XII. 24; vgl. Smeeters-Winkelmolen, II Nr. 895.

[22] Trib. Civ. Alger 20. II. 1924, Dor Supp. 2, 258, Bem. Grimal.

[23] Cass. Civ. 8. V. 1907, R. I. D. M. XXII, 7; Req. 23. III. 1909, R. I. D. M. XXV, 6; Cass. Civ. 21. XI. 1911, R. I. D. M. XXVI, 407 = Sirey 1912, I. 73 Bem. Lyon-Caen; Trib. civ. Marseille 24. IV. 1951, D. M. F. 1952, 105; Ripert, II Nr. 2012; Marais, De la responsabilité du transporteur maritime en matière de transports de passagers, in D. M. F. 1952, 227 ff. (234).

PassV. die Zahlung des Fahrgeldes. Der Passagier wird verpflichtet den vollen Fahrpreis oder eine bestimmte Geldsumme als Haftgeld im voraus zu zahlen. Diese Vorauszahlung hat die Bedeutung einer Vertragsstrafe für den Fall, daß sich der Passagier nicht rechtzeitig an Bord begibt. Der PassV. wird aber erst dann abgeschlossen, wenn der Passagier den vollen Fahrpreis bezahlt hat[24].

B. DER VERTRAGSANTRAG

Der in Frankreich herrschenden Auffassung entsprechend befindet sich der Transporteur in der Situation einer *dauernden Offerte* dem Publikum gegenüber. Sein Angebot zum Abschluß eines PassV. ist grundsätzlich bindend. Dennoch ist er befugt, den Abschluß eines konkreten PassV. zu verweigern, wenn der Passagier die Voraussetzungen einer reibungslosen Beförderung nicht erfüllt oder wenn er den festgesetzten Preis nicht bezahlen will. Aus rein persönlichen Gründen darf der Transporteur aber nicht die Beförderung des Passagiers ablehnen. Ohne besondere Gründe ist der Transporteur nicht befugt, zu Lasten eines bestimmten Passagiers völlig außerordentliche Bedingungen zu treffen oder von ihm einen ungewöhnlich hohen Fahrpreis zu verlangen[25].

C. FORM

Eine Urkunde über den Abschluß des PassV. ist theoretisch nicht notwendig. In der Praxis wird aber der PassV. immer durch die Ausgabe einer Fahrkarte („billet de passage") abgeschlossen. Der Transporteur ist jedoch nicht verpflichtet, dem Passagier eine Fahrkarte auszuhändigen. Trotzdem geschieht es in der Praxis ausnahmslos.

Die Fahrkarte dient als Beweis für den Abschluß des PassV. Es wird aber verlangt, daß sie von dem Transporteur unterschrieben ist. Wird dem Passagier keine Fahrkarte ausgehändigt, so kann der Abschluß des PassV. mit jedem anderen Beweismittel bewiesen werden. Auf den PassV. findet Art. 273 C.com., demzufolge ein Frachtgeschäft nur schriftlich abzuschließen ist, keine Anwendung[26].

---

[24] Ripert, II Nr. 1976; de Valroger, III Nr. 952; Desjardins, III Nr. 865; Lyon-Caen et Renault, V Nr. 883; Sauvage-Warot, Transport des passagers et des bagages, in D. E. II S. 794 ff., Nr. 155 ff. (202).

[25] Ripert-Boulanger, II Nr. 328; dagegen Desjardins, III Nr. 787; für den Frachtvertrag vgl. C. A. Aix 8. II. 1853, D. P. 1855, II, 251.

[26] Ripert, II Nr. 1968, 1977; Rodière, Nr. 398; de Valroger, II Nr. 959; Desjardins, III Nr. 865; Lyon-Caen et Renault, V Nr. 833; Danjon, III Nr. 1070; vgl. Chauveau, Nr. 899.

Der in der Literatur herrschenden Meinung nach ist die Individualität des einzelnen Passagiers für den Transporteur nicht von großem Interesse. Daher soll der Passagier seine Rechte aus dem PassV. frei übertragen können, da diese Übertragung keine Verschlechterung der Gefahrenlage des Transporteurs bedeutet[27]. Diese Ansicht entspricht jedoch nicht der Verkehrspraxis. Die Persönlichkeit des Passagiers interessiert den Transporteur aus mehreren Gründen[28]. Die Tatsache, daß der Wille des Passagiers einen Unfall beeinflussen oder verursachen kann, spielt für die Haftung des Transporteurs eine große Rolle. Dem Transporteur ist es wenigstens bei längeren Reisen nicht gleichgültig, wer der Passagier ist, den er zu befördern hat. Deshalb wird bei längeren Reisen immer der Name des Passagiers auf der Fahrkarte genannt. Die Erwähnung des Namens des Passagiers auf der Fahrkarte beeinflußt an sich die Übertragbarkeit der Rechte des Passagiers nicht. Die Bef.B. schließen aber immer die Übertragung dieser Fahrkarte aus[29].

D. DIE ÜBERNAHME DER BEF.B. IN DEN KONKRETEN PASSAGIERVERTRAG

Theoretisch sind die Vertragsparteien frei, die Bedingungen über die Durchführung des PassV. zu diskutieren. In der Praxis erfolgt der Abschluß des PassV. durch den Beitritt *(„adhesion")* des Passagiers zu den im voraus festgesetzten Bef.B. des Transporteurs[30]. Diese Bef.B. sind entweder auf der Fahrkarte oder in besonderen Mitteilungsheften abgedruckt. Ihre Formulierung variiert von Transporteur zu Transporteur, sie sind jedoch inhaltlich meistens einheitlich, weil sie nach dem Vorbild der Bef.B. des Eisenbahnverkehrs und der Güterbeförderung auf See entwickelt wurden.

1. Bindung an die Bef.B.

Für die Bindung an die Bef.B. ist die Kenntnis des Passagiers notwendig. Dafür wird von dem Transporteur verlangt, daß er den Passagier spätestens bis zum Abschluß des PassV. über die Bef.B.in Kenntnis setzt. Infolgedessen kann sich der Transporteur nicht auf seine Bef.B. berufen, wenn sie nur auf der Fahrkarte abgedruckt sind und diese dem Passagier erst

---

[27] RIPERT, II Nr. 1668; DESJARDINS, III Nr. 864; LYON-CAEN et RENAULT, V Nr. 836; DANJON, III Nr. 1072.

[28] Vgl. DEVALROGER, II Nr. 995; SAUVAGE-WAROT, a. a. O., Nr. 200.

[29] Co. Gen. Trans. Kl. I; RODIÈRE, Nr. 398.

[30] RIPERT-BOULANGER, II Nr. 54; SAUVAGE-WAROT, a. a. O., Nr. 2045; RIPERT, II Nr. 1978.

nach dem Antritt der Reise ausgehändigt worden ist[31]. Jedoch sind die im Personenverkehr gewöhnlich herrschenden Bef.B. auch in diesem Fall gültig, denn wenn der Passagier den Vertrag abschließt, akzeptiert er somit die gewöhnlichen Bedingungen, unter denen in der Praxis jeder PassV. durchgeführt wird. Im übrigen wird eine durch die Verkehrssitten ergänzte Normierung der Verweisung auf die Bef.B. nicht angenommen. Für die Bindung an die Bef.B. wird nicht die tatsächliche Kenntnis des Passagiers verlangt, sondern es genügt, daß dem Passagier, als er den Vertrag abschloß, die Bef.B. zugänglich waren[32]. Dies gilt auch, wenn die Bef.B. in Mitteilungsheften enthalten sind und ein solches Heft dem Passagier nicht übergeben wurde, weil es in seinem Interesse liegt, das Mitteilungsheft zu verlangen. Dasselbe gilt auch, wenn die Bef.B. in einer fremden Sprache abgefaßt sind[33]. Für die Bindung an die in den Mitteilungsheften enthaltenen Bef.B. verlangt jedoch ein Teil der Rechtsprechung, daß auf der Fahrkarte auf sie verwiesen wird[34].

2. *Die Rechtswirksamkeit der Bef.B.*

Auf Grund der Vertragsfreiheit werden die Bef.B., insofern sie die Ausführung des PassV. betreffen, grundsätzlich anerkannt. Hauptsächlich enthalten aber die Bef.B. Freizeichnungs- oder Beschränkungsklauseln, durch welche der Transporteur von seiner Schadensersatzpflicht befreit wird[35]. Diese Freizeichnungsklauseln sind denen der Güterbeförderung auf See nachgebildet[36]. In bezug auf die Rechtswirksamkeit dieser Klauseln ist zwischen Enthaftungsklauseln, welche die Schadensersatzpflicht des Transporteurs vollkommen ausschließen („clauses de non-responsabilité")[37], und Beschränkungsklauseln, welche sie bis zu einem Höchstbetrag beschränken („clauses limitatives de responsabilité")[38], zu unterscheiden.

---

[31] Ripert, II Nr. 1979, C. A. Alger 20. V. 1924, Dor Supp. 2, 258, Bem. Grimal.

[32] Cass. 11. II. 1908, D. P. 1908, I, 214; C. A. Paris 12. VI. 1956, D. M. F. 1956, 724; Ripert, II 1979, Marais, a. a. O., S. 230 ff.

[33] Smeesters-Winkelmolen, II Nr. 885, Chauveau, Nr. 859.

[34] C. A. Alger 20. IV. 1910, R. I. D. M. XXVI, 42; Ripert, II Nr. 1979.

[35] Ripert, II Nr. 2003; Siquier, S. 45 ff.

[36] So C. A. Paris, 12. VI. 1956, D. M. F. 1956, 724 (Fall „Cambera"); über die Entstehungsgründe der Freizeichnungsklauseln in Frankreich s. Ripert, II Nr. 1732 ff.; vgl. contra Ripert-Rodière, Nr. 2003 f.

[37] Lalou, Clauses, S. 1 ff.

[38] Dor-Choteau, Les clauses limitatives de responsabilité dans les connaissements et les billets de passage, in R. I. D. M. 22, 29 ff.; 23, 25 ff.; 24, 33 f.; 25, 32 ff.

Die Frage der Rechtswirksamkeit der *Enthaftungsklauseln* ist in Frankreich umstritten. Eine generelle Enthaftung von der Schadensersatzpflicht wird im allgemeinen nicht gebilligt[39]. Dagegen hängt die Anerkennung von speziellen Freizeichnungsklauseln davon ab, daß sie nicht gegen den „*ordre public*" verstoßen[40]. Einen solchen Verstoß sieht die Rechtsprechung in der Freizeichnung von Vorsatz und grober Fahrlässigkeit, sowie bei Ausschluß jeglicher Verantwortlichkeit des Transporteurs. Nichtsdestoweniger haben diese Klauseln die Umkehrung der Beweislast zu Lasten des Passagiers zur Folge.

Hinsichtlich der *Beschränkungsklausel* zeigt sich die französische Rechtsprechung viel elastischer. Solche Klauseln werden mit der Begründung anerkannt, daß sie nur den Geldbetrag der Entschädigung betreffen[41]. In Wirklichkeit besteht immer bei solchen Beschränkungen des Geldbetrages die Gefahr, daß sich diese Klauseln wegen Unzulänglichkeit der vereinbarten Entschädigungssumme in eine echte Freizeichnungsklausel verwandeln[42].

§ 3: Die Pflichten des Passagiers aus dem Passagiervertrag

A. DIE ZAHLUNGSPFLICHT

Der Passagier hat als Hauptflicht den Fahrpreis zu zahlen[43]. Die Höhe des Fahrpreises wird meistens von den Tarifen des Transporteurs im voraus festgelegt. Die großen Linien-Reisegesellschaften, welche die Unterstützung des Staates genießen, müssen ihre Fahrpreise, wie auch alle übrigen Bef.B. nach Prüfung und Genehmigung der zuständigen Behörden veröffentlichen. Der Fahrpreis entspricht den Kosten der Beförderung, der Verpflegung, Unterbringung, Bedienung und ärztlichen Betreuung des Passagiers[44].

Die Höhe des Fahrpreises wird beim Vertragsabschluß endgültig bestimmt. Der Transporteur ist infolgedessen nicht befugt, eine Erhöhung des Fahrpreises wegen notwendiger Veränderung der Fahrt zu verlangen.

---

[39] Chauveau, Nr. 861, Ripert, La régle, Nr. 132; Rodière, Nr. 403.

[40] Lyon-Caen et Renault, V Nr. 679.

[41] Trib. com. Seine 18. I. 1955, D. M. F. 1956, 372; Ripert, II Nr. 2005.

[42] Die Beschränkungsklausel wegen Haftung des Transporteurs für Tod oder Verletzung des Passagiers an Bord beträgt bei der Co. Gen. Trans. US $ 500, vgl. Kl. V; Latty, S. 478.

[43] Die Bestimmungen des C. com. über die Zahlung der Fracht bei der Güterbeförderung (Art. 288 C. com.) sind nicht ohne weiteres über die Zahlungspflicht des Passagiers anwendbar. Ripert, II Nr. 1992; Rodière, Nr. 399, vgl. Chauveau, Nr. 860; Sauvage-Warot, a. a. O., Nr. 211.

[44] Smeesters-Winkelmolen, II Nr. 886; Danjon, II Nr. 1122.

Diesen Satz leitet man aus Analogie zu Art. 227 Abs. 1 C.com. ab[45]. Theoretisch ist der Fahrpreis entweder im voraus oder bei Ankunft des Schiffes am Bestimmungsort zu zahlen. In der Praxis ist der Fahrpreis immer im voraus und zwar gegen Aushändigung der Fahrkarte zu entrichten.

Steigt der Passagier nicht rechtzeitig an Bord, so hat er den vollen Fahrpreis zu bezahlen[46]. Dasselbe gilt, wenn er vor dem Antritt der Reise ohne Grund zurücktritt. Meistens erstatten die Bef.B. im letzteren Fall 90 % des bezahlten Fahrpreises, wenn der Passagier seinen Rücktritt drei Wochen vor dem Reisetermin erklärt hat[47]. Der Passagier hat keinen Anspruch auf teilweise Rückerstattung des Fahrpreises, wenn er willkürlich in einem Zwischenhafen die Reise aufgibt. Die Bef.B. erlassen aber dem Passagier den vollen Fahrpreis, wenn er die Reise wegen Erkrankung unterbricht[48].

Die Erben eines an Bord verstorbenen Passagiers haben kein Recht auf Rückerstattung des Fahrpreises. Hat aber ein Verschulden des Transporteurs oder seiner Hilfspersonen den Tod des Passagiers verursacht, so ist für die Beförderung kein Fahrpreis zu entrichten[49].

Wird die Beförderung wegen Verschuldens des Transporteurs nicht durchgeführt, so hat der Passagier einen Anspruch auf Rückerstattung des schon entrichteten Fahr- oder Haftgeldes[50]. Beruht aber die Nichterfüllung der Beförderungspflicht auf einem Tatbestand, den der Transporteur nicht zu vertreten hat, so ist von dem Passagier kein Fahrpreis zu verlangen, wenn die Beförderung überhaupt nicht durchgeführt wurde. Tritt dieser Tatbestand erst nach dem Anfang der Reise ein, so ist nach einem Teil der Literatur dem Transporteur in Analogie zum Frachtrecht ein Distanzgeld zu gewähren[51]. Dagegen ist nach dem neueren Schrifttum[52] eine solche Analogie nicht zu rechtfertigen, weil die Vorschriften des Frachtrechts über das Distanzgeld den besonderen Verhältnissen der Güterbeförderung angepaßt sind, beim PassV. aber andere Tatsachen vorliegen[53]. „Ex

---

[45] Ripert, II Nr. 1991.

[46] Ripert, II Nr. 1992.

[47] Co. Gen. Trans. Kl. I c.

[48] Co. Gen. Trans. Kl. I e.

[49] De Valroger, II Nr. 423; Lyon-Caen et Renault, V Nr. 836 contra Desjardins, III Nr. 880; Sauvage-Warot, a. a. O., Nr. 222.

[50] Trib. com. Marseille 11. IV. 1923, D. M. F. 1923, 303.

[51] Art. 296 Abs. 3 C. com. Desjardins, III Nr. 880; Lyon-Caen et Renault, V Nr. 836.

[52] Ripert, II Nr. 1992; Danjon, III Nr. 1122.

[53] Ripert, II Nr. 1636; Das Trib. com. Marseille von 24. VIII. 1917, R. I. D. M. 305, 586 erklärt dagegen Art. 299 C. com. als anwendbar.

aequo et bono", will RIPERT[54] in diesem Falle dem Transporteur ein Distanzgeld billigen. Zur Beseitigung all dieser Schwierigkeiten über die Zahlung des Fahrgeldes bestimmen die Bef.B., daß der Fahrpreis immer im voraus und in jedem Falle zu entrichten ist.

B. DIE MITWIRKUNGSPFLICHT

Der Passagier muß das Schiff zu dem von dem Transporteur bestimmten Tag und zu der festgesetzten Zeit besteigen. Nach den Bef.B. darf der Passagier nicht vor und nach einer bestimmten Zeit das Schiff betreten. Der Besitz der Fahrkarte genügt meistens zur Legitimation des Passagiers an Bord. Wenn aber die Bef.B. die Übertragbarkeit der Fahrkarte untersagen, hat der Passagier sein Recht auf den Besitz der Fahrkarte zu beweisen. Der Transporteur ist weiterhin nicht verantwortlich, wenn das Schiff abfährt und der Passagier wegen fehlender oder nicht ordnungsgemäßer Ausweispapiere zurückbleiben muß[55].

C. DIE EINORDNUNGSPFLICHT

An Bord eines Schiffes befindet sich der Passagier in einer besonderen Situation. Seine Teilnahme an der Seereise hat zur Folge, daß er während dieser Zeit Mitglied einer faktischen Seegesellschaft wird, welche der Schiffsgewalt des Kapitäns unterliegt[56]. Die Befugnisse des Kapitäns gegenüber dem Passagier gehen nach französischem Recht im Vergleich zum deutschen Recht sehr viel weiter. Der Passagier ist nicht nur vertraglich verpflichtet, sich an die Schiffsordnung zu halten, sondern hat sich auch der Disziplinargewalt des Kapitäns zu unterwerfen (C.disc. Art. 1). Auf Grund dieser Gewalt ist der Kapitän befugt, von dem Passagier in Notfällen Unterstützung zu verlangen, die Reihe, in der die Passagiere die Rettungsboote besteigen, zu bestimmen sowie Ordnung auf dem Schiff zu halten.

Hält sich der Passagier an die Ordnung auf dem Schiff nicht, so ist der Kapitän befugt, in schweren Fällen ihn in seiner Kabine einzusperren. Die Strafe dauert so lange wie das Schiff auf See fährt oder bis es in einem Zwischenhafen einläuft. Schwere Disziplinardelikte an Bord werden nach C.disc. Art. 15 mit drei bis zehn Tagen Gefängnis bestraft. Diese Strafe kann jedoch nicht mehr von dem Kapitän ausgesprochen werden.

---

[54] RIPERT, II Nr. 1922.

[55] CHAUVEAU, Nr. 859; RIPERT, II Nr. 1989; DANJON, III Nr. 1125; vgl. Trib. Seine 23. V. 1935, Sirey 1935, II. 125.

[56] CHAUVEAU, Nr. 859; DANJON, III Nr. 1127; RIPERT, II Nr. 1990; RODIÈRE, Nr. 400.

§ 4: Die Pflichten des Transporteurs aus dem Passagiervertrag

A. ALLGEMEINES

Obwohl der PassV. seiner Natur nach dem Frachtvertrag gleichgestellt wird, stimmen in der Praxis die Pflichten des Transporteurs mit denen des Verfrachters nicht überein. Die Pflichten der Parteien beim PassV. sind nicht durch ein Gesetz bestimmt. Trotz der Verschiedenheit der einzelnen Vereinbarungen, je nach der Art und den Umständen einer konkreten Reise, hat die Praxis einige Grundsätze über die Rechte und die Pflichten der Parteien gebildet. Davon ausgehend hat der auslegende Richter immer dann die Legitimität der einzelnen Vereinbarungen zu verneinen, wenn sie die von der Rechtsordnung festgesetzten Grenzen der Vertragsfreiheit überschreiten und dem *„ordre public"* zuwiderlaufende Bedingungen zu Lasten des Passagiers enthalten.

B. DIE BEFÖRDERUNGSPFLICHT

Nach französischem Recht betrachtet man die Beförderungspflicht des Transporteurs als Hauptpflicht, von der er sich nicht freizeichnen darf. Als Beförderung nach dem Bestimmungsort wird entweder eine einfache Beförderung oder auch eine Hin- und Rückfahrt angesehen. Die Rückfahrt muß der Passagier innerhalb einer bestimmten Zeit von dem Transporteur verlangen. Sein Recht auf die Rückfahrt darf der Passagier nicht übertragen, da er wegen der doppelten Reise einen verbilligten Fahrpreis bezahlt hat. Das Recht des Passagiers auf Unterbrechung einer einfachen Reise bestimmt sich von Fall zu Fall, je nach dem Zweck und den Umständen der Reise[57].

1. Die Stellung des Schiffes

Zur Durchführung der Beförderungspflicht muß der Transporteur ein Schiff der vereinbarten Art oder das für den konkreten Fall vorgesehene Schiff stellen. Wird der Name des Schiffes auf der Fahrkarte erwähnt, so darf der Transporteur nicht ein anderes Schiff für die Beförderung des Passagiers stellen. Der Passagier legt nicht nur auf seine Beförderung an den Bestimmungsort wert, sondern ist interessiert an der Stabilität, der Geschwindigkeit, den Luxuseinrichtungen und der Beschaffenheit des Schiffes, häufig auch am Ruf des Schiffes. Der Fahrpreis ist bei Beförderung nach demselben Bestimmungsort mit verschiedenen Schiffen auch

---

[57] Ripert, II Nr. 1983; Latty, S. 428.

nicht einheitlich; die Reisegesellschaften richten den Fahrpreis je nach der Geschwindigkeit und dem Luxus des Schiffes ein[58].
Die Landungsstelle des Schiffes wird von dem Transporteur bestimmt. Wenn die Lage des Hafens ein Anlegen nicht erlaubt, dann nähert sich das Schiff der Landungsstelle, soweit es das ohne Gefährdung der eigenen Sicherheit kann[59].

2. *Stellung des Schiffes und Einhaltung der Abfahrt- und Ankunftszeiten*

Die Verpflichtung des Transporteurs, die Reise innerhalb der festgesetzten Zeit zu verwirklichen, wird durch die Bef.B. weitgehend eingeschränkt[60]. Kommt der Passagier wegen Verspätung des Schiffes zu Schaden, so hat er gegen die Freizeichnungen des Transporteurs den Beweis zu führen, daß die Verspätung auf einer Ursache beruht, die dieser zu vertreten hat[61]. Wegen verschuldeter Verspätung wird dem Passagier ein Anspruch auf Schadensersatz wegen seiner Aufenthaltskosten an dem Bestimmungsort sowie wegen übriger adäquater Schäden zuerkannt[62].

3. *Unterbrechung der Reise-Abweichung von der Reiseroute*

Eine Freistellung von der Pflicht, die Reise ohne Unterbrechung durchzuführen, wird dem Transporteur zugebilligt, wenn er dazu von höherer Gewalt („force majeure") gezwungen wird. *„Force majeure"* beruht nicht nur auf Ereignissen der Naturgewalt, sondern auch auf anderen, dem Betrieb des Transporteurs fremden Hindernissen. So liegt z. B. „force majeure" für den Transporteur vor, wenn wegen Verbotes der Verkehrsverbindung mit dem Staat des Bestimmungsortes oder Absperrung des Bestimmungshafens die Reise unterbrochen werden muß. Ebenso besteht für den Transporteur „force majeure", wenn der Passagier, der während des Aufenthaltes in einem Zwischenhafen an Land geht, sich nicht rechtzeitig an Bord zurückbegibt und somit für ihn die Reise abgebrochen wird, weil das Schiff ohne ihn weiterfährt.
Wird die Reise wegen Verlustes oder Beschädigung des Schiffes unterbrochen, so hat der Transporteur für die Beförderung des Passagiers ein Ersatzschiff zu stellen. Von dieser Pflicht wird er nur dann befreit, wenn es nach den Umständen unmöglich ist.
Behält der Transporteur sich das Recht nicht vor, während der Reise eine beliebige Reiseroute zu fahren, so muß der Kapitän das Schiff direkt zu

---

[58] Danjon, III Nr. 1077; Ripert, II Nr. 1985.
[59] Ripert, II Nr. 1478.
[60] Ripert, II Nr. 2001; Sauvage-Warot, a. a. O., Nr. 226.
[61] Danjon, III Nr. 1106; Ripert, II Nr. 1982.
[62] Trib. Alexandrie 10. III. 1951, D. M. F. 1958, 597; Latty, S. 429.

dem Bestimmungsort ohne Anlaufen eines Zwischenhafens bringen. In der Praxis behält sich der Transporteur stets das Recht vor, von der vereinbarten Route abzuweichen[63].

4. *Die Beförderung des Reisegutes*

a) Begriff

Für die Beförderung des Reisegutes sind entweder Räume in der Kabine des Passagiers eingerichtet oder es wird in die dazu geeigneten Laderäume des Schiffes gebracht. Als Reisegut werden diejenigen Sachen betrachtet, die der Passagier an Bord mitbringen darf und die nach den Bef.B. ein bestimmtes Maß und Gewicht nicht überschreiten dürfen[64]. Die Beförderung des Reisegutes wird nach der in der Literatur herrschenden Meinung[65] der Güterbeförderung nicht gleichgestellt, sondern als Zusatzleistung zur Beförderung des Passagiers betrachtet. Die Regeln über die Beförderung des Reisegutes sind später als der Frachtvertrag von der Praxis entwickelt worden und werden von den Vorschriften des Frachtvertrages nur teilweise beeinflußt. Die Bestimmungen des C.com. über die Zahlung der Fracht, über den Beitrag zur großen Haverei und über das Pfandrecht des Verfrachters finden keine Anwendung auf das Reisegut des Passagiers. Auch unterliegt die Beförderung des Reisegutes nicht der Regelung der Haager Regeln, weil diese sich nur auf die Güterbeförderung unter Konnossement beziehen[66].

Der Passagier hat sein Reisegut auf seine eigene Gefahr und auf seine Kosten an Bord zu bringen und nach Vollendung der Reise von Bord zu holen. Das gilt auch für den Fall, daß das Reisegut zur Aufbewahrung von den Angestellten der Reisegesellschaft angenommen und von ihnen an Bord gebracht wurde.

Der Passagier muß eine Erklärung über den Wert der mitgeführten Wertgegenstände geben. Außerdem darf er nicht Güter, die kein Reisegut sind, als solches befördern. Auch die Beförderung von gefährlichen Sachen ist dem Passagier nach der französischen Seerechtspraxis untersagt[67]. Hinsichtlich des übernommenen Reisegutes (*„bagages enrégistrés"*) muß der Passagier eine Erklärung über seine Beschaffenheit geben. Dem Passagier

---

[63] Vgl. HGB Belgien, Art. 171; Smeesters-Winkelmolen, II § 882, S. 608; Latty, 428.

[64] Vgl. CdN Art. 410—418; Rodière, Nr. 409.

[65] Ripert, II Nr. 1987, S. 874; Lyon-Caen et Renault, V Nr. 831; Desjardins, III Nr. 681.

[66] Ripert, II Nr. 1967, 1959; Siquier, S. 180; vgl. Rodière, Transports, III Nr. 1271—1295.

[67] Ripert, II Nr. 1987.

wird bei der Abgabe des übernommenen Reisegutes ein Empfangsschein ausgehändigt, der Zahl und Beschaffenheit der abgegebenen Sachen angibt. Die Ausgabe eines Konnossements ist weder notwendig noch üblich[68].

b) Ansprüche wegen Verlusts oder Beschädigung des übernommenen Reisegutes

Das übernommene Reisegut *(„bagages enrégistrés)* nimmt der Transporteur in seine Obhut und verspricht seine ordnungsgemäße Beförderung frei von Verlust und Schäden. Für das übernommene Reisegut besteht wie im deutschen Recht eine Rezeptumshaftung.
Der Passagier hat die Pflicht, bei der Ankunft des Schiffes am Bestimmungsort sein übernommenes Reisegut von dem Transporteur abzuholen[69]. Die Haftung des Transporteurs für übernommenes Reisegut wird in der Praxis durch Freizeichnungsklauseln ausgeschaltet[70]. In bezug auf solches Reisegut wird die „negligence clause" des Transporteurs für gültig erklärt[71]. Gültig sind alle Klauseln, welche die Haftung des Transporteurs für Verlust oder Beschädigung des übernommenen Reisegutes beschränken, weil sie eine vorzeitige vertragliche Regelung der Entschädigung darstellen[72]. Solche Klauseln sind dagegen nicht zulässig, wenn sie infolge der Unzulänglichkeit der vereinbarten Entschädigung für den Transporteur praktisch zu einer Freizeichnung von der Haftung führen[73]. In der Praxis beschränkt der Transporteur seine Haftung für das übernommene Reisegut immer auf einen bestimmten Betrag[74]. Solche Klauseln sind gültig, auch wenn der Verlust oder die Beschädigung des Reisegutes auf einem Verschulden des Transporteurs oder seiner Erfüllungsgehilfen beruht[75].

c) Ansprüche wegen Schäden am Handgepäck

Hinsichtlich des Handgepäcks *(„bagages à main")*, das nicht übernommen wird, ist der Transporteur nur dann für Verlust oder Beschädigung zum

---

[68] Ripert, II Nr. 1977, S. 868.
[69] Vgl. Cass. Com. 30. I. 1950, D. 1950, J. 728 = D. M. F. 1950, 320; Ripert-Rodière, Nr. 2002 A.
[70] Ripert, II Nr. 2002, Marais, a. a. O., S. 232; Siquier, S. 180.
[71] Cass. Civ. 22. I. 1884, D. P. 1884, I, 121 = Sirey 84, I, 221; Cass. com. 13. VI. 1955, D. M. F. 1936, 204; Ripert, II Nr. 2003; Rodière, Nr. 409.
[72] Ripert, II Nr. 2005, S. 891 ff.; Siquier, S. 181.
[73] Sauvage-Warot, a. a. O., Nr. 252, S. 797.
[74] C. A. Aix 17. I. 1926, Dor Supp. 17, 227; Co. Gen. Trans. Kl. III.
[75] Trib. Civ. Seine 20. VI. 1956, D. M. F. 1957, 230, Fall „Champolion"; C. A. Paris, 4. VII. 1956, D. M. F. 1956, 596. Bem. Ripert; Cass. Civ. 2. VII. 1930, Dor Supp. 8, 443; Cass. 13. VI. 1955. D. M. F. 1956, 204; Cass. Com. 9. III. 1959, D. M. F. 1959, 349 Bem. Rodière.

Schadensersatz verpflichtet, wenn der Passagier ein Verschulden seiner Hilfspersonen nachweist[76]. Die Rechtsprechung will dagegen die Haftung des Gastwirts auf den Transporteur analog anwenden[77].

Eine Haftung des Transporteurs für Wertgegenstände, Gold, Wertpapiere usw. existiert nur, wenn sie dem Transporteur abgegeben werden. Dieser Vertrag ist ein *„contrat de depôt"*, der sich von dem PassV. unterscheidet[78]. Eine Freizeichnungsklausel des Transporteurs von seiner Haftung wegen Verlusts oder Beschädigung von Wertsachen ist nur dann gültig, wenn kein schweres Verschulden des Transporteurs oder seiner Hilfspersonen vorliegt. Dem Passagier obliegt der Beweis, daß er Wertsachen abgegeben hat[79].

d) Das Vorzugsrecht des Transporteurs

In der Praxis wird der Transporteur hinsichtlich der Zahlung des Fahrpreises dadurch gesichert, daß der Passagier ihn im voraus zahlen muß. Auf jeden Fall wird dem Transporteur ein Vorzugsrecht *(„privilège")* auf das Reisegut des Passagiers zugebilligt. Dies Vorzugsrecht gründet sich nicht auf das Frachtrecht, sondern wird dem Transporteur nach Analogie zu Art. 2102 C.civ. zugebilligt[80]. Zur Sicherung seines Vorzugsrechtes hat der Transporteur ein Rückbehaltungsrecht *(„droit de retention")* am Reisegut des Passagiers[81], es besteht nur solange, wie der Transporteur Besitzer des Reisegutes bleibt[82].

C. UNTERBRINGUNG, BEKÖSTIGUNG UND BEFRIEDIGUNG DER INDIVIDUELLEN BEDÜRFNISSE DER PASSAGIERE

Die Schiffsordnung bestimmt, in welchen Räumen die Passagiere nach der Klasse ihrer Fahrkarte untergebracht werden[83]. Nach den Erfordernissen der konkreten Reise und der Höhe des bezahlten Fahrgeldes wird dem

---

76 SAUVAGE-WAROT, a. a. O., Nr. 249; CHAUVEAU, Nr. 862; RIPERT-RODIÈRE, 2002 B.

77 C. A. Paris 6. XII. 1923, D. P. 1923, II, 188; contra Trib. civ. Seine 20. XI. 1956 = G. P. 1956, II, 216 = D. M. F. 1957, 230 ff.; DANJON, III Nr. 1081.

78 C. A. Paris 4. VII. 1956, D. M. F. 1956, 593; vgl. Bem. RIPERT, in D. M. F. 1957, 235.

79 Cass. 7. I. 1959, D. M. F. 1959, 144, RIPERT, Dr. Com. Nr. 2234.

80 SAUVAGE-WAROT, a. a. O., Nr. 224, S. 796.

81 Trib. Com. Seine, 28. VI. 1951, D. M. F. 1952, 41; RIPERT, II Nr. 1993.

82 Im selben Sinn Art. 289 des franz. Entwurfs und Art. 283 des HGB von Marokko. Siehe RIPERT, II 1668; DANJON, II Nr. 1124, S. 385; DESJARDINS, III Nr. 881; LYON-CAEN et RENAULT, V Nr. 838.

83 RIPERT, II Nr. 1984.

Passagier entweder nur ein Platz zum Aufenthalt oder ein Schlafplatz in einer Kabine oder eine ganze Kabine zur Verfügung gestellt. In der Überlassung einer Kabine sieht die französische Literatur einen Mietvertrag[84].

Die Pflicht des Transporteurs, den Passagier zu beköstigen[85] wird der Pflicht eines Gastwirtes gleichgestellt. In diesem Zusammenhang ist von Bedeutung, wann der Transporteur einen besonderen Preis für die von ihm zu gewährende Beköstigung verlangen darf, vorausgesetzt, daß in den Bef.B. der Fall nicht erwähnt worden ist. Die Mehrheit des Schrifttums vertritt die Ansicht, daß bei einer Reisedauer von mehr als einem Tag der Preis für die Beköstigung in dem gesamten Fahrpreis enthalten sein soll[86]. Nach dem Revisionsentwurf des C.Com. Art. 200 ist der Kapitän verpflichtet, dem Passagier die nötigen Lebensmittel zu einem entsprechenden Preis anzubieten, wenn der Passagier aus dem PassV. ein solches nicht herleiten kann[87]. Auf der Eigenschaft des Transporteurs als Gastwirt beruht seine Pflicht, für die individuellen Bedürfnisse des Passagiers zu sorgen. Hinsichtlich der übrigen Pflichten des Transporteurs bleibt diese Pflicht eine Nebenpflicht und hat keinen Einfluß auf die rechtliche Natur des PassV.[88].

D. DIE FÜRSORGEPFLICHT

1. Allgemeines

Das Problem der Fürsorgepflicht wurde in Frankreich viel und unter verschiedenen Aspekten diskutiert. Seit langem sind Literatur und Rechtsprechung darin einig, daß dem Transporteur die Pflicht obliegt, den Passagier unversehrt zum Bestimmungsort zu befördern[89]. Umstritten bleibt aber immer noch die Frage, ob es sich um eine vertragliche Pflicht handelt oder ob sich Ansprüche nur aus einer objektiven Haftung, einer sogenannten Gefährdungshaftung, ergeben können. Auf mißbräuchliche Rechtshandlung kann man in Frankreich schwer die Fürsorgepflicht des Transporteurs begründen, denn da im C.civ. ein dem § 242 BGB entsprechender Grundsatz fehlt, ist in Frankreich die Lehre vom Rechtsmiß-

---

[84] Josserand, Transports, Nr. 818; Ripert, Nr. 1965, S. 856.

[85] Ripert, II Nr. 1986, S. 874.

[86] Danjon, II Nr. 1114, S. 374; Desjardins, III Nr. 873; Lyon-Caen et Renault, V Nr. 835; Ripert, II Nr. 1986, S. 873; ebenso Belgien HGB Art. 166; vgl. aber HGB Niederlande, Art. 530.

[87] So auch HGB Marokko Art. 287.

[88] Ripert, II Nr. 1966, S. 857; Sauvage-Warot, a. a. O., Nr. 198, S. 795.

[89] Lyon-Caen et Renault, V S. 885, Ripert, De la responsabilité du transporteur maritime pour les accidents survenus aux passagers, in: Studi di onore Francesco Berlingeri, Rom 1933, S. 457—468; Rodière, Nr. 401.

brauch *(„abus des droits")* sehr unklar und umstritten. Im Anschluß an die Deliktslehre wird von dem neueren französischen Schrifttum die Haftbarkeit dessen diskutiert, der ein Recht mißbraucht. Die neuere Rechtsprechung hat in vielen Entscheidungen Schadensersatzansprüche anerkannt wegen Schäden, die durch mißbräuchliche Handlung verursacht wurden. Diese Lehre hat aber bis jetzt keinen Einfluß auf die Schadensersatzpflicht des Transporteurs bei Körperverletzungen gefunden[90].

2. Die Rechtsgrundlage der Fürsorgepflicht

Die Aktualität und die Bedeutung der Rechtsgrundlage der Fürsorgepflicht für das französische Recht macht einen kurzen Rückblick auf die Entstehung und Entwicklung der verschiedenen Ansichten nötig.

Die französische Rechtsprechung hat lange Zeit eine vertragliche Verpflichtung des Transporteurs, den Passagier unversehrt („sain et sauf") zum Bestimmungsort zu befördern, verneint. Nur auf Grund der Art. 1382 und 1383 C.civ. war dem Passagier ein Schadensersatzanspruch wegen Personenschäden zu gewähren[91].

Nur in bezug auf die Beförderung des Reisegutes waren die Rechtsprechung und die Literatur einig, daß sie der Güterbeförderung gleichzustellen sei. Der Transporteur übernehme das registrierte Reisegut unter seine Aufsicht und hafte für seine Beschädigung während der Dauer der Reise. Diese Regel[92] sollte auch in der Personenbeförderung, sowohl auf See als auch zu Lande, analoge Anwendung finden[93]. Die Beförderung der Güter sei von viel geringerer Bedeutung als das Leben und die Unversehrtheit der zu befördernden Personen. Infolgedessen sei es nicht nur analog, sondern sogar „a fortiori" richtig, daß der Transporteur für die Unversehrtheit des Passagiers zu sorgen habe. — Gegen diese Argumentation hat ein wesentlicher Teil der Rechtsprechung wichtige Einwände erhoben. Wenn der Transporteur aus Art. 1782 ff. C.civ. verpflichtet sei, die befördernden Güter zu überwachen und wenn er nach Art. 103, 222 C.com. für ihren Verlust oder ihre Beschädigung hafte, liege das nicht an dem Beförderungsvertrag als solchem, sondern an der Tatsache, daß er während der Erfüllung des Beförderungsvertrages die Güter in seine

[90] Josserand, L'Abus des Droits, 51 ff.; Planiol-Ripert, VI Nr. 573 ff., 579 ff.

[91] Req. 9. V. 1899, D. P. 1899, I, 558; Danjon, III Nr. 927 ff.; Smeesters-Winkelmolen, II Nr. 880; Autran, La responsabilité des propriétaires de navires à raison des accidents de personnes d'àprès le droit français, in R. I. D. M. XXIV, 417; vgl. Lalou, Contrat comportant pour l'une des parties l'obligation de rendre le contractant „sain et sauf", in D. H. 1931, 47; Ripert, II Nr. 1996.

[92] Art. 1783—1784 C. civ., 103, 333 C. com.

[93] C. A. Paris 27. XI. 1866, Sirey 67, II, 320; C. A. Aix 5. VII. 1887, 87. II. 230; C. A. Paris 23. VII. 1894, D. P. 95, II 63.

Obhut (garde) nehme. Gehen die Güter während der Reise verloren oder werden sie beschädigt, so sei der Transporteur dafür verantwortlich, es sei denn, er trete den Beweis an, daß der Verlust oder die Beschädigung der Güter auf einer für ihn fremden Ursache beruhe (Art. 1302 und 1315 C.civ.). Ist aber Gegenstand des Vertrages die Beförderung einer Person, so könne weder von Hinterlegung noch Rückbehaltung die Rede sein. Die Passagiere bezahlten die Aufsicht über ihre Person[94]. Die Tatsache, daß Gegenstand des Beförderungsvertrages nicht mehr ein lebloser passiver und gehorsamer Gegenstand, sondern eine aktive, sich frei bewegende Person sei, vervielfältige die Möglichkeit von Unfällen, für die den Transporteur kein Verschulden treffe und ihn haften zu lassen nicht gerechtfertigt sei, auch wenn sie durch seine Nachlässigkeit verursacht worden sind. Art. 1782—1784 C.civ. und 103, 222 C.com. seien daher auf die Personenbeförderung überhaupt nicht anwendbar[95]. Weder der Wortlaut noch eine Analogie erlaubten ihre Anwendung. Dagegen könne man von einem Argument e contrario sprechen. Der Transporteur sei nur auf Grund der Art. 1382—1384 C.civ. verantwortlich, d. h. wenn die Verletzung auf seinem Verschulden oder auf Verschulden seiner Hilfspersonen beruht[96]. Die Cour de Cassation hielt in einer Reihe von Urteilen an dieser Ansicht fest[97]. Trotzdem wurde der Gedanke einer vertraglichen Sorgfaltspflicht von der Rechtsprechung der unteren Gerichte[98], unterstützt von der Mehrheit des Schrifttums[99], weiterhin vertreten. Jedoch nicht mehr in Analogie zu Art. 1783—1784 C.civ. und 103, 222 C.com. An die Stelle dieser Analogie trat eine neue Argumentation. Art. 1783 bis 1784 C.civ. und 103, 222 C.com. stimmten mit den allgemeinen Grundsätzen des französischen Rechtes überein. Sie wiederholten nichts anderes als die allgemeinen Grundsätze. Es sei infolgedessen ein allgemeiner Grundsatz, daß der Transporteur verpflichtet sei, während der Reise für die Unversehrtheit des Passagiers zu sorgen[100].

Es ist tatsächlich illusorisch, einen entscheidenden Unterschied zwischen Personen und Güterbeförderung zu machen. Im Grunde schließt der Passagier mit dem Transporteur denselben Vertrag wie der Verfrachter mit dem Befrachter. Der eine vertraut ihm seine Person, der andere seine Güter an. Sowohl der Befrachter als auch der Passagier vereinbaren still-

---

[94] Danjon, III S. 286.
[95] C. A. Louer 3. XII. 1890, D. P. 1899, II, 312.
[96] Cass. 10. XI. 1884, D. P. 1885, I 443 = Sirey 1885, I 129.
[97] Cass. 15. III. 1895, Sirey 1895, I 285; Cass. 9. V. 1899, D. P. 1899, I 558; Req. 14. XII. 1903, D. P. 1905, I 314 = Sirey 1904, I 26 f.
[98] C. A. Aix, 24. I. 1896, R. I. D. M. XII, 24; vgl. Siquier, S. 11.
[99] Ripert, II Nr. 1998; Danjon, III Nr. 1082 m. w. N.; Siquier, S. 11.
[100] Danjon, I Nr. 832; Siquier, S. 12.

schweigend, daß die Beförderung bis zum Bestimmungsort einwandfrei verwirklicht wird.

Im Jahre 1911 hat auch die Cour de Cassation ihre bisherige Rechtsprechung geändert. Während eines Rechtstreits über eine prozessuale Frage hat die Chambre Civil beschlossen, daß „l'exécution du contrat de transport comport pour le transporteur l'obligation de conduire le vogageur sain et sauf à destination“[101]. Dieses Urteil hat die bis dahin herrschende Ungewißheit noch vergrößert[102]. Zwei Jahre später hat die Cour de Cassation bei einer Klage im Zusammenhang mit einem Eisenbahntransport entschieden, selbst die Ausgabe einer Fahrkarte an einen Passagier setze ohne besondere Vereinbarung die Pflicht der Gesellschaft, den Passagier unversehrt zu dem Bestimmungsort zu befördern voraus. Hat die Reisegesellschaft diese Pflicht nicht beachtet, so hat sie ihre Verpflichtung aus dem Vertrag verletzt[103]. Dieses Urteil sollte auch für die Passagierbeförderung auf See Geltung erlangen[104]. Obwohl auch dieses Urteil eine prozessuale Frage betraf, hat die Cour de Cassation damit einen allgemeinen Grundsatz gebildet mit dem Inhalt, der Passagier habe im Falle seiner Verletzung einen Anspruch gegen den Transporteur aus Art. 1147 C.civ.[105]. Ein weiteres Urteil vom 21. April 1913[106], die Beweislast betreffend, hatte die Rechtsprechung in beiden vorausgegangenen Urteilen bestätigt. Mit derselben Argumentation entschied im Jahre 1916 die Chambre des Requêtes, der Abschluß des Vertrages enthalte für den Transporteur die Verpflichtung, den Passagier unversehrt an den Bestimmungsort zu befördern[107]. Durch diese Urteile wurde in Frankreich die vertragliche Natur der Verpflichtung des Transporteurs, den Passagier unversehrt zu dem Bestimmungsort zu befördern, ausdrücklich anerkannt[108].

---

[101] Cass. Civ. 21. XI. 1911, D. P. 1913, I 243 = R. I. D. M. XXVI, 407 = Sirey 1912, I 73 Bem. Lyon-Caen; Siquier, S. 15; Rodière, Nr. 401.

[102] C. A. Paris 18. V. 1912, G. P. 1912, 1, I 615.

[103] „Le voiturier, tenu de l'obligation contractuelle de transporter le voyageur sain et sauf à destination, doit en cas d'accident, prouver que l'inexecution de son obligation dépend d'une cause étrangère qui ne peut lui être imputée, Cass. 27. I. 1913, D. P. 1913, I 249 = Sirey 1913, I 177 Bem. Lyon-Caen.

[104] Ripert, II Nr. 1997, S. 882.

[105] Lyon-Caen, Examen de jurisprudence in Rev. Critique 1913, 399; vgl. jedoch Josserand, Transports, Nr. 866, der die vertragliche Haftung verneint. Über die Fürsorgepflicht des Beförderers zu Lande nach Art. 1147 C. civ. siehe Rodière, Transports, S. 44 ff.; de Juglard, Bem. in J. C. 1953, II 7698.

[106] Cass. Civ. 21. IV. 1913, Sirey 1913, I 249 Bem. Lyon-Caen.

[107] Req. 28. VI. 1916, G. Trib. 23. IX. 1916, Bem. Carot de Villemoble.

[108] Req. 12. IV. 25, VI. Civ. 3 VIII, 2. XII. 1918; Req. 18. XII. 1918 und 19. II. 1919, D. P. 1919, I 45; Cass. 22. II. 1926, D. H. 1926, 194; Cass. 24. II. 1930,

Die Vorteile dieser Auffassung liegen darin, daß der Passagier das Verschulden des Transporteurs und seiner Hilfspersonen nicht nachzuweisen braucht. Um sich von der Haftung wegen Verletzung der Fürsorgepflicht zu entlasten, hat der Transporteur zu beweisen, daß der Schaden auf einer Ursache beruht, die er nicht zu vertreten hat[109]. Fast ausnahmslos pflegen die französischen Transporteure sich von ihrer Fürsorgepflicht freizuzeichnen[110]. Die Gültigkeit dieser Klausel wird jedoch nicht anerkannt[111], weil es sich nicht um „rapports pécuniaires", sondern um die Haftung für Verletzung eines Mitmenschen handelt, die durch private Vereinbarung nicht ausgeschlossen werden kann[112]. Dennoch dienen diese Klauseln dazu, die Beweislast umzukehren und sie dem Passagier aufzuerlegen.

3. Dauer der Fürsorgepflicht

Das ältere Schrifttum beschränkte die Dauer der Fürsorgepflicht auf die Zeit des Aufenthalts des Passagiers an Bord. Für Schäden während des Ein- und Aussteigens wurde dem Passagier ein Anspruch nur nach Art. 1382—1384 C.civ. anerkannt[113]. Die neuere Rechtsprechung vertritt dagegen die Meinung, daß die Fürsorgepflicht des Transporteurs so lange bestehen soll, wie sich der Passagier in dem Gefahrenbereich des Transporteurs befindet[114]. Infolgedessen ist eine Fürsorgepflicht auch beim Ein- und Aussteigen des Passagiers anzunehmen[115]. Die Bef.B. beschränken die Fürsorgepflicht des Transporteurs auf die Zeit, während der der Passagier sich an Bord des Schiffes oder in den Einrichtungen des Transporteurs befindet[116].

D. H. 1930, 508; Cass. 25. II. 1939, D. H. 1939, 195; vgl. Rechtsprechung der unteren Gerichtsstufen bei Danjon, III Nr. 1882, S. 304 Fn. 13; vgl. auch Trib. com. Marseille 23. VI. 1961, D. M. F. 1962, 551 ff.; Ripert, II Nr. 1997, S. 881; Ripert-Boulanger, II Nr. 949; Sauvage-Warot, a. a. O., Nr. 231, S. 796; vgl. Rodière, Nr. 401.

[109] Trib. Com. Seine 25. XI. 1911, G. P. 1912, I 307; Siquier, S. 13; Rodière, Nr. 402.

[110] Co. Gen. Trans. Kl. III; Ripert, II Nr. 1998; Ripert-Boulanger, II Nr. 962; Rodière, Nr. 403.

[111] Ripert, II Nr. 2004, S. 891.

[112] Ripert, II Nr. 2004; Danjon, II Nr. 1030 ff.; vgl. aber Rodière, 403.

[113] Danjon, II Nr. 1083, S. 306.

[114] Ripert, Dr. Com. Nr. 2452.

[115] Req. 5. IV. 1933, D. H. 1933, 215; Ripert, II Nr. 1999; Ripert-Boulanger, II Nr. 946.

[116] Marais, a. a. O., S. 227.

4. Der Inhalt der Fürsorgepflicht

a) Die Seetüchtigkeit des Schiffes

In Analogie zu den Bestimmungen des Frachtrechtes (Art. 197 C.com.) wird der Transporteur auch beim Passagiervertrag mit der Pflicht belastet, ein seetüchtiges Schiff für die Beförderung des Passagiers zu stellen[117]. Die Tatsache, daß der Passagier das für die Beförderung gestellte Schiff gesehen und akzeptiert hat, befreit den Transporteur nicht von seiner Pflicht, für die Seetüchtigkeit des Schiffes zu sorgen. Der Passagier ist nicht in der Lage, zu prüfen, ob das Schiff seetüchtig ist oder nicht; auch eine stillschweigende Einwilligung des Passagiers, sich mit einem seeuntüchtigen Schiff befördern zu lassen, ist nicht anzunehmen.

Eine allgemeine Regel über den Inhalt der Seetüchtigkeit des Schiffes gibt es in Frankreich nicht. Man definiert als seetüchtig ein Schiff, „qui est capable dans tous les rapports d'accomplir avec sécurité le voyage projeté dans les conditions ordinaires“[118]. Die Rechtsprechung vertritt hinsichtlich der Güterbeförderung eine sehr weitgefaßte Ansicht von der Seetüchtigkeit des Schiffes und entscheidet, daß jedes Schiff, welches Güter nicht unversehrt befördern kann, sich in einem seeuntüchtigen Zustand befindet[119]. Diese Regel soll auch beim Passagiertransport Anwendung finden.

Die Tauglichkeit und die Stabilität des Schiffes zur Zeit der Abfahrt und die ordnungsgemäße Vorbereitung des Schiffes für die beabsichtigte Reise sind die Grundbedingungen für die Seetüchtigkeit des Schiffes. In diesem Punkt genügen die Zertifikate der Klassifikationsanstalten und die Besichtigung der zuständigen Behörden. Dennoch kann der Passagier beweisen, daß das Schiff zu dieser Zeit seeuntüchtig war. Die Tauglichkeit des Schiffes bedeutet nicht nur die Festigkeit und die Stärke des Schiffskörpers als solchen, sondern auch seine Fähigkeit, die Gefahren der beabsichtigten Reise zu überstehen[120]. Das Schiff muß mit tauglichen Maschinen und Navigationsinstrumenten, Seekarten, Ankern, Pumpen usw. ausgerüstet sein. Mangel an Brennmaterial während der Reise verursacht Seeuntüchtigkeit des Schiffes[121]. Nach dem Gesetz vom 17. IV. 1907 (mit

---

[117] Ripert, II Nr. 1398, 1707; Sauvage-Warot, a. a. O., Nr. 235, S. 783; Chauveau, S. 343 f.; vgl. Gesetz vom 16. VI. 1933, Art. 5.

[118] Ripert, II Nr. 1398; vgl. Revisionsentwurf des C. com. Art. 246.

[119] Cass. 16. XI. 1898, R. I. D. M. XIV., 329; Req. 2. X. 1901, R. I. D. M. XVII, 5; Req. 25. II. 1929, Dor Supp. 7, 152; Cass. Com. 19. III. 1952, D. M. F. 1952, 360.

[120] Cass. Civ. 3. II. 1926, Dor Supp. 4, 241.

[121] Ripert, II Nr. 1398.

Geltung von 1908) werden alle Navigationsorgane und -einrichtungen von den zuständigen staatlichen Aufsichtsbehörden streng geprüft. Für die Passagierschiffe werden besondere Maßnahmen verlangt. Die Maßnahmen und die Regelungen über die Passagierschiffe stimmen grundsätzlich mit dem deutschen Recht überein, weil Frankreich dem Sicherheitsvertrag von London 1948 beigetreten ist[122].

Wird der Passagier durch Seeuntüchtigkeit des Schiffes verletzt, so ist der Transporteur dafür nur dann verantwortlich, wenn der Schaden auf einem Verschulden beruht, das er zu vertreten hat[123]. Eine Kausalhaftung ohne Verschulden trifft den Transporteur beim Passagiertransport nicht. Zwar pflegen die Transporteure ihre Haftung für Seeuntüchtigkeit des Schiffes auszuschließen, „... le transporteur ne sera responsable de ... innavigabilité pour quelque raison que se soit et de quelque nature quelle soit, touts défauts ou mauvais état, à quelque moment que ce soit ...“[124]. Trotzdem wird dieser Klausel nur zugebilligt, die Beweislast umzukehren.

b) Der Schutz der Gesundheit des Passagiers an Bord

Der Kapitän ist nach französischem Recht befugt, einem ansteckenden Kranken die Beförderung zu verweigern oder einen an Bord ansteckend erkrankten Passagier auszuschiffen. Dasselbe gilt für schwerkranke oder an Bord schwer erkrankte Passagiere. Ein Gesetz vom 17. April 1907[125] über die Gesundheit und Unversehrtheit in der Navigation bestimmt heute die hygienischen Voraussetzungen und die Hilfs- und Rettungsmittel des Schiffes. Nach dem Beitritt Frankreichs zu dem Schiffssicherheitsvertrag von London bestimmt sich die Pflicht des Transporteurs, die Gesundheit des Passagiers an Bord zu schützen, nach dessen Voraussetzungen[126].

---

[122] Vgl. Gesetz vom 6. I. 1954, J. O. 10. I. 1954 „sur la sauvegarde de la vie humaine en mer et l'habitabilité à bord des navires de commerce“, VO vom 7. X. 1954, J. O. 30. X. 1954 „sur la protection contre l'incendie ...“, VO 13. XI. 1955, J. O. 20. XI. 1955 „sur les engines de sauvetage“.
[123] Trib. com. Marseille 26. III. 1930, Dor Supp. VIII, 234.
[124] Co. Gen. Trans. Kl. III.
[125] D. P. 1907, IV 153.
[126] Siehe VO vom 7. XII. 1954, J. O. 13. VII. 1954, „sur l'habitabilité et hygienne à bord de navires de commerce“; vgl. Trib. Marseille 1. II. 1938, Dor Supp. XVI, 171.

§ 5: Die Schadensersatzpflicht des Transporteurs wegen Verletzung seiner Vertragspflichten

A. ALLGEMEINES

Verletzt der Transporteur seine Vertragspflichten und entsteht daraus ein Schaden für den Passagier, so wird er für den Schaden verantwortlich gemacht. Die Folgen der Verletzung der verschiedenen Vertragspflichten des Transporteurs sind in Frankreich von keinem Gesetz geregelt[127]. Es kommen also nach ständiger Rechtsprechung[128] hinsichtlich der Schadensersatzpflicht des Transporteurs die allgemeinen Regeln des C.civ. über die vertragliche Haftung zur Anwendung. Verschuldete Nichterfüllung oder mangelhafte Erfüllung sowie Verletzung des Passagiers und Verlust oder Beschädigung seines Reisegutes verpflichten den Transporteur, Schadensersatz („dommages interêts") zu leisten[129].

B. VERSCHULDEN

Die Schadensersatzpflicht des Transporteurs setzt voraus, daß ein Verschulden vorliegt, welches er zu vertreten hat (Art. 1134 C.civ.)[130]. Wurde der Schaden durch eigenes Verschulden des Passagiers oder durch höhere Gewalt („fait des événements") verursacht, so kann der Passagier keinen Schadensersatzanspruch erheben (Art. 1147 C.civ.)[131].

1. Die Verantwortlichkeit für eigenes Verschulden

Ein persönliches Verschulden des Transporteurs liegt bei anfänglicher Seeuntüchtigkeit des Schiffes vor, wenn z. B. der Passagier während des Aussteigens durch Einsturz der Treppe, deren Material sich in einem

---

127 RIPERT, II Nr. 1995, S. 880; AUTRAN, La rèsponsabilité des propriétaires de navires à raison des accidents des personnes d'après le droit français in R. I. D. M. XXVI, 407 ff.

128 Cass. civ. 21. XI. 1911, D. P. 1913, I 249; Req. 18. VI. 1918, R. I. D. M. XXXI, 173; Req. 28. VI. 1916; G. Trib. 1916, I 38; Cass. civ. 4. VII. 1930, D. H. 1930, 508; Cass. civ. 6. XII. 1932, D. H. 1933, 137, Bem. JOSSERAND; Cass. civ. 25. I. 1939, D. H. 1939, 195.

129 RIPERT-BOULANGER, II Nr. 777; RODIÈRE, Nr. 408.

130 RIPERT-BOULANGER, II Nr. 785.

131 RIPERT-BOULANGER, II Nr. 802 ff.; für den Fall eines Selbstmordes eines Passagiers an Bord siehe Trib. Civ. Seine 1. VII. 1937, Dor Supp. 16, 91; vgl. C. A. Aix, 20. I. 1948, D. M. F. 1950, 303.

schlechten Zustand befand, verletzt wurde[132]. Auch die Unzulänglichkeit der Alarmsignale und der Rettungsmittel wird als persönliches Verschulden des Transporteurs ausgelegt[133].
Die französische Rechtsprechung ist sich nicht einig über die Rechtsfolgen der Freizeichnung des Transporteurs aus eigenem Verschulden. Ein Teil der Rechtsprechung nimmt an, daß eine solche Freizeichnung nur eine Umkehr der Beweislast nach sich zieht, den Transporteur aber nicht von seiner Haftung für nachgewiesenes Verschulden freistellt[134]. Diese Freizeichnung ist jedoch deshalb für nichtig zu erklären, weil sie gegen die guten Sitten verstößt[135].

2. Die Verantwortlichkeit für Verschulden der Hilfspersonen

Der C.civ. enthält keine Regelung, die in gleicher Weise wie § 278 BGB die Haftung des Schuldners für seine Hilfspersonen innerhalb eines bestehenden Schuldverhältnisses ausspricht. Dennoch ist das Schrifttum seit langem darin einig, daß, wenn einem Vertragspartner erlaubt wird, die Erfüllung des Vertrages dritten Personen zu überlassen, auch angenommen werden muß, daß er sich für den von diesen Personen verursachten Schaden zu verantworten hat[136].
Bedient sich der Transporteur zur Erfüllung seiner Verbindlichkeiten aus dem PassV. einer Hilfsperson und wird infolge einer Handlung dieser Person die Verbindlichkeit nicht erfüllt, so hat er den dadurch entstandenen Schaden des Passagiers zu ersetzen. Von dieser Haftung soll er nur dann befreit sein, wenn er beweist, daß Zufall oder höhere Gewalt im Sinne des Art. 1147 C.civ. vorliegt[137]. Ein solcher Zufall im Sinne des Gesetzes liegt nicht dadurch vor, daß sich der Transporteur bei der Erfüllung des PassV. dritter, von ihm angestellter Personen bedient. Denn die Handlung der Hilfspersonen hat keinen, dem Transporteur fremden Ursprung, vorausgesetzt, daß diese Hilfspersonen in dem wirtschaftlichen Bereich des Transporteurs arbeiten und auf dessen Veranlassung tätig geworden sind.
Zum Zwecke der Enthaftung des Transporteurs oder der Beschränkung seiner Schadensersatzpflicht wegen Verschuldens der Hilfspersonen ent-

---

132 Req. 4. XI. 1924, Dor Supp. 1949, 435; Marais, a. a. O., S. 231.
133 Trib. Com. Seine, 9. VI. 1942, Dor Supp. 1949, 435; Marais, a. a. O., S. 231.
134 C. A. Paris, 4. III. 1904, R. I. D. M. XXV, 313; Stoll, S. 356; Siquier, S. 23.
135 Vgl. C. A. Alger, 20. I. 1892, D. P. 1892, II 564; C. A. Saigon, 15. IV. 1910, R. I. D. M. XXVI, 51; Ripert, II Nr. 2004.
136 Ripert-Boulanger, II Nr. 800; Bequè, La responsabilité du fait d'autrui en matière contractuelle, in Rev. civ. 1914; 251 ff. (253); Planiol-Ripert, VI Nr. 381.
137 Demoque, V Nr. 927, 1245.

halten die Bef.B. stets eine Freizeichnungsklausel („negligence clause"). Die Gültigkeit dieser Klausel wird von der Rechtsprechung nur teilweise anerkannt[138]; obwohl nämlich die Transporteure ihre Freizeichnung von Verschulden ihrer Hilfspersonen häufig sehr breit ausführen, wird die Gültigkeit der „negligence clause" nur auf bestimmte Haftungsfälle beschränkt. Der herrschenden Meinung nach darf sich der Transporteur von seiner Haftung wegen schweren Verschuldens seiner Hilfspersonen nicht freizeichnen[139]. Unter schwerem Verschulden ist sowohl Vorsatz („faute intentionelle") als auch grobe Fahrlässigkeit („faute lourde") zu verstehen[140]. Dennoch wird in einem Teil der älteren Rechtsprechung die Freizeichnung von grober Fahrlässigkeit der Hilfspersonen für gültig erklärt[141]. In Analogie zu den Bestimmungen des Frachtverkehrs wird in Frankreich die Ansicht vertreten, daß sich der Transporteur nur aus seiner Haftung wegen nautischen Verschuldens seiner Hilfspersonen freizeichnen darf. Eine Freizeichnung aus dem kommerziellen Verschulden dieser Personen wird ihm untersagt. In der Praxis verweisen die Bef.B. auf die Haftung des Verfrachters nach dem Brüsseler Übereinkommen von 1924[142].

C. DIE BEWEISLAST

Beruht der Schadensersatzanspruch auf Verletzung einer Vertragspflicht, so hat der Passagier zu beweisen:

a) daß der Passagiervertrag gültig abgeschlossen wurde[143],
b) daß der Transporteur seine Vertragspflichten verletzt hat,
c) daß diese Verletzung dem Passagier einen Schaden verursacht hat[144].

Dagegen wird das Verschulden des Transporteurs vermutet. Um sich zu befreien, muß der Transporteur den Beweis führen, daß der Schaden auf einer Ursache beruht, die er nicht zu vertreten hat[145].

---

[138] Req. 4. XI. 1924, Dor Supp. 2, 867; C. A. Le Havre 13. VI. 1927, Dor Supp. 5, 375; Trib. de la Gironde, 28. VII. 1927, Dor Supp. 5, 419, Fall „Afrique"; Cass. 31. III. 1949, D. 1950, J. 157, Bem. RIPERT; MARAIS, a. a. O., S. 231; SIQUIER, S. 24; CHAUVEAU, Nr. 781, vgl. RIPERT-BOULANGER, II Nr. 869.

[139] C. A. Marseille, 12. XI. 1923, Dor Supp. S. 513; C. A. Aix 20. I. 1923, G. P. 1923, I 416; Cass. 13. VI. 1955, D. M. F. 1956, 204; dagegen RIPERT, II Nr. 1754.

[140] Cass. 9. III. 1959, D. M. F. 1959, 349, Fall „Champolion"; vgl. RIPERT-BOULANGER, II Nr. 794 ff.

[141] Cass. civ. 25. XI. 1899, D. P. 99, I 567 = Sirey 99, I 496; weitere Rechtsprechung bei RIPERT, II Nr. 1754.

[142] Co. Gen. Trans. Kl. 3; RIPERT, II Nr. 2003; CHAUVEAU, Nr. 861, S. 577.

[143] SMEESTERS-WINKELMOLEN, II Nr. 877, S. 597.

[144] RIPERT-BOULANGER, II Nr. 779; RIPERT, I Nr. 467.

[145] RIPERT-BOULANGER, II Nr. 785.

Der Transporteur wird in der Regel nur wegen eigenen Verschuldens oder Verschuldens seiner Hilfspersonen verantwortlich gemacht. Trotzdem enthalten die Bef.B. ständig Freizeichnungen aus der Haftung wegen Schäden aus höherer Gewalt[146]. Zweck dieser Freizeichnung ist die Umkehrung der Beweislast zu Lasten des Passagiers[147].

§ 6: Die Schadensersatzpflicht des Transporteurs wegen unerlaubter Handlungen

A. DER GRUNDSATZ „NON CUMUL“ VERTRAGLICHER UND DELIKTISCHER HAFTUNG

Die klassische Lehre der *„responsabilité civile contractuelle“* und *„responsabilité civile delictuelle“* spricht sich für einen fest abgegrenzten Haftungsbereich aus und verneint grundsätzlich die Anwendung der Deliktsvorschriften (Art. 1382—1386 C.civ.) auf eine den Vertragspflichten des Transporteurs zuwiderlaufende Handlung auch dann, wenn diese alle Merkmale eines Deliktes aufweist[148]. Aus dem Grundsatz *„non cumul des responsabilités“* ergibt sich, daß auf Artikel 1382ff. C.civ. insbesondere dann nicht zurückgegriffen werden kann, wenn die Haftung aus dem PassV. durch Privatvereinbarung oder Gesetz beschränkt oder ausgeschlossen worden ist. Daraus folgt, daß der Passagier selbst keinen Anspruch wegen unerlaubter Handlungen gegen den Transporteur erheben darf[149]. In den letzten Jahren aber hat die französische Rechtsprechung neben der vertraglichen Haftung des Transporteurs für die Unversehrtheit des Passagiers auch den Tatbestand einer deliktischen Haftung anerkannt, falls sein Verhalten die Voraussetzungen einer deliktischen Handlung erfüllt[150]. Immerhin werden Art. 1382ff. C.civ. nur dann angewendet, wenn der Geschädigte zu dem Transporteur in keinem Vertragsverhältnis steht. Aus diesem Grunde sind es in der Praxis meistens nur Familienangehörige von ums Leben gekommenen Passagieren, die ihre Ansprüche auf Art. 1382ff. C.civ. stützen.

---

146 Co. Gen. Trans. Kl. 3; Latty, S. 478.
147 Ripert, II Nr. 2004; Chauveau, Nr. 861, S. 577.
148 Ripert-Boulanger, II Nr. 918; Aubry-Rau, VI Nr. 446 Fn. 7.
149 Ripert-Boulanger, II Nr. 920; Mazeaud, Responsabilité delictuelle et contractuelle, Rev. civ. 1929, 623f.
150 Ripert-Boulanger, II Nr. 917; Planiol-Ripert, VI Nr. 378.

B. DIE VERANTWORTLICHKEIT FÜR VERRICHTUNGSGEHILFEN

1. *Allgemeines*

Außer seiner Haftung aus Art. 1382 C.civ. für eigene unerlaubte Handlungen wird der Transporteur auch für Handlungen seiner Verrichtungsgehilfen verantwortlich gemacht[151]. Das französische Recht kennt im Gegensatz zum deutschen Deliktsrecht bereits eine Erfolgshaftung des Geschäftsherrn für fremdes Verschulden[152]. Diese Haftung wird gegen den Transporteur entweder nach Art. 216 C.com. oder nach Art. 1384 Abs. 5 C.civ. ausgelöst, je nachdem, ob ein Verschulden einer Person vorliegt, die der Schiffsbesatzung angehört oder ob es sich um eine unerlaubte Handlung eines der Schiffsbesatzung fremden Mitgliedes handelt. Im Grunde handelt es sich in beiden Fällen um dieselben Haftungsgrundsätze, denn Art. 216 C.com. bildet nur einen speziellen Fall der Haftung für Verrichtungsgehilfen nach dem Vorbild des Art. 1384 Abs. 5 C.civ. und wird nur deshalb abgesondert, weil die Haftung des Schiffseigentümers für Verschulden bestimmter Verrichtungsgehilfen beschränkt wird, während Art. 1384 Abs. 5 C.civ. eine unbeschränkte zivilrechtliche Haftung vorschreibt.

2. *Personen, für welche der Transporteur einzustehen hat*

Vorausgesetzt, daß der Transporteur mit dem Schiffseigentümer identisch ist, hat er laut Art. 216 C.com. für die von Personen der Schiffsbesatzung verursachten Schäden einzustehen. In Art. 216 C.com. wird zwar nur vom Kapitän gesprochen[153], es ist aber allgemein anerkannt, daß seinem Sinn nach der Transporteur auch für das Verschulden der Schiffsbesatzung haftet[154]. Zu der Schiffsbesatzung werden der Kapitän, das Deckpersonal, das Maschinenpersonal, die Funker und das Verpflegungspersonal („agents du service général") gerechnet[155]. Als Besatzungsmitglieder zählen ferner die Deckoffiziere und Maschinenoffiziere des Schiffes[156].

---

[151] Ripert-Boulanger, II Nr. 929 ff.

[152] Cass. 10. XI. 1859, G. P. 1860, I 49; Aubry-Rau, VI § 446.

[153] Über die Haftung des Transporteurs für das Verschulden des Kapitäns siehe Ripert, I Nr. 842 ff.; und Abram, L'affreteur qui a choisi le capitaine est-il responsable des engagements et des fautes de ce capitaine en vertu de l'article 1384 du C. civ.? in R. I. D. M. XXII, 559.

[154] Ripert, I Nr. 773, II Nr. 1380 ff.; Sotiropoulos HP, S. 21.

[155] Ripert, I Nr. 450, 462 ff., 469 ff., 507; Sotiropoulos HP, S. 23; Bonnecase, Nr. 429.

[156] Ripert, I Nr. 773.

In Frankreich unterscheidet man weiterhin zwischen *„inscrits maritimes"*, wozu alle Personen gehören, welche zur Fortbewegung des Schiffes beitragen[157], und den *„agents du service général"*, die einen Beruf an Bord von Passagierschiffen ausüben, der zwar zu der Navigation in keiner Beziehung steht, den Passagieren aber nützlich ist; so z. B. Stewards, Köche, Bäcker, Schlachter, Wärterinnen. Auch diese Personen werden zur Schiffsbesatzung gerechnet. Zu den Personen der Schiffsbesatzung wird ferner der Arzt an Bord mitgezählt[158].

Beruht der Schaden auf einem Verschulden einer der Schiffsbesatzung fremden Person, so begründet sich die Schadensersatzpflicht des Transporteurs auf Art. 1384 Abs. 5 C.civ. Diese Vorschrift kommt sowohl für das Landpersonal des Transporteurs als auch für Seepersonal, welches zur Schiffsbesatzung nicht gerechnet werden kann, in Frage; so z. B. das Verschulden von Hafenarbeitern, die an Bord eine bestimmte Arbeit verrichten, Handwerkern, die Ausbesserungsarbeiten vornehmen, Schauerleuten, Stauerleuten, freiwilligen Lotsen, einer Schlepperbesatzung, Leuten, die eine selbständige Berufstätigkeit auf eigene Gefahr an Bord ausüben, z. B. Friseure, Gaststättenpächter, Musiker usw.[159].

3. Die Voraussetzungen der Verantwortlichkeit

Nach Art. 1384 Abs. 5 C.civ. („responsabilité du fait des employés") hat der Transporteur für die unerlaubten Handlungen seiner Verrichtungsgehilfen einzustehen, jedoch ohne daß ihm gestattet wird, wie nach § 831 BGB seine Entlastung zu führen, denn die Haftung aus Art. 1384 Abs. 5 C.civ. gründet sich nicht auf Verschulden, sondern auf dem Gedanken des Risikos und bildet einen eigentlichen Fall der Haftung für Dritte[160]. Infolgedessen hat der verletzte Passagier, der einen Schadensersatzanspruch auf Grund des Art. 1384 Abs. 5 C.civ. erhebt, den Nachweis eines Verschuldens des Transporteurs nicht zu führen[161].

Die Haftung des Transporteurs aus Art. 1384 Abs. 5 C.civ setzt voraus:

a) daß der Erfüllungsgehilfe eine unerlaubte Handlung begangen hat. In der Person des Erfüllungsgehilfen müssen alle objektiven und subjektiven Voraussetzungen einer unerlaubten Handlung erfüllt sein, denn der Ersatzanspruch gegen den Transporteur entsteht nur insoweit

---

[157] RIPERT, I Nr. 470; DANJON, I Nr. 216, 217, 219; BONNECASE, Nr. 429; PRODROMIDES, Nr. 13.

[158] Cass. 21. VI. 1938, Dor Supp. 16, 259; RIPERT, I Nr. 336; DANJON, II Nr. 633; WAHL, S. 110; PRODROMIDES, Nr. 13.

[159] RIPERT, I Nr. 876; SOTIROPOULOS HP., S. 23, 26; DANJON, II Nr. 2219.

[160] LALOU, Nr. 482; PLANIOL-RIPERT, VI Nr. 611.

[161] AUBRY-RAU, VI § 447 S. 400; COLIN-CAPITANT, II S. 392; dagegen DEMOQUE, Nr. 881 ff.; LALOU, Nr. 484 f.; RIPERT, I Nr. 126.

und insofern, als er gegen den Erfüllungsgehilfen besteht. Die Mehrheit der Rechtsprechung verlangt daher für die Anwendung des Art. 1384 Abs. 5 C.civ. ein Verschulden des Erfüllungsgehilfen[162].

b) daß dadurch ein Schaden des Passagiers entstanden ist[163]. Ein innerer Zusammenhang zwischen der schädigenden Handlung und der Verrichtung ist nicht erforderlich. Es genügt ein äußerer, zeitlicher und örtlicher Zusammenhang.

c) daß der Transporteur im Augenblick der schädigenden Handlung des Verrichtungsgehilfen Befugnis hatte, diesem Anweisungen zu geben. Aus diesem Autoritätsverhältnis ergibt sich wiederum die Pflicht, die Ausführung der Tätigkeit zu leiten, zu überwachen und dadurch zu verhindern, daß dem Passagier ein Schaden entsteht[164]. Der Schiffseigentümer ist nach Art. 1384 Abs. 5 C.civ. auch dann für das Verschulden des Kapitäns verantwortlich, wenn er sein Schiff mit Besatzung an eine Schiffahrtsgesellschaft vermietet, aber trotzdem sich das Recht, Anordnungen zu erteilen und damit die Autorität, vorbehält[165].

d) daß der Schaden von dem Verrichtungsgehilfen in der Ausübung seiner Verbindlichkeiten verursacht wurde. Denselben Voraussetzungen unterliegt die Haftung des Transporteurs nach dem Haftungsbereich des Art. 216 C.com.[166].

§ 7: Die gesetzliche Haftungsbeschränkung

A. DAS BESCHRÄNKUNGSSYSTEM

Nach dem französischen Beschränkungssystem („*Abandon*") kann sich der Transporteur, vorausgesetzt, daß er der Schiffseigentümer ist, durch Abandon von Schiff und Fracht wegen bestimmter Verbindlichkeiten von seiner Haftung gegenüber dem Passagier befreien (Art. 216 Abs. 2 C.com.). Abandoniert werden in Natura das Schiff[167] und die Fracht[168], zu der auch der Fahrpreis aus Passagierverträgen mitgerechnet wird[169].

---

[162] Colin-Capitant, II S. 395; Demoque, V Nr. 928.

[163] Aubry-Rau, V § 447; Demoque, V Nr. 918 ff.; Lalou, Nr. 498.

[164] C. A. Aix 13. III. 1914, Sirey 1914, II 177; Colin-Capitant, II S. 392; Lalou, Nr. 484.

[165] Cass. 18. II. 1894, D. P. 1894, I 264; C. A. Paris 27. X. 1892, D. P. 1892, II 465.

[166] Ripert, I Nr. 773, 781; II Nr. 1380/4; Planiol-Ripert, IV Nr. 641; Ripert-Boulanger, II Nr. 1115; Sotiropoulos HP, S. 20.

[167] Ripert, II Nr. 1297.

[168] Ripert, II Nr. 1309; Danjon, II Nr. 703; Gierke, S. 587; Wüstendörfer SHR, S. 145.

[169] Ripert, II Nr. 1310.

Dem Transporteur wird nach dem Abandonsystem keine Möglichkeit gegeben, das Schiff durch dessen Wert oder durch eine andere Geldsumme zu ersetzen. Die Beschränkung der Haftung auf Schiff und Fracht tritt nicht von Gesetzes wegen ein. Der Abandon wird als eine „facultas alternativa" des Schiffseigentümers aufgefaßt und muß von ihm den Gläubigern erklärt werden. Solange er die Abandonserklärung nicht abgegeben hat, können die geschädigten Passagiere in sein ganzes Vermögen vollstrecken[170]. Die Haftung des Transporteurs nach dem Abandonsystem ist nach herrschender Meinung keine dingliche[171], sondern nur eine beschränkt persönliche Haftung[172].

B. PERSONEN, FÜR WELCHE DIE BESCHRÄNKUNG GILT

Art. 216 C.com. kennt nur den Eigentümer des Schiffes. Daher ist in Rechtsprechung und Schrifttum sehr umstritten, ob auch andere Personen außer dem Schiffseigentümer für das Verschulden des Kapitäns und der Schiffsbesatzung haften oder nicht und weiter, ob diese Haftung eine beschränkte oder unbeschränkte ist[173]. Nach der herrschenden Meinung ist der Schiffseigentümer auch dann verantwortlich, wenn ein anderer Ausrüster ist[174]. Es wird jedoch öfter die Meinung vertreten, daß neben dem Schiffseigentümer und dem Ausrüster auch der Ausrüster des Schiffes haftet, und zwar nicht nach Art. 216 C.com., sondern nach den Vertretungsbestimmungen des C.civ. (Art. 1998) und nach den Bestimmungen über die Haftung des Geschäftsherrn für seine Verrichtungsgehilfen (Art. 1384 Abs. V C.civ.)[175]. Soweit die Haftung des Ausrüsters bejaht wird, ist auch anzunehmen, daß er seine Haftung durch Abandon des Schiffes und der Fracht beschränken kann[176].

C. DIE BESCHRÄNKUNGSFÄLLE

Die Haftungsfälle, bei denen eine Beschränkungsmöglichkeit gegeben ist, werden vom Art. 216 Abs. I C.com. festgesetzt. Art. 216 Abs. I C.com. lautet: „Jeder Schiffseigentümer ist zivilrechtlich verantwortlich für die

---

[170] Ripert, II Nr. 1283; Chauveau, Nr. 479; Sotiropoulos BRH, S. 96 ff.

[171] Ripert, I Nr. 844; II Nr. 1238—1240; Danjon, II Nr. 667; Chauveau, Nr. 463, 473, 476; Legendre, S. 175 ff.; Sotiropoulos BRH, S. 98.

[172] Chauveau, Nr. 464 ff.; Sotiropoulos BRH, S. 99.

[173] Vgl. Trib. com. Seine 24. VI. 1955, D. M. F. 1956, 761.

[174] Vgl. Ripert, I Nr. 777, 779, 842; II Nr. 1262, 1379, 1388/4 m. w. N.; Sotiropoulos BRH, S. 106 Anm. 142.

[175] Danjon, II Nr. 641; Lyon-Caen et Renault, V Nr. 192, 253; Prodromides, Nr. 18.

[176] Sotiropoulos BRH, S. 111.

Handlungen des Kapitäns und haftet für die von letzterem eingegangenen Verpflichtungen, was das Schiff und diese Reise angeht." Unter den Ausdruck *Handlungen des Kapitäns* („fait du capitaine") fallen nicht nur die vorsätzlichen Handlungen, sondern auch *„Quasi-Delikte"* und *„Quasi-Verträge"* des Kapitäns[177]. Diese Bestimmung betrifft zwar ausdrücklich nur die Verantwortlichkeit für Handlungen des Kapitäns, es wird aber allgemein anerkannt, daß der Reeder auch für das Verschulden der Schiffsbesatzung unter den Voraussetzungen der Art. 216 C.com. einzustehen hat[178]. Mit der Begründung, daß der Lotse Dienste leistet, die sonst dem Kapitän obliegen, wird das Beschränkungsprinzip Art. 216 Abs. 2 C.com. auf ihn angewendet, obwohl er der Schiffsbesatzung nicht zugehört[179]. Es ist aber sehr fraglich, ob eine ähnliche Analogie auch bei der Haftung des Transporteurs, für das übrige, der Schiffsbesatzung nicht zugehörende Seepersonal des Schiffes angenommen wird. Das führende Schrifttum scheint diese Frage zu bejahen[180].

D. VERBINDLICHKEITEN, FÜR WELCHE DER TRANSPORTEUR UNBESCHRÄNKT HAFTET

Der Transporteur haftet unbeschränkt mit seinem ganzen Vermögen:

a) aus Verbindlichkeiten, welche auf sein eigenes Verschulden zurückzuführen sind[181]. Das Verschulden des Transporteurs muß kausal für den Schaden sein[182];

b) aus Verträgen (z. B. Abschluß des PassV.), welche er selbst oder durch seine Vertreter an Land abgeschlossen hat. Sofern aber seine Haftung auf eine Vertragsverletzung des Seepersonals zurückzuführen ist, tritt auch hier eine Haftungsbeschränkung ein, so z. B. Verletzung des Passagiers bei Abweichung von der Route aus Verschulden des Kapitäns[183];

---

[177] Danjon, II Nr. 630, 671; Chauveau, Nr. 477.

[178] C. A. Rennes 26. VII. 1934, Dor Supp. 12, 396; Ripert, I Nr. 773, II Nr. 1380/4; Lyon-Caen et Renault, II Nr. 189 Fn. 4; Sauvage-Warot, a. a. O., Nr. 257; Sotiropoulos HP, S. 21.

[179] Sotiropoulos BRH, S. 84; HP, S. 25; Ripert, II Nr. 1263, 1275, 1750; Chauveau, Nr. 480; Danjon, II Nr. 671.

[180] Ripert, II Nr. 1275; Danjon, II Nr. 639 Fn. 3; Sotiropoulos HP, S. 25.

[181] C. A. Nantes 19. VII. 1933, Dor Supp. 11, 396, Fall „Saint Philibert"; Trib. com. Seine 9. VI. 1942, D. M. F. 1949, 435; Ripert, II Nr. 2008.

[182] C. A. Rouen 29. VI. 1932 bestätigt durch Cass. 28. X. 1935, Dor Supp. 14, 5, Fall „Afrique"; Marais, S. 235; Sotiropoulos BRH, S. 87.

[183] Ripert, II Nr. 1277 f.; Lyon-Caen et Renault, V Nr. 204; Danjon, II Nr. 673, 677; Prodromides, Nr. 167, 177, 181.

c) wenn der Transporteur die Überfahrt selbst als Kapitän des Schiffes übernimmt (Art. 216 Abs. III C.com.)[184]. Dennoch ist er auch in diesem Fall zum Abandon berechtigt, wenn seine Haftung lediglich durch ein Verschulden der Schiffsbesatzung ausgelöst wurde[185].

E. DIE VORZUGSRECHTE DES PASSAGIERS („PRIVILÈGES MARITIMES")

Art. 191 Abs. 5 C.com. gewährt dem Passagier und seinen Erben, falls sie eine „action en responsabilité conctractuelle" gegen den Transporteur führen, ein Vorzugsrecht wegen Körperverletzung sowie wegen Verlusts oder Beschädigung des Reisegutes[186]. Dies Vorzugsrecht steht auch den Passagieren eines dritten Schiffes im Fall einer Schiffskollision zu. Das Vorzugsrecht des Passagiers erstreckt sich auf das Schiff, die Fracht und deren „Zubehör" (Art. 191, 192 C.com.)[187]. Das Vorzugsrecht kann gegen jeden dritten Besitzer des Schiffes geltend gemacht werden (Art. 193 C.com.), denn es handelt sich um ein dingliches Recht (gesetzliches Pfandrecht)[188].

§ 8: Die Ansprüche der Hinterbliebenen beim Todesfall des Passagiers

A. DIE ANSPRUCHSBERECHTIGTEN

Nach den allgemeinen Grundsätzen des französischen Zivilrechts gehen die Ansprüche wegen Körperverletzung einer Person nicht auf seine Erben über[189]. Jedoch hat die französische Rechtsprechung seit langem denjenigen Personen gegen den Transporteur einen Schadensersatzanspruch zugebilligt, die aus der Handlung, die den Tod des Passagiers verursacht hat, einen Schaden nachweisen können. Ein solcher Anspruch wird in der Regel dem überlebenden Ehegatten, den Nachkommen, den Eltern des

184 Ripert, I Nr. 1280; Chauveau, Nr. 481.
185 Danjon, II Nr. 679 bis; Bonnecase, Nr. 483; Prodromides, Nr. 132; Awad, S. 105.
186 Ripert, II Nr. 1127.
187 Schaps-Abraham, I S. 415. Die Regelung der französischen Vorzugsrechte stimmt heute mit der Regelung des Brüsseler Abkommens von 1926 überein.
188 Chauveau, Nr. 193; Rodière, Nr. 407.
189 Essmein, Le transporteur et la mort, in G. P. 1959, 15, 107; de Juglard, Responsabilité du transporteur pour la mort du passager, in l'Informateur 1959, Nr. 450; Marais, a. a. O., S. 232; Lindon, Conclusions sur l'affaire du „Lamoricière" in D. M. F. 1955, 515—525, 579—592; 1956, 588—589 (588); Ripert, II Nr. 2007.

Passagiers und auch anderen Verwandten nach der Erbschaftslinie zugebilligt[190].

Darüber hinaus hat die Rechtsprechung[191] die Zulässigkeit der Klage einer Schwiegertochter anerkannt, welche einen Schaden aus dem Tode ihrer Schwiegermutter, die während einer Omnibusreise Opfer eines Unglücks wurde, nachweisen konnte. Dagegen wurde die Klage einer Konkubine auf Schadensersatz als unzulässig angesehen[192]. Auch die Klage einer Verlobten auf Schadensersatz wegen tödlicher Verletzung ihres Verlobten während einer Schiffsreise wurde zurückgewiesen[193].

Der Erbe des Passagiers muß beweisen, daß er durch dessen Tod einen materiellen oder ideellen Schaden erlitten hat. Wegen Fehlens eines solchen Schadens wurde z. B. der Witwe eines während einer Reise umgekommenen Passagiers, die 14 Monate nach dem Tode ihres Mannes einen 27 Jahre jüngeren Mann heiratete, kein Schadensersatzanspruch auf Schmerzensgeld gewährt[194].

Zum Beweis des Schadens sind alle Beweismittel zulässig[195]. Das Verschulden des Transporteurs wird aber in bezug auf seine deliktische Haftung nicht vermutet, so daß die Schadensersatzansprüche erhebenden Erben den vollen Beweis des Schadens und des Verschuldens des Transporteurs zu erbringen haben[196].

B. DIE RECHTSGRUNDLAGE DER SCHADENSERSATZPFLICHT

Die Rechtsgrundlage der Schadensersatzpflicht des Transporteurs beim Todesfall des Passagiers ist in Frankreich heftig umstritten und hat zu wahren Rechtskonfusionen geführt. Die neueste Auffassung der Rechtsprechung, die den Transporteur nach Art. 1384 Abs. 1 C.civ. haften läßt, macht die Untersuchung der Entwicklungsstadien dieser Rechtsprechung besonders interessant.

1. Begründung der Klage der Hinterbliebenen auf deliktischer Basis („Action en responsabilité délictuelle")

Die Frage der Rechtsgrundlage der Schadensersatzpflicht des Transporteurs gegenüber den Hinterbliebenen des Passagiers wurde zum erstenmal

190 Marais, a. a. O., S. 236; Ripert, II Nr. 2000; de Juglard, Le transport maritime et les tiers, in D. M. F. 1953, 3 ff.

191 Req. 10. IV. 1922, D. P. 1923, 1, 52, Bem. Lalou.

192 Cass. civ. 28. II. 1938, D. H. 1939, 97; vgl. Ripert-Boulanger, II Nr. 868.

193 C. A. Paris 24. V. 1938, G. P. 1938, II 466; Marais, a. a. O., S. 236.

194 Trib. Civ. Seine 24. VI. 1955, D. M. F. 1955, 748.

195 Ripert-Boulanger, II Nr. 769.

196 Ripert-Boulanger, Bd. II, Nr. 911.

beim Untergang des Schiffes „La Bourgène“ im Jahre 1898 aufgeworfen. Die Witwe eines Passagiers verklagte die Co. Gen. Trans. und verlangte 200 000 Franken als Schadensersatz. Die Klage war auf Undurchführbarkeit des PassV. und Verschuldens des Kapitäns sowie des Transporteurs gestützt. Das Zivilgericht Seine antwortete, „l'action en dommages-intérêts fondée sur un accident survenu à un voyageur pendant l'inexécution d'un contrat de transport ne résulte pas d'une obligation contractuelle, mais elle a sa base dans les principes du droit commun en matière de responsabilité . . .“[197]. Diese Rechtsprechung wurde nach 20 Jahren wiederholt, als nach dem Untergang von „L'Afrique“ bei dem 550 Personen den Tod fanden, viele berühmte Prozesse von Erben verunglückter Passagiere gegen den Transporteur geführt wurden[198]. Diese Rechtsprechung hatte zum Ergebnis, daß die Kläger die Grundlage ihrer Ansprüche nach den Voraussetzungen der Art. 1382 C.civ. beweisen mußten. Zur Erleichterung der schweren Beweislast hat dieselbe Rechtsprechung einen Beweis des ersten Anscheins als genügend angenommen[199].

2. *Ansprüche auf Grund einer Vereinbarung zugunsten Dritter („Stipulation pour autrui“)*

Nach einigen Jahren hat die Rechtsprechung bei der „action en responsabilité delictuélle“ anläßlich der Klage der Mutter eines während des Brandes von „Admiral Ponty“ tödlich verunglückten Passagiers angenommen, die Hinterbliebenen eines während einer Reise verunglückten Passagiers hätten eine doppelte Klage zur Verfügung, gestützt auf vertragliche oder deliktische bzw. quasi-deliktische Ansprüche[200]. Den Verstoß dieser Ansicht gegen den im französischen Recht geltenden Grundsatz der *„non cumul des responsabilités“* versuchte die Rechtsprechung einige Jahre später durch die Fiktion einer *„stipulation pour autrui“* auszugleichen.

Der Passagiervertrag sei zugunsten der Angehörigen des Passagiers abgeschlossen, so daß im Falle eines tödlichen Unglücks, welches während der Ausführung des PassV. verursacht worden ist, das Recht auf Schadens-

---

[197] Trib. Civ. Seine, 28. VI. 1899, R. I. D. M. XV, 67; Ripert-Boulanger, II Nr. 929 ff.

[198] C. A. Rouen 16. I. 1924, Dor Supp. 2, 201; Req. 27. VII. 1925, Sirey 1925, I 249, Bem. Essmein; C. A. Rouen 23. XII. 1925, D. H. 1926, 140 = G. P. 1926, I 870, Fall „Afrique“; vgl. C. A. Rennes 26. VII. 1934, Dor Supp. 12, 396, Fall „St. Philibert“.

[199] Siquier, S. 19.

[200] C. A. Rouen 16. I. 1924 berichtet bei Marais, a. a. O., S. 233; vgl. Req. 27. VII. 1925, D. P. 1926, I 5, Bem. Ripert; Siquier, S. 20.

ersatz auf Grund von Art. 1147 C.civ. dem Ehegatten und den Kindern des umgekommenen Passagiers zustehe und zwar müssen sie ausdrücklich ihren Schaden nachweisen, weil der Vertrag zu ihren Gunsten abgeschlossen sei[201]. Diese Fiktion hatte die praktische Bedeutung, daß die Erben des Passagiers das Verschulden des Transporteurs nicht nachzuweisen brauchten. Die Freizeichnungen des Transporteurs galten aber auch ihnen gegenüber[202]. Die Klage auf Grund der „stipulation pour autrui“ hat die Rechtsprechung nur für die Angehörigen des Passagiers angenommen[203], zu denen die gesetzlichen oder testamentarischen Erben und der überlebende Ehegatte gerechnet werden[204].

3. Begründung der Klage der Hinterbliebenen auf vertraglicher Basis („action en responsabilité contractuelle“)

Einige Urteile lassen die Übertragung der vertraglichen Ansprüche ums Leben gekommener Passagiere gegen den Transporteur auf die Erben des Passagiers zu[205], wenn die Körperverletzung den Tod des Passagiers nicht gleichzeitig verursacht hat, sondern der Passagier wegen dieser Verletzung später ums Leben gekommen ist. In diesem Fall, so meint dieser Teil der Rechtsprechung, habe der Passagier gegen den Transporteur einen fälligen Anspruch wegen Verletzung, welcher nach seinem Tod auf die Erben übergehe. Hat aber die Verletzung den Tod des Passagiers gleichzeitig verursacht, so hat er selbst keinen Anspruch gehabt, und es sei auch seinen Erben kein vertraglicher Anspruch zu gewährleisten.

Die Anerkennung einer „action en responsabilité contractuelle“ zugunsten der Erben des Passagiers wurde von der französischen Literatur mit Recht stark kritisiert[206]. Die Tendenz der französischen Gerichte, im Rahmen des PassV. eine „stipulation du passager en faveur de ses parents“[207] zu sehen, entspricht nicht der Realität. Die juristische Konstruktion des Übergangs der vertraglichen Ansprüche des Passagiers auf seinen Erben

---

[201] Cass. 6. XII. 1932, D. H. 1933, 35; Req. 24. V. 1933, D. H. 1933, 139; Siquier, S. 21; de Juglard, Les ârrets „Lamoricière“, zit. S. 292.
[202] Siquier, S. 47.
[203] Cass. 19. VI. 1951, D. M. F. 1951, 429 = D. 1951, J. 717, Bem. Ripert.
[204] Marais, a. a. O., S. 236.
[205] Cass. civ. 18. I. 1943, D. A. 1943, J. 45, Bem. Mazeaud; Cass. Civ. 4. I. 1944, D. A. 1944, J. 106; Vgl. jedoch Cass. Civ. 19. II. 1945, D. 1945, J. 181, Bem. Flour.
[206] De Juglard, a. a. O., S. 293; Siquier, S. 51; Sauvage-Warot, a. a. O., Nr. 242, 255; Ripert-Boulanger, II Nr. 947; Marais, a. a. O., S. 233.
[207] Cass. Civ. 6. XII. 1932, D. H. 1933, 35.

ist dem französischen Zivilrecht fremd. Den Erben des Passagiers stehen nur Ansprüche aus unerlaubter Handlung zu[208].

Auch die Praxis hat gezeigt, daß die Erben des Passagiers Interesse an den deliktischen Ansprüchen haben, weil sie dadurch die Freizeichnungsklauseln des Transporteurs vermeiden können. Aus diesen Gründen hat die neuere Rechtsprechung angenommen, daß die Annahme der Erbschaft die Erben nicht hindert, den Vorteil der „stipulation pour autrui" abzulehnen und die „action en responsabilité délictuelle" auszunutzen[209].

4. Die Fiktion der Haftung des Halters („action en responsabilité du fait des choses")

a) Die Entstehungsgeschichte der Anwendung von Art. 1384 Abs. 1 C.civ. auf die Haftung des Transporteurs

Nachdem es sich erwiesen hatte, daß die Begründung der Ansprüche der Erben des Passagiers aus Vertrag in dem französischen bürgerlichen Recht kein juristisches Fundament finden konnte, stützte man sich auf die Haftung des Halters, einer Sache nach Art, 1384 Abs. 1 C.civ., um die deliktischen Ansprüche der Erben des Passagiers von der Beweislast zu befreien[210]. Die Haftung aus § 1384 Abs. 1 C.civ. trifft den Eigentümer einer Sache nicht als solchen, sondern als Halter („gardien") dieser Sache. Das heißt, sie trifft denjenigen, dem die Obhut und Aufsicht über die Sache in eigenem Interesse und nicht für einen anderen als dessen Gehilfe zusteht[211]. Von der „théorie du risque"[212] ausgehend, haben viele Autoren, gestützt auf den Wortlaut des Art. 1384 Abs. 1 C.civ. die Lehre auf-

---

208 ROUAST, Bem. in D. P. 1922, II 25 zu C. A. Grenoble 15. III. 1921; JOSSERAND, Bem. in D. P. 1929, II 161 zu C. A. Angers 13. V. 1929; vgl. Cass. Civ. 2. VIII. 1950, J. C. P. 1951, II 6592, Fall „Gina Manes", Bem. ESSMEIN.

209 Cass. Com. 19. VI. 1951, D. 1951, J. 717; Fall „Lamoricière", Bem. RIPERT; C. A. Bordeaux 10. XI. 1954, D. H. 1955, 32, Bem. RIPERT; Trib. civ. Seine 24. VI. 1955, J. C. P. 1955, II 8900, Bem. DE JUGLARD; vgl. C. A. Paris 4. VII. 1956, D. M. F. 1956, 591, Fall „Champolion", Bem. RIPERT; Cass. Civ. 23. I. 1959, D. 1959, J. 281, Bem. RODIÈRE.

210 SIQUIER, S. 47 ff.; BONASSIES, La Responsabilité du transporteur maritime de passagers et le droit des Etats Unis d'Amerique, D. M. F. 1959, S. 195 ff. (196); DE JUGLARD, a. a. O., S. 283 ff.; vgl. LINDON, a. a. O., S. 587; RIPERT-RODIÈRE, Nr. 2000—1, 2000—2.

211 Ch. Reunies 13. II. 1930, D. P. 1930, I 57 ff., Bem. RIPERT; vgl. TUNC, La détermination du gardien dans la responsabilité du fait des choses inanimées, in J. C. P. 1960, I 1592.

212 RIPERT-BOULANGER, II Nr. 898; DESJARDINS, Le fondement de l'article 1384 et la théorie du risque crée, in Rev. civ. 1949, 491 f.

gestellt, daß der Eigentümer einer Sache, die er in seiner Obhut hat, für jeden Schaden, der durch diese Sache verursacht wird, auf Grund seines Eigentums haftet, ohne daß ihm irgendeine Exkulpationsmöglichkeit gegeben sei (vgl. §§ 836—838 BGB). Das zeigt sich darin, daß der Geschädigte ein Verschulden des Halters nicht nachzuweisen braucht.

Seit langem hat die Rechtsprechung die Haftung nach Art. 1384 Abs. 1 C.civ. für den Transportverkehr zu Land eingeführt[213]. Für den Automobilhalter wurde diese Haftung seit 1930 angewendet[214]. Obwohl schon früher einzelne Urteile auch beim Passagiertransport auf See die Haftung nach Art. 1384 Abs. 1 C.civ. für den Transporteur ausgesprochen hatten[215], gab den Anstoß zur allgemeinen Anwendung dieses Artikels erst der Untergang des Schiffes „Lamoricière" im Jahre 1942[216].

Das Schiff „Lamoricière" ist am 9. I. 1942 bei den Balearen in schwerem Sturm gesunken. Dabei sind 300 Menschen ums Leben gekommen. Ein Verschulden des Reeders oder des Kapitäns konnte nicht festgestellt werden. Dennoch hat das Appellationsgericht Aix vom 5. I. 1949 einen Anspruch der Erben der umgekommenen Passagiere gegen den Staat als Transporteur nach Art. 1384 Abs. 1 C.civ. anerkannt[217]. Der Cour de Cassation vom 19. 6. 1951[218] hat das Urteil des Appellationsgerichtes mit der Begründung bestätigt, daß Art. 1384 Abs. 1 C.civ. einen Grundsatz von allgemeiner Geltung bilde, sofern seine Anwendung nicht durch ein Spezialgesetz ausgeschlossen wird[219].

---

[213] C. A. Paris 9. X. 1909, D. P. 1911, II 357 = Rev. critique 1912, 201; Ripert-Boulanger, II Nr. 1042 ff.; Siquier, S. 32.

[214] Cass. 13. II. 1930, D. P. 1930, I 57 zit.

[215] C. A. Rouen 20. VII. 1912, R. I. D. M. XXIX, 343; Bruxelles, 22. XI. 1912, D. M. B. 1913, 200; Ripert, II Nr. 2000, S. 884.

[216] Siehe den Fall „Lamoricière" (Cass. Civ. 23. I. 1952) berichtet vom DOR, L'arrêt de Cassation du Lamoricière, in J. M. N. A. 1952, 369; auch in D. M. F. 1952, 242; und in Hansa 1952, S. 362; vgl. Siquier, S. 26 ff., Über die Anwendung des Art. 1384 Abs. 1 C. civ. in dem Bereich des Luftverkehrs siehe Cass. 10. XI. 1954, D. 1955, J. 32; C. A. Paris 4. VII. 1956, J. C. P. 1956, II 9453 = D. M. F. 1956, 670.

[217] Siehe Liste der Urteile über den Fall „Lamoricière" (Cass. Civ. 23. I. 1952) in D. M. F. 1952, 242; vgl. Lindon, a. a. O., S. 515 ff.; Marais, a. a. O., S. 227 ff.; DOR, le dernier arrêt du Lamoricière et l'article 1384 C. civ. in D. M. F. 1949, 47; de Juglard, S. 283 f.; Chauveau, Responsabilité aerienne et arrêt „Lamoricière" in Rev. com. 1953, 801 f.

[218] Ripert, Bem. in D. M. F. 1951, 429.

[219] Cass. Civ. 23. I. 1952, D. M. F. 1952, 242; Trib. Com. Marseille 9. II. 1953, D. M. F. 1953, 213; vgl. de Juglard, a. a. O., S. 284, Ripert, I Nr. 52.

Die Rechtsprechung wurde aus Anlaß der Ansprüche, die nach dem Unglück der „Champolion“ erhoben wurden, nochmals bestätigt und wird seither ständig vertreten[220].

b) Voraussetzungen der Haftung des Halters aus Art. 1384 Abs. 1 C.civ.

Die Anwendung des Art. 1384 Abs. 1 C.civ. auf die Schadensersatzpflicht des Transporteurs wegen Todes des Passagiers an Bord setzt voraus, daß er Halter des Schiffes ist, denn die Haftung nach Art. 1384 Abs. 1 C.civ. trifft nur den Halter der Sache als solchen, unabhängig von der Frage des Eigentums. Dazu ist nur der Besitz der Sache und die Möglichkeit ihrer Überwachung notwendig[221]. Die Überwachung einer Sache kann nur einer Person anvertraut sein[222]. Diese Person ist bei einer Seereise entweder der Kapitän oder der Transporteur — Eigentümer des Schiffes. Der klassischen Lehre nach ist der Kapitän mit der Überwachung des Schiffes betraut[223]. Ihm kommt eine unbegrenzte Befehlsgewalt auf dem Schiff zu, während er sein Recht als Leiter des Schiffes ausübt[224].

Wenn der Halter einer Sache, vertritt dagegen die neuere Auffassung, diese einem Erfüllungsgehilfen anvertraut hat, der beauftragt wird, über diese Sache zu wachen, werde die Pflicht ihrer Überwachung diesem Erfüllungsgehilfen nicht übertragen, weil er für Rechnung seines Geschäftsherrn handele[225]. Der Erfüllungsgehilfe könne nie Halter sein, denn er übe die Überwachung der Sache für Rechnung seines Geschäftsherrn aus. Mit dieser Begründung erklären die anläßlich des Untergangs der „Lamoricière“ erschienenen Urteile, der Kapitän sei nicht der Halter des Schiffes, weil er nur für Rechnung des Transporteurs die Überwachung des Schiffes ausübe[226]. So will die neuere Rechtsprechung, auf die Tatsache gestützt, daß der Transporteur selbst für die anfängliche Seetüchtigkeit des Schiffes zu sorgen hat, den Kapitän bei der Überwachung des Schiffes

---

[220] Trib. Com. Seine 28. VI. 1954, D. M. F. 1955, 303; C. A. Paris 4. VII. 1956, D. 1956, J. 687 = D. M. F. 1956, 592 ff., Bem. Ripert; vgl. Ripert-Boulanger, II 1072; Chauveau, Nr. 504, S. 337.

[221] Cass. 24. XI. 1941, D. Cr. 1943, J. 2.

[222] Cass. 30. XII. 1936, D. H. 1937, 97; C. A. Orleans, 2. V. 1951, D. 1957, J. 557.

[223] Ch. Reunies 2. XII. 1941, D. A. 1941, J. 363 = D. Cr. 1942, J. 23.

[224] Ripert, I Nr. 772; Dr. Com. I N. 835; de Juglard, a. a. O., S. 285; Lindon, a. a. O., S. 580; Siquier, S. 36 ff.; Rodière, l'article 1384 C. civ. et la garde du navire, in D. 1957 Chron. 171 f. (173).

[225] Cass. civ. 26. I. 1948, D. 1948, J. 485, Bem. Ripert; Trib. Civ. Seine 24. VI. 1955, D. M. F. 1955, 748 = J. C. P. 1955, II 8900, Bem. de Juglard.

[226] Ripert, La faculté d'abandon du navire dans la responsabilité du fait des choses, in D. M. F. 1956, 703 ff. (705).

als bloßen Erfüllungsgehilfen des Transporteurs handeln lassen. Halter des Schiffes sei der Schiffseigentümer selbst und als solcher habe er den Erben des Passagiers gegenüber objektiv[227], ohne Exkulpationsmöglichkeit[228], einzustehen[229].

Die Stellung des Kapitäns ist aber nicht nur die eines Erfüllungsgehilfen. Der Kapitän hat auf dem Schiff auf Grund seiner gesetzlichen und tatsächlichen Schiffsgewalt die absolute Herrschaft und Leitung. In Wirklichkeit ist er es, der das Schiff in seiner Obhut hat (so Art. 234 C.com.). Er ist „le maître absolu“ auf dem Schiff, den der Transporteur nicht ersetzen kann. Sobald das Schiff den Hafen verläßt, ist der Kapitän nicht nur gesetzlich, sondern auch tatsächlich der „gardien“ des Schiffes. Es ist wirklich illusorisch, dem Eigentümer bzw. Reeder eines sich auf dem Ozean befindenden Schiffes „le pouvoir de direction et de contrôle“ desselben aufzubürden[230].

c) Die Grenzen der Haftung des Transporteurs aus Art. 1384 Abs. 1 Code civ. (Enthaftungsfälle)

Von seiner Haftung aus Art. 1384 Abs. 1 C.civ. wird der Eigentümer der Sache nur dann befreit, wenn er den Beweis führt, daß der Schaden auf einer Ursache beruht, die er nicht zu vertreten hat („cause etrangère“). Eine solche Ursache kann auf höherer Gewalt, Selbstverschulden der geschädigten Person oder Handlung dritter Personen, deren Verschulden der Eigentümer nicht zu vertreten hat, zurückzuführen sein[231]. Dieser Regel nach ist den Erben des Passagiers kein Ersatz zu gewähren, wenn den Tod des Passagiers entweder ein Ereignis der höheren Gewalt oder eigenes Verschulden des Passagiers verursacht hat oder wenn die Ursache der Tötung auf einer Handlung einer dritten Person, deren Verschulden der „gardien“ nicht zu vertreten hat, zurückzuführen ist.

Diese Regel hat die Rechtsprechung bei früheren Urteilen wegen Ansprüche von Erben aus Art. 1384 Abs. 1 C.civ. angewendet[232]. Dennoch

---

227 Ripert-Boulanger, II Nr. 897.

228 Ripert-Boulanger, II Nr. 904; Schanz, S. 1 ff.

229 Chauveau, Nr. 505; Lindon, a. a. O., S. 515 f.; vgl. Rodière, Nr. 405.

230 Vgl. Req. 18. VI. 1918, D. P. 1923, I 200; so auch de Juglard, Responsabilité du transporteur maritime de passagers, in Rev. com. 1956, 746 ff. (747); Rodière, L'article 1384, I. C. civ. zit. S. 173; de Lestang, S. 111 ff.; Ripert, I Nr. 809; vgl. aber Lindon, a. a. O., S. 580.

231 C. A. Aix 20. I. 1948, D. M. F. 1950, 303; Ripert-Boulanger, II Nr. 808; Ripert, II Nr. 1999; Essmein, La théorie de la responsabilité civile et les arrêts de la Cour de Cassation relatifs au naufrage du Lamoricière, in G. P. 1952, 1, D. 8.

232 Ch. Reunies 13. II. 1930, D. P. 1930, I 57, Fall „Jand'heur“; Lindon, a. a. O., S. 521.

ist sie durch die neueren Urteile zu den Fällen „Lamoricière" und „Champolion" hinsichtlich des Inhalts der höheren Gewalt und des Einflusses des eigenen Verschuldens des Passagiers auf die Haftung des Transporteurs teilweise gebrochen worden. Die Urteile im Fall „Lamoricière" sprechen den Transporteur bei höherer Gewalt grundsätzlich frei[233]. Dennoch lassen sie für den Anwendungsbereich des Begriffes „force majeure" einen von der klassischen Lehre erheblich engeren Raum. Für die Existenz einer „force majeure" verlangt die Rechtsprechung, daß das Unglück unmittelbar durch ein unvorhersehbares und unerwartetes Naturereignis verursacht worden ist. Die Entscheidung wird dem Richter überlassen[234]. Ein starker Sturm, der das Schiff unterwegs getroffen hat, bildet, dieser Rechtsprechung nach, keine höhere Gewalt für den Transporteur, denn es ist kein unvorhersehbares und unerwartetes Ereignis[235]. Diese Fassung verneint im Grunde fast bei jedem Fall, bei dem ein Naturereignis ein Schiffsunglück verursacht, das Vorliegen einer höheren Gewalt. Diese Ansicht der Cour de Cassation ist übrigens ganz verschieden von der Linie, die dieses höchste französische Gericht in seinen früheren Urteilen gehalten hat[236].
Die Ansichten des Schrifttums scheinen völlig anders zu sein. Eine offene Polemik ist zwischen Literatur und Rechtsprechung ausgebrochen[237]. Es ist ohne Zweifel schlechte Rechtsprechung, dieselbe Handlung als verschuldete und nicht verschuldete zu beurteilen und zwei Arten Haftungen einzuführen, je nachdem, wer der Anspruchberechtigte ist, und einem Schaden in der Person einer Vertragspartei während der Erfüllung des Vertrages Platz zu zwei Haftungsarten zu geben, je nachdem, ob es sich um die Entschädigung des Vertragspartners handelt oder um einen anspruchsberechtigten Nachkommen des Passagiers.

d) Der Einfluß des eigenen Verschuldens des Passagiers auf die Haftung des Transporteurs aus Art. 1384 Abs. 1 C.civ.

Auch der Grundsatz, ein eigenes Verschulden des Passagiers schließe die Haftung des Transporteurs aus Art. 1384 Abs. 1 C.civ. aus, wurde von

---

[233] Trib. Civ. Seine 30. VI. 1953, D. M. F. 1953, 643.
[234] Vgl. DE JUGLARD, a. a. O., S. 287; CHAUVEAU, Nr. 505; STARCK, Domaine et fondenment de la responsabilité sans faute" Rev. civ. 1946.
[235] C. A. Aix 5. VII. 1950, D. M. F. 1951, 168; C. A. Monpellier 15. II. 1951, D. M. F. 1952, 87; vgl. DE JUGLARD, a. a. O., S. 290.
[236] Cass. civ. 25. V. 1929, Dor Supp. 7, 203.
[237] So RIPERT, II Nr. 2000; SIQUIER, S. 32 ff.; DOR, a. a. O., S. 47 ff.; CHAUVEAU, S. 345, 861; Bem. RODIÈRE, D. M. F. 1959, 277 ff. (280) zu Cass. civ. 23. I. 1959; DE JUGLARD, Le particularisme du droit maritime, D. 1959, Chron. 183; DE LESTANG, S. 120; vgl. LINDON, a. a. O., S. 521.

der neueren Rechtsprechung teilweise gebrochen, indem sie eine Handlung des Passagiers als Mitursache zu seinem Tode nicht anerkennt. Den Anlaß zu dieser Rechtsprechung haben die aus dem Fall „Champolion“ erhobenen Ansprüche ergeben.

Die Strandung des Schiffes „Champolion“[238] vor dem Hafen von Beirut wurde dadurch verursacht, daß der Kapitän des Schiffes einen neu in Betrieb gestellten Leuchtturm für den nautischen Leuchtturm des Hafens von Beirut gehalten hatte. Nachdem das Schiff gestrandet war, sprang ein verängstigter Passagier in das Meer hinein und ertrank. Die Erben des umgekommenen Passagiers haben gegen den Transporteur Schadensersatzansprüche aus Art. 1384 Abs. 1 C.civ. erhoben. Auf diese Ansprüche erwiderte der Transporteur, der Passagier habe durch seine eigene Handlung seinen Tod verursacht und die Strandung sei auf ein Ereignis der höheren Gewalt zurückzuführen. Das Appellationsgericht Paris[239] hat trotzdem die Verantwortung des Transporteurs angenommen, mit der Begründung, daß die Ursache für den Sprung des Passagiers über Bord nicht in seinem eigenen Verschulden liegt, sondern die Strandung des Schiffes ist.

Diese Rechtsprechung wurde von der Literatur stark kritisiert[240]. Es wurde u. a. darauf hingewiesen, daß das Gericht sich selbst widerspreche, wenn es einerseits annimmt, der Zusammenstoß sei von höherer Gewalt verursacht und andererseits dem Transporteur eine Haftung auferlegt. Es gebe, im Gegenteil, zwei Ursachen für eine Befreiung des Transporteurs: die zufällige Strandung des Schiffes und die eigene Handlung des Passagiers. Die Strandung des Schiffes sei zwar die „cause génératrice“ des Unglücks gewesen; der Passagier habe aber seinen Tod durch sein Überbordspringen verursacht[241].

e) Die Beschränkung der Haftung des Transporteurs im Bereich des Art. 1384 Abs. 1 C.civ.

Die Anwendung des Art. 1384 Abs. 1 C.civ. im Bereich des Seerechtes hat zu dem Streit geführt, ob auch dem Transporteur als Halter des

---

[238] Berichtet bei SIQUIER, S. 26 ff. und D. M. F. 1956, 592 = J. C. P. 1956, II 9532, Bem. DE JUGLARD.

[239] C. A. Paris 4. VII. 1956, D. M. F. 1956, 592 = D. 1956, J. 685.

[240] RIPERT, Action personelle fondée sur l'art. 1384, Abs. 1 C. civ. des parents d'un passager noyée après avoir quitté le navire echoué „Champolion“, D. 1956, J. 685; vgl. RODIÈRE, Nr. 406, SIQUIER, S. 26 ff., m. w. N.

[241] C. A. Paris 4. VII. 1956, D. M. F. 1956, 592, Bem. RIPERT; dagegen hat die C. A. Beirut 14. XII. 1956, D. M. F. 1957, 248 ff. („Champolion“) ein nautisches Verschulden des Kapitäns angenommen, vgl. Bem. RIPERT, S. 255; DE LESTANG, S. 120 ff.

Schiffes die Facultas der Abandon zustehe[242]. Das Schrifttum ist mit Recht überwiegend dafür. Art. 216 C.com. komme unmittelbar zur Anwendung[243], denn das Beschränkungssystem des C.com. sei eine lex specialis gegenüber dem ganzen Zivilrecht und behalte seine Autonomie, auch wenn Art. 1384 Abs. 1 C.civ. für den Schiffseigentümer zur Anwendung komme.
Dagegen läßt die neuere Rechtsprechung den Transporteur nach Art. 1384 Abs. 1 C.civ. persönlich unbeschränkt einstehen und schließt die Anwendung des Art. 216 C.com. mit der Begründung aus, daß der Transporteur selbst und nicht der Kapitän der Halter des Schiffes sei[244], Sollte man sich der Auffassung der Rechtsprechung anschließen, dann würde die Haftung des Transporteurs ins Unermeßliche ausgedehnt[245].

f) Die Rechtswirksamkeit der Freizeichnungsklauseln gegen die Hinterbliebenen des Passagiers

Die Rechtswirksamkeit der Enthaftungs- oder Beschränkungsklausel des Transporteurs wird im französischen Recht nur zwischen den Vertragsparteien anerkannt. Gegenüber dem Passagier gelten die Freizeichnungsklauseln auf Grund ihrer Akzeptierung seitens des Passagiers während der Aushändigung der Fahrkarte[246]. Der Tod des Passagiers bricht jede vertragliche Beziehung zwischen Passagier und Transporteur. Die Vereinbarungen des Passagiers mit dem Transporteur gehen auch nicht auf seine Erben über. Die von einem Passagier anerkannte Haftungsbeschränkung kann, nachdem dieser bei einem Schiffsunfall ums Leben gekommen ist, seinen Rechtsnachfolgern nicht entgegengehalten werden. Der in der Freizeichnungsklausel liegende Verzicht auf die Entschädigung im Falle einer Verletzung des PassV. gilt nicht für die Erben des Passagiers[247].

[242] Siehe LUREAU, Reflexions sur la coexistance de la faculté de l'abandon et de la responsabilité du fait du navire, in D. M. F. 1957, S. 131.

[243] RIPERT, La faculté ... a. a. O., S. 703 ff.; CHAUVEAU, Nr. 503; SIQUIER, S. 33, 42; RODIÈRE, L'art. 1384, I C. civ. ... a. a. O., S. 174; vgl. LINDON, a. a. O., S. 587; DE JUGLARD, Responsabilité du transporteur zit. S. 748.

[244] C. A. Paris 4. VII. 1956, D. M. F. zit. = J. C. P. 1965, II 9532, Bem. DE JUGLARD AWAD, S. 177; DE JUGLARD, Les arrêts „Lamoricière"; a. a. O., S. 286; anders aber in D. M. F. 1959, S. 643 ff. (650) und Rev. Com. 1959, 209 ff. (211); Bem. RODIÈRE, in D. M. F. 1959, 277 ff. (285) zu Cass. Civ. 23. I. 1959 = J. C. P. 1959, II 1002, Bem. DE JUGLARD.

[245] Vgl. CHAUVEAU, Nr. 507; DOR, a. a. O., S. 49; LINDON, a. a. O., 1955, S. 586; RIPERT, La faculté, a. a. O., S. 591; LUREAU, a. a. O., S. 132; SIQUIER, S. 39 ff.

[246] RIPERT, II Nr. 2000, S. 886; ROBINO, Les conventiers d'irresponsabilité dans la jurisprudence contemporaine, in Rev. civ. 1951, S. 1 ff.

[247] C. A. Rouen 23. XII. 1925, D. H. 1926, 140; CHAUVEAU, Nr. 861; RIPERT, II Nr. 2003.

Der Ausschluß der Freizeichnungsmöglichkeit des Transporteurs gegenüber vertragsfremden Personen betrifft auch die „négligence clause" wegen Verschuldens der Hilfspersonen[248]. Aus diesem Grunde wird im allgemeinen angenommen, den Erben des verunglückten Passagiers träfen die Freizeichnungsklauseln nicht. Diese Ansicht wird von der neueren Rechtsprechung nur dann vertreten, wenn die Erben des Passagiers ihre Ansprüche auf Delikt oder quasi-Delikt oder auf Art. 1384 C.civ. stützen[249]. Falls sie ihre „action en responsabilité contractuelle" auf Grund einer „stipulation pour autrui" benutzen, haben sie mit den Freizeichnungsklauseln des Transporteurs zu rechnen[250].

§ 9: Die Verjährung der Ansprüche aus dem Passagiervertrag

A. DIE VERJÄHRUNG DER ANSPRÜCHE DES TRANSPORTEURS

Der Anspruch des Transporteurs auf Zahlung des Fahrgeldes verjährt gemäß Art. 433 C.com. ein Jahr nach dem Abschluß des PassV.[251]. In der Praxis kommt dieser Artikel für die Verjährung der Ansprüche des Transporteurs überhaupt nicht zur Anwendung, weil das Fahrgeld nach den Bef.B. immer im voraus zu zahlen ist.

B. DIE VERJÄHRUNG DER ANSPRÜCHE DES PASSAGIERS

Die Ansprüche des Passagiers auf Schadensersatz wegen Verletzung der Vertragspflichten durch den Transporteur verjähren nach einem Jahr, ebenso nach Art. 433 C.com., wie bei den Ansprüchen des Transporteurs[252]. Art. 433 C.com. findet in beiden Fällen Anwendung, weil die in

---

248 Trib. Civ. Seine 24. VI. 1955, D. M. F. 748; Cass. 23. I. 1959, D. M. F. 1959, 277 ff.; Bem. RODIÈRE.

249 Req. 27. VII. 1925, D. P. 1926, I 5; Cass. 19. VI. 1951, J. C. P. 1951, II 6426 = D. M. F. 1951, 429, Fall „Lamoricière"; Cass. 23. I. 1959, D. M. F. 1959, 277 (279), Fall „Champolion"; MAZEAUD, Clauses de non-responsabilité dans le transport de passagers, Rev. civ. 1956, 715 ff. (724, 730).

250 Cass. Civ. 6. XII. 1932 und 24. V. 1933, D. P. 1933, I 137; C. A. Paris 4. VII. 1956 zit.; Bem. RIPERT, S. 591, CHAUVEAU, Nr. 861, S. 578.

251 Trib. Marseille, 9. VI. 1953, D. M. F. 1954, 175; RIPERT, II Nr. 1994; LYON-CAEN et RENAULT, V Nr. 839; CHAUVEAU, Nr. 863; contra DESJARDINS, VII Nr. 1708.

252 C. A. Alger 9. I. 1924, Dor Supp. 2, 153; MARAIS, a. a. O., S. 233; DESJARDINS, VIII Nr. 1718; vgl. CORBERAND, La prescription de l'action d'abordage en cas de dommages corporels in D. M. F. 1962, 255 ff.; RIPERT, II Nr. 2010.

ihm enthaltene Verjährungsfrist nicht nur gegen den Transporteur sondern auch gegen den Passagier gerichtet ist. Auch diese Frist kommt wegen der besonderen Vereinbarungen in den Bef.B. sehr selten zur Anwendung.

C. DIE VERJÄHRUNG DER ANSPRÜCHE VON HINTERBLIEBENEN

Art. 433 C.com. enthält eine Verjährungsfrist nur für vertragliche Rechtsbeziehungen. Daher findet er keine Anwendung auf die Verjährung der Ansprüche der Hinterbliebenen eines während der Durchführung des PassV. umgekommenen Passagiers. Die Ansprüche der Hinterbliebenen des Passagiers unterliegen daher der gewöhnlichen dreißigjährigen Verjährungsfrist.

D. DIE VERTRAGLICHEN VERJÄHRUNGSFRISTEN

Durch Einführung kurzer Verjährungsfristen in die Bef.B. wird die Schadensersatzpflicht des Transporteurs erheblich erleichert.

Nach den Bef.B. ist der Transporteur weder für Schäden noch Verluste auf Grund einer Verletzung seiner Vertragspflichten verantwortlich, noch für Verspätungsschäden oder für Tötung des Passagiers haftbar, wenn nicht eine schriftliche Anzeige des Anspruchs bei dem Transporteur oder seinen zuständigen Agenten, spätestens 15 Tage nach der Ausschiffung des Passagiers oder 45 Tage nach seinem Tod, eingereicht worden ist[253]. Von der Rechtsprechung werden diese Klauseln im allgemeinen für gültig gehalten[254].

---

[253] Co. Gen. Trans. Kl. VI.

[254] Trib. Com. Marseille 9. VI. 1953, D. M. F. 1954; C. A. Paris 12. VI. 1956, Fall „Cambera“, D. M. F. 1956, 724.

Drittes Kapitel

ENGLISCHES RECHT

§ 1: Die Entstehung des Passagiervertrages

A. DIE RECHTSQUELLEN

Das Recht der Passagierbeförderung auf See richtet sich in England nach den Grundsätzen des *„common law"*. Die Rechte und Pflichten der Vertragsparteien bestimmen sich nach den konkreten Vereinbarungen (the law of the contract). Der Passagier unterwirft sich dabei den Bef.B. des Transporteurs. Die Vertragsfreiheit ist aber so stark von den im englischen Rechtskreis bestehenden Verkehrssitten und Gewohnheiten *(„customs and usages")* eingeschränkt, daß trotz des Fehlens einer Gesetzgebung die Passagierbeförderung auf See unter beständigen, als Gewohnheitsrecht geltenden Grundsätzen ausgeführt wird. Wo das Vertragsrecht keinen solchen Grundsatz anzubieten hat, sind die Vertragsbeziehungen nach dem konkreten Fall und dem Richterrecht *(„case law")* zu beurteilen. Eine teilweise Einschränkung der privaten Vereinbarung in dem Bereich der Passagierbeförderung auf See besteht in der Zwangsregelung der Merchant Shipping Acts[1], sofern sie die Beförderung von *„cabin passengers"*[2] auf See und nicht Binnentransport oder Auswanderer *(„steerage passengers")*[3] betreffen[4].

B. DIE RECHTLICHE NATUR DES PASSAGIERVERTRAGES

Nach englischem Recht ist der PassV. ein reiner Transportvertrag *(„contract of carriage")* und unterliegt den Grundsätzen des Transportrechts. Die Bestimmungen des Rechtes der Personenbeförderung zu Lande finden beim PassV. auf See direkte Anwendung, falls das Seerecht keine speziellen Grundsätze entwickelt hat oder der Fall wegen besonderer, nur beim

---

[1] M. S. Acts von 1894—1961; HALSBURY's Statutes, XXIII, S. 411 ff. Cum. Supp. 1962, S. 2064 ff.
[2] M. S. A. 1894 Sec. 268 Abs. 3 c.
[3] M. S. A. 1894 Sec. 268 Abs. 4 c.
[4] MACLACHLAN, S. 254; DUCKWORTH, S. 56; CARVER, 3 § 1492, 1493.

Seetransport zutreffender Umstände einer vom Landrecht unterschiedlichen Lösung bedarf[5]. Dagegen finden die Grundsätze über den Dienstvertrag und den Gastwirtvertrag bei der Passagierbeförderung auf See keine Anwendung[6].

Die Verträge zur Beförderung von Personen sind nach englischem Recht von den Frachtverträgen streng zu unterscheiden. Das Recht der Güterbeförderung auf See findet grundsätzlich keine Anwendung im Falle der Beförderung eines Passagiers auf See. Dennoch sind die allgemeinen seefrachtrechtlichen Regeln über die Haftung des Schiffseigentümers auch für den Transporteur von Passagieren maßgebend, falls die Verhältnisse des konkreten Falles ihre Anwendung ermöglichen[7].

C. DIE VERTRAGSPARTEIEN

1. Der Transporteur („Carrier")

Das englische Transportrecht bezeichnet den Personenbeförderung treibenden Transporteur als *„carrier"*. Damit ist in der Regel der Schiffseigentümer *(„shipowner")* gemeint, weil die Haftung aus dem PassV. grundsätzlich nur den Eigentümer des Schiffes erfaßt[8]. Da aber diese Haftung auch auf den Ausrüster des Schiffes ausgedehnt werden kann[9], ist die Bezeichnung Transporteur („carrier")[10] insoweit nicht irreführend. Personentransport kann nach englischem Recht jeder Schiffseigentümer bzw. Ausrüster, der die Schutz- und Sicherheitsregeln über die Beförderung von Personen auf See beachtet hat, betreiben[11]. In bezug auf den Kontrahierungszwang und die Haftung des Transporteurs aus dem PassV. ist es von Bedeutung, ob der Transporteur die Beförderung des Passagiers als *„common carrier"* oder als *„private carrier"* ausführt. Als *„common carrier"*[12] handelt der Transporteur, wenn er die Beförderung von Personen als seinen regelmäßigen Beruf ausübt und nach den von ihm ver-

---

[5] Rechtsprechung in 41 Digest 159; vgl. CHARLESWORTH, Nr. 313; CLERK-LINDSEEL, Nr. 731.

[6] CHORLEY-GILES, S. 84.

[7] Cockerton v. Naviera Aznar S. A. (1961) 2 Lloyd's Rep.; CARVER, 3 § 1493.

[8] MARSDEN, S. 52 ff.

[9] SOTIROPOULOS BRH, S. 154 ff.

[10] In der folgenden Darstellung wird an Stelle der Bezeichnung „carrier" das Wort „Transporteur" sowohl für den Schiffseigentümer („owner") als auch für alle ihm gleichzustellenden Personen angewendet.

[11] CHORLEY-GILES, S. 84.

[12] Readhead v. Middland Ry. (1869), 16. L. T. 485 = 4 L. R. Q. B. 379 (382), Q. B.; HALSBURY's LAWS.

öffentlichten Reiseplänen zu jeder Zeit bereit ist, einzelne PassV. abzuschließen und durchzuführen[13].

Allerdings ist ein „common carrier" nicht verpflichtet, die PassV. als solcher durchzuführen. Vielmehr ist er befugt, die einzelnen Verträge als *„private carrier"* abzuschließen. Er darf außerdem seine Haftung beschränken oder sich von dieser Haftung freizeichnen, ohne aufzuhören, „common carrier" zu sein[14]. Als *„private carrier"* wird der Transporteur angesehen, der nur gelegentlich entweder gegen Entgelt oder aus Gefälligkeit PassV. abschließt[15]. Es ist Tatfrage, ob in dem konkreten Fall der Transporteur als „common carrier" oder als „private carrier" handelt. Für den „common carrier" besteht jedoch die Vermutung, daß er als „common carrier" gehandelt hat[16].

2. Der Passagier („passenger")

Privatrechtlich gesehen bezeichnet das englische Recht als Passagier jede Person, die infolge eines PassV. sich an Bord eines Schiffes zum Zwecke der Beförderung befindet. Für die Zwecke der Schutz- und Sicherheitsbestimmungen[17] sind allerdings *Passagiere*[18] alle Personen, die sich an Bord eines Schiffes befinden, außer dem Kapitän[19] und der Schiffsbesatzung, dem Schiffseigentümer und seinen Angestellten, dem Verfrachter und allen übrigen Personen, die sich wegen einer entgeltlichen Aufgabe an Bord des Schiffes befinden. Außerdem sind Schiffbrüchige und Personen, die der Kapitän zwangsläufig an Bord nehmen mußte[20], und Kinder unter einem Jahr keine Passagiere[21].

---

[13] Belfast Ropework Co. v. Buchell (1918) 118 L. T. 310 = 8 Digest 7, 15 K. B.; Chitty, II Nr. 432 ff.

[14] Luddit v. Ginger Coote Airways Ltd. (1947), 1 All. E. R. 328 = 177 L. T. 334 = 2dd Digest Supp.

[15] Vgl. Dann v. Hamilton (1939) 1 All. E. R. 59 = K. B. 509; Halsbury's Law, IV Nr. 372; Chitty, II § 434.

[16] Chitty, II § 432; Halsbury's Laws, IV Nr. 366; Carver, 3, § 1502; Duckworth, S. 454.

[17] M. S. A. 1894 Part III, Sec. 267—368; N. S. (Safety and Load Line Conventions) Act 1932; M. S. (Safety Convention) Act 1949; Halsbury's Laws, XXXV Nr. 775, Fn. a.

[18] Hedges v. Hooker (1889) 60 L. T. 822; Halsbury's Laws, XXXV Nr. 775 Fn. a.

[19] Gäste des Kapitäns sind keine Passagiere, so The Hanna (1886) 1. L. R. A & E 283; The Lion (1869), L. R. P. C. 525.

[20] The Clymene, (1879) P. 295; Hay v. Corporation of Trinity House, (1895) 65 L. J. Q. B. 90.

[21] Chorley-Giles, S. 55; M. S. A. 1894, Sec. 267; Carver, 3 § 1505.

§ 2: Der Abschluß des Passagiervertrages

A. ALLGEMEINES

Der Transporteur wird nur kraft eines gültigen PassV. verpflichtet, den Passagier auf See zu befördern. Wichtig für die Gültigkeit des PassV. ist die Einigung der Vertragsparteien über die Vertragselemente. Liegt bei dem Abschluß des Vertrages ein Irrtum vor, so kommt der PassV. nicht zustande[22].

Wenn z. B. ein Passagier eine Rückfahrkarte nach Australien in der Überzeugung löst, daß eine Kreuzfahrt nach Australien ausgeführt wird, während diese Reise tatsächlich nur eine gewöhnliche Hin- und Rückreise ist, so ist kein PassV. abgeschlossen worden, denn die Vertragsparteien sind nicht *ad idem,* es sei denn, daß der Passagier nachträglich auch in diese Reise eingewilligt hat[23].

B. DER VERTRAGSANTRAG

Nach dem englischen Recht sind die Erklärungen in den Fahrplänen eines Transportunternehmens, daß es bereit sei, Personenbeförderungen auszuführen, im Gegensatz zu den kontinentalen Rechten nicht nur als bloße Aufforderung an das Publikum anzusehen. Solche Erklärungen sind vielmehr für ständige Offerten des Transporteurs gehalten worden, die jeder Person gemacht werden, welche sie annimmt[24]. Diese Erklärungen sind jedoch nur dann als Offerten des Transporteurs anzusehen, wenn sie dazu bestimmt sind, rechtliche Beziehungen zu schaffen und hierzu geeignet sind. So sind bloße Bekanntmachungen von Abfahrts- und Ankunftszeiten im allgemeinen nur als „*invitations to treat*" anzusehen[25]. Löst aber der Passagier eine Fahrkarte für eine bestimmte Reise, so nimmt er die ständig fortgesetzte Offerte des Transporteurs an, ihn gegen Entgelt zu befördern[26].

---

[22] Chorley-Giles, S. 85; Anson, S. 36 ff.

[23] MacMillan v. Orient St. Na. Co. Ltd., (1935) 51 Ll. L. Rep. 93.

[24] Anson, S. 39 f. Vgl. aber Nunan v. Southern Ry., (1923) 2. K. B. 703 (707); Chitty, I Nr. 56.

[25] Anson, S. 33; Chitty, I Nr. 54, 56.

[26] Watkins v. Rymill, (1883) 10. Q. B. 178 = 48 L. T. 426 = 3 Digest 85, 198; Anson, S. 26 f.

C. DER ABSCHLUSSZWANG

In bezug auf die Frage der Vertragsfreiheit des Transporteurs ist im englischen Recht zwischen „common carrier“ und „private carrier“ zu unterscheiden. Der „common carrier“ hat die Verpflichtung „to carry anyone who offers himself for carriage and is ready to pay the fare and is in a fit state to travel“[27]. In dieser Hinsicht ist der „common carrier“ von Personen mit dem „common carrier“ von Gütern gleichzustellen[28]. Nach „common law“ wird der „common carrier“ verpflichtet, jede Person, die bereit ist, einen PassV. abzuschließen, zu befördern, unabhängig davon, wer diese Person ist, es sei denn, daß im Schiff kein Platz mehr vorhanden oder der Passagier aus persönlichen Gründen nicht in der Lage ist, die beabsichtigte Reise zu unternehmen (z. B. wegen Krankheit)[29]. Dennoch ist der „common carrier“ befugt, einen Passagier, für den die Vermutung besteht, daß er das Schiff, den Schiffseigentümer, die Besatzungsmitglieder oder die übrigen Passagiere gefährden wird, von der Reise auszuschließen[30]. Die bloße Tatsache aber, daß der Passagier kein gutes Aussehen hat, gibt dem Transporteur nicht das Recht, ihm die Reise zu verweigern. Wenn jedoch eine Person von schlechtem Ruf an Bord befördert wird, so darf sie nur solange befördert werden, wie sie sich gut benimmt[31].

D. FORM

Zum Abschluß des PassV. ist die Aushändigung einer Fahrkarte *(„ticket“)* notwendig[32]. Der Seepraxis folgend hat somit das englische Recht die schriftliche Form für den Abschluß des PassV. entwickelt. Die Fahrkarte dient im englischen Recht nicht nur zum Beweis des Abschlusses des PassV., sondern sie enthält alle Bedingungen, unter denen der PassV. durchgeführt wird und wird daher als *„contract ticket“* bezeichnet[33]. Wird für den Passagier ein Platz im Schiff gebucht und bekommt er erst während der

---

[27] HALSBURY's Laws, IV Nr. 443; Henderson v. Stevenson (1916), 32 L.T. 709 = 8 Digest 127, 855; vgl. DUCKWORTH, S. 54.

[28] Clarke v. West Ham Corp., (1909) 2. K. B. 858 = 101 L. T. 481 = 8 Digest 7, 14.

[29] HALSBURY's Laws, IV Nr. 365; CARVER, 3 § 4.

[30] M. S. Passengers Act 1894 Sec. 288; HALSBURY's Laws, XXXV Nr. 784; DUCKWORTH, S. 54.

[31] Coppin v. Braithwaite, (1844) 7 L. T. 509 = 31 Digest 670, 5009.

[32] M. S. (Passengers) Act, 1885 Sec. 71; MACLACHLAN, S. 322 ff.

[33] Hood v. Anchor Line Ltd., (1918) A. C. 837 = 119 L. T. 684 = 8 Digest 115, 743; Cockerton v. Naviera Aznar S.; (zit.); CHITTY, I Nr. 567.

Reise seine Fahrkarte, so gilt der PassV. erst mit der Abgabe der Fahrkarte als abgeschlossen[34].

Die Verbindung der Fahrkarte mit dem PassV. ist in der angloamerikanischen Seepraxis so stark, daß sich für den Abschluß des PassV. der Ausdruck „buying a ticket" eingebürgert hat. Rechte und Pflichten der Parteien ergeben sich derart aus der Fahrkarte, daß sie ein Wertpapier bildet. Davon ausgehend wurde entschieden, daß, auch wenn die Buchung eines Platzes an Bord schriftlich erfolgt ist, der PassV. erst mit der Abgabe der Fahrkarte abgeschlossen wird, unabhängig davon, ob der Passagier die Fahrkarte vor oder nach seiner Einschiffung bekommen hat[35]. Auch die Zahlung des Fahrgeldes allein genügt nicht für den Abschluß des PassV. Er wird vielmehr durch die Ausgabe der Fahrkarte und die Einigung der Parteien über die „conditions on the ticket" abgeschlossen.

E. DIE ÜBERNAHME DER BEF.B. IN DEN KONKRETEN PASSAGIERVERTRAG

1. Allgemeines

Der „contract ticket" enthält fast ausnahmslos Bef.B. (*„standard forms and conditions)*, innerhalb derer der Transporteur bereit ist, den PassV. abzuschließen[36]. Das Vorhandensein von Bef.B. in einem „contract ticket" wird heute von den englischen Gerichten als Selbstverständlichkeit angesehen. Derjenige, der einen PassV. auf See abschließt, weiß und muß wissen, daß der Transporteur nur auf Grund seiner Bef.B. die Beförderung durchführt[37].

Die Änderung der von dem Transporteur durchgesetzten Bef.B. ist dem Passagier nicht möglich. Der Passagier hat entweder den Bef.B. des Transporteurs beizutreten oder den Vertrag nicht abzuschließen (Beitrittsvertrag)[38].

2. Bindung an die Bef.B.

Selbst durch die Aushändigung der Fahrkarte sind die Bef.B. für den Passagier nicht bindend[39]. Vielmehr verlangt die englische Rechtsprechung

---

[34] Vgl. Great Western Ry. Co. v. Blake, (1862) 7 L. T. 94 = Dig. 105, 699 = 10 W. R. 338; HALSBURY's Laws, IV Nr. 462.

[35] Cockerton v. Naviera Aznar S. A. zit.

[36] CHORLEY-GILES, S. 85.

[37] Cockerton v. Naviera Aznar zit.

[38] ANSON, S. 149; CHORLEY-GILES, S. 85; MELVILLE, The Core of a Contract, in Mo. L. R. 1956, 26 ff.

[39] L. J. CHELMSFORD in Herderson v. Stevenson zit.; MACLACHLAN, S. 255; ANSON, S. 151.

zum Schutz des Passagiers gegen die faktische Monopolstellung des Transporteurs folgendes für die Wirksamkeit der Bef.B.:

a) dem Passagier muß bekannt sein, daß auf dem „contract ticket" etwas geschrieben steht,
b) ihm muß bekannt sein, daß dieses Schreiben „conditions of the contract of carriage" enthält.

Diese Grundsätze werden von der englischen Rechtsprechung streng eingehalten und sind für die Rechtswirksamkeit der Bef.B., auch wenn sie Freizeichnungsklauseln enthalten, maßgebend[40]. Im heutigen englischen Recht gilt jedoch der Satz, daß, wenn jemand ein Dokument annimmt, das dazu bestimmt ist, die Bedingungen der Offerte zu enthalten, so muß er alle Bestimmungen, die es enthält, als mitgeteilt gelten lassen, obwohl er sich von ihrer Existenz oder von ihrem Inhalt gar nicht unterrichtet hat[41]. Auf Grund dieser Regel wird von einem Passagier verlangt, daß er sich nach den Bef.B. des Transporteurs erkundigt. Die Kenntnis des Passagiers wird daher in den meisten Fällen vermutet. Der PassV. auf See gehört heute zu einer typisierten Vertragsform, die stets Bef.B. enthält. Wird diese Form von dem Passagier ohne Einwand akzeptiert, so ist er an ihre Bedingungen gebunden, unabhängig davon, ob er sie in Wirklichkeit gelesen hat oder nicht[42]. Deswegen gelten sie auch für einen Passagier, dem die Fahrkarte erst nach dem Antritt der Reise ausgehändigt wurde[43]. Auf jeden Fall bleibt die Kenntnis des Passagiers eine Tatfrage[44]. So wird die Kenntnis vom Inhalt und der Existenz der Bef.B. im Falle eines ungebildeten und verkehrsfremden Passagiers nicht vermutet, so z. B. für Auswanderer, die meistens ungebildete und arme Menschen sind, so daß nicht anzunehmen ist, daß sie von den Gebräuchen der Seepraxis Kenntnis haben[45].

---

[40] Parker v. South Eastern Rail. Co., C. A., (1877) 46 L. J. Q. B. 768 = 26 W. R. 564 = 8 Dig. 129, 866 = J. MELLISH in 36 L. T. 540 (543) = 8 Dig. 129, 866, C. A.; Richardson, Spence and Co. v. Rowntree, (1894) 7 Asp. M. L. C. 482; 8 Digest 103, 689, H. L.; Watkins v. Rymill zit.; Hood v. Ancor Line Ltd. zit.; ANSON, S. 149; CHORLEY-GILES, S. 85; CHITTY, I Nr. 570.

[41] ANSON, S. 150.

[42] J. STEPHAN in Watkins v. Rymill zit.; Cockerton v. Naviera Arznar S. A. zit. Shaw v. Great Western Ry. Co., (1894) 1 Q. B. 373; 70 L. T. 218 = 8 Digest 53, 351.

[43] Fosbroke v. Hobbes Airwork Ltd. and others, (1937) 1 All. E. R. 108 = 53 L. T. 254 = Digest Supp.

[44] The Stella, (1900) P. 161 = 82 L. T. 390 = 9 Asp. M. L. C. 66 = 8 Digest 57, 376; Hood v. Anchor Line zit.; MACLACHLAN, S. 255; CARVER, 3 § 1497; CHITTY, I Nr. 571.

[45] Richardson v. Rowntree H. L. zit.

So sind z. B. die Bef.B. auch für einen Passagier, der seinen Vertrag durch seinen Ehegatten[46] oder einen Sekretär[47] hat schließen lassen, ohne weiteres bindend. Auch wenn diese Personen die Bef.B. nicht gelesen haben, denn weder der Passagier noch sein Vertreter dürfen behaupten, daß sie von den Bef.B. keine Kenntnis genommen haben, falls ihnen die Gelegenheit dazu gegeben war.

Hat der Passagier keine Kenntnis von den Bef.B. des Transporteurs gehabt, so ist zu prüfen, ob der Transporteur durch maßgebliche Hinweise den Passagier darauf aufmerksam gemacht hat *(„notice")*. Von der Rechtsprechung wurden Bef.B., die den Transporteur aus seiner Haftung befreien, als ungültig erklärt, weil sie auf die Rückseite der Fahrkarte geschrieben waren und die erste Seite derselben Fahrkarte keinen Hinweis auf sie gab[48]. Der Hinweis auf die Bef.B. soll klar und für alle Personen genügend erkennbar sein, denen er gegeben wird. Diese Regeln werden besonders streng im Fall eines verkehrsungewohnten Passagiers eingehalten. Hat der Transporteur diese Pflicht erfüllt, so sind die Bef.B. für den Passagier bindend, auch wenn dieser wegen Blindheit, Unkenntnis der englischen Sprache, Analphabetismus, Geschäftsunfähigkeit usw., von ihnen keine Kenntnis haben konnte[49]. Die Beweislast, daß der „contract ticket", Bef.B. enthält und daß dem Passagier deren Existenz bekannt war, obliegt dem Transporteur. Ebenso hat er zu beweisen, daß er alle zweckmäßigen Maßnahmen getroffen hat, um den Passagier von den Bef.B. in Kenntnis zu setzen[50].

3. Die Zulässigkeit von Freizeichnungsklauseln in den Bef.B.

Auf Grund der im englischen Recht herrschenden Freiheit, durch einen Vertrag die Rechte und Pflichten der Vertragsparteien zu bestimmen, werden die Bef.B. auch dann als gültig anerkannt, wenn sie Freizeichnungsklauseln enthalten. Die Gültigkeit der Freizeichnungsklauseln wird im englischen Recht in so weitem Umfange anerkannt, und die Transporteure pflegen sich so oft von ihrer Haftung aus dem PassV. freizuzeichnen, daß

---

[46] Adler v. Dickson 1 Q. B. 158 C. A., (1954) 3 All. E. R. 397 = 1954 2 Lloyds Rep. 267 = 3rd Dig. Supp. = 1954 3 W. L. R. 696; Fosbroke Hobbes v. Airwork, Ltd. zit.

[47] Hood v. Anchor Line, Ltd. zit.

[48] Henderson v. Stevenson, zit.; vgl. Chitty, I Nr. 570; Chorley-Giles, S. 85; MacLachlan, S. 256.

[49] Acton v. Castle zit.; Parker v. South Ry. Co. zit.; Halsbury's Laws, XXXV Nr. 777; Chitty, II Nr. 572; vgl. aber Thompson v. London, Midland and Scottish Ry., (1930) 1 K. B. 41 = 41 L. T. 382.

[50] Henderson v. Stevenson zit.; Cockerton v. Naviera Aznar S. A. zit.; Chorley-Giles, S. 85.

unter diesem Recht die Beförderung auf See ein „travel at own risk" des Passagiers bildet[51]. Dabei ist zu beachten, daß hinsichtlich eines PassV. auf See weder der Carriage of Goods by See Act 1924, noch die Haager Regeln gelten, mit dem Ergebnis, daß der Transporteur in seiner Freizeichnungsmöglichkeit von diesen Regelungen nicht betroffen ist. Die Rechtsprechung wendet dennoch für die Auslegung der Freizeichnungsklausel eines „contract tickets" dieselben Grundsätze wie beim Gütertransport an[52]. So ist, falls sich über die Bedeutung oder den Umfang einer Freizeichnungsklausel Zweifel ergeben, diese zu Lasten des Transporteurs auszulegen[53]. Die Freizeichnungsmöglichkeit des Transporteurs findet ihre Grenze in dem Verstoß gegen die *„public policy"*. Obwohl die „public policy" im englischen Recht sehr eng ausgelegt wird, bemüht sich die Rechtsprechung jedes Mal zu überprüfen, ob durch die Freizeichnungsklausel des Transporteurs Rechte des Passagiers ohne dessen Zustimmung beeinträchtigt wurden. So ist für die Gültigkeit der Freizeichnungsklauseln von Bedeutung, ob sie von dem Passagier bewußt akzeptiert wurden. Dabei werden die Grundsätze über die Rechtswirksamkeit der Bef.B. angewendet[54]. Die Wirkung einer Freizeichnungsklausel tritt nur nach dem Abschluß des PassV. und dem Beitritt zu den Bef.B. des Transporteurs ein. Freizeichnung von zukünftigen PassV. durch allgemeine „notices" ist dem „common carrier" untersagt[55].

Im Gegensatz zu den kontinentalen Rechten ist im englischen Recht eine generelle Klausel über die Befreiung des Transporteurs von seiner Haftung aus dem PassV. entwickelt worden[56]. Diese Klausel wird öfter als „onerous" ausgelegt. Dies hat jedoch nicht zur Folge, daß diese Klausel für unwirksam erklärt wird, sondern daß von dem Transporteur besondere Sorgfalt für die Bekanntmachung dieser Klausel verlangt wird[57].

---

[51] Halsbury's Laws, XXXV Nr. 777; IV Nr. 465.

[52] J. Denning in Adler v. Dickson, (1954) 3 All. E. R. 397 (402) zit.

[53] Anson, S. 153 ff.; vgl. Lee and others v. Rail. Executive, (1949) 2 All. E. R. 581.

[54] Bei Beförderung von Auswanderern ist der Transporteur verpflichtet, seine Freizeichnungsklausel von dem Ministry of Transport genehmigen zu lassen. Vgl. Ryan v. Oceanic S. A. Co., (1914) 3 K. B. 731; Chorley-Giles, S. 85; Clerk-Lindsell, Nr. 733; Halsbury's Laws, XXXV Nr. 777.

[55] Chitty, II Nr. 574.

[56] „... Passengers take upon themselves all risk whatsover of the purpose to themselves their baggages and effects including risks of embarking and disembarking and whether by boat or otherwise ..." Blue Star Line Ltd., (1939) 3 All. E. R. 127, C. A. (176) = 55 T. L. R. 852 (854) = 8 Dig. 111, 719; Jones v. Oceanic S. N. Co., (1924) 16 Asp. L. M. C. 432, K. B. vgl. Carver, 3 § 1498.

[57] Cockerton v. Naviera Aznar zit.; O'Brien v. Oceanic S. N. Co., (1934) 3 K. B. 731 C. A. (Fall „Titanic").

§ 3: Die Pflichten des Passagiers aus dem Passagiervertrag

A. DIE ZAHLUNGSPFLICHT

Als Gegenleistung für die Transportdienste des Transporteurs hat der Passagier den Fahrpreis zu entrichten. Die Höhe des Fahrpreises wird meistens von den Statuten der Verkehrsanstalten einheitlich für alle ähnlichen Verkehrsmittel gehalten. Wird nichts über die Zeit der Zahlung des Fahrgeldes vereinbart, so gelten die Gebräuche des Hafens, in dem der PassV. abgeschlossen worden ist[58]. Geht das für die Beförderung gestellte Schiff vor dem Antritt der Reise verloren, so ist kein Fahrpreis zu zahlen. Dasselbe gilt, wenn der Passagier durch einen sich in seiner Person ereignenden Zufall verhindert wird, die Reise zu unternehmen[59]. Wird die Erfüllung des PassV. wegen einer bei dem Transporteur liegenden Ursache, die er jedoch nicht zu vertreten hat, unmöglich, so ist wegen Ausfallens der Gegenleistung („failure of the consideration") der schon entrichtete Fahrpreis zurückzugewähren. Geht aber das Schiff verloren oder wird wegen einer anderen verschuldeten Ursache die Reise unterbrochen, so hat der Passagier, der nicht mitgefahren ist, keinen Anspruch auf Rückerstattung des Fahrpreises[60].

B. DIE EINORDNUNGSPFLICHT

Hinsichtlich der Schiffsbesatzung hat der Kapitän nach „common law" die absolute Schiffsgewalt. In bezug auf die Passagiere sind dagegen seine Befugnisse wesentlich beschränkt. Den Passagieren gegenüber ist der Kapitän nur befugt, die zweckmäßigen Maßnahmen für die Sicherheit des Schiffes und die Einhaltung der Schiffsordnung zu treffen. Daher sind die Passagiere verpflichtet, alle maßgebenden Anweisungen des Kapitäns zu befolgen. Zum Schutz der Sicherheit des Schiffes und der Schiffswelt hat der Kapitän die Befugnis, den Passagier zu einem guten Benehmen zu zwingen[61]. So ist er z. B. befugt, einem Passagier, dessen Benehmen die Schiffsgemeinschaft stört, das Erscheinen im Speisesaal des Schiffes zu

---

[58] Für ein an Bord geborenes Kind ist auch nach englischem Recht kein Fahrpreis zu zahlen; CHORLEY-GILES, S. 91; Vgl. CHITTY, II § 469.

[59] MACLACHLAN, S. 260; CARVER, III § 1523 m. w. N.

[60] DUCKWORTH, S. 68.

[61] King v. Franklin, (1858) 41 Digest 669, 5004; Boyce v. Bayliffe, (1807) 43 Digest 449, 772; Newman v. Walters, (1804) 41 Digest 839, 7006; DUCKWORTH, S. 54; MACLACHLAN, S. 260; HALSBURY's Laws, XXXV Nr. 781; CARVER, 3, § 1543 ff.

untersagen[62]. Zwangsmaßnahmen gegen den Passagier sind dennoch nur so weit erlaubt, wie sie erforderlich sind. Überschreitet der Kapitän die notwendigen Maßnahmen und übt er eine überflüssige Gewalt auf den Passagier aus, so haftet er gegenüber dem Passagier neben dem Transporteur auch persönlich[63].

C. HILFELEISTUNG BEI NOTFÄLLEN

Nach „common law" wird der Passagier verpflichtet, wenn sich das Schiff in Gefahr befindet, für die Beseitigung der Gefahr seine Dienste nach besten Kräften anzubieten. Es gehört zur Schiffsgewalt des Kapitäns, den Passagier zu zwingen, sich in Notfällen für die Rettung des Schiffes und der Menschen an Bord zur Verfügung zu stellen. Der Passagier ist aber nicht verpflichtet, auf dem gefährdeten Schiff zu bleiben. Er hat vielmehr das Recht, sobald ihm die Gelegenheit geboten wird, das Schiff zu verlassen[64]. Hat der Passagier zur Rettung des Schiffes beigetragen, so hat er dennoch keinen Anspruch auf Rettungslohn, denn er hat dabei auch zu seiner eigenen Rettung gehandelt[65]. Wenn aber ein Passagier hervorragende Dienste für die Rettung des Schiffes geleistet hat, welche von einem Passagier nicht zu erwarten sind, so hat er einen Anspruch auf Rettungslohn gegen den Eigentümer des Schiffes. Wenn z. B. ein Passagier an Bord bleibt, nachdem der Kapitän das Schiff verlassen hat, und es ihm mit nur einem Teil der Schiffsbesatzung gelungen ist, das Schiff zu retten, ist diesem Passagier ein Rettungslohn zu gewähren[66].

§ 4: Die Pflichten des Transporteurs aus dem Passagiervertrag

A. DIE BEFÖRDERUNGSPFLICHT

Die Beförderungspflicht wird nach englischem Recht als Inhalt des PassV. betrachtet. Gegen Zahlung des Fahrgeldes übernimmt der Transporteur die Pflicht, den Passagier zum Bestimmungsort zu befördern.
Wie in den kontinentalen Rechten, ist auch im englischen Recht der Passagier unter Umständen befugt, von dem Transporteur während der

---

[62] Prendergart v. Compton, (1837) 7 L. T. 224 = 41 Digest 670, 5006.

[63] Aldworth v. Steward, (1866) 14 L. T. 862 = 41 Digest 670, 5008; King v. Franklin zit.; MacLachlan, S. 264; vgl. M. S. A. 1894 Sec. 287, 288.

[64] The Vrede, (1861) Lush. 322 = 41 Digest 837, 6980; King v. Franklin zit.; Duckworth, S. 54; Roscoe, S. 144.

[65] The Coriolanus, (1890) 15 P. D. 103 = 62 L. T. 844 = 41 Digest 842, 7045; Carver, 3, § 821.

[66] Newman v. Walters, (1804) B. & P. 612.

Beförderung Unterbringung, Beköstigung sowie den Genuß der übrigen Einrichtungen des Schiffes zu verlangen[67].

1. Die Stellung des Schiffes

Es hängt von der konkreten Vereinbarung innerhalb der einzelnen Passagierverträge ab, ob der Transporteur für die Beförderung des Passagiers lediglich ein Schiff *(„vessel")* (M.S.A. 1894 Sec. 7 42) oder ein bestimmtes Passagierschiff („passenger steamer") zu stellen hat. Als *„passenger steamer"* wird von dem M.S.A. 1894 Sec. 267 „every steamship, British or foreign, which carries passengers to, or from any places in the United Kingdoms ..." bezeichnet. Die Definition schließt auch ein Schiff ein, welches als Abfahrts- und Ankunftsort denselben Hafen in den United Kingdoms hat. Darüber hinaus wird als Passagierschiff ein Schiff angesehen, welches außer der Schiffsbesatzung mehr als zwölf Passagiere befördern kann[68]. Die Passagierschiffe werden durch mehrere Besichtigungen der Aufsichtsbehörden geprüft und müssen strengere Maßnahmen für die Sicherheit der Passagiere treffen als andere Schiffe, besonders hinsichtlich ihrer Ausrüstung, Bemannung, Mitführung von Arzneimitteln usw.[69]. Je nach der Tragfähigkeit der Passagierschiffe wird von den maßgeblichen Statuten die zur Beförderung zulässige Zahl Passagiere bestimmt[70].

2. Stellung und Haltung der Abfahrts- und Ankunftszeiten

Durch die Annahme der Offerte des Transporteurs erlangt der Passagier ein Recht darauf, daß die festgesetzten Abfahrts- und Ankunftszeiten eingehalten werden. Nach den Bef.B. übernimmt aber der Transporteur keine Verpflichtung, daß diese Zeiten eingehalten werden. Sein Versprechen über die Richtigkeit dieser Angaben ist nur eine Nebenverpflichtung. Eine verschuldete Verspätung des Schiffes berechtigt jedoch den Passagier nach „common law" zum Schadensersatz und bei Rücktritt des Passagiers wegen der Verspätung zur Rückerstattung des Fahrgeldes[71]. Eine für die beabsichtigte Reise unwichtige Verspätung des Schiffes bildet aber keine Verletzung des PassV[72].

---

[67] Young v. Fewson, (1837) 7 L. T. 509 = 41 Digest 671, 5020; Andrews v. Little, (1887) 8 Digest 78, 521, C. A.; Cockerton v. Naviera Aznar zit.; HALSBURY's Laws, XXXV Nr. 776; CARVER, 3, § 1529; CHITTY, II Nr. 468 ff. (470).
[68] HALSBURY's Laws, XXXV Nr. 786 Fn. b; CHORLEY-GILES, S. 55; CARVER, 3, § 1506; vgl. Duncau v. Graham, (1951) 1 K. B. 68, 176.
[69] HALSBURY's Laws, XXXV Nr. 786.
[70] HALSBURY's Laws, XXXV Nr. 792.
[71] HALSBURY's Laws, XXXV Nr. 778; IV Nr. 471; MAYNE-MCGREGOR, Nr. 596.
[72] MACLACHLAN, S. 259; CARVER, 3, § 1518, 1518; CHITTY, II Nr. 472.

3. Abweichung von der Reiseroute, Unterbrechung der Reise, Umschiffung des Passagiers

Durch die Bef.B. wird dem Transporteur immer erlaubt, das Schiff von der vereinbarten Route wegen wichtiger Gründe, so z. B. wegen Rettung von Menschen oder Sachgütern abweichen zu lassen *(„deviation")*. Darüber hinaus wird dem Transporteur eine willkürliche Abweichung von der Reiseroute untersagt. Es bleibt auf jeden Fall Tatfrage, wann eine Abweichung aus der vereinbarten Reiseroute als „unjustifiable" anzusehen ist[73].

Wie in den kontinentalen Rechten ist die Reise ohne Unterbrechung durchzuführen. Wird aber eine Unterbrechung der Reise wegen notwendiger Reparaturen des Schiffes erforderlich, so ist nach den konkreten Vereinbarungen zu prüfen, ob der Transporteur für die Reise ein Ersatzschiff zu stellen hat[74]. Im übrigen wird die Haftung des Transporteurs wegen Abweichung von der Reiseroute, Unterbrechung der Reise sowie Umschiffung des Passagiers durch die Bef. B. völlig ausgeschaltet.

4. Die Beförderung des Reisegutes

Bis zum 17. Jahrhundert hatte der Passagier für die Beförderung seines Reisegutes ein besonderes Entgelt zu zahlen. Erst im Jahre 1698 wurde im Fall Middleton v. Fowler[75] entschieden, daß der Passagier gewisse persönliche Sachen ohne Entgelt mitbefördern darf. Der Umfang des ohne Entgelt mitbeförderten Reisegutes ist aber Gegenstand der besonderen Vereinbarungen zwischen Passagier und Transporteur geblieben. Heute bestimmen die Bef.B. jedesmal das Gewicht und die Art des mitzubefördernden Reisegutes, je nach den Umständen und der Art und Dauer der Reise. Im allgemeinen ist zu bemerken, daß, obwohl das englische Recht keine feste Regel über den Begriff des Reisegutes entwickelt hat, nur persönliche Sachen des Passagiers als Reisegut angesehen werden. Dabei werden auch die individuellen Bedürfnisse des betreffenden Passagiers berücksichtigt[76].

---

[73] Stag Line v. Foscolo, (1939) A.S. 328 = Digest Supp.; J. Scott in Beaumont-Thomas v. Blue Star Line, (1939) 55 F. L. R. 852 (854); vgl. Carver, 3, § 1500, 705; Chitty, II § 474; Payne's, S. 61 ff.

[74] Mac-Lachlan, S. 261 Fn. 10; Carver, 3, § 1525.

[75] 8 Digest 17, 78; Halsbury's Laws, IV Nr. 433 ff.

[76] Über den Begriff des Reisegutes siehe Jenkyns v. Southampton Royal Mail Co., (1919) 24 Com. Cas. 143; Wilton v. Atlantic Royal Mail St. Co., (1861) 41 T. 706 = 9 W. R. 948 = 8 Digest (Repl) 138, 890; Halsbury's Laws, IV Nr. 433, 434; Duckworth, S. 52; Carver, 3 § 8; vgl. Chitty, II § 480.

Wie in den kontinentalen Rechten wird auch im englischen Recht zwischen Handgepäck („personal luggage“) und übernommenem Reisegut („passenger's luggage“) unterschieden. In beiden Fällen muß der Transporteur dem Passagier geeignete Räume zur Verfügung stellen[77].

Hinsichtlich des abgegebenen Reisegutes ist zu bemerken, daß den Transporteur die Kausalhaftung eines Versicherers trifft. Diese Regel trifft aber nicht auf das Handgepäck zu, welches in dem Besitz des Passagiers bleibt. In bezug auf das Handgepäck hat der Transporteur nur für „reasonable und proper care“ zu haften[78]. Der Transporteur haftet nur für Verlust und Beschädigung von Sachen, die eigentliches Reisegut sind. Für andere Sachen, die an Bord gebracht werden, trifft den Transporteur keine Schadensersatzpflicht, es sei denn, er hat bei der Ablieferung ihre Art und Menge erfahren[79].

Eine Haftung des Transporteurs für Wertsachen besteht bei der Abgabe nur dann, wenn ihm der Wert dieser Sachen bekannt gemacht worden ist. Sachen, die im unmittelbaren Besitz des Passagiers bleiben, z. B. eine Armbanduhr, ein Halsband usw. werden nicht als Reisegut betrachtet[80]. Um sich von seiner Kausalhaftung zu befreien, muß der Transporteur beweisen, daß das Reisegut unter der eigenen Kontrolle des Passagiers gestanden hat und daß sein Verlust oder seine Beschädigung auf dessen eigenes Verschulden zurückzuführen ist[81]. Die Haftung des Transporteurs beschränkt sich auf die Zeit, in der er das Reisegut in seiner Obhut hat. Der Passagier ist aber nur nach einer gewissen Zeit befugt, sein Reisegut dem Transporteur abzugeben[82].

Mit der Rückgabe des Reisegutes durch den Transporteur nach Ende der Reise endet auch die Pflicht des Transporteurs, für dessen Unversehrtheit zu sorgen. Der Transporteur ist aber verpflichtet, dem Passagier genügend Zeit zu geben, sein Reisegut vom Schiff abzuholen. Nach dieser Zeit ist der Transporteur befugt, das nicht abgeholte Reisegut einem Verwahrer zu übergeben[83]. Vor 1956 war in der Rechtsprechung umstritten, ob die

---

[77] Upperton etc. v. Union Castle Mail St. Co., (1903) 9 Asp. M. L. C. 775 = 87 L. T. 289 = 9 Comm. Cas. 50, C. A., CARVER, 3 § 113.

[78] Smitton v. Orient St. Na. Co. Ltd., (1907) 10 Asp. M. L. C. 459; 216 f.; DUCKWORTH, S. 51; vgl. HALSBURY's Laws, IV Nr. 433 ff.; CARVER, 3 § 139; vgl. CHITTY, II § 481, 482.

[79] HALSBURY's Laws, IV Nr. 435; CHITTY, II § 485—486; CARVER, 3 § 8.

[80] M. S. A. 1894 Sec. 502; Smitton v. Orient etc. zit.; HALSBURY's Laws, IV Nr. 435; CARVER, 3 § 139.

[81] Vosper v. Great Western Ry. Co., (1928) 1 K. B. 340 = 137 L. T. 520 = 43 T. L. R. 738; MACLACHLAN, S. 255 Fn. 7; vgl. HALSBURY's Laws, IV Nr. 434.

[82] Great Western Rail Co. v. Bunch, (1888) A. C. 57 L. J. Q. B. 361 = 58 L. T. 128 = 36 W. R. 785 H. L.

[83] Vgl. HALSBURY's Laws, IV Nr. 434.

Klage des Passagiers wegen Verlustes oder Beschädigung seines Reisegutes vor den gewöhnlichen Gerichten oder in „Admiralty" zu bringen sei. Auf Grund Sect. 2 (1) des County Courts Admiralty Jurisdiction Acts von 1869 wurde entschieden, daß dies Gesetz nur „goods carried as merchandises or for profit" betreffe und daher es keine Anwendung auf Klagen von Gepäckschäden habe[84]. Infolge dieser Entscheidung wurden früher alle Klagen von Gepäckschäden vor den gewöhnlichen Gerichten verhandelt. Auf Grund der neuen Regelung der Admiralty Jurisdiction im Jahre 1956 wird dagegen von der Literatur vertreten, daß diese Klagen von „Admiralty" zu entscheiden sind. (Argument aus Sect. 8 (1) Abs. h des Administration of Justice Acts von 1956.)

Zur Sicherung seiner Ansprüche auf Zahlung des Fahrgeldes hat der Transporteur ein Pfandrecht am Reisegut des Passagiers. Das Pfandrecht existiert nur an den vom Passagier als Reisegut mitgebrachten Sachen und nicht an Kleidern und anderen Sachen, die der Passagier trägt[85].

Die Haftung des Transporteurs wegen Verlustes oder Beschädigung des Reisegutes wird durch Freizeichnungsklauseln völlig ausgeschaltet[86]. Die Freizeichnung betrifft meistens die Enthaftung des Transporteurs wegen Schäden an dem Handgepäck des Passagiers. Hinsichtlich des abgegebenen Reisegutes pflegt der Transporteur sich von eigener „negligence" und aus „negligence" seiner Hilfspersonen freizuzeichnen[87]. Die Freizeichnung von Diebstahl des Reisegutes seitens der Hilfspersonen des Passagiers befreit ihn von dieser Haftung, ohne daß dazu eine ausdrückliche Klausel nötig ist. In seiner Freizeichnungsmöglichkeit wird der Transporteur von den Regelungen über die Freizeichnungsfreiheit des Verfrachters beim Gütertransport nicht beschränkt, denn diese Regelungen finden hinsichtlich eines PassV. keine Anwendung[88]. Auf Grund der York-Antwerp Rules (in der Fassung von 1950 Rule XVII) wird auch nach englischem Recht das Reisegut von Beiträgen zur großen Haverei ausgenommen. Wird aber bei einer großen Haverei Reisegut geopfert, so steht dem Passagier dafür eine Vergütung zu[89].

---

[84] R. v. City of London Court, (1883) 12. Q. B. D. 115; vgl. aber The Alina, (1880) 42 L. T. 517 = 4 Asp. M. L. C. 257 C. A.; Carver, 3 § 1376.

[85] Halsbury's Laws, XXXV Nr. 779; MacLachlan, S. 261 Fn. 8; Duckworth, S. 53.

[86] Nach Sec. 7 der Railway and Canal Traffic Acts 1854 sind jedoch solche Klauseln nur dann gültig, wenn sie „just and reasonable one" sind; durch Sec. 16 dieses Gesetzes ist Sec. 7 auf die Beförderung auf See ausgedehnt.

[87] Peninsular and Oriental St. Na. Co. v. Shand, (1865) 12 L. T. 808 = 13 W. R. 1049 = 11 Digest (Repl.) 431, 771; Taubmann v. The Pacific St. Na. Co., (1872) 1 Asp. M. L. C. 336 = 26 L. T. 704; Halsbury's Laws, XXXV Nr. 777; Carver, 3 § 139, § 8.

[88] Carver, 3 § 316; vgl. § 1376.

[89] Carver, 3 § 838 f.; Chorley-Giles, S. 192.

B. DIE FÜRSORGEPFLICHT

1. *Die Rechtsnatur der Fürsorgepflicht*

Nach dem englischen Vertragsrecht hat der Transporteur *„to take all due care"* um dem Passagier eine unversehrte Fahrt zu ermöglichen[90]. Eine den kontinentalen Rechten analoge Fürsorgepflicht des Transporteurs haben die englischen Gerichte ständig abgelehnt. Ihre Ansicht, daß der Transporteur nur „skill due care" für die Unversehrtheit des Pasagiers zu leisten hat, stützen die englischen Gerichte auf die Tatsache, daß der Passagier an Bord ein sich frei bewegender Mensch ist und nicht wie die Güter in die Obhut des Transporteurs gelangt[91].

Im Rahmen der Verpflichtungen des Transporteurs aus dem PassV. ist die Fürsorgepflicht hinsichtlich der Unversehrtheit des Passagiers nur eine Nebenverpflichtung. Hat der Transporteur „skill due care" geleistet und wurde der Passagier dennoch verletzt, so braucht der Transporteur für den dadurch entstandenen Schaden nicht einzustehen[92].

2. *Die Rechtsgrundlage der Fürsorgepflicht*

Nach der liberalen Grundhaltung des „common law" „ist jedermann sich selbst bester Wächter". Selbst bei Aufnahme eines engeren sozialen Kontaktes beschränkt sich die Vorsicht, die man zur Vermeidung von Schäden anderen Personen schuldet, auf die Pflicht, die von dem eigenen Herrschaftsbereich ausgehenden Gefahren, den Personen, die sich in diesen Bereichen befinden, erkennbar zu machen[93]. Diese mit dem Liberalismus des 19. Jahrhunderts begründete Haltung des „common law" stellt sich dem Bestreben entgegen, eine Fürsorgepflicht des Transporteurs bei der Passagierbeförderung stillschweigend aus vertraglichen Beziehungen abzuleiten. Liegt keine besondere Vereinbarung zwischen Transporteur und

---

[90] Donoghue v. Stevenson, (1932) A. C. 562 = 147 L. T. 281 H. L.; HALSBURY'S Laws, XXXV N. 776; IV Nr. 445; ABBOT S. 887; L. J. KENNEDY, in C. M. I. Bull. Nr. 24 S. 303; CARVER, 3 § 1494; CHITTY, II § 475; CHARLESWORTH, Nr. 34; CLERK-LINDSELL, Nr. 721.

[91] „Due care ... means, having reference to the contract to carry, a high degree of care, and casts of carriers the duty of exercising all vigilence to see that whatever is required for the safe convey once of their passengers is in fit and proper order", Readhead v. Middland Ry. Co. zit.; Beaumont-Thomas v. Blue Star Line Ltd., (1939) 3 All. E. R. 127 = 55 T. L. R. 852 = 8 Digest (Rpl.) 111, 719, C. A.; CARVER, 3 § 1494.

[92] MACLACHLAN, S. 254; DUCKWORTH, S. 50; CHORLEY-GILES, S. 87; CHITTY, II § 476.

[93] STOLL, S. 167; CHARLESWORTH, Nr. 313.

Passagier vor, so wird die Pflicht des Transporteurs, alle für die Sicherheit des Passagiers an Bord zweckmäßigen Maßnahmen zu treffen, mit dem *„negligence“*-Grundsatz begründet[94].

3. Der Umfang der Fürsorgepflicht

Die Pflicht des Transporteurs, dem Passagier eine sichere Fahrt zu gewähren, beschränkt sich am englischen Recht auf die Beseitigung der gewöhnlichen Gefahren. Vor den außerordentlichen Gefahren hat der Transporteur den Passagier nur dann zu warnen, wenn sie wegen ihrer Eigenart dem Passagier als Betriebsfremden offensichtlich unbekannt sind. Es liegt z. B. eine Verletzung des PassV. vor, wenn bei stürmischem Wetter die zum Promenadendeck führenden Glastüren durch Schutzbretter nicht abgesichert wurden, während damit zu rechnen war, daß sich Passagiere in der Nähe dieser Türen auf dem Promenadendeck aufhielten[95]. Wenn aber die üblicherweise um 9 Uhr ausgegebenen Deckspiele für die Passagiere liegen bleiben und die Wetterlage ihre Benutzung nicht ausschließt, dann kann das Auslegen nicht als unzulässige Beeinträchtigung der Sicherheit an Deck und als Pflichtverletzung angesehen werden. Daher steht einem Passagier, der sich durch einen Sturz auf ein Ringwurfspiel verletzt hat, ein Schadensersatzanspruch gegen den Transporteur wegen Verletzung seiner „duty of take care“ nicht zu[96]. Zu der „duty of take care“ gehört weiterhin die Verpflichtung des Transporteurs, für die Beseitigung der Gefahren zu sorgen, die außerhalb des Schiffes liegen. So sind z. B. Schiffskollisionen zu vermeiden, die Route von Eis genügend entfernt zu halten, von der Reiseroute nicht abzuweichen usw.[97]. Die Verpflichtung zum „take due care“ besteht nur, solange der Passagier sich an Bord des Schiffes befindet[98]. Darüber hinaus hat der Transporteur die Aufgänge und Zugänge des Schiffes in einem sicheren Zustand zu halten und dem Passagier ein gefahrloses Ein- und Aussteigen zu gewähren. Dabei ist die Aufstellung eines Besatzungsmitgliedes an dem mit einem Süll versehenen Kaiausgang zur Unterstützung der Passagiere beim

---

[94] J. Greer in Grein v. Imperial Airways Ltd., (1936) 2 All. E. R. 1258 ff. (1287); Halsbury's Laws, XXXV Nr. 777; IV 450; Stoll, S. 215; vgl. Carver, § 1538.

[95] Austin v. British Tr. Com., (1956) 2 Lloyds Rep. 353, Q. B.; vgl. Hansa 1957, 497; Carver, 3 § 1529.

[96] Q. B. vom 24. II. 1953 berichtet in Hansa 1956, 504.

[97] Radley v. London Passengers Transport Board, (1942) 1 All. E. R. 433 = 166 L. T. 285 = 2nd Digest Supp.; Halsbury's Laws, IV Nr. 445.

[98] Gillan v. Simpkin, (1815) 41 Dig. 666, 4989; John v. Bacon zit.; Andrews v. Little, (1887) 3 L. T. R. 544 C. A. = 8 Dig. (Repl.) 78, 521; Halsbury's Laws, XXXV Nr. 776.

Verlassen des Schiffes als ausreichende Sicherungsmaßnahme anzuerkennen, obwohl hierdurch nicht alle im Gedränge möglichen Unfälle verhindert werden können[99].

Ausnahmslos pflegen sich die Transporteure von ihrer „duty of take care" freizuzeichnen. Die Klausel enthält entweder Entlastung aus der Fürsorgepflicht im allgemeinen oder Befreiung sowie Beschränkung der einzelnen Pflichten des Transporteurs, welche zur Gruppe seiner Fürsorgepflicht gehören. Diese Klausel wird auf Grund der Vertragsfreiheit anerkannt, es sei denn, es handelt sich um die Beförderung eines Passagiers, der von speziellen Statuten geschützt wird, z. B. Auswanderer. Die Gültigkeit jeder einzelnen Freizeichnung aus der Fürsorgepflicht des Transporteurs unterliegt den allgemeinen Voraussetzungen der Anerkennung seiner Bef.B. Darüber hinaus wird die Beförderung des Passagiers „at his own risk against all casualities" durchgeführt[100].

4. Der Inhalt der Fürsorgepflicht

a) Die Seetüchtigkeit des Schiffes

Dieselben Rechtsgedanken herrschen auch hinsichtlich der Pflicht des Transporteurs, ein seetüchtiges Schiff für die Beförderung des Passagiers zu stellen. Den Transporteur trifft nach dem Vertragsrecht keine Gefährdungshaftung. Er ist vielmehr nach „common law" nur wegen „negligence" verantwortlich, wenn aus seinem Verschulden das Schiff bei dem Antritt der Reise seeuntüchtig war. Nach „common law" hat er für die maßgebliche Ausrüstung, Bemannung und Verproviantierung des Schiffes zu sorgen. Dabei hat er nur für die Schäden zu haften, die bei Anwendung gewöhnlicher Sorgfalt zu vermeiden sind. Für Seeuntüchtigkeit, die durch ein ungewöhnliches Ereignis verursacht wurde, hat der Transporteur nicht zu haften. So ist er z. B. für versteckte Fehler des Schiffsbetriebes, die mit einer gewöhnlichen Prüfung nicht zu entdecken sind, nicht zum Schadensersatz verpflichtet[101].

Von seiner Haftung wegen Seeuntüchtigkeit des Schiffes kann sich der Transporteur durch Freizeichnungsklauseln entlasten. Die Freizeichnung

---

[99] Q. B. v. 7. XI. 1955 berichtet in Hansa 1956, 505; vgl. HALSBURY's Laws, IV Nr. 456.

[100] O'Brien v. Oceanic S. N. Co., (1914) 3 K. B. 731; Luddit v. Ginger zit.; Henderson v. Stevenson zit.; HALSBURY's Laws, XXXV Nr. 777.

[101] M. S. A. 1894 Sec. 457; Smitton v. Orient St. Na. Co. zit.; Cockerton v. Naviera Aznar zit.; CHORLEY-GILES, S. 86 f.; DUCKWORTH, S. 50; MACLACHLAN, S. 254; HALSBURY's Laws, XXXV Nr. 786, 309; CARVER, 3 §§ 114, 1495; vgl. Nr. 102.

umfaßt sowohl Enthaftung aus Untüchtigkeit des Schiffes, die Seegefahren der beabsichtigten Reise zu überstehen (Reiseuntüchtigkeit) als auch Mängel an Ausrüstung, Beschaffenheit, inneren Einrichtungen und Räumen des Schiffes. So wurde z. B. die auf Seeuntüchtigkeit des Schiffes gestützte Klage eines Passagiers, der auf einem frisch gebohnerten Fußboden hingefallen war und sich verletzt hatte, zurückgewiesen, weil er die Freizeichnungsklausel des Transporteurs akzeptiert hatte[102].

b) Schutzgesetze

Die Befugnis des Transporteurs, sich von seiner Haftung wegen Seeuntüchtigkeit des Schiffes freizuzeichnen, wird durch Schutzgesetze erheblich eingeschränkt[103]. Er wird nämlich verpflichtet, die Seetüchtigkeit, Reisetüchtigkeit, Sicherheit und Hygiene des Schiffes in einem verkehrsüblichen Zustand zu halten. Diese öffentlichen Pflichten werden zwangsläufig durch Besichtigungen des Schiffes festgestellt. Die Nichtverfolgung der Sicherheitserfordernisse der Schutzgesetze berechtigt den Passagier an sich nicht zur Klage auf Schadensersatz gegen den Transporteur. Kommt aber der Passagier zu Schaden während der Durchführung der Reise und wird dabei festgestellt, daß diese Schäden aus der Nichtberücksichtigung der Schutzgesetze verursacht wurden, so gilt gegen den Transporteur die Vermutung, daß diese Schäden aus „negligence" einer Person, deren Verschulden er zu vertreten hat, verursacht wurden[104].

c) Ärztliche Betreuung des Passagiers

Nach „common law" wird der Transporteur verpflichtet, dem Passagier an Bord ärztliche Betreuung zu gewähren. Seine Verpflichtung, an Bord einen Arzt zu stationieren, hängt von der Art und der Länge der Reise ab.

---

[102] Beaumont-Thomas v. Blue Star Line, (1939) zit.; vgl. Henderson v. Stevenson zit.; MacLachlan, S. 254; Carver, 3, Nr. 121 ff.; Chorley-Giles, S. 86.

[103] So z. B. M. S. A. 1894. M. S. (Mercantile Marine Fund) Act 1894; M. S. A. 1906; M. S. (Safety and Load Condition) Act. 1932; M. S. (Wireless Telegraphy), Act 1919; diese Statuten bleiben heute in Geltung, nur insofern sie von dem Safety Convention (1948) bzw. M. S. (Convention) Act. von 1949, mit Geltung seit 19. XI. 1952 nicht modifiziert wurden. Vgl. auch Collision Regulations (Ships and Sea planes on the Water) Order 1953; auf Grund des Safety Convention Acts (1948) sind inzwischen erlassen worden, M. S. (Passengers Returns) Regulations, 1960; M. S. (Life Saving Applicances) Rules, 1958; M. S. (Fire Applicances) Rules, 1952; vgl. Halsbury's Laws, Bd. XXXV, Nr. 239, 782, 786 ff.; Carver, 3 § 1552 ff.

[104] Rudd v. Elder Dempster and Co., (1933) 1 K. B. 566; Chorley-Giles, S. 87; vgl. Halsbury's Laws, IV Nr. 446 ff.; Carver, 3 §§ 1527, 1537; vgl. Chitty, II § 478.

Verletzt der Transporteur diese Pflicht, so hat der Passagier einen Schadensersatzanspruch, wenn er mangels ärztlicher Betreuung Gesundheitsstörungen erleidet, die ihm einen Schaden verursachen. Darüber hinaus wird der Transporteur durch die die Gesundheit betreffenden Schutzgesetze verpflichtet, bestimmte Arten und Mengen von Arzneimitteln an Bord mitzuführen[105].

§ 5: Die Folgen der Verletzung der Pflichten des Transporteurs

I. Verletzung wesentlicher Erklärungen

Im englischen Recht ist hinsichtlich des Hauptzwecks des PassV. zwischen wesentlichen und nebensächlichen Erklärungen zu unterscheiden. Während die Erklärung des Passagiers, daß er bereit sei, den Fahrpreis zu zahlen, als seine einzige wesentliche Gegenleistung gehalten wird, sieht man mehrere Leistungen des Transporteurs als wesentlich an: Beförderung des Passagiers nach dem Bestimmungsort, Stellung des vereinbarten Schiffes, Einhaltung der Abfahrts- und Ankunftszeiten, Beförderung des Reisegutes, Einhaltung jeder angekündigten Art oder Route der Reise sind beispielsweise wesentliche Erklärungen des Transporteurs, ohne deren Verbindlichkeit der Passagier nicht bereit ist, die Reise zu unternehmen. Verletzt der Transporteur eine Pflicht, die er durch eine derartige Erklärung übernommen hat und welche daher eine wesentliche Pflicht *(„condition")* bildet, so steht dem Passagier ein Recht zur Auflösung des PassV. zu, das sich nach „common law" richtet[106]. Ein solches Recht kommt aber wegen der Freizeichnungsklausel sehr selten in Betracht. Sollte es dennoch dem Passagier vorbehalten sein, so stehen ihm bei der Erklärung seines Rücktritts aus dem PassV. zwei Ansprüche zur Verfügung:

a) Der Anspruch, von seiner Gegenleistung (Zahlung des Fahrgeldes) befreit zu sein oder auf Rückzahlung des schon bezahlten Fahrgeldes zu klagen und
b) ein Klagerecht („right of actio") auf Schadensersatz auf Grund des nicht erfüllten PassV. oder der verletzten Vertragsbestimmung.

Das Recht, die Leistung des Transporteurs zu erzwingen, was auch theoretisch denkbar wäre, nützt dem Passagier nur dann, wenn der Transporteur eine absolute Monopolstellung besitzt, was heute in der Praxis[107] sehr selten vorkommt.

---

[105] MacLachlan, S. 263.
[106] Duckworth, Nr. 578 f.
[107] Req. 28. V. 1916, G. Trib. 23. IX. 1916, Bem. Carot de Ville moble.

II. Die Schadensersatzpflicht

A. ALLGEMEINES

Verletzt der Transporteur eine nebensächliche Vertragsbestimmung und kommt der Passagier dadurch zu Schaden, so hat er gegen den Transporteur nur eine Klage auf Ersatz des Schadens, der durch die Verletzung dieser Bestimmung entstanden ist. Diese Klage steht dem Passagier zu, auch bei Verletzung einer wesentlichen Erklärung wobei ihm auch ein Auflösungsgrund gegeben ist, sowie im Falle der Verletzung der Fürsorgepflicht, nach der der Transporteur nur „due care" zu leisten hat.

Nach den Grundsätzen des „common law" bestimmt sich das Recht des Geschädigten auf Schadensersatz entweder nach den stillschweigenden Bedingungen des abgeschlossenen Vertrages oder nach dem Deliktsrecht. Eine stillschweigend übernommene Schadensersatzpflicht kommt aber hinsichtlich eines PassV. wegen der ausdrücklichen Freizeichnung des Transporteurs in den Bef.B. nicht in Betracht. Der Transporteur übernimmt sowohl hinsichtlich der Durchführung der Beförderungspflicht als auch in bezug auf seine Sorgfaltspflichten nur eine „duty to take care". Es ist aber sehr zweifelhaft, ob die durch eine Verletzung der „duties of care" entstandene Haftung vertraglicher oder deliktischer Natur ist. Diese Frage ist im englischen Recht von Bedeutung, soweit sie den Umfang der gewährten Entschädigung betrifft. Im Zusammenhang mit der Klage des Passagiers ist hier zu erwähnen, daß, sofern ein vertraglicher Anspruch wegen Verletzung der „duties of care" besteht, er immer durch die Freizeichnungsklauseln des Transporteurs ausgeschaltet wird. Es bleibt nun daher nur zu prüfen, in welcher Form dem Passagier eine „actio in tort" zu gewähren ist und inwieweit dem Transporteur die Befugnis zusteht, von dieser Klage des Passagiers sich durch Freizeichnungsklauseln zu entlasten[108].

Die Ansprüche des Passagiers auf Schadensersatz oder auf Rückerstattung des Fahrgeldes sind entweder vor der Admiralty oder vor den Queen's Bench Gerichten zu führen. Eine zwangsläufige Gerichtsbarkeit der Admiralty Gerichte besteht im englischen Recht nicht[109]. Zweifalhaft ist, ob die Ansprüche des Passagiers auf Schadensersatz wegen Gepäck- oder Personenschäden oder wegen Auflösung des Passagiervertrages, sowie wegen Verspätung des Schiffes, mit einem Pfandrecht am Schiff gesichert sind[110].

---

[108] Barkway v. South Wales Transport Ltd., (1950) zit.; MacLachlan, S. 255; Munkman, S. 2; vgl. Halsbury's Laws, IV Nr. 450, 483, XXXV Nr. 777.

[109] Vgl. aber Administration of Justice Act, 1956 Sec. 1 Abs. f, der alle Klagen aus „loss or life or personal in jury ..." der Admiralty Jurisdiction unterwirft; Carver, 3 § 1541, 1542.

[110] Darüber Sotiropoulos BRH, S. 144 f. m. w. N.

B. DIE RECHTSGRUNDLAGE DER SCHADENSERSATZPFLICHT

1. *Verschuldenshaftung*

Nach „common law" ist der Schadensersatzberechtigte auf eine Anzahl selbständiger Klageformen verwiesen, welche voneinander verschiedene Voraussetzungen und zum Teil auch verschiedene Rechtsfolgen haben (Aktionssystem)[111]. Geschichtlich gesehen erfassen im wesentlichen diese Klageformen („forms of actions") nur die vorsätzliche Schädigung, sowie die unmittelbare und direkte, wenn auch schuldlose Verletzung fremder Personen oder Sachen („trespass to the person, trespass to the goods"). Die nicht vorsätzliche, indirekte Schädigung war grundsätzlich kein Unrecht. Nur ausnahmsweise wurde anerkannt, daß Personen, die einen öffentlichen Beruf ausüben, kraft ihrer sozialen Stellung verpflichtet sind, bei der Ausübung ihres Berufes, unabhängig von einem Vertrag, ordentliche Sorgfalt zu üben.

Durch die seerechtlichen Gebräuche hat sich bei der Güterbeförderung eine Gefährdungshaftung des „common carriers" eingebürgert. Der Verfrachter hat für alle Gefahren, welche den zur Beförderung übernommenen Gütern drohen, als „insurer" einzustehen, es sei denn, sie beruhen auf Act of God, King's enemies etc. Die rechtliche Begründung der Gefährdungshaftung des Transporteurs bei der Güterbeförderung liegt darin, daß er die Güter in seine absolute Obhut bekommt. Dies geschieht aber nicht im Falle der Beförderung eines Passagiers und bei der Beförderung des Hand- und Kabinenreisegutes. Weder der Passagier noch sein Handgepäck gelangen in den Besitz des Transporteurs, noch hat er für beides die absolute Aufsicht, die er im Falle der eingeschifften Güter trägt. Aus diesen Gründen wird im englischen Recht eine Gefährdungshaftung des Transporteurs bei der Personenbeförderung ständig abgelehnt[112]. Der Transporteur wird demnach nur dazu verpflichtet, auf die Sicherheit seiner Passagiere mit der ihm und seinen Leuten zuzumutenden Sorgfalt bedacht zu sein („duty to take care to carry safely"). Kommt es jedoch zu einem Unfall, so haftet er gegenüber dem Passagier nur dann, wenn er die Ursache des Unfalls kannte oder sie bei der Anwendung ordentlicher Sorgfalt und Geschicklichkeit erkennen konnte[113]. Somit wird die Schadensersatzpflicht des Transporteurs mit dem „negligence" Begriff verbunden. Der Transporteur schuldet infolgedessen keinen Schadensersatz,

---

[111] Salmond, S. 708 f.; Stoll, S. 164; Carver, 3 § 1532, 90 ff.
[112] Prosser, Nr. 78, 80; Stoll, S. 217.
[113] Readhead v. Middland Ry. Co. zit.; Stoll, S. 216; Carver, 3 § 1494.

wenn er beweisen kann, daß der Passagier den Schaden hätte vermeiden können, wenn er einen größeren Grad von Sorgfalt hätte walten lassen[114].

2. *Der Begriff „negligence"*

„Negligence" ist ein Delikt, das sich seit 1825 allmählich in der englischen Rechtsprechung herausgebildet hat und mit mehreren historischen Absonderlichkeiten belastet ist[115]. Von den nicht vorsätzlichen Delikten ist die „negligence" das Wichtigste. „In strenger rechtlicher Analyse bedeutet „negligence" mehr als unachtsames oder nachlässiges Verhalten, sei es Unterlassen oder positives Tun; es bezeichnet richtigerweise den Komplex von Pflicht, Verletzung der Pflicht und den Schaden, den hierdurch eine Person erleidet, der gegenüber die Pflicht geschuldet wurde[116]."

3. *Tatbestandsmerkmale der „negligence"*

a) Bestehen einer Sorgfaltspflicht („duty to take care")

Der Transporteur kann nur dann wegen „negligence" auf Schadensersatz in Anspruch genommen werden, wenn er seine „duty to take care", welche ihm dem Passagier gegenüber oblag, verletzt hat. Es genügt nicht der allgemeine Nachweis, daß der Transporteur irgendwie zur Sorgfalt verpflichtet war, es wird vielmehr verlangt, daß diese Pflicht den Schutz eines individuellen Rechtsgutes des Passagiers betrifft (so z. B. körperliche Verletzungen)[117]. Hat der Transporteur diese Sorgfalt angewandt und wurde der Passagier trotzdem in seiner körperlichen Unversehrtheit verletzt oder in seinem Eigentum geschädigt, so schuldet der Transporteur keinen Schadensersatz[118]. „Due care" schuldet der Transporteur sowohl

---

[114] O'Hara v. Central S. M. T. Co., (1941) 2nd Digest Supp.; SALMOND, S. 404 ff.; CHARLESWORTH, Nr. 1 ff.; MARSDEN, S. 3 ff.; CHORLEY-GILES, S. 77; HALSBURY's Laws, XXXV Nr. 777; IV Nr. 448; CARVER, 3 Nr. 1533.

[115] WINFIELD, The history of negligence in the Law of Torts, in 42 L. Q. R., (1926) 184 ff.; WINFIELD, S. 475 ff.; SALMOND, S. 405; CHARLESWORTH, Nr. 11 f.; STOLL, S. 164.

[116] L. J. WRIGHT in Lochgelly Iron & Coal Co. v. M.'Mullan in Übersetzung von STOLL, S. 165; „Negligence ordinary means breach of a legal duty to take care", CHARLESWORTH, Nr. 1102.

[117] SALMOND, S. 406 ff.; WINFIELD, S. 478 f.; CHARLESWORTH, Nr. 314; STOLL, S. 166; DIAS, The duty problem in Negligence, in C. L. J. 1955, 198 ff.; MORISON, Re-examination of the duty of care, in M. L. R. 1958, 9 ff.

[118] Olivere v. Gunard St. Co. Ltd., (1961) 1 Lloyd's Rep. 290, Q. B. CHARLESWORTH, Nr. 31 ff.

hinsichtlich der Erfüllung seiner Vertragspflichten als auch in bezug auf seine Fürsorgepflicht für die Unversehrtheit des Passagiers. Eine Ausnahme von dieser Regel bildet nur das übernommene Reisegut, welches der Güterbeförderung gleichgestellt wird.

b) Verletzung der Sorgfaltspflicht durch den Transporteur

Außer dem Bestehen einer Sorgfaltspflicht wird für die Haftung des Transporteurs wegen „negligence" verlangt, daß er sich anders als ein „reasonable man" verhalten hat. Der Verhaltensmaßstab des „reasonable man" ist objektiv. Der Transporteur schuldet durchschnittliche Sorgfalt, ohne Rücksicht auf seine individuellen Fähigkeiten und Kenntnisse[119].
„Negligence" des Transporteurs wird z. B. angenommen, wenn er seinen Passagieren erlaubt hat, explosive Sachen oder Sachen, welche die Sicherheit der anderen Passagiere gefährden, an Bord zu bringen. Wenn aber diese Gegenstände verpackt oder in solcher Weise versteckt waren, daß der Transporteur von der Qualität dieser Sachen keine Kenntnis bekommen konnte, hat er gegenüber den anderen Passagieren nicht zu haften[120].
„Negligence" liegt auch nicht vor, wenn der Transporteur einen betrunkenen Passagier an Bord nimmt. Er wird aber in einem solchen Fall verpflichtet, die anderen Passagiere vor Belästigungen oder Verletzungen seitens dieses Passagiers zu schützen. Gegenüber dem betrunkenen Passagier hat der Transporteur die Pflicht, diesen bis zum Bestimmungsort ordnungsgemäß zu befördern. Nach seiner Ausschiffung hat er für diesen nicht mehr zu sorgen[121].

Wenn auf Grund einer Gefahr der Passagier von Schreck getrieben das Schiff freiwillig verläßt und dabei verletzt wird, so hat der Transporteur für die entstandenen Schäden einzustehen, wenn die Ursache der Gefahr auf seiner „negligence" beruht[122]. Der Transporteur hat weiterhin wegen „negligence" zu haften, wenn er die Passagiere vor Gefahren, die zwar nicht ungewöhnlich sind, aber trotzdem den Passagieren nicht unbedingt auffallen, nicht gewarnt hat[123].

Die Schadensersatzpflicht des Transporteurs setzt, wie in den kontinentalen Rechten, die adäquate Kausalität zwischen dem Schaden des Passa-

---

[119] Charlesworth, Nr. 61 ff.; Salmond, S. 415 f.; Munkman, S. 29 ff.; Carver, 3 § 93.

[120] Hanson v. Londoner Transport Executive (1952) berichtet in Times 1952, 15 May, vgl. Halsbury's Laws, IV Nr. 449.

[121] Vgl. Halsbury's Laws, IV Nr. 462.

[122] Johnes v. Boyce, (1816) 8 Digest 75, 516; vgl. Halsbury's Laws, IV Nr. 445.

[123] Dudley v. Smith, (1808) = 8 Digest 75, 513; vgl. John v. Bacon, (1870) 22 L. T. 477 = 18 W. R. 894 = 8 Digest 95, 642; Halsbury's Laws, IV Nr. 445.

giers und der „negligence" des Transporteurs voraus. Es wird sogar ein unmittelbarer Zusammenhang zwischen der verschuldeten Handlung und dem Schaden des Passagiers verlangt[124].

4. Freizeichnung aus „negligence"

Bis zur Mitte des vorigen Jahrhunderts war nach „common law" dem Transporteur nicht erlaubt, sich völlig wegen eigener „negligence" oder „negligence" seiner Hilfspersonen freizuzeichnen[125]. Das heutige Recht hat dagegen eine solche Möglichkeit anerkannt, außer in den Fällen, in denen ein Statut die Freizeichnungspflicht des Transporteurs beschränkt oder ausschließt. Weil aber in der gewöhnlichen Passagierbeförderung kein solches Statut existiert, bleibt die Möglichkeit des Transporteurs, sich von seiner eigenen „negligence" und von der seiner Hilfspersonen freizuzeichnen, unbeschränkt[126]. Die „negligence clause" muß ausdrücklich formuliert sein. Sie ist weder in der generellen Enthaftungsklausel enthalten noch wird vermutet, daß sie stillschweigend darin eingeschlossen sei. Die englische Schiffahrtspraxis hat eine generelle Enthaftungsklausel entwickelt, wonach weder der Schiffseigentümer noch der Kapitän oder die Agenten der Reederei für eigene „negligence" oder „negligence" der Hilfspersonen haften[127].

C. DIE VERANTWORTLICHKEIT FÜR DAS VERSCHULDEN DER HILFSPERSONEN

1. Die Rechtsgrundlage der Verantwortlichkeit

Aus den allgemeinen Grundsätzen des „common law" (*„respondeat superior"* Prinzip) ergibt sich die Haftung des Transporteurs für die schuldhaften Handlungen seiner Hilfspersonen („servants"). Die Haftungsnormen des „common law" kommen sowohl für das Verschulden des

[124] Smith v. London, South Western Rail Co., (1870) 23 L. T. 678 = 19 W. R. 230; 36 Digest 29, 150 C. P.

[125] Re Polemis and Furness, Withy & Co. Ltd., (1921) 3 K. B. 560 = 90 L. J. K. B. 1353 = 37 T. L. R. 940 = 15 Asp. M. L. C. 398 = 27 Com. Cas 25 C. A.; vgl. Carver, 3 § 134 ff.

[126] Luddit v. Ginger zit.; Anson, S. 154.

[127] „Neither the Company nor the Vessel ... nor any agent, or servant of the Company shall be liable for any ... illness, personal injury ... whatsoever and wheresoever arising and howsoever excused and even though the same be due to the act, neglegt or default of any servant or agent of the company or the Vessel." Cockerton v. Naviera Aznar S. A., (1961) 2 Lloyd's Rep. 450 (452—3) zit.; Carver, 3 § 1497, vgl. Nr. 92.

Landpersonals als auch für das Verschulden der Schiffsbesatzung zur Anwendung[128]. Unter Verschulden ist sowohl ein Verschulden bei der Erfüllung einer vertraglichen Verpflichtung des Transporteurs (Haftung für Erfüllungsgehilfen) als auch eine in Ausführung der den Hilfspersonen („servants") übertragenen Dienstverrichtungen begangene unerlaubte Handlung (Haftung für Verrichtungsgehilfen) zu verstehen[129]. Es handelt sich in beiden Fällen um eine Haftung für fremdes Verschulden ohne Exkulpationsmöglichkeit *(„vicarious liability")*. Im Gegensatz zum deutschen Recht (§ 485 HGB) kann sich der Transporteur nicht entlasten, indem er nachweist, daß ihn persönlich kein Verschulden trifft[130]. Diese Haftung trifft den Transporteur als Dienstherrn der schuldigen Hilfspersonen und nicht als Eigentümer des Schiffes[131]. Erfolgte die Beförderung des Passagiers mit einem Staatsschiff, so war der Staat bis 1948 für die unerlaubten Handlungen seiner Beamten und sonstigen Verrichtungsgehilfen nicht verantwortlich. Jedoch übernahm der Staat immer die Verantwortlichkeit bis zu dem Wert, mit dem ein Privatreeder in gleichen Umständen gehaftet hätte. Im Jahre 1948 hat der Crown Proceeding Act 1947 (Sec. 2,5 1. Teil) die Haftung des Staates für unerlaubte Handlungen der Verrichtungsgehilfen der des „common carriers" gleichgestellt[132].

2. *Die Voraussetzungen der Verantwortlichkeit*

Die Haftung des Transporteurs für das Verschulden seiner Hilfspersonen setzt voraus:

a) Schuldhafte Verletzung der Vertragspflichten oder unerlaubte Handlung der *„servants"* und dadurch Schaden des Passagiers. Dabei ist die Ermittlung der „negligence" wichtig. Es war nämlich früher zweifelhaft, ob die „vicarious liability" auch für vorsätzlich begangene Handlungen existierte. Heute bejaht die Mehrheit des Schrifttums die Haftung auch in diesem Fall[133].

---

[128] Halsbury's Laws, XVIII S. 22 ff.; Clerk-Lindsell, S. 118; Diamond, S. 239; Sotiropoulos H. P., S. 37.

[129] Sotiropoulos BRH, S. 112; Carver, 3 § 93.

[130] Clerk-Lindsell, Nr. 230; Batt, S. 284; Charlesworth, Nr. 157; vgl. auch Art. 1384 Abs. V C. civ.

[131] Sotiropoulos BRH, S. 112; Marsden, S. 52 ff.; MacLachlan, S. 90; Shorley-Giles, S. 238 ff.

[132] Sotiropoulos BRH, S. 229; Temperley, S. 333; Marsden, S. 91.

[133] The Bernina zit.; Sotiropoulos BRH, S. 37; Salmond, S. 119; Clerk-Lindsell, Nr. 225, 226; Diamond, S. 245; MacLachlan, S. 90.

b) Der Schaden muß bei der Erfüllung der Vertragspflichten des Transporteurs oder bei der Ausführung und im Rahmen der Dienstverrichtungen der Hilfspersonen entstanden sein[134].

c) Im englischen Recht wird der Begriff der Hilfspersonen („servants") sehr weit ausgelegt. Für die Eigenschaft einer Person als „servant" des Transporteurs ist auf jeden Fall entscheidend, ob sie einem Aufsichts- oder Weisungsrecht des Transporteurs untersteht. So ist es gleichgültig, ob zwischen Transporteur und Hilfspersonen ein rechtsgültiger Arbeitsvertrag abgeschlossen worden ist oder ob die Hilfsperson bezahlt wird oder nicht. Auch die Dauer des Anstellungsverhältnisses ist gleichgültig[135]. So wird der Transporteur nicht nur für das Verschulden des Kapitäns, der Schiffsbesatzung und des Landpersonals, sondern auch für jenes aller Personen, welche er unter seiner Kontrolle haftbar gemacht hat. Unter diese Personen wird auch der freiwillige Lotse gezählt. Die Haftung des Transporteurs wegen Verschulden des Zwangslotsen ist in England durch Sec. 15 des Pilotage Act 1913[136] dem Art. V des Brüsseler Übereinkommens von 1910 über Schiffszusammenstöße angepaßt. Kraft dessen wird in bezug auf die Haftung des Transporteurs der Zwangslotse einem freiwillig angenommenen Lotsen gleichgestellt[137].

3. *Freizeichnung vom Verschulden der Hilfspersonen*

Nach dem heutigen englischen Recht ist der Transporteur befugt, sich sowohl von seinem eigenen als auch von dem Verschulden seiner Hilfspersonen freizuzeichnen. Die Enthaftung des Transporteurs von dem Verschulden seiner Hilfspersonen wird unter den Voraussetzungen der Anerkennung seiner Bef. B. ohne weiteres zugelassen, wenn er sich von dieser Haftung durch eine ausdrückliche Klausel freigezeichnet hat.

Dagegen ist die Rechtsprechung nicht einheitlich hinsichtlich der Frage, ob ein genereller Haftungsausschluß den Transporteur von der Haftung wegen Verschuldens seiner Hilfspersonen befreit. Die Wirkung einer solchen Klausel wurde im Fall Price & Co. v. Union Lighterage[138] nicht

---

[134] The Druid, (1842) 5 L. T. 61 = 41 Digest 789, 6489; HALSBURY's Laws, XXXV Nr. 776; vgl. CARVER, 3 § 1406.

[135] Denham v. Middland Employer's Assurance, (1955) 2 All. E. R. 561 (564, 565) C. A.; SALMOND, S. 112 f.; CLERK-LINDSELL, Nr. 218; BATT, S. 290 ff.; WINFIELD, S. 139 ff.

[136] Mit Wirkung vom 1. I. 1918.

[137] TEMPERLEY, S. 581; CHORLEY-GILES, S. 213; CARVER, 3 § 219.

[138] (1904) 1 K. B. 412 = 52 W. R. 325 = 9 L. T. 371 = 20 L. T. R. 177 = 9 Com. Cas. 120; Taubman v. Pacific St. Na. Co., (1872) 26 L. T. 704; CARVER, 3 § 142, 140.

anerkannt. Das Gericht hat hier auf Grund der „eiusdem generis" Regel entschieden, daß eine solche Klausel nur den Transporteur selbst betreffen kann[139]. Die spätere Rechtsprechung über die Anerkennung der Freizeichnung aus der „negligence" der Hilfspersonen verlangt, daß die generelle Verfehlungsklausel nicht nur die Freizeichnung des Transporteurs wegen „negligence" enthält, sondern daß sie auch die Ursache des Schadens erwähnt. Eine solche Klausel enthält nach dieser Rechtsprechung auch Freizeichnung des Transporteurs von „negligence" seiner Hilfspersonen[140].

Dagegen vertritt die neuere Rechtsprechung die Ansicht, die generelle Enthaftung aus „negligence" habe die Wirkung, den Transporteur auch von seiner Haftung wegen „negligence" der Hilfspersonen zu befreien, weil sie hauptsächlich dafür gedacht sei. Der Transporteur hat nämlich heute hauptsächlich und in der Regel nur wegen Verfehlungen seiner Hilfspersonen zu haften. Eine persönliche Haftung des Transporteurs kommt selten in Betracht. Daher ist sogar Hauptzweck der generellen Verfehlungsklausel, den Transporteur von seiner Haftung wegen Verfehlungen seiner Hilfspersonen zu entlasten[141].

4. Freizeichnung zugunsten des Kapitäns und der übrigen „servants" des Transporteurs

Nach einem fundamentalen Satz des englischen Rechtes kann derjenige, der kein Vertragspartner ist, nicht aus einem Vertrag zwischen dritten Personen Rechte oder Pflichten herleiten. Daraus ergibt sich, daß eine Freizeichnung des Transporteurs, von ihm durchgesetzt und von dem Passagier akzeptiert, die Hilfspersonen des Transporteurs von ihrer persönlichen Haftung gegenüber dem Passagier nicht befreit, weil diese Personen keine Vertragspartner in dem PassV. sind[142].

Schon seit dem 19. Jahrhundert wird aber anerkannt, daß, auf Grund der *„trust"* und der *„agency"* Institution, ein „carrier" auch zugunsten seiner Hilfspersonen Freizeichnungsklauseln durchsetzen darf, obwohl sie dem

---

[139] So auch in den Fällen Larsen v. Salvester & Co., (1908) 11 Asp. M. L. C. 78 = 99 L. T. R. 94; C. A.; Jones v. Oceanic St. Co. Ltd., (1924) 16 Asp. M. L. C. 432, K. B.

[140] J. Phillimore in Travels (Joseph) & Sons Ltd. v. Cooper, (1915) 1 K. B. 73 = 83 L. J. K. B. 1787 = 111 L. T. 1088, K. B.; Carver, 3 § 142.

[141] Beaumont-Thomas v. Blue Star Line Ltd. zit.; Carver, 3 § 140.

[142] Gosgrove v. Horsfall, (1945) zit.; Middland Silicones Ltd. v. Scruttons Ltd., (1959) 2 Q. B. 171 = 2 All. E. R. 289 = 1 Lloyd's Rep. 289. Bestätigt von L. Q. B., (1960) 2 All. E. R. 737 = 1 Lloyd's Rep. 571, C. A.; vgl. (1962) 1 All. E. R., H. L.; Halsbury's Laws, XXXV Nr. 777; Anson, S. 159; Carver, 3 § 1469; Chitty, II Nr. 1 69—70; I Nr. 712 f.

PassV. fremd bleiben. So hat das House of Lords im Falle Elder, Dempster & Co. v. Paterson Zochonis & Co.[143] entschieden, daß, wenn ein Schiff von einem Befrachter unterverfrachtet wird, die im Konossement befindlichen Freizeichnungsklauseln auch dem Reeder des Schiffes zugute kommen.

Neulich wurde aber im Fall Adler v. Dickson (1955)[144], als eine Passagierin der „Himalaya", die auf einer Treppe hingefallen war und sich verletzt hatte, den Kapitän des Schiffes wegen „negligence" verklagte, von dem Appellationsgericht entschieden, daß der Passagiervertrag weder ausdrücklich noch stillschweigend den Passagier seiner Ansprüche gegen die Hilfspersonen des Transporteurs beraube, obwohl die Passagierin wegen der Freizeichnungen gegen den Transporteur keinen Schadensersatzanspruch habe, ständen ihr alle Klagen gegen die Hilfspersonen zur Verfügung[145]. Auch das Schrifttum stimmt darin überein, daß die Freizeichnungsklauseln, die den Transporteur selbst von seiner Haftung befreien, nicht automatisch auch eine Enthaftung der Hilfspersonen von ihrer eigenen Haftung gegenüber dem Passagier enthalten. Eine solche Klausel mußte ausdrücklich vereinbart sein[146]. Dieses sei bei der Güterbeförderung die Regel, wo der Transporteur die Güter in seine Obhut bekommt und die Beförderung fast immer von seinen Hilfspersonen durchgeführt wird. Für die Freizeichnung der Hilfspersonen aus ihrer Haftung gegenüber dem Passagier sei jedoch eine ausdrückliche Erwähnung auf der Fahrkarte erforderlich. Einer solchen Enthaftung durch stillschweigende Vereinbarung zwischen Passagier und Transporteur steht die englische Rechtsprechung sehr skeptisch gegenüber. Meistens pflegen aber die Transporteure diese Vereinbarung ausdrücklich innerhalb der „negligence" Klausel auszusprechen[147].

D. DER UMFANG DER SCHADENSERSATZPFLICHT

Verletzt der Transporteur seine Pflicht, den Passagier nach dem Bestimmungsort zu befördern oder befördert er ihn nach einem falschen Ort, so

[143] (1924) A. C. 522 = 1924 All. E. R. 135 = 93 L. J. K. B. 625 = 40 L. T. 464 = 16 Asp. M. L. C. 351; ANSON, S. 160; SOTIROPOULOS BRH, S. 131 f.; CARVER, 3 § 1479; CHITTY, I Nr. 716.

[144] 1 Q. B. 158 C. A. (174) zit.; CARVER, 3 § 1481; CHESHIRE-FIFOOT, S. 112.

[145] Vgl. Elder, Dempster & Co. v. Paterson Zochonis zit.; und Gosgrove v. Horsfall zit.

[146] CARVER, 3 § 1487 f.; ANSON, S. 161; CHITTY, II Nr. 70.

[147] „Neither the company nor the master, nor its agents shall be held liable for loss, damage, injury ... arising from any act, neglect, or default of pilot, master, officers, mariners ..." Cunard Line Kl. 22, vgl. Beaumont-Thomas v. Blue Star Line, zit.; CHITTY, I Nr. 717.

wird normalerweise dem Passagier als Schadensersatz der Fahrpreis zurückgewährt[148]. In bezug auf andere Schäden, z. B. Hotelkosten, Arzneikosten, vorübergehende Arbeitsunfähigkeit, Aufenthaltskosten am Reiseort während der Verspätung des Schiffes zeigt sich die englische Rechtsprechung sehr zurückhaltend[149].

Grundsätzlich gewährt das „common law“ eine volle Entschädigung: voller Ersatz aller Schäden, welche ein Verschulden des Transporteurs dem Passagier verursacht hat. In bezug auf Personenschäden wird jedoch die Entschädigung auf diejenigen Schäden beschränkt, welche in direktem Zusammenhang mit der verschuldeten Handlung des Transporteurs oder seiner Hilfspersonen stehen[150]. Diese Entschädigung ist immer bar zu vergüten[151].

In einer Klage auf Entschädigung wegen Personenschäden *(„personal injuries“)* umfaßt der Schadensersatz Entschädigung wegen seelischer Erschütterung[152], Verlustes der Lebensaussichten[153], körperlicher Schmerzen und Leiden, aktueller oder zukünftiger Verminderung des Lebens- und Berufstätigkeit, Kosten der Inanspruchnahme ärztlicher Betreuung[154], Verluste an persönlichem Einkommen, Unfähigkeit zur Ausübung des bisherigen Berufes usw.[155].

---

[148] So im Fall Hinde v. Liddell, (1875) 10 L. R. Q. B. 265, 268, wobei der Transporteur dem Passagier seinen vorbestellten Schiffsplatz nicht gewährt hat, wurde anerkannt, daß „the case of a carrier who fails to carry a passenger to given, a place, in which case the passenger has been held over and over again to be entitled to take the best substitute in the shape of a conveyance he can get, no matter that it costs much more than the fare“.

[149] Mayne-McGregor, Nr. 597; vgl. Chitty, II § 473.

[150] British Transport Commission v. Courey, (1956) A. C. 185; (1955) 3 All. E. R. 796; vgl. Halsbury's Laws, XI S. 248; Carver, 3 § 1439; Chitty, I Nr. 1331 f.

[151] Admiralty Commissioners v. Steamship Valeria, (1922) 2 A. C. 242; (1922) All. E. R. = 16 Asp. M. L. C. 530 H. L.; Munkman, S. 1 ff.; vgl. Carver, 3 Nr. 1524.

[152] Hambrook v. Stokes Brothers, (1925) 1 K. B. 141 = 94 L. J. B. 435 = 132 L. T. 707; Hay v. Houng, (1943) A. C. = (1942) All. E. R. 396; Halsbury's Laws, IV Nr. 470; vgl. Clerk-Lindsell, Nr. 46.

[153] Rose v. Ford (1937) A. C. 826 = (1937) 3 All. E. R. 359 = 157 L. T. 174; Benham v. Cambling, (1941) A. C. 157 = (1941) 1. All. E. R. 7 = 165 L. T. 290 H. L.; Kemp-Kemp, S. 58 ff.

[154] Philipps v. London South Western Ry. Co., (1879) 5 C. P. 280 = 49 L. J. Q. B. 233 = 8 Digest 108, 723, C. A.; Kemp-Kemp, S. 26 ff.

[155] British Transp. Com. v. Courley, (1956) A. C. 185 = 1955 All. E. R. 796; Kemp-Kemp, S. 43 f., 154 f.

E. MITWIRKENDES VERSCHULDEN DES PASSAGIERS

Die Schadensersatzpflicht des Transporteurs fällt nach „common law" fort, wenn der verletzte Passagier für seinen Schaden selbst verantwortlich ist *(„volenti non fit injuria")*. Selbstverantwortlich ist ein Passagier, wenn er schuldhaft die Sorgfalt außer acht läßt, die bei einer Seereise erforderlich ist, um andere oder auch sich selbst vor Schädigungen zu bewahren[156]. Neben den Sorgfaltspflichten des Transporteurs obliegt nämlich dem Passagier eine „duty to take care" für seine eigene Unversehrtheit. Ist aber der geschädigte Passagier neben dem Transporteur für die Entstehung oder auch für die Vergrößerung des Schadens mitverantwortlich *(„contributory negligence")*, so ist zu prüfen, ob und bis zu welchem Maße er Schadensersatz für seinen Schaden verlangen kann. Nach dem früheren englischen Recht war die Schadensersatzpflicht des Transporteurs im Falle eines mitwirkenden Verschuldens des Passagiers ausgeschlossen[157]. Um sich von seiner Haftung wegen der Schädigung des Passagiers zu befreien, hatte der Transporteur nur zu beweisen, daß bei der Verursachung des Schadens den Passagier irgendein Verschulden traf. Schon ein leichtes Verschulden war für die Befreiung des Transporteurs genügend.

Erst allmählich hat man erkannt, daß kein Grund besteht, die Verantwortlichkeit des Geschädigten an schärfere Voraussetzungen zu knüpfen als die des Schädigers. Diese Feststellung wurde teilweise in den Fatal Accidents Acts und den Maritime Convention Act von 1911 mitberücksichtigt, in dem diese Gesetze bei der Beurteilung der Schadensursache den Grad des mitwirkenden Verschuldens der geschädigten Person als Minderungsgrund für die Ersatzpflicht des Schädigers erklären[158].

Im Jahre 1945 wurde aber das „common law" durch den Law Reform (Contributory negligence) Act in dieser Beziehung geändert und teilweise den kontinentalen Grundsätzen über die Folgen eines mitwirkenden Verschuldens des Geschädigten angepaßt[159]. Nach Sect. 1 dieses Gesetzes „where any person suffers damage as a result partly of his own fault and partly of fault of any other person, a claim in respect of that damage shall not be defeate by reason of the fault of the person suffering the damage, but the damages recoverable in respect there of shall be reduced to such extent as the court thinks just and equitable having regard to the claiment's share in the responsability for the damages". Die Regelung

---

156 Vgl. Dann v. Hamilton, (1939) 1. K. B. 509 (511—9). HALSBURY's Laws, XXVIII Nr. 87 ff.; CLERK-LINDSELL, Nr. 805; WINFIELD, S. 26 ff. (38, 39).

157 L. J. PORTER in Caswell v. Powell etc. Ltd., (1940) A. C. 152 (186); HALSBURY's Laws, XXVIII Nr. 807 ff.; CLERK-LINDSELL, Nr. 807; CHARLESWORTH, Nr. 1116; WINFIELD, S. 507 ff.

158 CLERK-LINDSELL, Nr. 807.

159 CLERK-LINDSELL, Nr. 808; WINFIELD, S. 511 ff.; JAMES, S. 152 f.

trifft sowohl Sachschäden als auch Schädigung durch Tötung oder Körperverletzung[160]. Der „Contributory Negligence Act“ findet nur dann Anwendung, wenn die Schädigung durch „negligence, breach of Statutory duty, nuisance and trespass“ verursacht wurde. D. h., daß eine vorsätzliche Handlung des Transporteurs oder des geschädigten Passagiers selbst nicht unter den Bereich dieses Gesetzes fällt. Die Folgen einer vorzüglichen Schädigung hat der Schädiger unabhängig vom Verschulden des Geschädigten zu vertreten[161].

Die Schadensersatzpflicht des Transporteurs kann je nach dem Maße der Mitverantwortlichkeit des Passagiers überhaupt wegfallen oder gemindert sein. Maßgebend für den Richter ist in erster Linie der Grad der beiderseitigen Ursächlichkeit[162]. Es handelt sich also um eine Zurechnung der Tatfolgen, bei der die Gefährlichkeit einer Seereise und der typische Charakter von Passagierschäden im Vordergrund stehen[163].

Die Beweislast der „contributory negligence“ des Passagiers bei der Verursachung des Schadens obliegt dem Transporteur[164].

F. DIE BEWEISLAST

Dem Transporteur obliegt es zu beweisen, daß „all proper care and skill was used“[165], um dem Passagier eine vertragsmäßige und verkehrssichere Beförderung zu gewähren[166]. Wenn der Passagier ein Verschulden des Transporteurs behauptet, so hat er den Beweis dafür zu führen[167]. Behauptet er aber, daß etwas geschehen ist, was nach dem Vertrag oder dem gegebenen Recht („statutory law“) nicht geschehen sollte, und entsprechen die Tatsachen seinem Vertrag, so ist nach dem Grundsatz „res ipsa loquitur“ die „negligence“ des Transporteurs nach erstem Anschein bewiesen[168]. Die Beweislast bleibt im Falle einer unbekannten Ursache des Unglücks auf seiten des Passagiers, wenn der Transporteur in der Lage ist, zu beweisen, daß er „all resonable care“ ausgeübt hat[169]. Der

---

160 Clerk-Lindsell, Nr. 808 Anm. 29.

161 Clerk-Lindsell, Nr. 809.

162 Brookes v. London Passenger Transport Board, (1947) All. E. R. 506; Clerk-Lindsell, Nr. 810; Charlesworth, Nr. 1121.

163 Halsbury's Laws, XXVIII Nr. 97; Clerk-Lindsell, Nr. 811 f. (818).

164 Clerk-Lindsell, Nr. 826; Charlesworth, Nr. 94.

165 Halsbury's Laws, IV Nr. 447.

166 Holsten v. London and South Western Ry. Co., (1885) 8 Digest 76, 525.

167 Olivere v. Gunard S. N. Co. Ltd., (1961) 1 Lloyds Rep. 290, Q. B.; James, S. 156 f.; Clerk-Lindsell, Nr. 791; Charlesworth, Nr. 91.

168 Burns v. North British Rail Co., (1914) zit.; James, S. 156; Charlesworth, Nr. 112 ff.; Clerk-Lindsell, Nr. 792, 795 f.

169 Halsbury's Laws, IV Nr. 451.

verletzte Passagier, der den Transporteur wegen „negligence" auf Schadensersatz in Anspruch nimmt, muß außer dem Bestehen einer Sorgfaltspflicht auch beweisen, daß sich der Transporteur oder seine Verrichtungsgehilfen anders als „reasonable man" verhielten. Mit *„reasonable man"* ist eine Durchschnittsperson gemeint, die in einer sozial-ethisch zu billigenden Weise handelt[170]. Eine Freizeichnung des Transporteurs von seiner Haftung für Zufall oder höhere Gewalt, die immerhin den „contract tickets" vorhanden ist, dient heute sowohl zur Umkehrung der Beweislast zu Lasten des Passagiers als auch zur Enthaftung des Transporteurs aus seiner Kausalhaftung hinsichtlich des registrierten Reisegutes. Um den Tatbestand einer *„act of God"* anzunehmen, ist erforderlich, daß die Schäden durch ein solches direktes heftiges, plötzliches und unwiderstehliches Naturereignis eingetreten sind, welches nicht vorhergesehen werden konnte oder, wenn es auch vorherzusehen war, nicht abgewendet werden konnte[171].

G. DIE ANSPRÜCHE DES PASSAGIERS GEGEN DAS DRITTE SCHIFF IM FALL EINES SCHIFFSZUSAMMENSTOSSES

Die Ansprüche des Passagiers gegen ein drittes Schiff, welches einen Zusammenstoß verursacht hat oder welches an einem solchen Unfall mitschuldig ist, werden vom Sec. 2 der Maritime Conventions Acts 1911[172] geregelt. Die Haftung beider Schiffe im Falle eines von beiden Seiten verschuldeten Schiffszusammenstoßes ist solidarisch. Demnach ist der Passagier berechtigt, wenn kein Mitverschulden oder keine Mitverursachung, welche seine Rechte beschränken oder vernichten könnte, vorliegt, eines von beiden Schiffen zu verklagen. Ein Mitverschulden des Schiffes, auf dem der Passagier gefahren ist, wird in bezug auf die Ansprüche des Passagiers gegen das andere Schiff nicht als Mitverschulden des Passagiers angesehen[173].

---

170 Stoll, S. 173; vgl. Blyth v. Birmingham Waterworkes Co., (1856) II Exch. 781 (784); auch die Verletzung der Pflicht, das Schiff in einem seetüchtigen Zustand zu halten, findet eine prima facie Beweis für die „negligence" des Transporteurs. Halsbury's Laws, IV Nr. 446—447.

171 Nugent v. Smith, (1875) 45 L. J. Q. B. 697 = 34 L. T. 827 = 25 W. R. 117; vgl. Halsbury's Laws, IV Nr. 384.

172 Eintrittsgesetz Englands zum JÜZ (1910); vgl. Temperley, S. 564.

173 The City of Manchester, (1880) 5. P. D. 231; The Bernina, (1888) zit.; Duckworth, S. 51; Halsbury's Laws, XXXV Nr. 776; Carver, 3 § 1531.

§ 6: Die Ansprüche von Hinterbliebenen beim Todesfall des Passagiers

A. DIE RECHTSGRUNDLAGE DER VERANTWORTLICHKEIT

Nach „common law“ existiert keine zivilrechtliche Haftung für die Tötung einer Person durch eine schuldhafte Handlung einer anderen Person. Dagegen gelten im englischen Recht die Grundsätze „actio poenalis moritur cum persona“ und „in a civil court the death of a human cannot be complained of as an injury“. Auf Grund dieser beiden Regeln können nach dem Tode einer Person weder die Strafprozesse gegen diese Person noch seine bürgerlichrechtlichen Klagen gegen eine andere Person weitergeführt werden, noch haben die Nachkommen dieser Person bürgerlichrechtliche Ansprüche gegen die Person, die den Tod des Umgekommenen verursacht hat[174].
Seit 1846 ist durch die Fatal Accident Acts[175] einigen Nachkommen einer wegen „negligence“ umgekommenen Person eine Klage auf Schadensersatz zugebilligt worden. Die Fatal Accident Acts betreffen Ansprüche der Nachkommen aus jeder Art fahrlässiger Tötung und sind nicht speziell für die Verkehrsunfälle erschienen. Mit einigen Unterschieden wurden die Fatal Accident Acts in bezug auf den Luftpersonenverkehr in dem Carriage by Air Act 1932 übernommen. Hinsichtlich der Passagierbeförderung auf See gelten aber die Grundsätze der Fatal Accident Acts vollständig. Die Klage der Nachkommen des Passagiers ist unter den Fatal Accident Acts eine „actio in personam“ und wird nicht mit einem Schiffsgläubigerrecht gesichert. Sie beruht auf einer vorsätzlichen Handlung oder auf „negligence“ des Transporteurs oder von Personen, deren schadensstiftende Handlungen er zu vertreten hat, unabhängig davon, ob diese Handlung ein „breach of the contract“ oder eine unerlaubte Handlung ist[176].

B. DIE VORAUSSETZUNGEN DER VERANTWORTLICHKEIT IM BEREICH DER FATAL ACCIDENT ACTS

Die Nachkommen des Passagiers haben gegen den Transporteur einen Schadensersatzanspruch nur, wenn die Tötung des Passagiers ihnen einen Schaden verursacht hat. Dieser Anspruch ist unabhängig von den

[174] The America, (1917) A. C. 38 = 11 L. T. 428; 12 Asp. M. L. C. 478, C. A.; MUNKMAN, S. 1 ff.; MAYNE-MCGREGOR, Nr. 801 ff.; CARVER, 3 § 1539; HALSBURY's Laws, XVIII, Nr. 30 ff.
[175] Fatal Accident Act 1846 bekannt als Lord Campbell's Act, modifiziert von den Fatal Accident Acts 1864; 1959; vgl. MUNKMAN, S. 95.
[176] The Bernina, 5 Asp. M. L. C. 577 (579) zit.

Schadensersatzansprüchen des umgekommenen Passagiers[177]. Die Ursache dieses Anspruches ist nach Lord Blackburn[178] „new in its species, new in its quality, new in its principle, in every way new".

Dieser Anspruch steht den Erben des umgekommenen Passagiers nur dann zu, wenn der Passagier gegen den Transporteur ein Klagerecht aus der Tat, die seinen Tod verursacht hat, herleiten konnte. Beruht dagegen der Tod des Passagiers auf einer Ursache, die der Transporteur nicht zu vertreten hat, so ist er auch gegenüber den Erben des Passgiers nicht haftbar[179]. Hätte der Passagier weiterhin keinen Schadensersatzanspruch gegen den Transporteur gehabt, weil er die Freizeichnungsklausel des Transporteurs akzeptiert hat oder weil er diesen Anspruch wegen Verjährung nicht mehr geltend machen konnte, so wird auch die Klage der Erben dieses Passagiers von dem Gericht zurückgewiesen[180].

Als entscheidender Zeitpunkt für die Entstehung der Ansprüche der Erben des Passagiers gilt die Zeit seines Todes und nicht der Zeitpunkt des Unfalles.

C. DIE SCHADENSERSATZBERECHTIGTEN

Im Bereich des Fatal Accident Act von 1846 waren nur der überlebende Ehegatte, die Eltern und die Kinder des Verstobenen zum Schadensersatz berechtigt. Durch den Fatal Accident Act von 1959[181] wurden solche Klagen auch anderen Verwandten gegeben, die einen direkten Schaden durch den Tod des Passagiers nachweisen können. Durch die Fatal Accident Acts werden nur Personen geschützt, die einen ständigen Wohnsitz in Großbritannien haben. Ein englischer Transporteur oder ein englisches Schiff ist aber auch im Falle eines Zusammenstoßes auf hoher See nach den Bestimmungen des Fatal Accident Acts wegen tödlicher Verletzung eines Passagiers verantwortlich[182].

---

177 Halsbury's Laws, XXVIII Nr. 31.

178 The Vera Cruz, (1884) 10. Asp. M. L. C. 59 = 1 Digest 34, 205.

179 Fatal Accident Act, 1959, Sec. 1; Grein v. Imperial Airway Ltd., (1946) 2 All. E. R. 1258; Numan v. Southern Ry. Co., (1924) 1 K. B. 223 = 36 Digest 135, 896; Read v. The Great Eastern Ry. Co., (1912) 28 L. T. 82 = 3 L. R. Q. B. 555, Q. B.; Carver, 3 § 1538.

180 Numan v. Southern, zit.

181 Mit Geltung vom 29. XII. 1959; Halsbury's Laws, XXVIII, S. 37; Munkman, S. 98 f.

182 Davidson v. Hill, (1901) 2 K. B. 606; Halsbury's Laws, XXVIII S. 37; C. A. Aix, 23, 12, 1899, R. I. D. M. XV, 42.

D. DER UMFANG DER ENTSCHÄDIGUNG

Nach den Fatal Accident Acts werden nur Schäden vorgesehen, die den Berechtigten nicht treffen würden, wenn der Tod des Passagiers nicht auf eine Ursache zurückzuführen sein würde, die der Transporteur zu vertreten hat[183]. Die Entschädigung wird auf verwandtschaftliche Beziehungen beschränkt (Verpflegungsansprüche) und deckt keine beruflichen Kontakte zwischen dem Verstorbenen und dem Kläger. Es werden allerdings nur direkte materielle Schäden berücksichtigt[184]. Schmerzensgeld wird dagegen unter den Fatal Accident Acts nicht gewährt. Zu der Entschädigungssumme werden Sozialversicherung, Renten und Pensionen und die Lebensversicherung, welche der Anspruchserhebende infolge des Todes des Passagiers berechtigterweise zu erhalten hat, nicht gerechnet[185].

E. DIE SCHADENSERSATZPFLICHT UNTER DEM LAW REFORM ACT 1934

Im Rahmen der Fatal Accident Acts können Ansprüche des getöteten Passagiers nicht von seinen Erben gegen den Transporteur geltend gemacht werden. Auch nach „common law“ gehen die Ansprüche des Umgekommenen gegen den Schädiger nicht über. Unter diesen Umständen wurde aber allmählich von der Rechtsprechung und dem Schrifttum anerkannt, daß es dem Schädiger „cheaper to kill than to main“ sei[186]. Diese Ungerechtigkeit hat der Law Reform Act von 1934 (Miscelaneous Provisions) aufgehoben[187]. Dies Gesetz führt keinen neuen Anspruch der Erben des Umgekommenen ein, sondern berechtigt diese Personen, die Ansprüche des Umgekommenen selbst gegen den Schädiger auszuüben[188]. Der Anspruch muß der getöteten Person zugestanden haben. Als Zeitpunkt der Entstehung des Anspruchs wird der Zeitpunkt des Unfalls betrachtet[189].

---

[183] KEMP-KEMP, II S. 3 ff.; MUNKMAN, S. 111 ff.; HALSBURY's Laws, XXVIII Nr. 110.

[184] Burgers v. Florence Nightingale Hospital ..., (1955) 1 Q. B. 349 = (1955) 1 All. E. R. 511; Blake v. Middland Ry. Co., (1852) 18 Q. B. 93; HALSBURY's Laws, XXVIII Nr. 111; MUNKMAN, S. 100.

[185] MUNKMAN, S. 115 ff.

[186] HALSBURY's Laws, XXVIII S. 34 f.

[187] Law Reform (Miscelaneous Provisions) Act 1934; KEMP-KEMP, II S. 9 f.

[188] Sec. 1 „... Subject to the provisions on the death of any person ... after the commencement of this Act all causes of action subsisting against or vested in him shall survive against, or, as the care may be, for the benefit of his estate...“; vgl. MUNKMAN, S. 119; CARVER, 3 § 1539.

[189] Rose v. Ford, (1937) A. C. 826 = H. L. (838) = 1937, 3 All. E. R. 359 (365); Morgow v. Scoulding, (1938) 1 K. B. 786 = (1938) 1 All. E. R. 28.

Die nach dem Law Reform Act geführte Klage der Erben ist genau diejenige des verstorbenen Passagiers und soll von der Klage auf Schadensersatz nach den Fatal Accident Acts scharf unterschieden werden. Deshalb gilt der Satz „res judicata" nicht, wenn der Erbe des Passagiers, der nach dem Law Reform Act Schadensersatzansprüche gegen den Transporteur erhebt, mit seiner Klage auf Schadensersatz nach dem Fatal Accident Act zurückgewiesen wurde. Im Bereich des Law Reform Act betrifft die Entschädigung nur Schäden des Passagiers, welche durch dieses Statut auf den Erben übergehen. So ist z. B. Schadensersatz für Schmerzen und Leiden der getöteten Person, Verlust einer Hand, Verlust von Reisegepäck oder sonstigem Vermögen zu gewähren[190].

F. DIE BEWEISLAST

Unter beiden Statuten haben die Erben des umgekommenen Passagiers zu beweisen, daß

a) der Umgekommene einen PassV. mit dem Transporteur abgeschlossen hat und daß der Unfall, der den Tod des Passagiers verursacht hat, während der Ausführung des PassV. stattgefunden hat. Für die Eigenschaft des Passagiers genügt zu beweisen, daß der Umgekommene in der Passagierliste des Schiffes, die dem „officer of custom" abgeliefert wird, eingeschrieben war[191];
b) der Umgekommene zu dem Schadensersatzansprüche Erhebenden in einem von den Statuten vorgeschriebenen Verwandtschaftsgrad stand;
c) die Handlung, die den Tod des Passagiers verursacht hat, auf eine Person zurückzuführen ist, deren Verschulden der Transporteur zu vertreten hat;
d) der Tod des Passagiers aus einer vorsätzlichen oder fahrlässigen Handlung einer solchen Person verursacht wurde;
e) bei Klagen unter den Fatal Accident Acts, daß die Tötung des Passagiers dem Anspruchserhebenden einen Schaden verursacht hat, und bei Klagen unter dem Law Reform Act 1934, daß in der Person des umgekommenen Passagiers ein Schaden entstanden ist.

Der Transporteur hat dagegen zu beweisen, daß diese Ansprüche wegen Akzeptierung der Freizeichnungsklausel dem Passagier niemals zugestanden haben und daß sie entweder in der Person des Passagiers oder der Anspruchserhebenden verjährt sind.

---

[190] Marginson v. Blackburn Borouth Council, (1939) 2 K. B. 359 (365); Morgow v. Scoulding, (1938) 1 K. B. 786 = (1938) 1 All. E. R. 273; Bishop v. Cunard White Star Co. Ltd., (1950) P. 240 (247) = (1950) 2 All. E. R. 22 (25, 26); Duckworth, S. 52; Halsbury's Laws, XXVIII S. 100.

[191] Vgl. M. S. A. 1894, Sec. 507.

G. DIE RECHTSWIRKSAMKEIT DER FREIZEICHNUNGSKLAUSELN GEGEN HINTERBLIEBENE DES PASSAGIERS

Weder die Fatal Accident Acts noch der Law Reform Act von 1934 finden Anwendung, wenn der Passagier die Freizeichnungsklausel des Transporteurs akzeptiert hat und dadurch auf seine Ansprüche gegen den Transporteur verzichtet hat. Die Erben des Passagiers können nicht ein Recht ausüben, welches der Umgekommene selbst nicht hatte oder sie können gegen den Transporteur keinen Anspruch erheben, wenn der Passagier selbst keinen Anspruch erheben konnte[192]. Hat der Passagier die Freizeichnungsklausel des Transporteurs akzeptiert, so sind dadurch die Erben an ihren beiden Klagen gehindert[193]. Dagegen wird der Schadensersatzbetrag nicht gemindert, wenn der Transporteur gegenüber dem Passagier seine Haftung vertraglich beschränkt hatte. In diesem Fall hat der Passagier sein Recht auf Schadensersatz behalten. Die Akzeptierung eines beschränkten Entschädigungsbetrages trifft nur ihn und wirkt nur auf die Klage des Erben, die auf den Schadensersatzansprüchen des Passagiers selbst beruht. Eine solche Beschränkung der Ansprüche des Passagiers kann aber keinen Einfluß auf die Klage der Erben nach dem Fatal Accident Acts haben, weil in diesem Fall die Ansprüche der Erben gegen den Transporteur erst in seiner Person entstanden sind und dem Passagier niemals zugestanden haben[194].

Liegt aber ein Mitverschulden des Passagiers bei der Verursachung einer Tötung vor, so werden dem Grade dieses Verschuldens gemäß sowohl die Ansprüche der Erben nach dem Fatal Accident Act als auch die nach dem Law Reform Act von 1945 gemindert[195]. Eine gewisse Beschränkung der Geltung der Freizeichnungsklauseln gegenüber den Hinterbliebenen des Passagiers wird durch die enge Auslegung der einzelnen Klauseln versucht. So wurde entschieden, daß in einer Freizeichnungsklausel die Worte „loss or damage“ keine Freizeichnung wegen „personal injuries“ und insbesondere keine Befreiung des Transporteurs von „personal injuries resulting death“[196] enthalten. Im Gegenteil wurde im

[192] Haigh v. Royal Mail Steam Packet Co. Ltd., (1883) 52 L. J. Q. B. 640, C. A.; The Stella, (1899) 9 Asp. M. L. C. = 1900 P. 161 = 82 L. T. 390 = 41 Digest 667, 4987.

[193] Vgl. Grein v. Imperial Airways Ltd., (1936) 2 All. E. R. 1258 ff. zit.; DUCKWORTH, S. 52; CARVER, 3 § 1497.

[194] Nunan v. Southern Ry. Co., (1924 zit.; HALSBURY's Laws, XXVIII Nr. 36.

[195] Vgl. Law Reform (Contributory Negligence) Act 1945, Sec. 1.

[196] Smith and others v. Brown and others, 2 Asp. M. L. C. 56 = 24 L. T. 808 = L. R. 6 Q. B. 729; The Franconia, 3 Asp. M. L. C. 415 ff.; (435) = 36 L. T. 445, 640 = 2 P. Div. 163.

Falle Haigh and others v. Royal Hail Steamship Co.[197] entschieden, als ein Passagier während eines Schiffszusammenstoßes tödlich verunglückt war und der „contract ticket" den Transporteur aus seiner Haftung „for any loss or damage arising from the peril of the sea or from any neglect or default what so ever of the pilot, master or mariner" freizeichnete, daß die Freizeichnung wirkungsvoll war, und daß sie auch eine Verletzung mit tödlichem Ausgang des Passagiers betraf[198].

§ 7: Die gesetzlichen Haftungsbeschränkungen

A. DAS BESCHRÄNKUNGSSYSTEM

Nach dem geltenden englischen Summenhaftungssystem[199] wird die Haftung des Schiffseigentümers auf eine angemessene Summe beschränkt, so daß er selbst unabhängig von der Haftung des Schiffes einen beschränkten Betrag schuldet. Die beschränkte Haftung des Schiffseigentümers ist im englischen Recht grundsätzlich eine persönliche und keine dingliche Haftung. Jedoch sind einige Ansprüche mit Pfandrechten am Schiff und an der Fracht gesichert. Der Schiffseigentümer ist nach diesem System befugt, seine Haftung sowohl wegen Ansprüche aus Gepäckschäden, als auch aus Personenschäden zu beschränken.

a) Die Beschränkung der Haftung bei Gepäckschäden

Entstanden dem Passagier nach dem M.S.A. 1894 lediglich Gepäckschäden, so haftete der Transporteur mit £ 8.—.— je Tonne des Raumgehaltes des Schiffes. Entstanden dagegen neben den Gepäckschäden auch Personenschäden, so haftete der Transporteur auch für die Gepäckschäden mit einer Summe von £ 15.—.— je Tonne des Raumgehaltes des Schiffes. Nach dem M.S.A. 1958 (Abs. 1 b) haftet der Transporteur für Gepäckschäden mit 10 000 Goldfranken je Tonne des Schiffes, wenn nur Gepäckschäden geltend gemacht werden.

b) Die Beschränkung der Haftung bei Personenschäden

Bis 1958 haftete der Transporteur mit £ 15.—.— je Tonne des Raumgehaltes des Schiffes, wenn lediglich Personenschäden oder auch Sachschäden entstanden waren (Sec. 503 M.S.A. 1894 a.E.). Im letzteren

---

[197] (1883) 52 L. T. K. B. 64 D. = 1883 Asp. M. L. C. 189 = 52 L. J. Q. B. 640 = 49 L. T. 802 = 48 J. P. 230 = 41 Dig. 667, 4984.

[198] CHORLEY-GILES, S. 58.

[199] M. S. A. 1894, Sec. 503 ff., teils geändert durch M. S. (Liability of Shipowners and others) Act 1958; siehe SOTIROPOULOS BRH, S. 112 ff. m. w. N.

Fall waren von den £ 15.—.— die £ 7.—.— für die Befriedigung der Ansprüche wegen Personenschäden bestimmt. Die übrigen £ 8.—.— waren an Gläubigern von Personenschäden und Gläubigern von Sachschäden gleichmäßig zu verteilen.

Nach dem M. S. A. 1958 haftet der Transporteur mit 3100 Goldfranken für Personenschäden, wenn sowohl Gepäckschäden als auch Personenschäden geltend gemacht werden (Sec. 1 a). Außerdem wurde für Personenschäden eine rechnerische Mindesttonnage von 300 t zugrunde gelegt (Sec. 1 Abs. 1). Darüber hinaus werden alle Ansprüche des Passagiers gleichmäßig befriedigt. Der Transporteur muß jedes Mal, d. h. bei jedem „Haftungsunfall" derselben „Haftungsreise", eine neue Haftungssumme entrichten (Sec 8 Abs. 2)[200].

B. PERSONEN, FÜR WELCHE DIE BESCHRÄNKUNG DER HAFTUNG GILT

Die Beschränkung der Haftung bezieht sich grundsätzlich auf den Eigentümer des Schiffes (shipowner). Jedoch wird sie auf den Ausrüster („owner pro tempore") ausgedehnt. Für die Eigenschaft des Ausrüsters ist im englischen Recht wichtig, ob er die Kontrolle über das Schiff übernimmt. Dabei ist entscheidend, ob der Kapitän und die Schiffsbesatzung Angestellte des Ausrüsters oder des Schiffseigentümers sind.

Der M. S. A. 1958 (Sec. 3 Abs. 1) hat die Haftungsbeschränkungen auch auf alle Charterer, Mieter und den Korrespondenzreeder ausgedehnt. Nach dieser Vorschrift kommt die Beschränkung allen Charterern und allen Personen, die am Schiff beteiligt oder in dessen Besitz sind und insbesondere jedem Korrespondenzreeder oder Verwender des Schiffes zugute[201].

C. VERBINDLICHKEITEN, FÜR WELCHE DIE BESCHRÄNKUNG DER HAFTUNG GILT

Die Beschränkung der Haftung des Transporteurs nach dem System des M. S. A. 1958 tritt in bezug auf die Passagierbeförderung bei folgenden Verbindlichkeiten ein:

1. wegen Verletzung oder Tötung von Passagieren[202]. Die Beschränkung umfaßt auch Ansprüche der Hinterbliebenen im Falle einer Tötung des Passagiers[203];

---

[200] Sotiropoulos BRH, S. 134 f.; Hurd, S. 58 ff.; Marsden, S. 829 ff.; Temperley, 338 f.; Roscoe, S. 233; Carver, 3 § 209 ff.

[201] Chorley-Giles, S. 97 ff.; Carver, 3 § 209; Sotiropoulos BRH, S. 154 ff.

[202] M. S. A. 1894, Sec. 503 Abs. 1 Satz a; M. S. A. 1958, Sec. 2, Abs. 4.

[203] The Hildina, (1957) 2 All. E. R. 247; Marsden, S. 196, 128 ff.

2. bei Beschränkung oder Verlust des an Bord gebrachten Reisegutes. Es wird damit sowohl übernommenes Reisegut als auch Handegepäck gemeint[204];
3. wegen Ansprüche der Passagiere gegen ein anderes Schiff im Falle einer fehlerhaften Navigation dieses Schiffes[205].

Die Beschränkung der Haftung des Transporteurs ist weiterhin nur dann möglich, wenn die dargestellten Verbindlichkeiten auf ein Verschulden des Kapitäns oder der übrigen Hilfspersonen des Transporteurs zurückzuführen sind.

Nach dem M.S.A. 1958 (Sec. 3 Abs. 2) wird die Haftung des Schädigers selbst, d. h. des schuldigen Kapitäns, Lotsen oder Besatzungsmitgliedes, auch für persönliches Verschulden, in gleicher Weise wie die Haftung des Reeders beschränkt.

D. VERBINDLICHKEITEN, FÜR WELCHE DER TRANSPORTEUR UNBESCHRÄNKT HAFTET

Der Transporteur haftet unbeschränkt wegen Schäden, an deren Herbeiführung er durch persönliches Verschulden mitgewirkt hat („actual fault or privity"). Der Begriff „fault" bedeutet Verschulden im allgemeinen und schließt sowohl Vorsatz als auch Fahrlässigkeit des Transporteurs ein. Mit „privity" wird schuldhaftes Nichtwissen, Mitwirken oder Unterlassen des Transporteurs gemeint[206].

Nach Sec. 508 des M.S.A. 1894 haftete der Transporteur, der zugleich Kapitän oder sonst ein Besatzungsmitglied des Schiffes war, für sein eigenes Verschulden, das er in seiner Eigenschaft als Besatzungsmitglied begangen hatte, unbeschränkt. Diese Regelung wurde von dem Sec. 3 Abs. 2 des M.S.A. 1958 geändert und dem Übereinkommen von 1957 angepaßt.

Das Verschulden einer „managing authority" der Direktion wird im Falle einer Transportgesellschaft als persönliches Verschulden des Transporteurs angesehen. Diese Regel gilt aber nicht in bezug auf das Verschulden des „mariner superintendent" der Transportgesellschaft[207].

---

[204] M. S. A. 1894, Sec. 503 Abs. 1 Satz b.

[205] M. S. A. 1894, Sec. 503 Abs. 1 Satz c; M. S. A. 1958, Sec. 2 Abs. 1; vgl. MARSDEN, S. 193; SOTIROPOULOS BRH, S. 118.

[206] HALSBURY'S Laws, XXXV Nr. 777; MARSDEN, S. 187; MACLACHLAN, S. 96; TEMPERLEY, S. 334; CHORLEY-GILES, S. 45 f.; SOTIROPOULOS BRH, S. 122 f.

[207] Smitton v. Orient S. N. Co. zit.; vgl. CARVER, 3 § 205.

§ 8: Die Verjährung der Ansprüche aus dem Passagiervertrag

Nach „common law“ werden vertragliche Rechte durch Zeitablauf nicht berührt. Diese Rechte sind von dauerndem Charakter, es sei denn, ihre Dauer wird von der Natur des konkreten Vertrages oder durch vertragliche Vereinbarung beschränkt. Obwohl aber die Rechte selbst immer fortdauern, sind die Klagen, die aus ihrer Verletzung entstehen, durch verschiedene Gesetze auf einem bestimmten Zeitraum beschränkt[208].

Die Verjährung der Ansprüche aus dem PassV. ist bis jetzt von Spezialgesetzen nicht vorgesehen. Die Bef.B. sehen jedoch immer kurze Verjährungsfristen vor. Diese Fristen gelten als vertraglich vereinbart und sind von der Rechtsprechung für gültig erklärt worden[209].

Sind in dem konkreten PassV. keine Verjährungsklauseln enthalten, oder werden diese für „illegal“ erklärt, so kommen hinsichtlich der Klagen aus dem Passagiervertrag in erster Linie die Regeln des Limitation Acts von 1939 in Anwendung. Nach diesem Gesetz verjähren die Klagen aus vertraglichen Vereinbarungen in 6 Jahren nach der Entstehung des Klagegrundes[210].

Wird aber eine „actio in tort“ wegen Verletzung der Pflichten des Transporteurs erhoben, so verjährt diese nach dem Law Reform (Limitation of Actions) Act 1954 (Abs. 6) innerhalb von drei Jahren. Dieser Verjährung unterliegen alle Klagen aus „damages for negligence, nuisance or breach of duty ... consist of or include damages in respect of personal injuries ...“[211]. Auch die Klage der Erben des Passagiers unter dem Lord Campbells Act verjährt in drei Jahren. Die Frist läuft mit dem Zeitpunkt des Todes des Passagiers. Der Zeitpunkt der Verletzung des umgekommenen Passagiers hat für die Klage der Hinterbliebenen keine Bedeutung[212].

Die Ansprüche wegen Verletzung oder Tötung von Passagieren aus Schiffszusammenstoß, die auf Grund der Maritime Convention Acts (1911) Sec. 8 erhoben werden, verjähren zwei Jahre nach der Entstehung des Schadens. Dem Richter wird jedoch in besonderen Fällen das Recht vorbehalten, die Klage des Passagiers oder seiner Hinterbliebenen trotz der Verjährung zuzulassen[213].

---

[208] Chitty, I Nr. 1471 ff.; Chesshire-Fifoot, S. 521; James, S. 360 ff.

[209] Roscoe, S. 103.

[210] Halsbury's Laws, XXIV Nr. 380, 385 ff.; Anson, S. 490.

[211] Halsbury's Laws, XXIV Nr. 381.

[212] Vgl. Fatal Accident Act 1846, Sec. 3; Law Reform (Limitation of Actions) Act 1954, Sec. 3; British Columbia Electric Ry. Co. v. Gentile, (1914) A. C. 1034; Halsbury's Laws, XXVIII Nr. 33; Clerk-Lindsell, Nr. 525.

[213] Jones v. Oceanic St. N. Co. zit.

Viertes Kapitel

AMERIKANISCHES RECHT

§ 1: Die Entstehung des Passagiervertrages

A. DIE RECHTSQUELLEN

Auch in den Vereinigten Staaten fehlt eine gesetzliche Regelung des PassV. auf See. Das geltende Recht über die Beförderung von Passagieren auf See wurde in den Vereinigten Staaten durch die Rechtsprechung, die entweder das „general maritime law“ oder die geltenden Sitten und Gebräuche als Grundsätze annahm, allmählich entwickelt. Obwohl englischen Ursprungs, weicht dieses Recht in vielen wichtigen Punkten von dem englischen Recht der Passagierbeförderung ab. Die Ursachen der Abweichung sind teilweise in der Tendenz der amerikanischen Gerichte, nach dem Unabhängigkeitskrieg jeden englischen Einfluß auf das amerikanische Recht fernzuhalten und an seiner Stelle das ältere gemeinsame europäische Seerecht („general maritime law“) heranzuziehen, zu suchen[1]. Hinsichtlich des Rechts der Passagierbeförderung auf See liegt aber für die amerikanische Rechtsordnung ein besonderer Abweichungsgrund vor. Lange Zeit nach dem Unabhängigkeitskrieg und bis Mitte des 19. Jahrhunderts besaßen die Vereinigten Staaten eine für den Seeverkehr nicht ausreichende Passagierflotte, und die Passagierbeförderung erfolgte zum größten Teil mit englischen Passagierschiffen unter den Bedingungen und Grundsätzen des englischen Rechts[2]. Die amerikanischen Gerichte haben

---

[1] The City of Norwich, 1886, 118 U. S. 468 (490).

[2] Im Jahre 1847 eröffneten die Vereinigten Staaten ihren ersten überseeischen Linienverkehr. Im transatlantischen Verkehr führten die Flagge der Vereinigten Staaten im Jahre 1858 nur noch fünf Dampfer mit einer Gesamttonnage von 11 000 BRT gegenüber 31 europäischen Dampfern mit insgesamt 57 000 BRT. Im Jahre 1860 belief sich die Gesamttonnage der Vereinigten Staaten auf 4 558 100 BRT, davon 520 762 = 11,4 % Dampfer gegen eine Gesamttonnage Großbritanniens von 4 586 742 NRT, wovon 452 352 = 9,8 % Dampfer. Nur beim überseeischen Verkehr beschäftigte Großbritannien im selben Jahr eine Gesamttonnage von 3 082 047 NRT, davon 277 437 = 9 % Dampfer,

aber sehr früh zu der Freizeichnungsklausel der englischen Transporteure eine feindliche Stellung eingenommen. Diese Rechtsprechung, die ursprünglich den Schutz des amerikanischen Pasagiers gegen die Monopolstellung des englischen Transporteurs bezweckte, hat sich in diesem Recht so eingebürgert, daß sie heute noch die Grundhaltung der amerikanischen Rechtsordnung hinsichtlich der Passagierbeförderung auf See bildet und das amerikanische Recht dadurch von den kontinentalen Rechten im wesentlichen trennt[3]. Die Vergrößerung der amerikanischen Passagierflotte[4], die übrigens zum größten Teil dem Staat gehört, hat zu der Notwendigkeit geführt, über die wichtigsten Probleme der Passagierbeförderung auf See einige Gesetze zu verabschieden. Solche Gesetze sind unter anderem das Gesetz über das Auswanderungswesen[5], das Gesetz über Ansprüche wegen Tötung von Personen auf hoher See[6], das Gesetz über das Verbot der Freizeichnungsklauseln[7], das Gesetz über das Verbot der Vereinbarung über kürzere als die gesetzlichen Ausschlußfristen[8]. Auch das Gesetz über die Beschränkung der Haftung des Reeders[9] enthält eine Regelung über die Beschränkung der Ansprüche aus Personenschaden an Bord. Darüber hinaus ist nach Art. 3 § 2 der amerikanischen Verfassung den „Federal Courts“ außer ihrer rechtsprechenden auch gesetzgeberische Kompetenz in seerechtlichen Sachen verliehen. Diese Gerichte wenden dieselben Grundsätze an, die bei der Personenbeförderung zu Lande gelten, falls ein konkreter Rechtsgrundsatz nicht vorhanden ist, und es sich nicht um eine spezielle Verpflichtung des PassV. auf See handelt. Ergänzend greift schließlich zur Erfüllung der vertraglichen Lücken das „common law“[10] Platz.

---

während sich die amerikanische Tonnage auf 2 111 268 NRT, davon 58 377 = 2 % Dampfer, belief. Das Übergewicht Großbritanniens betrug also für den überseeischen Verkehr noch im Jahre 1860 900 000 NRT; MURKEN, S. 146 ff.; KEIL S. 73.

[3] Ältere Rechtsprechung der amerikanischen Gerichte siehe in C. J. 58 (Shipping) 871—1001. Über das Verbot der Freizeichnungsklauseln siehe C. J. S. 80, 197.

[4] Dennoch ist die Beteiligung der Ver. Staaten von Amerika in dem Passagiertransport noch sehr gering. Gegenüber 67 000 Passagierplätzen der englischen Flotte und 37 000 der französischen kann die amerikanische nur 23 000 Passagierplätze anbieten, vgl. Bericht der Statistik der Schiffahrt in I. S. F. 1963, 7.

[5] Passenger Act 1882, 46 U. S. Cod. § 151.

[6] Death on High Seas Act 1920, 46 U. S. Cod. § 761 ff. (zunächst Death Act).

[7] Limitations Act 1936, 46 U. S. Cod. § 183, Abs. b, R. S. § 4283 A.

[8] Time Limitations Act 1935, 46 U. S. Cod. § 183 Abs. b, R. S. § 4283 A.

[9] Limitations Act 1936, 46 U. S. Cod. § 193; R. S. § 4283.

[10] GILMORE-BLACK, S. 42; BENEDICT, I S. 71 ff.; CANFIELD-DALZELL, S. 81; vgl. C. J. S. 80 (Shipping), 174.

B. DIE GERICHTSBARKEIT

Auch nach amerikanischem Recht wird der PassV. als ein handelsrechtlicher Vertrag angesehen. Durch die Tatsache, daß das Mittel der vereinbarten Beförderung ein Schiff ist, wird der PassV. unter die Kategorie der „maritime contract" eingeordnet. Als *„maritime contract"* wird der PassV. nach den Grundsätzen des *„admiralty law"* ausgelegt, und daher werden alle Ansprüche aus Beziehungen (sowohl vertragliche als auch außervertragliche) zwischen Passagier und Transporteur den Admiralitätsgesetzen *(„admiralty jurisdiction")*, d. h. der Gerichtsbarkeit des Bundes, zugewiesen[11].

Sehr früh wurden die Klagen aus dem PassV. von der Gerichtsbarkeit der Gerichte des „common law" ausgenommen[12]. Das Recht der „Admiralty" entscheidet heute u. a. über die Gültigkeit des abgeschlossenen PassV., über die Pflichten des Transporteurs, über die Schadensersatzansprüche von Hinterbliebenen des Passagiers unter dem Death Act, und zwar ausschließlich[13], über die Schadensersatzpflicht des Transporteurs wegen Körperverletzung des Passagiers[14], über die Zulässigkeit der vertraglichen Beschränkung der Haftung des Transporteurs[15], über die Entschädigung des Passagiers wegen Verletzung des PassV., sei es gebrochen oder gar nicht erfüllt[16], und über die Gültigkeit der vertraglichen Haftungsbeschränkungen[17]. Auch die Bereicherungsklage gegen den Transporteur auf Rückgabe des bezahlten Fahrgeldes wegen eines abgeschlossenen, aber nicht ausgeführten PassV. wird nach dem „admiralty law" entschieden. Denn eine solche Bereicherung tritt als Ergebnis einer Vertragsverletzung auf[18].

---

[11] Detroit Trust Co. v. The Thomas Barlum, 2nd Cir. 1934, 68 F. 2d. 946 = 1934 A. M. C. 464; 293 U. S. 21 = 1934 A. M. C. 1417; The Moses Taylor, 1866, 71 U. S. 411; The Priscila, D. C. N. Y. 1901, 106 F. 799; The Minnetonka, C. C. A. 2nd. Cir. 1906, 146 F. 509; Atlantic Transport Co. v. Bames, 1906, 203 U. S. 581; vgl. BENEDICT, I S. 124, 136; EDELMAN, I S. 239; SPRAQUE-HEALY, S. 19 f.

[12] The Moses Taylor zit.; GILMORE-BLACK, S. 21; MORRISON-STUNBERG, S. 42.

[13] Chou v. Dau-American Airways Co. S. D. N. Y. 1941, 1941 A. M. C. 483; Romero v. International Terminal Operating Co., 1959, 38 U. S. 354; GILMORE-BLACK, S. 304.

[14] The Admiral Peoples, 1935, 295 U. S. 649; GILMORE-BLACK, S. 21.

[15] Jannson v. Swedish American Line, U. S. C. A. Cir. 1950, 185 F. 2 d. 212.

[16] City of Athens, 1956, 350 U. S. 532 = 1956 A. M. C. 742 ff. (743); BENEDICT, I S. 366 m. w. N.

[17] Mulvihill v. Furness Withy & Co. Ltd. S. D. N. Y. 1956, 136 F. Supp. 201 = 1956 A. M. C. 366; The Nellie B, S. D. Tex. 1960, 175 F. Supp. 846 = 1960 A. M. C. 1897.

[18] The City of Athens, zit.; vgl. contra das Urteil der D. C. in 1949, 83 F. Supp. 67; SPRAQUE-HEALY, S. 234 Anm. 27.

Die Admiralitätsgerichte sind sowohl für Klagen „in rem“ als auch „in personam“ zuständig. Jedoch wird die „admiralty jurisdiction“ nur für Klagen „in personam“ aus dem PassV. einstimmig angenommen. Für Klagen „in rem“ ist sie dagegen zweifelhaft[19]. Jedoch bleiben durch die sogenannte „saving clause“[20] den Vertragsparteien ihre „common law“-Klagen erhalten. Denn für die Klagen „in personam“ sind nicht nur die Admiralitätsgerichte, sondern daneben auch die Zivilgerichte („state courts“) zuständig.
Die Admiralitätsgerichte entscheiden im Gegensatz zu den anderen Zivilgerichten ohne Mitwirkung einer „jury“ und, weil die in den Gerichten der Staaten mitwirkenden „juries“ immer dazu geneigt sind, Personenschäden an Bord sehr hoch zu bemessen, versuchen die Passagiere meistens ihre Ansprüche von einem Zivilgericht entscheiden zu lassen, während die Transporteure, im Gegensatz dazu, die Admiralitätsgerichte vorziehen[21].
Klauseln, die den Kläger hindern, beim zuständigen Gericht Rechtsschutz zu suchen, verstoßen gegen die „public policy“[22]. Das Verbot betrifft auch die „arbitration clauses“, welche bei Passagierbeförderung früher für gültig gehalten wurden. Nach dem Gesetz vom 5. Juni 1936 werden diese Klauseln nicht mehr anerkannt[23].

C. DIE RECHTLICHE NATUR DES PASSAGIERVERTRAGES

Der PassV. wird nach amerikanischem Recht im Grunde dem Frachtvertrag gleichgestellt. Es liege kein Grund vor, behauptet Benedict[24], daß die Beförderung von Menschen und lebenden Tieren, die auch Güter seien, anderen Rechtsgrundsätzen als der Güterbeförderung unterliegen sollen. In allen Epochen seien Menschen und Güter unter den gleichen Beförderungsgrundsätzen über See befördert worden. So wie für die Güter- und Tierbeförderung, müsse auch für die Personenbeförderung auf See eine Fracht („freight“)[25] gezahlt werden. Alle Vereinbarungen über die Per-

---

[19] The Normannia, D. C. N. Y. 1894, 62 F. 469; Benedict, I S. 18, 22, 295; Gilmore-Black, S. 31, 510.

[20] Judiciary Act 1789, 28 U. S. Cod. § 1333 Sec. 9; Robinson, S. 22 ff.; Benedict, S. 34 ff.; Gilmore-Black, S. 22.

[21] Kunkel Admx. v. U. S., S. D. Cal. 1956, 140 F. Supp. 591 = 1956 A. M. C. 1195; Benedict, I S. 382; Sotiropoulos BRH, S. 161; über die Zuständigkeit der „juries“ siehe C. J. S. 80, 201.

[22] 46 U. S. C. § 183 Abs. c Sec. 2.

[23] Darüber siehe § 7; vgl. Benedict, IV S. 189.

[24] I S. 294—295.

[25] Das Wort „freight“ bedeutet nach älterer amerikanischer Rechtsprechung auch das von dem Passagier zu zahlende Fahrgeld, darüber The Main v. Williams, 1894, 152 U. S. 122; vgl. C. J. S. 80, 182.

sonenbeförderung auf See seien Frachtverträge, und jede Zahlung für eine solche Beförderung sei eine Fracht[26]. Diese Argumentation ist ein Ergebnis der Unterlegenheit des amerikanischen Rechts in Bezug auf theoretische Institutionen und seine Haltung gegen die Annahme von ausländischen Einflüssen. Ziel dieser Meinung ist, den Transporteur mit der Haftung des Verfrachters einstehen zu lassen. Da aber die führende Rechtsprechung die Haftung des Transporteurs von der Haftung des Verfrachters unterscheidet, ist diese Ansicht auch für das amerikanische Recht abzulehnen. Vielmehr ist der PassV. unter diesem Recht, welches allgemeine Grundsätze schwer bilden kann, als ein vom Frachtvertrag unabhängiger Transportvertrag anzusehen.

D. DIE VERTRAGSPARTEIEN

1. Der Transporteur

Die Unterscheidung zwischen „private" und „common carrier" kennt auch das amerikanische Recht. Der Transporteur auf See wird als „common" oder „public carrier" angesehen, wenn er sich freiwillig bereit erklärt, regelmäßig Passagiere auf See zu befördern[27].

2. Der Passagier

Nach amerikanischer Auffassung sind Passagiere jene Personen, welche für ihre eigene Beförderung und für die Beförderung ihres Reisegutes dem Transporteur ein Fahrgeld zahlen. Infolgedessen sind z. B. außer denjenigen, die mit dem Transporteur selbst oder durch einen Vertreter einen PassV. abschließen, auch Passagiere: der Zessionar einer Fahrkarte, welcher bereit ist, anstelle des Zedenten die Reise zu unternehmen, sowie ehemalige Mitglieder der Schiffsbesatzung oder Angestellte des Schiffsbetriebes, die nach ihrer Heimat von einem ausländischen Hafen aus, auf Kosten des Reeders, ihrem Heuervertrag entsprechend, transportiert werden[28]. Dagegen sind *nicht Passagiere* der Transporteur und seine Stellvertreter, der Kapitän des Schiffes und die Schiffsbesatzung im weiteren Sinne; die Angestellten des Reeders; die Angestellten des „Bare-Boat-Charterers", Gefälligkeitsgäste an Bord, welche keine direkte

[26] Todd Shipyards Corp. v. The City of Athens 1949, 83 F. Supp. 67 = 1949 A. M. C. 572; vgl. C. J. S. 80, 182 b 1; Benedict, I S. 284.

[27] C. J. S. 80, 174, 175.

[28] Carlin Constructors Co. v. Heaney, 1936, 198 U. S. 637 = 1936 A. M. C. 1677; La Bourgogne, 1907, 210 U. S. 95; The Main v. Williams zit.; Benedict, I S. 295; vgl. C. J. S. 80, 176.

oder indirekte Absicht auf Beförderung haben; der Schlepperdienst und die Schlepperbesatzung[29].

Die Entgeltlichkeit, auf Grund deren die Beförderung erfolgt, ist für die Eigenschaft des Passagiers wichtig. Dabei spielt es keine Rolle, ob der Passagier während seiner Einschiffung weder eine Fahrkarte gekauft hat, noch ob er das Fahrgeld schon bezahlt hat; es genügt, daß er diese Absicht hatte[30]. Aus diesem Grund sind ferner keine Passagiere die Angestellten eines Schiffseigentümers, der mit dem Transporteur einen Vertrag abschließt, auf Grund dessen der Transporteur verpflichtet wird, die Angestellten des Schiffseigentümers für Arbeitszwecke zu diesem Schiff zu bringen und wieder an Land zu befördern. Diese Angestellten sind im Verhältnis zu dem Transporteur keine Passagiere des Schiffes, sondern nur „invited", so daß der Schiffseigentümer aus eigenem Interesse dem Transporteur die Beförderungskosten zahlt[31].

§ 2: Der Abschluß des Passagiervertrages

A. ALLGEMEINES

Der PassV. ist entweder mit dem Transporteur selbst oder mit seinen „respective agents" abzuschließen. Die Agenten bedürfen eines Auftrages für den Abschluß gültiger Verträge. In Bezug auf die Bindung durch eine „notice" in der Fahrkarte ist ein Reisebüro Agent des Transporteurs und nicht des Passagiers. Der PassV. kann zwischen einer dritten Person und dem Transporteur zugunsten des Passagiers abgeschlossen werden. In diesem Fall sind aber Vereinbarungen und Bedingungen zwischen Dritten und dem Passagier für den Transporteur nicht bindend. Dagegen kommen spezielle Vereinbarungen zwischen Dritten und dem Transporteur sowie die Platzreservierung dem Passagier direkt zugute[32].

B. FORM

Der PassV. kann sowohl schriftlich als auch mündlich abgeschlossen werden. Die Pflichten der Parteien beruhen nicht auf einer schriftlichen

---

29 Arzt Supp. § 230, S. 24.

30 Mellquist v. The Vasco, D. C. Wash. 1892, 53 F. 564; Carlsen v. A. Palamidi Inc., C. C. A. Cal., 9th Cir. 1925, 5 F 2d. 387; vgl. C. J. S. 80, 176 b.

31 The Ross Coddington, D. C. N. Y. 1924, 40 F. 2d. 280, C. C. A. 1926, 6 F 2d. 181.

32 Maibrunn v. Hamburg American S. S. Co., C. C. A. N. Y. 2nd, Cir. 1935, 77 F 2d. 304, 1935 A. M. C. 832; vgl. C. J. Sec. 80, 182 (182 b 1).

Formalität, sondern auf der Tatsache, daß der Passagier zum Zwecke einer Beförderung auf See an Bord gelangt ist[33].

Für den Abschluß des PassV. ist ein Konsensus erforderlich. Die Tatsache allein, daß der Passagier das Fahrgeld entrichtet hat, bildet nicht unbedingt den Abschluß des PassV. Dennoch ist eine ausdrückliche Äußerung des Willens der Parteien für den Abschluß des PassV. nicht erforderlich. Es genügt, daß dieser Wille aus den Tatsachen zu entnehmen ist[34].

Nicht unbedingt bildet die Fahrkarte ein „contract ticket". Der PassV. kann auch formlos abgeschlossen sein. Die Abgabe einer Fahrkarte dient nur dem Beweis des Abschlusses des PassV., der Zahlung des Fahrgeldes und als Legitimationsschein für das Anbordgehen des Passagiers. Dies gilt besonders für Binnentransport und für kurze inländische Fahrten.

Dem englischen Beispiel folgend wird die Fahrkarte bei Ozeanreisen in ein „contract ticket" verwandelt. Eine solche Fahrkarte hat auf der Vorderseite ausdrücklich die Worte „Passenger's Contract Ticket" und enthält alle Bedingungen, unter denen der konkrete PassV. abgeschlossen wird. Rechte und Pflichten der Parteien werden ausschließlich aus diesen Bedingungen hergeleitet, sofern andere ausdrückliche Vereinbarungen nicht getroffen sind.

Ist nichts anderes bei dem Abschluß des PassV. vereinbart, so sind die Rechte des Passagiers aus dem Vertrag abtretbar. Die Abtretung erfolgt mit der Abgabe der Fahrkarte, ohne schriftlichen Transfervertrag[35].

C. DER ZEITPUNKT DES ABSCHLUSSES

Das Vertragsverhältnis zwischen Passagier und Transporteur tritt in Kraft, sobald eine Person „with bona fide intention of taking passage places himself in the care of the vessel or its employers and is accepted as a passenger"[36]. Für Personen, welche eine Fahrkarte zum Zwecke der Beförderung gekauft haben, sich jedoch noch nicht an Bord des Schiffes befinden, ist noch kein vollendetes Vertragsverhältnis begründet worden. In diesem Fall spricht die Rechtsprechung von einem Vorvertrag[37]. Für

[33] The City of Panama, 1879, 101 U. S. 453; BENEDICT, I S. 285; ROBINSON, S. 549.

[34] Simmons v. Oregon Ry. Co., S. C. Or. 1902, 69 P. 440; The City of Panama, zit. S. 463; Horwarth v. Cunard S. S. Co., E. D. N. Y. 1952, 103 F. Supp. 356 = 1952 A. M. C. 1270; ROBINSON, S. 549; vgl. C. J. Sec. 80, 176.

[35] The City of Panama, zit.; Horwarth v. Cunard S. S. Co., zit.; EDELMAN, S. 248; C. J. S. 80, 182, 182 b 1.

[36] C. J. S. 80, 176 b.

[37] Acker v. The City of Athens, C. A. Md. 1949, 177 F. 2d. 961; Todd Shipyards Corp. v. The City of Athens, zit.

das Inkrafttreten des PassV. wird aber nicht verlangt, daß der Passagier schon an Bord des Schiffes selbst ist. Der PassV. tritt vielmehr in sein Erfüllungsstadium, sobald der Passagier, nachdem er die Fahrkarte gekauft hat, seine Reise verwirklicht und sich in den Betriebsbereich des Transporteurs begibt[38]. Aus diesem Grunde wird eine Person, die mit einem Boot des Transporteurs zum Schiff befördert wird, als Passagier des Schiffes betrachtet. Dasselbe gilt für eine Person, die eine Fahrkarte gekauft hat und am Kai auf die Ankunft des Schiffes wartet, um an Bord dieses Schiffes zu gehen. Jedoch ist der Beginn und die Dauer der verschiedenen Vertragspflichten auf beiden Seiten sehr unterschiedlich. Auf jeden Fall beginnen die Rechte und Pflichten der Parteien stets mit dem Einsteigen des Passagiers an Bord[39].

D. DER ZWANG ZUM ABSCHLUSS DES PASSV.

Wie im englischen Recht, so wird auch nach amerikanischem Recht der „common carrier" oder das Schiff als „common carrier" verpflichtet, ohne Unterschied alle Personen, welche befördert werden wollen, zu befördern, es sei denn, es liegt für den Transporteur „some sufficient excuse" vor, dieser Person die Beförderung zu verweigern[40]. So kann der Transporteur nicht, ohne sich schuldig zu machen, einen Passagier, der sein Fahrgeld gezahlt hat und aller Regel nach auf das Schiff eingestiegen ist, von Bord vertreiben. Der Transporteur kann z. B. einem Verbrecher, der als Passagier sein Fahrgeld bezahlt hat und sich an Bord ordentlich benimmt, die Reise nicht verweigern. Ein Schiff, welches regelmäßig als „common carrier" für Passagiere bestimmt ist, wird weiterhin von seiner Verpflichtung, alle „proper" Passagiere zu befördern, nicht befreit, wenn in der konkreten Zeit das Schiff für einen Ausflug bestellt wurde[41].

Ein Grund, die Beförderung dem Passagier zu verweigern, ist, daß er wegen Krankheit nicht in der Lage ist, ohne ärztliche Hilfe die Reise zu unternehmen, während er eine gewöhnliche Fahrkarte zum regulären Preis gekauft hat, ohne den Transporteur auf seine Gesundheitslage

---

[38] White v. Seatle E. & T. N. Co., S. C. Wash. 1904, 78 Pac. 909.

[39] Robinson, S. 561 Fn. 203.

[40] Reasor v. Paducah etc. Ferry Co. C. A. Ky. 1913, 153 S. W. 222; Weade v. Dichmann, Wright and Pugh, 1949, 337 U. S. 801; Casteel v. American Airways, C. A. Ky, 1935, 88 S. W. 2d. 976; La Gascogne, S. D. N. Y. 1905, 135 F. 577; vgl. C. J. S. 80, 175; und Raiser, Freizeichnung u. Kontrahierungszwang in anglo-amerikan. Landfrachtrecht, in RabelsZ., 8, 17 ff. (28).

[41] Reasor v. Paducah, zit.; C. J. 58, 871 Fn. 52 c.

aufmerksam gemacht zu haben. Die Tatsache, daß nach den Statuten das Schiff einen Arzt haben muß, verändert das Recht des Transporteurs nicht, die Beförderung eines solchen Passagiers als gewöhnlichen Passagier zu verweigern[42].

E. DIE ÜBERNAHME DER BEF.B. IN DEN KONKRETEN PASSAGIERVERTRAG

1. Allgemeines

Der PassV. ist ein reiner Beitrittsvertrag, in dem der „give and take" Grundsatz völlig fehlt. Statt dessen begründet sich das Vertragsverhältnis auf einer „take-or-leave-it"-Basis, welche dem Passagier keine Diskussionsmöglichkeit überläßt. So beruhen die Rechtsbeziehungen aus dem PassV. auf den Bedingungen, unter denen er abgeschlossen wurde[43].

2. Bindung an die Beförderungsbedingungen

Die Bef.B. bilden einen wichtigen Teil des PassV. und der Passagier wird durch sie berechtigt und verpflichtet, unabhängig davon, ob er von ihnen eigentlich Kenntnis hatte oder nicht. Das gilt insbesondere für die Ankunft des Schiffes am Bestimmungsort, den Namen des Schiffes usw. Der Inhalt der Bef.B. wird im Zweifel eng und gegen den Transporteur ausgelegt. Bef.B., die die Freizeichnung oder die Beschränkung der Haftung des Transporteurs bezwecken, sind nicht ohne weiteres Teil des PassV. In Anlehnung an diesen hat die supreme Court seit 1897 entschieden, für die Bindung einer Beschränkungsklausel genüge nicht die Tatsache, daß sie auf dem Text des „contract-tickets" angegeben ist[44]. Es wird vielmehr verlangt, daß sie Teil des ganzen PassV. geworden ist. Sind die Bef.B. durch geeigneten Sichtvermerk auf der Fahrkarte Teil

---

[42] C. J. 58, 871 Fn. 52 a.

[43] Fricke v. Isbrandtsen Co. Inc. S. D. N. Y. 1957, 151 F. Supp. 465 = 1957 A. M. C. 2151; contra Siegelmann v. Cunard White Star Ltd., 1955, 221 F. 2d. 204 = 1955 A. M. C. 1691 ff. (1706); EHRENZWEIG, Adhesion Contracts in the Conflict of Laws, in (1953) 53 Col. L. R. 1072; KESSLER, Contracts of Adhesions, in (1943) 43 Col. L. R. 629 (695); vgl. C. J. Sec. 80, 182 b.

[44] Fricke v. Isbrandsen Co. Inc., zit.; Toohill v. Cunard White Star Co. S. D. N. Y. 1955, F. Supp. 128 = 1955 A. M. C. 600; Furr v. Societa Italiana, S. D. N. Y. 162 F. Supp. 645 = 1959 A. M. C. 725; Baron v. Co. Gen. Trans., C. C. A. N. 2nd Cir. 1939, 108 F. 2d 21 = 1940 A. M. C. 192; The Leviathan., C. C. A. N. Y. 2nd Cir. 1934, 72 F. 2nd 296 = 1934 A. M. C. 1106; vgl. C. J. Sec. 80, § 182.

des Vertrages geworden, sind sie bindend, unabhängig davon, ob sie von dem Passagier gelesen worden sind oder nicht. Das gilt insbesondere hinsichtlich der „time limitations" und der Freizeichnungen des Transporteurs von der Haftung für Gepäckschäden. Dafür ist erforderlich, daß diese Klauseln der Aufmerksamkeit des Passagiers nicht entgehen. Eine besondere Verpflichtung des Transporteurs zu „reasonable notice" hat das amerikanische Recht jedoch nicht herausgebildet[45].

Für die Verbindlichkeit der Bef.B. werden heute folgende Voraussetzungen verlangt:

a) Die Bef.B. müssen dem Passagier vor seiner Einschiffung zur Kenntnis gegeben werden, damit er die Zeit hat, sie durchzulesen[46].

b) Teil des PassV. bilden nicht nur diejenigen Bedingungen, welche auf dem „contract-ticket" geschrieben sind, sondern auch diejenigen, auf welche der „contract-ticket" verweist. Dasselbe gilt, wenn die Bef.B. auf der anderen Seite der Fahrkarte gedruckt sind. Fehlt eine solche Verweisung, so werden die Bef.B., die auf der Rückseite der Fahrkarte gedruckt sind, für ungültig erklärt, es sei denn, daß der Passagier von ihnen ausdrücklich in Kenntnis gesetzt wurde. Der bloße Hinweis auf der Vorderseite der Fahrkarte wird grundsätzlich nicht als Teil des PassV. angesehen und ist für den Passagier nicht bindend, falls in Wirklichkeit seine Aufmerksamkeit auf diese Verweisung nicht gelenkt wurde[47].

c) Damit die Bef.B. bindend sind, sollen sie sowohl von dem Transporteur oder von seinen Agenten handschriftlich unterschrieben sein. Die Unterschrift des Transporteurs soll „on the face of the ticket" und nicht am Rande erfolgen[48]. Die Unterschrift des Passagiers gilt als Beweis seiner Kenntnis und versagt ihm die Behauptung, daß der Transporteur ihn auf die Klausel nicht aufmerksam gemacht habe. Darüberhinaus ist sogar entschieden worden, die Unterschrift des Passagiers sei gar nicht notwendig und die Bef.B. seien gültig, nur wegen

---

[45] The City of Norfolk, D. C. Md. 1937, 13 F. Supp. 511 = 1937 A. M. C. 46; Rogers v. Furness, Wighty Co. D. C. N. Y. 1952, 103 F. Supp. 314 = 1952 A. M. C. 154; The Majestic, 1898, 166 U. S. 375; The Kungsholm, C. C. A. N. Y. 2nd Cir. 1936, 86 F. 2d 703 = 1937 A. M. C. 46; Bonassies, a. a. O., S. 204.

[46] The Majestic, zit.; The Leviathan, zit.; Baer v. North German Lloyd, C. C. A. 2nd Cir. 1935, 69 F. 2d 88 = 1935 A. M. C. 832; Baron v. Co. Gen. Trans., zit.

[47] Foster v. Cunard White Star Co., 2nd Cir. 1941, 121 F. 2d 12 = 1941 A. M. C. 1205; The Kungholm, zit.; Maibrunn v. Hamburg-America S. S. Co., zit.; Bellochio etc. v. Italia Flotte etc., C. C. A. 2nd Cir. 1936, 84 F. 2d 975.

[48] The Kungsholm, zit.; Foster v. Cunard White Star, zit.; Baron v. Co. Gen. Trans., zit.; Robinson, S. 561 Fn. 203.

der Tatsache, daß der Passagier die Fahrkarte übernimmt. Hat eine andere Person die Fahrkarte gekauft und akzeptiert, so gilt ihre Annahme und Kenntnis der Bef.B. als Kenntnis des Passagiers selbst[49].

d) Die bloße Tatsache, daß die Bedingungen in einer dem Passagier fremden und unbekannten Sprache abgefaßt sind, machen sie nicht weniger bindend[50]. Dennoch wird ein Passagier, der der englischen Sprache nicht mächtig ist, durch die Bef.B. nicht verpflichtet, wenn sie auf der Fahrkarte „in type which as almost microscopic and is obscured by other writing" geschrieben sind[51].

e) Eine Bestimmung auf der Fahrkarte, welche auf die rechtsgemäß veröffentlichten Tarife des Transporteurs verweist, wird als Teil des PassV. angesehen, und die in ihr enthaltenen Bedingungen werden für den Passagier bindend. Die im PassV. angegebenen Tarife sind ohne Wirkung, wenn sie von dem Passagier nicht als Teil der PassV. angenommen worden sind. Das gilt insbesondere, wenn bei der Veröffentlichung der Tarife nicht alle Voraussetzungen der Veröffentlichungsstatute berücksichtigt worden sind[52].

§ 3: Die Pflichten des Passagiers

A. DIE ZAHLUNGSPFLICHT

Die Zahlung des Fahrgeldes *(„passage money")* ist die Hauptpflicht des Passagiers. Grundsätzlich ist das Fahrgeld nur am Bestimmungsort fällig. Nach den seerechtlichen Sitten ist jedoch der Fahrpreis immer im voraus zu zahlen. Dem Passagier wird in der Praxis die Fahrkarte erst nach Bezahlung des Fahrpreises ausgehändigt.

Die Höhe des Fahrpreises richtet sich nach Dauer, Art und Klasse der Reise. Wird die Reise aus Verschulden des Transporteurs unterbrochen, so ist dieser nicht befugt, eine Zahlung „pro rata" zu verlangen, es sei denn, ein Distanzgeld war im PassV. vereinbart worden[53].

---

[49] Rogers v. Furness, etc. W. D. N. Y. 1951, 1952 A. M. C. 154; vgl. contra Azrak v. Panama Canal Co., S. D. N. Y. 1953, 1954 A. M. C. 713, entscheidend, daß die Unterschrift des Vertreters für den Passagier nur dann bindend ist, wenn er selbst die Bef.B. gelesen und akzeptiert hat.

[50] Fricke v. Isbrandsen Co., zit.; Osipuk v. Oceanic S. N. Co. C. C. A. 2nd Cir. 1933, 64 F. 2d 478.

[51] Meyer v. Zim Israel Na. Co., S. D. N. Y. 1959, A. M. C. 2489; Horvath v. Cunard S. S. Co., zit.; The Leviathan, zit.

[52] The Virginia, D. C. Md. 1920, 266 F. 437; Bass etc. v. Chicago, Duluth etc. Co., A. C. Ill., 1949, 89 N. E. 2d 430.

[53] Halpern v. American Export Lines, D. C. N. Y. 1952, A. M. C. 114; Toufexis v. General S. N. Co., S. D. N. Y. 1943, A. M. C. 89, S. C.; vgl. J. C. Sec. 80, 182.

B. DIE EINORDNUNGSPFLICHT, HILFELEISTUNG BEI NOTFÄLLEN

Das Verhältnis des Passagiers zum Schiff wird nicht als bloße Miete eines Schiffsraumes angesehen. Auch nach amerikanischem Recht wird angenommen, daß die von der übrigen Welt getrennte Schiffsgemeinschaft gegenseitiges Verständnis unter ihren Mitgliedern verlangt. Daher befindet sich der Passagier an Bord unter „a duty to exercise ordinary prudence"[54]. Der Passagier muß darauf eingestellt sein, sich unter die Herrschaft des Kapitäns zu stellen. Der Kapitän ist befugt, seine Schiffsgewalt auch gegen die Passagiere auszuüben. Er ist dennoch nicht befugt, gegen die Passagiere strengere Strafen als Verweise zu verhängen, ohne vorheriges Besprechen der Sache mit seinen Offizieren und Eintragen des Falles im Schiffsbuch.

Der Kapitän hat seine Schiffsgewalt rechtmäßig auszuüben. Jede ungerechte Bestrafung berechtigt den Passagier zum Schadensersatz[55]. In dringenden Fällen darf der Kapitän, nachdem alle anderen friedlichen Mittel nicht genützt haben, den Passagier in Arrest setzen. Vor dem Ansetzen dieser Strafe soll aber der Kapitän sich überzeugt haben, daß er sich nicht im Unrecht befindet[56].

Die Passagiere sind, gleich wie die Schiffsbesatzung, in Notfällen verpflichtet, für die Rettung des Schiffes sich einzusetzen, und für diesen Einsatz haben sie keinen Anspruch auf Rettungslohn. Trotzdem ist, wie im englischen Recht, entschieden worden, daß in außerordentlichen Fällen den Passagieren ein solcher Rettungslohn zusteht[57].

§ 4: Die Pflichten des Transporteurs

A. DIE BEFÖRDERUNGSPFLICHT

Wie in den kontinentalen Rechten und im englischen Recht enthält der PassV. für den Transporteur mindestens die Verpflichtung, den Passagier zum Bestimmungsort zu befördern. Jedoch hat der Passagier keinen Anspruch auf Schadensersatz, wenn vor der Abfahrt des Schiffes die Hafenbehörden die Einschiffung von Passagieren verbieten.

---

[54] The Western States, W. D. N. Y. 1907, 151 F. 929; Dumont v. American Export Lines, C. C. N. Y. 1954, 1955 A. M. C. 138; CANFIELD-DALZELL, S. 80.

[55] CANFIELD-DALZELL, S. 80.

[56] Ragland v. Norfolk etc. S. Co. E. D. Va. 1908, 163 F. 376; CANFIELD-DALZELL, S. 41 f.

[57] The Towle v. The Great Eastern, S. D. N. Y. 1864, 24 F. 75; Caudee v. Sixty-Eigth Bales Cotton, D. C. Ala.,1891, 48 F. 479; GILMORE-BLACK, S. 452; CANFIELD-DALZELL, S. 183.

Der Transporteur ist durch die Bef.B. befugt, vom Passagier zu verlangen, daß er eine bestimmte Zeit vor der Abfahrt des Schiffes seine Reiseabsicht bekannt gibt.

In der Regel ist der Transporteur verpflichtet, den Passagier direkt bis zur Kaianlage des Bestimmungshafens zu befördern. Von dieser Pflicht wird der Transporteur nur dann befreit, wenn entweder die Gewässer des Bestimmungshafens die Anfahrt des Schiffes nicht erlauben oder wenn ein Fall höherer Gewalt vorliegt. Treten solche Umstände nicht auf, so ist der Transporteur nicht befugt, am Bestimmungshafen vorbeizufahren und den Passagier in einem anderen Hafen auszuschiffen. Erlaubt aber das Wetter das Anlaufen des Bestimmungshafens nicht, so ist der Transporteur zwar befugt, den Bestimmungshafen zu umgehen, doch ist er verpflichtet, die Passagiere hiervon zu unterrichten[58].

Besondere, nicht in der Sphäre des Transporteurs liegende Ereignisse können ihn von seiner Beförderungspflicht entbinden. Der Transporteur ist z. B. zum Rücktritt vom PassV. befugt, wenn ein Krieg ausbricht oder wenn das Schiff von den zuständigen Behörden des Abfahrtshafens aufgehalten wird. Eine weitere Rücktrittsmöglichkeit ist dem Transporteur gegeben, wenn der Passagier bis zu einer bestimmten Zeit vor Antritt der Reise den Fahrpreis nicht bezahlt hat. Die aus den genannten Ursachen erfolgende Rücktrittserklärung des Transporteurs berechtigt den Passagier zur Rückerstattung des entrichteten Fahrgeldes. Erfolgt die Nichterfüllung der Beförderungspflicht in einem ausländischen Hafen, so hat der Transporteur das Fahrgeld in diesem Hafen zurückzugewähren[59].

1. Die Stellung des Schiffes

Der Begriff des Schiffes wird nach amerikanischem Recht ausgelegt. *Schiff* ist nämlich jedes schwimmende Bauwerk („floating construction), welches geeignet ist, Gegenstände und Personen über Wasser zu befördern[60]. Ein solches Schiff ist der „admiralty Jurisdiction" unterworfen[61]. Dagegen

---

[58] The President, D. C. Cal., 1889, 12 F. 673; Lee Line St. v. Page Tenn, C. C. A. 6th Cir. 1916, 237 F. 57; C. J. S. 80, 191.

[59] The Valentia, D. C. Wash., 1901, 110 F. 221; Ornstein v. Co. Gen. Trans. 1941, 31 N. Y. S. 2d 524; Chostal v. Co. Gen. Trans. S. C., C. A. N. Y., 1941, 27 N. Y. S. 2d 688 = 1941 A. M. C. 778; Clark v. North Pacific S. S. Co., S. C. Or. 1914, 144 Pac. 472; Foster v. Co. Francaise de Navigation à Vapeur, E. D. N. Y., 1916, 237 F. 258; C. J. S. 80, 202.

[60] Gilmore-Black, S. 30, 674; Benedict, III S. 403ff.; Robinson, S. 42ff.; Sotiropoulos BRH, S. 173.

[61] Rev. Stat. § 3 (1872), 1 U. S. Cod. § 3 (1928).

sind z. B. keine Schiffe ein Schwimmdock[62], ein als Hotel dienendes festgemachtes Schiff[63], ein dauernd festgemachtes als Landungsbrücke dienendes Boot[64] oder ein Leichter[65]. Eigene Fortbewegungskraft ist für den Begriff des Schiffes nicht notwendig. Auch Schleppkähne und Leichter sind „vessels", wenn sie für den Zubringe- oder Abholedienst der Passagiere gebraucht werden. Der Transporteur ist demnach berechtigt, den Passagier mit einem schwimmfähigen Hohlkörper zu befördern, dessen Größe, Tragfähigkeit, Kraft, Konstruktion und Verwendungszweck nach den Umständen, der Art und Dauer der konkreten Beförderung zu entnehmen ist. Die kontinentale Unterscheidung zwischen See- und Binnenschiffen ist dem amerikanischen Recht fremd[66]. Der „admiralty jurisdiction" wird jedes Schiff, welches fähig ist, in „navigable waters" zu fahren, zugewiesen. In einigen Gesetzen wird trotzdem zwischen See- und Binnenschiffen unterschieden („seagoing vessels"). Diese Unterscheidung ist für den Passagiertransport insofern von Bedeutung, als sowohl das Verbot der Freizeichnungsklauseln wie auch die Regelung über die Beschränkung der Haftung des Reeders bei Personenschäden sowie der Death Act nur bei Beförderung des Passagiers mit einem Seeschiff zur Anwendung kommen.

Was die Beförderung des Passagiers mit einem Passagierschiff anbetrifft, so wird sie von den Vorschriften der Safety Convention von 1948 (Reg. 22—31) geregelt. Ob die Beförderung des Passagiers mit einem Passagierschiff oder mit einem Frachter zu erfolgen hat, ist aber nach den konkreten Vereinbarungen zu beurteilen. Immerhin ist der Transporteur ohne besondere Vereinbarung nicht befugt, den Passagier mit einem kombinierten Passagier-Frachter-Schiff zu befördern, denn für solche Schiffe sind von der Safety Convention 1948 weniger strenge Sicherheitsmaßnahmen erforderlich, abgesehen davon daß diese Schiffe den Passagieren den Komfort und die Einrichtungen der Passagierschiffe nicht bieten können[67].

---

[62] Cope v. Vallerte Dry Dock Co., 1887, 119 U. S. 625; Canfield-Dalzell, S. 3; Sotiropoulos BRH, S. 174.

[63] Evansville & Bowling Packet Co. v. Chero Cola Bottling Co., 1926, 271 U. S. 19.

[64] Sotiropoulos BRH, S. 174.

[65] Canfield-Dalzell, S. 3.

[66] Canfield-Dalzell, S. 3 b.

[67] Über die Passagierschiffe siehe Arzt, Supp. S. 24 § 230; und Benedict, III S. 405 ff.

2. *Stellung des Schiffes und Einhaltung der Abfahrts- und Ankunftszeiten*

Der Transporteur wird laut PassV. verpflichtet, die Abfahrts- und Ankunftszeiten des Schiffes anzukündigen und sie nach Möglichkeit einzuhalten. Verschuldete Verspätung des Schiffes oder Verlängerung der Reisedauer bilden eine Verletzung des PassV. und befugen den Passagier zum Schadensersatz[68]. Wenn im konkreten PassV. nichts über die Abfahrtszeiten des Schiffes und das Anfahren von Zwischenhäfen vereinbart worden ist, so sind sie vom Transporteur zu bestimmen. Schlechtes Wetter ist grundsätzlich kein Befreiungsgrund von der Haftung des Transporteurs wegen verspäteter Abfahrt des Schiffes. Der Transporteur wird aben für die Verspätung des Schiffes nicht verantwortlich sein, wenn die Wetterverhältnisse so ungünstig sind, daß das Schiff nicht in der Lage wäre, die Reise zu überstehen[69].

Abfahrt des Schiffes vor der vereinbarten Zeit bildet ebenfalls eine verschuldete Verletzung des PassV., für welche der Transporteur Schadensersatz zu entrichten hat, wenn der Passagier deswegen das Schiff verpaßte. Der Transporteur macht sich weiterhin schadensersatzpflichtig, wenn die Passagiere in einem Zwischenhafen von Bord gehen und der Kapitän die Reise eher als angekündigt fortsetzt[70].

Stellt der Transporteur nicht rechtzeitig das für die Beförderung des Passagiers vereinbarte Schiff zur Verfügung, so hat der Passagier außer dem Schadensersatzanspruch ein Recht auf Rücktritt aus dem PassV. und auf Rückgabe des entrichteten Fahrgeldes.

Erklärt der Passagier aber seinen Rücktritt von dem PassV. vor dem Antritt der Reise, so hat er Anspruch nur auf die Hälfte des Fahrpreises, auch wenn der Transporteur die Reise schuldhaft nicht rechtzeitig angetreten hat[71].

3. *Abweichung von der Reiseroute („Deviation"), Unterbrechung der Reise*

Der Transporteur ist grundsätzlich nicht verpflichtet, auf einer bestimmten Route den Passagier zum Bestimmungsort zu befördern. Wenn aber in dem PassV. eine solche Verpflichtung vereinbart worden ist, ist die Abweichung von der Reiseroute als Verletzung des PassV. anzusehen,

---

[68] Hafel v. U. S. Lines, S. D. N. Y., 1953, 114 F. Supp. 443 = 1953 A. M. C. 1891 (1893).

[69] Cobb v. Howard, C. C. N. Y. 5. Fed. Cas. 2, 924; C. J. S. 80, 175.

[70] The Constantinople, D. C. N. Y., 1926, 15 F. 2d 97.

[71] Zellweger v. The Robert Cooper, D. C. N. Y. 30 Fed. Cas. 18, 207.

deretwegen der Transporteur zur Rückgabe des Fahrgeldes und zu Schadensersatz verpflichtet wird[72]. Trotzdem wird die Abweichung von der Reiseroute in gewissen Fällen erlaubt, auch wenn sie in dem Vertrag nicht vereinbart ist. So z. B. zum Zwecke der Rettung von Menschen oder Gütern auf See. Eine Abweichung von der Reiseroute zum Zwecke der Ein- und Ausschiffung von Gütern oder Passagieren ist aber „prima facie" unerlaubt. Für die Entscheidung, ob die Abweichung von der Reiseroute befugt war, müssen die vertraglichen Vereinbarungen zwischen Passagier und Transporteur Berücksichtigung finden[73].
Der Passagier ist zum Rücktritt aus dem PassV. befugt, wenn das Schiff die Reise während der Fahrt aufgibt, und die Fortsetzung der Beförderung ungewiss bleibt[74]. Der Transporteur hat in diesem Fall nur ein Recht auf Distanzgeld, auch wenn er für die Weiterbeförderung des Passagiers eine andere Reisemöglichkeit zu stellen weiß. Der die Weiterbeförderung des Passagiers übernehmende Transporteur hat einen Anspruch auf das entsprechende Fahrgeld von dem Ort der Unterbrechung bis zum Bestimmungsort[75].

4. Die Beförderung des Reisegutes

a) Begriff

Der Begriff des Reisegutes ist im amerikanischen Recht sehr unklar. Als Reisegut werden auf jeden Fall nur persönliche Sachen des Passagiers befördert, die notwendig für die beabsichtigte Reise sind. Für die Sachen, die als Reisegut befördert werden, braucht der Passagier keine besondere Vergütung zu zahlen[76]. In der Bestimmung der Art und der Menge des mitzubefördernden Reisegutes werden u. a. die Dauer und Art der Reise und der Beruf des Passagiers berücksichtigt[77]. So sind z. B. als Reisegut zu betrachten die Manuskripte eines Professors oder Studenten, die Haushaltssachen eines Auswanderers, die Fotoapparate mit Zubehör eines Reporters, die Kostüme eines Schauspielers, die für die Aufführung notwendig sind, die chirurgischen Instrumente eines Arztes[78].

---

[72] De Colange v. The Château Margaux, D. C. N. Y., 1888, 37 F. 157; Camble v. The New Bedford D. C. R. I., 1958, 111 F. Supp. 8.
[73] The Kronprinzessin Cecilie, 224 U. S. 12; ARZT, § 1156 (4).
[74] BENEDICT, I S. 285 Fn. 12 a.
[75] American President S. S. Lines v. Cavallari, S. D. N. Y., 1943, A. M. C. 845; Toufexis v. General S. N. Co., zit.; vgl. C. J. S. 80, 183.
[76] C. J. S. 80, 196.
[77] The Virginia, zit.; Van Bergh v. Cunard S. S. Co., E. D. N. Y., 1930, 40 F. 2d 545; MORRISON-STUMBERG, S. 381; CANFIELD-DALZELL, S. 79; C. J. S. 13 (Carriers), 862—864; 80, 196.
[78] The Virginia, zit.; MORRISON-STUMBERG, S. 381; ROBINSON, S. 562.

Trotzdem ist die freie Beförderung außerordentlich seltener und kostbarer Sachen untersagt, weil das Schiff mit untragbarer Haftung belastet würde. So z. B. im Falle einer Entschädigungsklage eines Passagiers auf $ 5000,— wegen Verlustes einer seltenen Handschrift der griechischen Grammatik nur ein Anspruch auf $ 500,—, d. h. den Wert einer gewöhnlichen Kopie erkannt, mit der Begründung, daß es von dem Passagier übertrieben war, eine originale Handschrift mit sich zu führen, während er sich mit einer Kopie genausogut hätte behelfen können.
Der Passagier ist befugt, eine bestimmte Geldsumme mit sich zu führen. Dieser Betrag entspricht seinen Reisekosten an Bord. Das übrige Geld, das er eventuell mit sich führt, soll er dem Transporteur zur Aufbewahrung übergeben. Behält der Passagier dieses Gelt bei sich, so ist der Transporteur für seinen Verlust nicht verantwortlich[79].

b) Die Ansprüche wegen Verlusts oder Beschädigung des „übernommenen" Reisegutes

Verlust oder Beschädigung des abgegebenen Reisegutes verursacht nach dem „general maritime law" eine Gefährdungshaftung des Transporteurs, unabhängig vom Verschulden. Die Haftung des Transporteurs wegen Beschädigung oder Verlusts des abgegebenen Reisegutes unterliegt daher denselben Bedingungen wie bei Gütertransport. Dennoch haben der Harter Act und der G.O.G.S.A. von 1936 (46 U.S.C. § 1300—1315) keine Anwendung hinsichtlich der Beförderung des Reisegutes. Den Bedingungen des Harter Act und der G.O.G.S.A. unterliegt dagegen Reisegut, das unter Konnossement als Frachtgut befördert wird.
Die Haftung für übernommenes Reisegut beginnt mit der Annahme desselben von einer dafür zuständigen Hilfsperson. Diese Haftungszeit endet mit der Abgabe des Reisegutes an dem Bestimmungsort oder mit dem Ablauf einer bestimmten Zeit nach der Ankunft des Schiffes am Bestimmungsort[80].

c) Die Ansprüche wegen Verlusts oder Beschädigung des Handgepäcks

Grundsätzlich ist der Transporteur nicht verantwortlich für Beschädigung oder Verlust des Reisegutes, das der Passagier in seinem Besitz behält, es sei denn, es liegt ein Verschulden des Schiffes oder der Hilfspersonen vor. Dieser Grundsatz gilt sowohl für das Handgepäck des

[79] The Virginia, zit.; ROBINSON, S. 463; CANFIELD-DALZELL, S. 81.
[80] Holmes v. North German Lloyd, 1906, 184 N. Y. 280; The Kensington, 1902, 183 U. S. 263; The Rosedale, D. C. N. Y., 1898, 88 F. 324; McElligot v. Isthmian S. S. Co., 1950, 177 F. 2d 591 = 1950 A. M. C. 119; ROBINSON, S. 566—568; vgl. C. J. S. 13, 867 ff.

Passagiers, welches in seiner Kabine aufbewahrt wird, als auch für seine Bekleidung, die er bei sich führt. Der Transporteur wird schadensersatzpflichtig, wenn dem Passagier verweigert wurde, sein Handgepäck in seiner Kabine zu verwahren und es daher beschädigt wurde oder verloren ging. In Abweichung vom „common law“ zeigt die Rechtsprechung die Tendenz, die Kausalhaftung des Transporteurs für das abgegebene Reisegut auch auf Schäden an dem Kabinengepäck anzuwenden. Diese Meinung stützt die Rechtsprechung auf die Gleichstellung der Haftung des Transporteurs mit der eines Gastwirtes[81].

d) Die Haftung des Transporteurs für Wertsachen und Eigentum Dritter

Übernimmt der Transporteur Wertsachen oder Geld des Passagiers ohne Entgelt in sein Depot, so haftet er für Schäden oder für Verlust dieser Sachen nur als Verwahrer („gratuitous bailee“). Diese Haftung trifft den Transporteur nicht, wenn der Passagier die Sachen einer dafür nicht zuständigen Hilfsperson des Transporteurs übergeben hat.

Für Sachen, die Dritten gehören und vom Passagier befördert werden, haftet der Transporteur nicht wie ein Versicherer, sondern nur wegen Verschuldens. Der Transporteur ist aber zum Schadensersatz, unabhängig vom Verschulden, verantwortlich bei Verlust oder Beschädigung von Sachen eines mitreisenden Angehörigen des Passagiers, die dieser in seinem Gepäck mit sich führt[82].

e) Das Pfandrecht des Transporteurs

Zur Sicherung der Zahlung des Fahrgeldes hat der Transporteur ein Pfandrecht („lien“) am Reisegut des Passagiers. Das Pfandrecht besteht sowohl am Reisegut als auch am Hand- und Kabinengepäck des Passagiers[83].

B. UNTERBRINGUNG, BEKÖSTIGUNG DES PASSAGIERS

Die Unterbringung des Passagiers ist Pflicht für alle Schiffe, die bei Nacht auf See fahren. Der Transporteur ist aber nicht verantwortlich, wenn dem Passagier, der eine Schlafkabine bestellt, rechtzeitig berichtet

---

[81] Moses v. Co. Gen. Trans., D. C. N. Y., 1966, 16 F. Supp. 197; The Humboldt, D. C. Wash., 1899, 97 F. 656; Robinson, S. 491.

[82] C. J. S. 80, 196 b 1 und 2.

[83] Moszkowitz v. International Nav. Co., S. C. N. Y., 1903, 84 N. Y. S. 297; Von Beiträgen zur großen Haverei ist das Reisegut befreit, darüber C. J. S. 80, 228 f.

wird, daß im Schiff kein Schlafplatz vorhanden ist[84]. Ein Passagier, welcher einen Schlafplatz bestellt, hat nicht das Recht, die ganze Kabine für sich allein zu beanspruchen. Er hat aber das Recht, die Kabine frei von Frachtgütern zu verlangen. Schiffsräume mit Komfort müssen in verkehrssicherem Zustand dem Passagier zur Verfügung gestellt werden. Ein Passagier, welchem eine Kabine erster Klasse trotz Buchung nicht überlassen wurde, hat einen Anspruch „in rem" gegen das Schiff[85].

Dem Passagier ist nach Art, Dauer und Klasse der Reise Beköstigung zu gewähren. Ist die Beköstigung laut Vertrag festgesetzt oder den Umständen entsprechend notwendig und wird sie trotzdem dem Pasagier verweigert, so hat er gegen das Schiff einen Anspruch „in rem" auf Schadensersatz[86]. Die Beköstigungspflicht endet grundsätzlich mit Ankunft des Schiffes im Bestimmungshafen. Eine Vereinbarung, daß dem Passagier Beköstigung bis zum Bestimmungshafen auch im Falle eines unvorhergesehenen Unfalles oder einer Verspätung des Schiffes zu gewähren ist, verpflichtet den Transporteur, auch dann Beköstigung anzubieten, wenn der Passagier gezwungen wird, in einer Quarantänestation des Bestimmungshafens zu bleiben[87].

C. DIE FÜRSORGEPFLICHT

1. Die Rechtsgrundlage der Fürsorgepflicht

Die Pflicht des Transporteurs, für die Unversehrtheit des Passagiers an Bord zu sorgen, gründet sich auf ein von der amerikanischen Rechtsprechung geschaffenes Gewohnheitsrecht[88]. Der Transporteur schuldet „the highest degree of care", er ist aber nicht ein Versicherer für die unversehrte Beförderung des Passagiers[89]. Er hat sich nur wegen einer schuldhaften Verletzung dieser Pflicht zu verantworten. Insofern wird die Stellung eines Transporteurs, der Passagierbeförderung betreibt, von der Stellung des Verfrachters unterschieden. Während nämlich den Verfrachter eine Kausalhaftung hinsichtlich der beförderten Güter trifft, ist

---

[84] Patterson v. Old Dominion, S. S. Co., S. D. N. C., 1906, 53 S. E. 224; C. J. S. 80, 186 a.

[85] Robinson, S. 556 Fn. 189 m. w. N.; Benedict, I S. 367.

[86] The Oregon, C. C. A. Wash., 1904, 233 F. 609; The President, zit.; Robinson, S. 556 Fn. 189.

[87] Larsen v. Allan Line S. S. Co., S. C. Wash., 1905, 80 P. 181.

[88] Aquino v. Alasca S. S. Co., S. C. Wash., 1939, 91 P. 2d 1014; Moses v. Co. Gen. Trans., zit.; Weitere Rechtsprechung in A. M. C. 1957, S. 1577, 1373, 1826, 2032, 2085, 2104, 2151; Gilmore-Black, S. 21 Fn. 77; Canfield-Dalzell, S. 81; Kessler, S. 13 ff.

[89] Kessler, S. 75 ff.

von dem Transporteur bei Personenbeförderung nur ein „duty of care" zu verlangen. Hat der Transporteur alle erforderlichen Maßnahmen, die seinem „duty of care" entsprechen, getroffen und wurde der Passagier trotzdem an Bord verletzt, so hat dieser das Risiko der gewollten Reise auf sich zu nehmen[90].

Die Pflicht, für die Unversehrtheit des Passagiers an Bord zu sorgen, trifft den Transporteur nur bei Beförderung gegen Entgelt. Dagegen ist der Transporteur beim Gefälligkeitstransport nur wegen schwerer Fahrlässigkeit verantwortlich. Dasselbe gilt für Verletzungen von Gästen an Bord, auch wenn sie mit Erlaubnis des Kapitäns das Schiff betreten haben[91]. Diese Regeln wurden jedoch von dem „Kermarek"-Fall[92] widerrufen. In diesem Fall hat der Supreme Court eine allgemeine Regel gebildet, wonach der Transporteur für alle Personen, die sich an Bord befinden und mit ihm nicht durch einen Arbeitsvertrag verbunden sind, eine „duty of care" schuldet[93].

Während die ältere Rechtsprechung die Pflicht zur Unversehrtheit des Passagiers an Bord auf „culpa levissima" stützte[94], begründen die neueren Urteile diese Pflicht auf eine „duty of care", d. h. auf eine Verpflichtung aus dem PassV.[95].

Obwohl die neuere Rechtsprechung darin einig ist, daß die Fürsorgepflicht zu dem Inhalt des PassV. gehört, hat sie keine festen Regeln über den Grad der Sorgfalt des Transporteurs als Schuldner entwickelt. Meistens wird von dem Transporteur ein „great care" oder ein „high degree of care" verlangt. Häufig wird er aber mit dem „highest degree

---

[90] Kvart v. American Swedish Line, C. C. A. 2d Cir., 1942, 126 F. 2d 278 = 1942 A. M. C. 387; The City of Panama, zit.; CANFIELD-DALZELL, S. 82; MORRISON-STUMBERG, S. 381; BONASSIES, a. a. O., S. 196.

[91] Steven New Word v. Columbian Mail S. S. Corp., D. C. N. Y., 1936, 15 Fn. Supp. 534; The Westmoore, 1928, 27 F. 2d 886; GILMORE-BLACK, S. 15 Fn. 95.

[92] Kermarek v. Co. Gen. Trans., 1959, 358 U. S. 625 = 1959 A. M. C. 597; vgl. EDELMAN, S. 240.

[93] „We hold that the owner of a ship in navigable waters owes to all who are on board for purposes not inimical to his legitimate interests, the duty of exercising reasonable care under the circumstances of each care", Fall „Kermarek", a. a. O., vgl. aber Rohde v. Holland-America Line Ltd., S. D. N. Y. 1957, 156 F. Supp. 309 = 1957 A. M. C. 1826; EDELMAN, I S. 240.

[94] Steamboat New Word v. King, 1853, 16 U. S. 469.

[95] The Arabic, S. D. N. Y., 1929, 34 F. 2d = 1929 A. M. C. 1364; Allen v. Matson Na. Co. U. S. C. A. 9th Cir., 1958, 255 F 2d 273 = 1958 A. M. C. 1343; Petition of Skibs etc. (Fall „The Black Gull") D. C. N. Y. 1956, 144 F. Supp. 47 = 1957 A. M. C. 277.

of care" für die Unversehrtheit der Pasagiere belastet[96]. Die von dem Transporteur bei der Personenbeförderung verlangte Sorgfalt ist im Vergleich zu den Sorgfaltspflichten des Befrachters erheblich erhöht. Als Gegengewicht dafür, daß der Transporteur bei der Personenbeförderung nur für verschuldete Verletzungen haftet, wird von ihm immer ein „higher degree of care" als bei Güterbeförderung verlangt, auch wenn er im konkreten Fall zur einfachen Sorgfalt verpflichtet war. Obwohl auch ein „private carrier" zu einem „high degree of care" verpflichtet wird, wird ein „common carrier" mit einem „higher degree of care" als der „private carrier" belastet[97]. Ein „highest degree of care" existiert nur gegenüber Passagieren; dagegen hat der Transporteur gegenüber den Besuchern des Schiffes nur „ordinary care" auszuüben[98]. Der Grad der Sorgfalt wird häufig von Zurechnungsfähigkeit des konkreten Passagiers bedingt. So wird z. B. von dem Transporteur ein „greater care" verlangt, wenn er Kinder[99] oder süchtige Personen[100] befördert.

2. *Der Umfang der Fürsorgepflicht*

Der Transporteur ist nicht verpflichtet, den Passagier vor seltenen und ungewöhnlichen Gefahren zu schützen. Wenn keine eigentliche Gefahr besteht, braucht er nicht überflüssige Schutzmaßnahmen zu treffen. Ein Transporteur braucht z. B. nicht ohne besondere Gründe die Bewegungen an Bord zu überwachen. Er muß aber die Passagiere vor denjenigen Gefahren warnen, welche — bei Seereisen an sich üblich — dem Passagier aber unbekannt sind[101]. Der Kapitän des Schiffes darf z. B. nicht die Laderäume des Schiffes offen und unbewacht lassen, denn die Passagiere sind nicht daran gewöhnt, solche Schiffsräume zu passieren. Weiterhin hat der Kapitän Stürme zu meiden und darf sich nicht auf die Tatsache berufen, daß das Schiff von guter Konstruktion ist[102].

Der Transporteur ist aber nicht verpflichtet, die Passagiere vor allen bekannten und bemerkenswerten Gefahren zu warnen. Die Warnung soll

---

[96] Kvart v. Swedish American Line, zit.; Voltmann v. United Fruit Co., C. C. A. N. Y., 1945, 147 F. 2d 514; Petition of Wood, D. C. Mo., 1956, 145 F. Supp. 848; The Arabic, zit.; „The Black Gull", zit.; Kulack v. The Pearl Jack etc., W. D. Mish., 1948, 79 F. Supp. 802.

[97] „The Black Gull", zit.; Maibrunn v. Hamburg-American S. S. Co., zit.; The Nereid, D. C. N. J., 1941, 40 F. Supp. 736 = 1941 A. M. C. 855.

[98] Filipek v. Moore MacCormack Line, D. C. N. Y., 1957, 1958, A. M. C. 454.

[99] C. J. Sec. 80, 193 b.

[100] Doherty v. California Nav. Co., C. A. Cal., 1907, 91 F. 419.

[101] Gerrish v. Panama Canal Co., S. C. N. Y., 1957, A. M. C. 2104.

[102] Havanna, C. C. A. 2d Cir., 1937, 89 F. 2d 23 (24) = 1937 A. M. C. 551 (553); Robinson, S. 795.

in der richtigen Zeit und mit richtiger Einschätzung erfolgen. Der Transporteur ist nicht verpflichtet, die Passagiere über die speziellen Gefahren, die aus einer Unterschätzung der Warnung herrühren, zu unterrichten. So wurde im Falle Erdmann v. U. S. entschieden, daß der Kapitän nicht zur speziellen Warnung verpflichtet ist, wenn ein Schild, das vor schlechtem Wetter warnt, am Schwimmbecken des Schiffes ausgehängt ist[103].

Der Transporteur hat weiterhin die Passagiere vor Belästigungen oder Verletzungen durch seine Hilfspersonen zu schützen. Diese Pflicht wird unter Umständen auf die Verhinderung dritter Personen oder Co-Passagiere, den Passagier zu verletzen, ausgedehnt[104]. Zu der Sorgfalt des Transporteurs gehört weiterhin, daß er die Passagiere vor Gedränge und Überfüllung auf dem Schiff schützt. Die Tatsache, daß der Transporteur die Genehmigung des Schiffsinspektors bekommen hat, das Schiff zu überladen, befreit ihn nicht von seiner Pflicht, die Passagiere vor Schäden wegen Überladung des Schiffes zu schützen. Ein Passagier aber, welcher an Bord geht, obwohl ihm bekannt war, daß das Schiff überfüllt ist, nimmt auf sich die Gefahr des Mangels an Komfort[105].

Die Pflicht des Transporteurs, für die Sicherheit des Passagiers an Bord zu sorgen, existiert auch hinsichtlich der Navigation des Schiffes. Wird der Passagier wegen eines Verschuldens „in management" oder „navigation" des Schiffes verletzt, so hat der Transporteur Schadensersatz zu leisten. Erfordert die Navigation des Schiffes erhöhte Sorgfalt wegen vorhersehbarer Gefahren, so ist vom Transporteur ein „greater care" als in gewöhnlichen Fällen zu erwarten[106].

Die Rettungsmaßnahmen sind bei Schiffen, die gegen Entgelt Passagiere befördern, von den Statuten vorgesehen. Wenn mangels Rettungsmitteln oder wegen Verschuldens bei Ausrüstung eines Rettungsbootes das zur Rettung des gefährdeten Passagiers geschickt wurde, die Rettung des Passagiers nicht möglich war, so wird der Transporteur für den Tod des Passagiers verantwortlich gemacht.

Die Anwesenheit eines Passagiers in einem für ihn nicht erlaubten Raum oder Teil des Schiffes befreit den Transporteur nicht von seiner Fürsorgepflicht. So behält z. B. ein Passagier der zweiten Klasse alle seine Rechte,

---

[103] Erdmann v. U. S., C. C. A., 2nd Cir., 1944, 134 F. 2d 198 = 1944 A. M. C. 904; D. C. N. Y., 1936, 16 F. Supp. 197; The Arabic, zit.; Morrison-Stumberg, S. 382.

[104] New Jersey S. S. Co. v. Brocket, 1887, 121 U. S. 637; C. J. S. 80, 193; Robinson, S. 551 f.

[105] The Valenzia, zit.; C. J. S. 80, 183.

[106] The Linseed King, D. C. N. Y., 1928, 24 F. 2d 976 = 1932, 285 U. S. 502 = 1932 A. M. C. 503; Morrison-v. Coombs, D. C. Me., 1938, 23 F. Supp. 852.

wenn er Räume der 1. Klasse betritt. Wird er während dieser Zeit verletzt, so befreit dies nicht den Transporteur von Schadensersatz[107].

3. *Die Dauer der Fürsorgepflicht*

Die Dauer der Fürsorgepflicht wird auf die Zeit zwischen Beginn und Ende der Reise beschränkt[108]. So beginnt die Fürsorgepflicht mit dem Einstieg des Passagiers an Bord und endet mit seinem Gang an Land. Daher hat der Transporteur dem Passagier ein gefahrloses Ein- und Aussteigen zuzusichern[109]. Für die Verletzung des Passagiers auf einer Kaimauer ist dagegen der Transporteur nicht verantwortlich, es sei denn die Kaianlagen sind sein Privateigentum[110].

Der Transporteur hat nicht für die Beförderung des Passagiers bis an das Schiff zu sorgen und trägt nicht die Gefahren der Zubringerdienste. Hat er aber die Beförderung des Passagiers an Bord vertraglich oder betriebsmäßig übernommen, so hat er auch während des Zubringerdienstes für die Unversehrtheit des Passagiers zu sorgen[111].

Im Falle einer Kreuzfahrt hat der Transporteur immer für die Unversehrtheit des Passagiers während des Zubringerdienstes zu den vereinbarten Zwischenhäfen zu sorgen, weil in diesem Fall der Aufenthalt des Passagiers in diesen Häfen einen Teil des abgeschlossenen PassV. bildet[112].

Eine Freizeichnung des Transporteurs von der Pflicht für die Sicherheit des Passagiers während des Zubringerdienstes zu einem Vergnügungshafen zu sorgen, verstößt gegen die „public policy"[113]. Das Risiko seines Aufenthaltes und die Beförderung innerhalb des Vergnügungsortes trägt der Passagier selbst, auch im Falle einer Kreuzfahrt. Dagegen wird bei gewöhnlichen Reisen die Erfüllung des PassV. während des Anlandgehens des Passagiers unterbrochen, so daß den Transporteur während

[107] Silverman v. Bermuda & West Indies S. S. Co., C. C. A. N. Y., 1935, 74 F. 2d 683.

[108] Chostal v. Co. Gen. Trans., zit.

[109] Webster v. Davies, D. C. Cal., 1949, 109 F. Supp. 149; Shulman v. Co. Gen. Trans., D. C. N. Y., 1957, 152 F. Supp. 833 = 1957 A. M. C. 2032; Allen v. Matson etc., zit.; Hrebrik v. Carr, D. C. N. Y., 1886, 29 F. 298; ROBINSON, S. 551.

[110] Müllen v. The City of New York, 1958, A. M. C. 2461; White v. Seattle Na. Co., 1904, 78 P. 909; ROBINSON, S. 551.

[111] Schulman v. Co. Gen. Trans., zit.; Kimball, S. S. Co., C. C. Cal., 1904, 128 F. 397; ROBINSON, S. 522.

[112] ROBINSON, S. 551.

[113] 46 U. S. Cod. § 183 Abs. c 1; C. J. S. 80, 197.

dieser Zeit keine Fürsorgepflicht trifft[114]. Zu der Fürsorgepflicht des Transporteurs gehört, daß er dem Passagier ein sicheres Aussteigen aus dem Schiff gewährt. Das Vertragsverhältnis zwischen Passagier und Transporteur, und daher auch die Fürsorgepflicht des Transporteurs, wird auch nach dem Aussteigen des Passagiers am Bestimmungsort fortgesetzt, solange der Passagier sich auf der Kai- oder Betriebsanlage des Transporteurs befindet.

Am Bestimmungsort ist dem Passagier eine genügende Zeit zur Verfügung zu stellen, damit er das Schiff und die Betriebsanlage des Transporteurs ohne Hast verlassen kann. Kehrt der Passagier nach dem Verlassen des Schiffes wegen irgendwelcher Gründe an Bord zurück, so ist der Transporteur für seine Unversehrtheit nicht mehr verantwortlich[115].

Der Transporteur hat für die an Bord erkrankten Passagiere zu sorgen und nach der Ankunft des Schiffes am Bestimmungsort den zuständigen Gesundheitsbehörden Mitteilung von der Krankheit zu machen. Er trägt aber nicht die Beförderungskosten bis zum Krankenhaus. Dagegen hat er nicht für diejenigen Passagiere zu sorgen, die an Bord schon krank erschienen und zum Zwecke der Heilung die Reise antraten[116].

Ist eine Umschiffung des Passagiers vom Vertrag vorgesehen oder wegen anderer Gründe notwendig, so endet die Fürsorgepflicht des Transporteurs nur dann, wenn die Fürsorgepflicht des zweiten Transporteurs beginnt, d. h. entweder mit dem Einsteigen des Passagiers an Bord des zweiten Schiffes oder in das Zubringerschiff, welches dem zweiten Transporteur gehört[117].

4. Der Inhalt der Fürsorgepflicht

a) Die Seetüchtigkeit des Schiffes

Der Transporteur ist durch den PassV. verpflichtet, vor und bei Antritt der Reise das für die Beförderung gestellte Schiff in einem seetüchtigen

[114] Lawlor v. Incress Nassau S. S. Inc. D. C. Wash., 1958, 110 F. 221 = 1958 A. M. C. 1701 (1705); The Valencia, zit. S. 223.

[115] Gardner v. Panama Canal Co., D. C. Canal Zone 1953, 115 F. Supp. 687; Levinowitz v. Cunard White Star Ltd., D. C. N. Y., 1955, 129 F. Supp. 555 = 1955 A. M. C. 1661; Allen v. Matson, zit.; vgl. C. J. S. 80, 176; Das Gegenteil vereinbarende Klauseln sind nichtig, darüber The Valencia, zit.

[116] Patterson v. Old Dominion, S. S. Co., zit.

[117] Ranson v. Dollar S. S. Line etc., D. C. Wash., 1933, 2 F. Supp. 409.

Zustand zu stellen. Er hat alle gewöhnlichen Maßnahmen zu treffen, um das Schiff seetüchtig für die bezweckte Reise zu stellen[118].

Auch hinsichtlich der Seetüchtigkeit des Schiffes besteht keine Garantiehaftung des Transporteurs. Seine Haftung wegen Seeuntüchtigkeit beruht auf „negligence"[119]. Bei der Passagierbeförderung umfaßt die Seetüchtigkeit des Schiffes nicht nur die eigentliche Schwimm- und Fahrfähigkeit des Schiffskörpers, sondern auch die notwendigen Einrichtungen, die einem Passagier eine bequeme und ungefährdete Reise gewähren.

Die allgemeinen Maßnahmen für die Seetüchtigkeit des Schiffes betreffen so u. a. die Prüfung des technischen Betriebes des Schiffes. Darunter ist eine sorgfältige Prüfung der Maschine, der Steuerung, der Navigationsorgane und der Funkanlagen erforderlich[120].

Hat der Transporteur diese Maßnahmen sorgfältig getroffen und wurde der Passagier trotzdem wegen nachträglicher und unvorhergesehener Unzulänglichkeit dieser Anlagen verletzt, so trifft ihn für den dadurch entstandenen Schaden keine Verantwortung, wenn die Unzulänglichkeit nicht auf eine Handlung, die er zu vertreten hat, zurückzuführen ist. Zu der Seetüchtigkeit eines Passagierschiffes gehört weiterhin die gehörige Einrichtung und Ausrüstung der Innenräume des Schiffes und die richtige Bemannung mit Hilfspersonal[121]. Eine besonders wichtige Pflicht des Transporteurs beim Passagiertransport ist es, die Treppen des Schiffes sowie die Zu- und Ausgänge in verkehrssicherem Zustand zu halten. Zu diesem Zweck hat der Transporteur Mitglieder der Schiffsbesatzung auf die Gänge zu stellen, die dafür zu sorgen haben, daß die Passagiere unversehrt an Bord oder an Land kommen. Diese Pflicht existiert sowohl gegenüber Passagieren, die zum ersten Mal an Bord kommen oder das Schiff endgültig verlassen, als auch gegenüber solchen, die kurz vorher an Bord gestiegen sind und vorübergehend wieder an Land gehen. Werden die Passagiere durch den unsicheren Zustand eines Ganges oder durch

---

[118] Dresner v. Riviera Association Ind., S. C. Nassau, 1957, 161 N. Y. S. 2d 701; Henson v. Fidelity & Colombia Trust Co., C. C. A. 6th Cir. 1933, 68 F. 2d 144; Kulack v. The Pearl Jack, zit.

[119] „The carrier of passengers does not assume this warranty. Instead ... he is held to a very high degree of care prudence and foresight. ... We may therefore dismiss the question whether or not the vessel was technically seaworthy ..., and confine our inquiry to whether the officers and agents were guilty of negligence." The Oregon, C. C. A. Wash., 1904, 133 F. 609; Gardner v. Panama Canal Co. D. C., zit.; Edelman, I S. 250; Robinson, S. 553.

[120] Kvart v. Swedish American Line, zit.; C. J. Sec. 80, 193 b.

[121] Kaehler v. North German Lloyd, 1943, A. M. C. 287; Happer v. U. S. Lines Co., S. D. N. Y., 1953, 1953 A. M. C. 891 = 114 F. Supp. 443; C. J. S. 80, 1936.

das nachlässige Verhalten der an den Gängen aufgestellten Hilfspersonen verletzt, so ist der Transporteur wegen Seeuntüchtigkeit des Schiffes verantwortlich[122].

Die Seetüchtigkeits- und Sicherheitsmaßnahmen sind verschieden, je nach der Art und dem Zweck der Reise. Räume, in denen die Passagiere sich üblicherweise aufhalten, sollten ordnungsgemäß eingerichtet sein, so daß eine Verletzung aus „ignorance as to the condition or construction of the vessel" zu vermeiden ist. Der Transporteur ist dagegen nicht verpflichtet, in Räumen, die für die Passagiere nicht bestimmt sind, solche Maßnahmen zu treffen[123].

Seeuntüchtigkeit des Schiffes wurde in folgenden Fällen angenommen:

Während eines Sturmes wurde ein Passagier durch Umstürzen eines nicht festgebundenen Stuhles verletzt. Die Supreme Court hat den Transporteur wegen Seeuntüchtigkeit des Schiffes für verantwortlich gehalten[124].

Ein Passagier ist auf am Fußboden liegende Weintrauben ausgerutscht und hat sich verletzt. Die Weintrauben hatte ein anderer Passagier fallen lassen. Trotzdem wurde das Schiff als seeuntüchtig angesehen mit der Begründung, daß die Besatzung längere Zeit den Fußboden nicht gereinigt habe[125].

Eine Passagierin wurde verletzt, als sie während eines ungewöhnlichen Sturmes über eine unbefestigte Fußmatte fiel. Das Gericht hat die Seeuntüchtigkeit des Schiffes angenommen, obwohl diese Stelle an sich nicht gefährlich war[126].

Es liegt Seeuntüchtigkeit des Schiffes vor, wenn dem Passagier für das Aufsteigen an sein Oberbett keine verkehrssichere Leiter angeboten wird[127].

Weil eine Tür an Deck nicht mit Selbstschließer ausgerüstet war, wurde ein Passagier verletzt. Der Transporteur wurde wegen Seeuntüchtigkeit des Schiffes zum Schadensersatz verpflichtet[128].

---

[122] Dodge v. Boston etc., zit.; The Ocracoke, D. C. Va., 1908, 159 F. 552; weitere Rechtsprechung in C. J. S. 80, 193 c; Arzt, S. 641 f.; Canfield-Dalzell, S. 31.

[123] Gardner v. Panama Canal Co., zit.; The Caracas, E. D. N. Y., 1908, 163 F. 662.

[124] Gerrish v. Panama Canal Co., zit.

[125] Moore-McCormack Lines Inc. v. Russack, U. S. C. A., 9th Cir., 1959, A. M. C. 1372.

[126] Co. Gen. Trans. v. Bump, C. C. A. 2nd Cir., 1916, 234 F. 52; Gerrish v. Panama Canal Co., zit.

[127] Pacific S. S. Co. v. Holt, C. A. Or., 77 F. 2d 192; weitere Rechtsprechung in C. J. 58, 416.

[128] Osipuk v. Oceanic S. N. Co., zit.

b) Schutzgesetze, ärztliche Betreuung des Passagiers

Durch zahlreiche Schutzgesetze wird der Transporteur verpflichtet, Sicherheits- und Gesundheitsmaßnahmen an Bord zu treffen. Die Grundregelung enthält heute der SSV London (1948) mit Geltung ab 19. XI. 1952[129]. Daneben ist für die Bundesstaaten, die dies Übereinkommen noch nicht ratifiziert haben, der Safety Convention 1929 in der Fassung vom 10. V. 1956 aber beigetreten sind, dieser noch gültig[130]. Auf Grund der erwähnten Übereinkommen sind mehrere Schutzgesetze erlassen worden[131]. Wegen Nichteinhaltung dieser Schutzgesetze wurde dem Passagier im Falle seiner Verletzung ein direkter Anspruch gegen den Schiffseigentümer, den Kapitän und das Schiff selbst zuerkannt[132]. Diese Gesetze bilden ein Minimum der von dem Transporteur zu erwartenden Sorgfalt und befreien ihn nicht von seiner Schadensersatzpflicht, falls der Passagier, obwohl die von den Schutzgesetzen erforderlichen Maßnahmen getroffen sind, durch Verschulden des Transporteurs oder seiner Leute verletzt wird[133]. Den Transporteur befreit z. B. die Tatsache, daß ein Statut ihn verpflichtet, die Rettungsboote so bereit zu haben, daß sie in zwei Minuten zu Wasser gelassen werden können, nicht von seiner Pflicht, den leeren Raum zwischen zwei Booten zu sichern, so daß der Passagier nicht über Bord fallen kann. Ist dies aus technischen Gründen nicht möglich, so ist der Transporteur verpflichtet, das Sichaufhalten von Passagieren in der Nähe der Rettungsboote zu verhindern[134].

Die Pflicht des Transporteurs, einen Arzt an Bord zu stationieren, richtet sich nach der Größe und Art der Reise. Diese Pflicht besteht aber nur bei Beförderung mit Passagierschiffen. Dagegen ist der Transporteur in jedem Fall verpflichtet, dem Passagier erste Hilfe, Medikamente und elementare Krankenfürsorge zu gewähren. Diese Pflicht bestimmen außer der Rechtsprechung die maßgeblichen Schutzgesetze[135].

---

[129] Darüber 1953 A. M. C. 1 f.; und ROBINSON, S. 568 ff.; EDELMAN, I S. 246 f.

[130] Beide Übereinkommen sind in dem Fall „MacDaniel v. M/S Lisholt", S. D. N. Y., 1957, 155 F. Supp. 619 = 1958 A. M. C. 8 und 1832 diskutiert worden.

[131] So z. B. 46 U. S. Cod. §§ 451, 459, 463 a, 170, 481, 85—85 g, 361 f.

[132] 46 U. S. Cod. § 491; vgl. The Virginia, zit.; Petition of Canadian Pac. Ry. Co., D. C. Wash., 1921, 278 F. 180 (Fall „Princess Sophia"); C. J. S. 80, 193.

[133] C. J. S. 80, 197.

[134] C. J. S. 80, 177.

[135] The City of St. Louis, D. C. N. Y., 1916, 238 F. 381; Nietes v. American President Lines Ltd., N. D. Ca., 1960, A. M. C. 1603; C. J. S. 80, 179, 186; CANFIELD-DALZELL, S. 82; EDELMAN, I S. 263.

§ 5: Schadensersatz wegen Verletzung der Pflichten des Transporteurs

A. ALLGEMEINES

Verletzt der Transporteur seine Vertragspflichten und wird dadurch der Passagier in seiner körperlichen Unversehrtheit oder seinem Eigentum beschädigt, so hat der Transporteur Schadensersatz zu gewähren, falls bei der Verursachung des Schadens ihn ein Verschulden trifft[136]. Dem Passagier stehen gegen den Transporteur zwei Anspruchsgrundlagen zu. Wegen Verletzung der Vertragspflichten *(„breach of the contract")* ist er in erster Linie befugt, den Transporteur zu verklagen. Erfüllt aber derselbe Tatbestand die Voraussetzungen einer unerlaubten Handlung *(„wrongful act")*, so steht dem Passagier gleichzeitig ein Klagerecht aus unerlaubter Handlung zu[137]. Die Schadensersatzpflicht besteht sowohl für Privatschiffe als auch für Schiffe des Bundes[138] und trifft den Transporteur selbst und nicht etwa auch seinen Stellvertreter („general agent"), es sei denn, dieser kontrolliert das Schiff auch für seine Rechnung[139].

B. DIE KLAGE DES PASSAGIERS (Schiffsgläubigerrechte)

Der Passagier hat nach amerikanischem Recht zwei Klagen zur Verfügung, unabhängig davon, ob er den Transporteur wegen Verletzung der Vertragspflichten oder wegen einer unerlaubten Handlung verklagt. Die eine Klage richtet sich gegen die Person *(„libel in personam")* des Transporteurs und gegen die schuldige Person, und die andere gegen das Schiff selbst *(„libel in rem")*, welches der Personifikationstheorie nach selbst haftet[140].

Die Klage *„in rem"*, die nämlich ein Pfandrecht des Gläubigers („maritime lien") am Schiff bedeutet, wird den Passagieren wegen Verletzung

---

[136] Hafel v. U. S. Lines, C. C. A., 5th Cir., 1959 A. M. C. 1666 C. A.; C. J. S. 80, 198.

[137] Charles Amsterdam v. „Estella de Plata" C. N., 1961 A. M. C. 2489.

[138] S. für die Privatschiffe Act vom 9. III. 1920, 46 U. S. Cod. §§ 741—752; BENEDICT, Bd. I, S. 442 ff.; und für viele Schiffe des öffentlichen Dienstes Public Vessels Act vom 3. III. 1925, 46 U. S. Cod. § 781—790; BENEDICT, Bd. I, S. 452 ff.; ROBINSON, S. 265 f.; GILMORE-BLACK, S. 774.

[139] Amsterdam v. Compagnia Nav., S. D. N. Y., 1958, A. M. C. 2460; Amsterdam v. Bernstein S. S. Co., 1961, A. M. C. 2489; Hafel v. U. S. Lines, zit.; Stanger v. MacCormick S. S. Co., 1959, A. M. C. 1666.

[140] BENEDICT, I S. 18, 22; GILMORE-BLACK, S. 31, 510; SOTIROPOULOS BRH, S. 197; C. J. S. 1 (Actions), 49 ff.; 80, 198—199.

der Vertragspflichten weitgehend zuerkannt[141]. Diese Klage ist sehr eng mit der Beschränkung der Haftung des Transporteurs verbunden. Sie befugt den Passagier zu einem Pfandrecht an dem Schiff und der Fracht in der Höhe des Schadensersatzanspruches. Dennoch wird sein Anspruch nur bis zur Höhe der vertraglich festgesetzten Haftungssumme befriedigt[142].

Eine Klage „in rem" steht dem Passagier zu: Wegen Ausfallens der Beförderungspflicht, nachdem die Beförderung bereits begonnen hat. Ist aber die Reise gar nicht angetreten worden, so steht dem Passagier nur eine Klage gegen die Person des Transporteurs zu, weil der Vertrag vor seinem Erfüllungsstadium verletzt wurde[143], wegen Verletzung der Pflicht, dem Passagier vertragsmäßige Beköstigung, Unterbringung, Komfort usw. anzubieten[144]; wegen Beschädigung oder Verlustes des abgegebenen Reisegutes sowie auch des in der Kabine aufbewahrten Reisegepäcks[145]. Dagegen steht dem Passagier nur ein „libel in personam" wegen verschuldeter Beschädigung oder Verlustes des am Kai stehenden und noch nicht eingeschifften Reisegutes zu, auch wenn es dem Transporteur bereits abgegeben wurde[146]; wegen Verletzung der Fürsorgepflicht und Körperschäden des Passagiers bei Erhebung Schadensersatzansprüche gegen das andere Schiff im Falle eines verschuldeten Schiffszusammenstoßes[147].

Dagegen wird eine Klage des Passagiers gegen den Transporteur wegen Belästigung oder Verletzung der von einer Hilfsperson zu erwartenden Höflichkeit nur gegen die Person des Transporteurs und die schuldige Person eingerichtet.

Darüber hinaus ist die Rechtsprechung immer befugt, ein neues Schiffsgläubigerrecht für andere Schadensersatzansprüche des Passagiers zu schaffen[148].

---

141 The City of Panama, zit.; Gilmore-Black, S. 480, 646 f.; Benedict, I S. 17 ff.; Robinson, S. 357 ff.; Sotiropoulos BRH, S. 196 ff.

142 Gilmore-Black, S. 601 f.; 725 ff.; Sotiropoulos BRH, S. 204.

143 The City of Athens, 1956, 350 U. S. 532 = 1956 A. M. C. 742; Gilmore-Black, S. 821 f.

144 The Willamete Valey, N. D. Cal., 1896, 71 F. 712; Gilmore-Black, S. 515.

145 The Minnetonka, zit.; The Carolina C. C. A., 9th Cir., 1911, 32 F. 698; Gilmore-Black, S. 515.

146 The Priscilla, C. C. A., 2d Cir., 1902, 114 F. 836; Gilmore-Black, S. 521.

147 Die Voraussetzungen der Verantwortlichkeit des Eigentümers des dritten schuldigen oder mitschuldigen Schiffes gegenüber dem Passagier bestimmen sich von dem intern. Übereinkommen von 1910 (IUZ); vgl. Robinson, S. 868 f.

148 Benedict, I S. 367.

C. DIE VORAUSSETZUNGEN DER SCHADENSERSATZPFLICHT

1. Schaden („damages")

Ersetzt werden nicht nur materielle Schäden, sondern auch entgangener Gewinn sowie Verletzung der Persönlichkeitsrechte des Passagiers.
In Klagen wegen Personenschäden werden außer den tatsächlichen Auslagen oft sehr beträchtliche Summen als Schmerzensgeld („pain and suffering") sowie für körperliche Entstellung („disfigurement") zugesprochen. Außerdem kann nach den Umständen ein Schadensersatz wegen Verdienstentganges („loss of earnings") sowie Verlustes der Verdienstmöglichkeit („loss of future earning") gewährleistet werden. Der Wert der Entschädigung ist in den letzteren Fällen nach der wahrscheinlichen Lebensdauer des Passagiers zu errechnen[149]. Es wird außerdem zwischen „compensatory damages", d. h. Erstattung eines Betrages, der den Passagier in einer Weise entschädigt, als wäre keine Verletzung oder kein sonstiger Schaden entstanden, und „nominal damages", die sich auf gewisse vorsätzliche Delikte beziehen, auch wenn der Passagier keinen Schaden erlitten hat, unterschieden. Darüber hinaus sind dem Passagier „exemplary" oder „punitive damages" zu gewähren, wenn der Beklagte ein Delikt in grober und rücksichtsloser Weise begangen hat. Ansprüche der Passagiere aus „nominal" oder „exemplary damages" sind dennoch nicht häufig. Bei Verlust oder Beschädigung des Reisegutes beträgt die Entschädigung Ersatz des Wertes dieser Sachen zum Zeitpunkt des Verlustes oder der Beschädigung. Es werden weiterhin nicht nur Schäden des Passagiers selbst, sondern auch derjenigen, die vom Passagier ein Interesse herleiten, ausgeglichen[150].

2. Verschulden

Die Schadensersatzpflicht des Transporteurs gründet sich auf ein Verschulden[151]. Nur in Bezug auf übernommenes Reisegut trifft den Trans-

---

[149] Prendergast v. Compton, zit.; Pryce v. Swedish America Line, S. D. N. Y., 1940, A. M. C. 43; Bob-Lo Excursion Co. v. People of the State of Michigan, 1949, A. M. C. 205 = 333 U. S. 28 = 92 L. Ed. 455; C. J. S. 25 (Damages) §§ 17 f.; PARKER, S. 191.
[150] C. J. S. 80, 202.
[151] McCormick S. S. Corp. v. Erna Warner, D. C. Fla. 3d Cir., 1961, A. M. C. 2330; Rohde v. Holland American Line, S. D. N. Y., 1957, 1957 A. M. C. 1826; Moore v. American Scandic Line, C. C. A. 2d Cir., 1941, 121 F. 2d 767 = 1941 A. M. C. 1207; Demgard v. U. S., S. D. N. Y., 1950, A. M. C. 1874; Levinowitz v. Cunard White Star Line, zit.; CANFIELD-DALZELL, S. 81; BENEDICT, III S. 357; ROBINSON, S. 554; KESSLER, S. 139.

porteur eine Haftung ohne Verschulden („strict liability"). Für Körperschäden des Passagiers sowie überhaupt wegen Verletzung seiner Vertragspflichten schuldet der Transporteur Schadensersatz nur, wenn ein Verhalten, das er zu vertreten hat, den Schaden des Passagiers verursacht hat. Dennoch nehmen in der Praxis die amerikanischen Gerichte so oft ein Verschulden des Transporteurs bei der Verursachung des Schadens an, daß in letzter Analyse der Transporteur auch dann zum Schadensersatz verpflichtet wird, wenn ihn die leichteste Fahrlässigkeit („the smallest negligence") trifft[152]. Dabei spielt es eine Rolle, daß das Verschulden des Transporteurs bei Körperschäden wegen Anwendung der „res ipsa loquitur"[153] Regel vermutet wird. Daher wird die Haftung des Transporteurs zu einer *Kausalhaftung* verwandelt in allen Fällen, in denen der Transporteur ein eigenes Verschulden des Passagiers oder einer für ihn fremden Person, nicht nachweisen kann. Um das Vorliegen einer „negligence" bei der Verursachung einer Körperverletzung zu prüfen, gehen die amerikanischen Gerichte davon aus, daß der Transporteur für die körperliche Unversehrtheit des Passagiers „the highest degree of care" schuldet und daß für das Bestehen einer Schadensersatzpflicht „light negligence" genügt[154].

Wegen „negligence" wurde in folgenden Fällen eine Schadensersatzpflicht des Transporteurs angenommen: bei Strandung des Schiffes aus leichtem Verschulden des Kapitäns[155], wegen Körperverletzung bei einem Anprall des Schiffes auf einen Hafendamm, weil der Transporteur nicht beweisen konnte, daß der Unfall auf einem unvorhersehbaren Ereignis beruhte und daß der Schaden trotz aller Bemühungen der Besatzung nicht zu vermeiden war[156]; bei Verschlechterung der Gesundheit eines bereits kranken Passagiers wegen Anpralls des Schiffes auf ein Dock[157].

---

[152] City of Panama, zit.; Kessler, a. a. O., S. 5ff.; — Der Grad des Verschuldens befindet sich in absolutem Zusammenhang mit dem Grad der Sorgfaltspflicht des Transporteurs. Diese Regel wurde sehr klar ausgesprochen im Falle Allen v. Matson Nav. Co., zit. 255 F. 2d 273 (277) = „Plainly enough as a carrier it was the duty of the defendant here to exercise extraordinary vigilance and highest skill to secure the safe convenance of the passengers"; und im Pensylvania Co. v. Roy, 1880, 102 U. S. 451 (456) = 26 L. Ed. 141 = „for the lightest negligence of fault in this regard, from which injury results to the passenger, the carrier is liable in damages".

[153] Eine Art Beweises des ersten Anscheins, wie im englischen Recht.

[154] Man unterscheidet zwischen „light", „ordinary" und „gross"-negligence; vgl. Green, The duty problem in negligence cases, in Cod. L. R. 1928, 1014ff.

[155] The Havanna, zit.

[156] Fremd v. The Chancey M. Depew, S. D. N. Y., 1941, 45 F. Supp. 263 = 1941 A. M. C. 706.

[157] Kornreich v. City of New York, S. C. N. Y., 1958 A. M. C. 918.

a) Verantwortlichkeit für eigenes Verschulden

Der Kreis der Personen, deren Verschulden als persönliches Verschulden des Transporteurs angesehen wird, ist nach amerikanischem Recht erheblich größer als in England. Trotzdem wird das Verschulden eines Angestellten des Transporteurs als sein persönliches Verschulden nur dann aufgefaßt, wenn er ihm alle seine Kontrollbefugnisse übertragen hat. Bei juristischen Personen gilt als persönliches Verschulden des Transporteurs das Verschulden der leitenden Organe. Darunter sind nicht nur die satzungsgemäß berufenen Vertretungsorgane der juristischen Person zu verstehen, sondern auch ihre höheren Angestellten[158]. Ein persönliches Verschulden der Reisegesellschaft hat z. B. das Gericht im Falle einer Rundfahrtfähre angenommen, wobei einige Passagiere bei einem plötzlichen Sturm ertranken, mit der Begründung, daß die Angestellten der Gesellschaft, die ihren Sitz am Ufer des Sees hatten, den kommenden Sturm hätten vorhersehen müssen[159].

b) Verantwortlichkeit für das Verschulden der Hilfspersonen

Der Transporteur hat nach amerikanischem Recht das Verschulden seiner Hilfspersonen „acting on the scope of his authority" zu vertreten. Das gilt insbesondere für das Landpersonal und die Schiffsbesatzung, aber auch für den freiwillig angenommenen Lotsen, die Schauerleute und den Arzt des Schiffes[160]. Für das Verschulden des Kapitäns ist der Transporteur nur dann verantwortlich, wenn er innerhalb seiner Vollmacht handelt. Liegt aber ein Verschulden des Kapitäns bei einer unbefugten Handlung vor, so hat der Transporteur dies Verschulden nicht zu vertreten, so z. B. wenn der Kapitän das Schiff zu einer Rundfahrt über Nacht führt und dabei einen Schiffszusammenstoß verursacht[161].

Ist der PassV. nebst Abhole- und Zubringedienst vereinbart, so hat der Transporteur auch das Verschulden der Hilfspersonen während dieses Dienstes zu vertreten[162].

---

[158] The Barge Ivenia, S. D. N. Y., 1958 A. M. C. 2196; The Pennsylvania, C. C. A. 9th Cir. 1958, 259 F. 2d 458 = 1958 A. M. C. 1775 = D. M. F. 1958, 191 ff.; Gilmore-Black, S. 700; Sotiropoulos BRH, S. 168.

[159] Grand Glaize v. Rocwell, C. C. A., 1957, 245 F. 2d 306 = 1957 A. M. C. 2086.

[160] Shulman v. Co. Gen. Trans., zit.; Randson v. Dollar S. S. Line, W. D. Wash., 1933, 2 F. Supp. 409 = 1933 A. M. C. 304; Nietes v. American President Lines, zit.; Sotiropoulos HP, S. 56; Robinson, S. 554.

[161] Petition of West, D. C. Cal., 1954, 116 F. Supp. 901.

[162] Robinson, S. 555.

Die Verantwortlichkeit des Transporteurs für den *Arzt* an Bord beschränkt sich grundsätzlich nur auf Verschulden bei der Auswahl des Arztes. Der Transporteur hat nämlich bei der Auswahl des Arztes „reasonable care" und „diligence" zu üben. Er braucht aber nicht einen Arzt „of the highest skill and longest experience" auszuwählen. Für wissenschaftliche Verfehlungen des Arztes während der Behandlung des Passagiers wird dagegen der Transporteur nicht haftbar, denn die rechtlichen Beziehungen zwischen Arzt und dem Passagier bestimmen sich nach der Einwilligung des Passagiers, von dem Arzt behandelt zu werden[163].

Einer neueren Rechtsprechung gemäß hat sich der Transporteur nicht nur sein Verschulden bei der Auswahl des Arztes, sondern auch für das Verschulden des Arztes selbst bei der Behandlung der Passagiere zu verantworten[164].

Erleidet der Passagier durch Verschulden der Hilfspersonen oder auch durch sein eigenes Verschulden einen Körperschaden, so ist der Transporteur schadensersatzpflichtig, wenn die Hilfspersonen ihm die notwendige Hilfe nicht leisten. Nicht jeder Angriff der Hilfspersonen berechtigt den Passagier zum Schadensersatz. Vielmehr sind die Hilfspersonen befugt, gegen den Passagier Zwangsmaßnahmen zu treffen, um die Sicherheit des Schiffes aufrecht zu erhalten oder die Ordnung auf dem Schiff zu bewahren.

Die Haftung des Transporteurs wegen Körperverletzung oder sonstiger Beschädigung des Passagiers existiert sowohl bei Verletzung der Vertragspflichten seitens der Hilfspersonen, als auch wenn die schadenstiftende Handlung die Voraussetzungen eines Delikts erfüllt. Die Haftung des Transporteurs für die unerlaubten Handlungen seiner Hilfspersonen ist nach dem Vorbild des englischen Rechts eine echte Haftung für Dritte ohne Exkulpationsmöglichkeit. Daneben besteht auch eine Haftung des Transporteurs wegen Verschuldens bei der Auswahl der schuldigen Hilfsperson.

Nicht nur für das Verschulden seiner Hilfspersonen, sondern auch für das der übrigen Passagiere oder Dritter hat der Transporteur zu haften, wenn er die Absicht der schuldigen Person gewußt hat oder wissen mußte und dagegen die notwendigen Maßnahmen nicht getroffen hat, um die Verletzung oder die Beschädigung des Passagiers zu vermeiden. Rechtsgrundsatz für die Verantwortlichkeit des Transporteurs ist in diesem

---

163 Dora Mayer v. Zim Israel Na. Co., 2d Cir., 1960 A. M. C. 2100; Bebber v. Swedish American Line, 1956 A. M. C. 1645; Ludena v. Santa Louisa S. D. N. Y., 1953, 112 F. Supp. 401 = 1953 A. M. C. 533.

164 Nietes v. American President Lines, zit.

Falle nicht das Verschulden des Schädigers, sondern das fahrlässige Verhalten des Transporteurs oder seiner Hilfspersonen[165].

Bei der Güterbeförderung ist der Transporteur nach dem Fire Statut[166] wegen Feuerschäden nur für sein eigenes Verschulden verantwortlich. Dies Statut findet aber bei der Passagierbeförderung keine Anwendung. Der Transporteur hat bei der Passagierbeförderung das Verschulden seiner Hilfspersonen auch bei Feuerschäden, die eine Körperverletzung des Passagiers verursacht haben, zu vertreten. Fraglich ist aber, ob der Transporteur auch für Feuerschäden am Reisegut, schuldhaft verursacht durch Hilfspersonen, einzustehen hat. Die Rechtsprechung wendet hier in Analogie die Regelung des Fire Statut an[167].

3. *Mitwirkendes Verschulden des Passagiers*

Fällt dem Passagier bei der Verursachung des Schadens ein eigenes Verschulden zur Last („contributory negligence rule"), so ist die Schadensersatzpflicht des Transporteurs ausgeschlossen[168]. Wenn z. B. ein Passagier von hohem Alter, den für ihn bestimmten Platz verläßt und ohne Grund sich einen anderen Platz auswählt und dann verletzt wird, so ist der Transporteur an seiner Verletzung nicht schuld[169]. Ebenso schuldet der Transporteur Schadensersatz nicht, wenn der Passagier an einem Test für Schiffsbrand teilgenommen hatte und trotz der Erklärung des Stewards, daß es sich um eine bloße Übung handele, durch die automatisch schließende wasserfeste Tür ging und dabei schwer verletzt wurde[170]. Meistens wird ein eigenes Verschulden des Passagiers darin gesehen, daß er trotz der Warnung von zuständigen Personen, gefährliche Anlagen besucht und dabei verletzt wird[171].

Hat außer dem Verschulden des Passagiers bei der Verursachung des Schadens ein Verschulden des Transporteurs oder seiner Hilfspersonen mitgewirkt, so hat der Passagier nach dem „common law" keinen Anspruch auf Schadensersatz. Dennoch wird ihm in „admiralty" bei

---

[165] Aquino v. Alaska S. S. Co., zit.; New Jersey S. S. Co. v. Brockett, zit.; Gilmore-Black, S. 21.

[166] 46 U. S. Cod. 182 = R. S. § 4282.

[167] The Black Gull, zit.

[168] Ludena v. Santa Louisa, zit.; Weil v. Co. Gen. Trans., C. C. A., 1940, 113 F. 2d 720 = 1940 A. M. C. 1134; The Nereid, zit.; C. J. S. 80, 194; Kessler, S. 160 ff.

[169] Canfield-Dalzell, S. 82 f.

[170] Hawthorne v. Holland-America Line, D. C. Mass., 1958, 1958 A. M. C. 2446 (2447).

[171] Erdman v. U. S., zit.

Körperschäden, dem Maß des beiderseitigen Verschuldens entsprechend, ein geminderter Anspruch auf Schadensersatz zugebilligt („comparative negligence rule")[172].

Ein beiderseitiges Verschulden liegt z. B. vor, wenn bei schwerem Wetter die Leiter für das Oberbett nicht festgebunden war, der Passagier den Steward nicht davon benachrichtigt hat und sich beim Aufsteigen verletzt hat[173].

Ein Mitverschulden des Passagiers wird darin gesehen, daß er selbst nicht die richtige Sorgfalt ausgeübt hat, um seine Verletzung zu vermeiden. Die Pflicht, „to take ordinary care" für sich selbst, besteht für den Passagier parallel zu der Fürsorgepflicht des Transporteurs und gründet sich auf die Gebräuche des Verkehrsrechtes. Von dem Passagier wird zwar nicht verlangt, daß er in jedem Fall prüft, ob er sich einer konkreten Gefahr aussetzt, wohl aber, daß er nicht ohne Grund die Gefahren des Schiffes auf sich nimmt, auch wenn sie wegen Verschuldens des Transporteurs vorhanden sind. Der Passagier ist aber an seiner Verletzung nicht mitschuldig, wenn er eine akute Gefahr, die von den Hilfspersonen des Transporteurs verursacht wurde, zu beseitigen versucht und dabei seine Verletzung verursacht hat. Es liegt z. B. ein Mitverschulden des Passagiers vor, wenn er ein wegen Verschuldens der Schiffsbesatzung untergehendes Schiff nicht verlassen will und mit dem Schiff untergeht; ein Mitverschulden einer Passagierin, welche auf einer sich in verkehrsunsicherem Zustand befindenden Treppe stürzte und sich verletzte, sah das Gericht darin, daß sie Schuhe mit hohen Absätzen trug.

Wenn aber nach der Ankunft des Schiffes am Bestimmungsort die gewöhnlichen Signale gegeben sind, und die Schienen von den Ausgängen gelöst werden, hat der Passagier das Recht anzunehmen, daß diese Ausgänge gesichert sind und seine Ausschiffung ohne Gefahr verlaufen wird[174].

4. Die Beweislast

Als Ausgleich für den von dem Transporteur zu erwartenden „highest degree of care" bürdet das amerikanische Recht die Beweislast dem Passagier auf. Der Passagier hat insbesondere den Abschluß des PassV.

---

[172] Byrd v. Napoleon Ave Ferry Co. D. C. La., 1954 A. M. C. 2159; Melrose-Sandcraft, C. C. A., 2nd Cir., 1957 A. M. C. 64; Robinson, S. 550; Kessler, S. 174.

[173] Hamilton v. S. S. Nassau, D. C. N. Y., 1955, 131 F. Supp. 125 = 1955 A. M. C. 595.

[174] The Sachem (Re Martin), D. C. N. Y., 1933, 5 F. Supp. 417; The Vulkania, D. C. Mass., 1934, 8 F. Supp. 300; Ladd v. Foster, D. C. Or., 1887, 31 F. 827; vgl. C. J. S. 80, 194 c.

und die Zahlung des Fahrgeldes, seinen Schaden, eine objektive Verletzung der Vertragspflichten durch den Transporteur oder seine Hilfspersonen, den ursächlichen Zusammenhang zwischen Schaden und Pflichtverletzung sowie das Verschulden des Transporteurs oder seiner Hilfspersonen zu beweisen[175]. Weil aber dem Pasagier meistens jede Möglichkeit der Einsicht in die Ursache des Schadens fehlt, und er außerstande ist, die den Unfall verursachenden Tatsachen in ihrer technischen und nautischen Bedeutung zu würdigen, befindet er sich in einem Beweisnotstand, welcher dem Transporteur seinen Entlastungsbeweis durchaus ermöglicht[176]. Zur Erleichterung der schweren Beweislast wird von den amerikanischen Gerichten ein Beweis des ersten Anscheins für genügend gehalten. So wird mit Hilfe dieses Satzes der Transporteur zu beweisen verpflichtet, daß ihn bei der Verursachung des Schadens keine „privity or knowledge“ sowie „negligence“ trifft[177]. Da die „contributory negligence“ des Passagiers bei der Verursachung des Schadens nach der Mehrheit der Staaten eine Einrede bildet, hat der Transporteur ihre Bestand-merkmale zu beweisen[178].

§ 6: Die Ansprüche der Hinterbliebenen beim Todesfall des Passagiers

A. DIE SITUATION BIS ZUM JAHRE 1920

Das „common law“ kennt keinen Anspruch der Nachkommen einer getöteten Person auf Schadensersatz. Und obwohl die einzelnen Bundesstaaten ihre Rechtsprechung und Gesetzgebung dem Vorbild des englischen Lord Campbell's Act von 1846 angepaßt haben, herrschte bis zum Jahre 1920 großer Zweifel und Widerspruch in den Gerichten des Bundes hinsichtlich der Schadensersatzansprüche von Hinterbliebenen auf Hoher See umgekommener Personen. Meistens wurden solche Klagen zurückgewiesen[179]. Aus dieser Situation wurde die ironische Regel „killing is cheaper“ entwickelt[180]. Der Supreme Court hat trotz der Widerlegungen

---

[175] The City of Athens, zit.; The Black Gull, zit.; Gyllenhammer v. Michael, S. D. N. Y., 1940, 35 F. Supp. 413 = 1940 A. M. C. 1324; Bonassies, a. a. O., S. 198; Robinson, S. 942.

[176] Dann v. Co. Gen. Trans., S. D. N. Y., 1942 A. M. C. 942; vgl. Kessler, S. 136 ff.

[177] S. aber Hamerschmidt v. Holland American Line, 1955 A. M. C. 165; vgl. Canfield-Dalzell, S. 81; Sotiropoulos BRH, S. 169; C. J. S. 80, 200.

[178] Parker, S. 179.

[179] La Frate v. Co. Gen. Trans., S. D. N. Y., 1952, 12 F. 71 = 1952 A. M. C. 1504, The Nellie B, zit.; Robinson, S. 14 ff.

[180] Siehe darüber Robinson, S. 136.

der Minderheit nicht gewagt, diese Regel zu brechen als anläßlich des Falles „Harrisburg“[181] das Problem vor ihm diskutiert wurde. Die Regel des „billigen Todes“ von dem Fall „Harrisburg“ bestätigt, hatte die Gerichte des Bundes stark beeinflußt. Dennoch haben die Gerichte des Bundes, um die offenbare Ungerechtigkeit zu mildern, einige Prinzipien entwickelt, auf Grund deren sie über die Klagen der Hinterbliebenen entschieden.

Es komme für den Anspruch der Hinterbliebenen darauf an, ob der Unfall innerhalb der Seegewässer des Bundes stattgefunden habe. In einem solchen Fall sei das Recht des Staates, dem die Gewässer gehörten, anzuwenden. Würde dagegen der Tod einer Person auf hoher See verursacht, so sei das Recht des Wohnsitzes des Transporteurs für die Klage von Hinterbliebenen maßgebend. War dabei das Schiff ausländisch, so komme das Recht der Flagge des Schiffes zur Anwendung[182]. Doch wurden diese Prinzipien nicht immer befolgt. So wurde z. B. die Klage der Witwe eines auf hoher See umgekommenen Matrosen zurückgewiesen, obwohl das Recht der Staaten des Wohnsitzes des Transporteurs und auch dasjenige des Heimatlandes des Umgekommenen einen solchen Anspruch kannten[183].

B. DIE ANSPRÜCHE DER HINTERBLIEBENEN IM BEREICH DES DEATH ACTS

Die Ungerechtigkeit des „billigen Todes“ hat im Jahre 1920 der Death Act[184] gemildert. Das Gesetz betrifft nur auf hoher See eingetretene Unfälle und überläßt die Regelung der Ansprüche von Hinterbliebenen der auf staatlichen Gewässern umgekommenen Personen der Gesetzgebung dieser Staaten. Diese Gesetzgebung weicht aber heute nicht wesentlich von dem Death Act, so daß in den Vereinigten Staaten ein allgemeines Death Statut vorhanden ist. Dieses Statut ist auch für die an Bord eines Schiffes umgekommenen Passagiere maßgebend[185].

---

[181] The Harrisburg, 1886, 119 U. S. 199.

[182] Vgl. The Hamilton, 1907, 207 U. S. 398; La Bourgogne, 1908, 210 U. S. 95; Bonassies, a. a. O., S. 200.

[183] Bonassies, a. a. O., S. 200; Benedict, I S. 373.

[184] Death on the High Seas Act, 1920, 46 U. S. Cod. §§ 761—768, bekannt als Death Act.

[185] Über die State Death Acts siehe Benedict, I S. 391 ff.; In der nachfolgenden Darstellung wird nur das Recht des Death on the High Seas Act, 1920, berücksichtigt.

1. Die Schadensersatzberechtigten

Einen Anspruch auf Schadensersatz können nur der überlebende Ehegatte, die Kinder, die Eltern und die engsten Verwandten des umgekommenen Passagiers nach der Erbschaftslinie erheben[186]. Die Klage richtet sich gegen das Schiff („in rem") oder gegen die Person des Transporteurs und des Schädigers. In beiden Klagen haben die Anspruchserhebenden ihre Verwandtschaft mit dem umgekommenen Passagier nachzuweisen.
Die Klage aus dem Death Act ist nur bei Unfällen in „seagoing vessels" gegeben. Der Death Act findet dagegen keine Anwendung für Binnen- oder Seeschiffe[187].

2. Die Voraussetzungen der Schadensersatzpflicht

Der Schadensersatzanspruch aus dem Death Act setzt voraus, daß der Transporteur oder seine Hilfspersonen eine gebotene Sicherungsmaßregel zu treffen unterlassen („neglegt") oder eine verbotene Handlung vorgenommen („wrongful act") und dadurch den Tod des Passagiers verursacht haben. Ein subjectives Verschulden wird in allen Fällen verlangt. Der Tod des Passagiers muß für die Anspruchserhebenden einen Schaden zur Folge haben. In Betracht kommen nur Vermögensschäden[188]. Ansprüche auf Schadensersatz wegen seelischer Schmerzen werden von dem Death Act nicht berücksichtigt[189]. Außer ihrer Klage („death action") sind die Hinterbliebenen des Passagiers berechtigt, die Klage des Verletzten und inzwischen verstorbenen Passagiers auf Schadensersatz fortzusetzen, falls er eine solche Klage, „survival action"[190], schon erhoben hatte. Zu diesem Betrag gehören nicht nur Arzt- und Spitalkosten des verstorbenen Passagiers, sondern auch das etwa ihm gebührende Schmerzensgeld sowie sein Verdienstausfall für die Zeit, die er im Krankenhaus verbrachte. Den Familienangehörigen steht dann noch ein Schadensersatzanspruch zu, über dasjenige, was der verstorbene Passagier für

---

[186] 46 U. S. Cod. § 761; Middleton v. Luckenbach, S. S. Co. C. A. 2 Cir., 1934, 70 F. 2d 326 = 1934 A. M. C. 649; Hammond v. Pennsylvania Ry. Co., S. C. N. J. 2nd Cir., 1960 A. M. C. 973; Civil etc. v. Waterman S. S. Co., C. C. A. 2nd Cir., 1955, 217 F. 2d 94 = 1955 A. M. C. 21; Canfield-Dalzell, S. 84.

[187] 46 U. S. Cod. § 761; vgl. La Frate v. Co. Gen. Trans., zit.; The Nellie B, zit.; Canfield-Dalzell, S. 84.

[188] 46 U. S. Cod. § 762; Bonassies, a. a. O., S. 201, Benedict, I S. 387.

[189] Brambir v. Cunard White Star Co., S. C. N. Y., 1941, 37 F. Supp. 906 = 1941 A. M. C. 391, 1008, C. A.

[190] Burbley Welding Works v. Lawson, 1944, 141 F. 2d 964 = 1944 A. M. C. 535, C. A.; Benedict, I S. 390.

den Rest seines Lebens nach Hause gebracht hätte. Die umfangreiche Summe, die davon zusammenkommen kann, wird durch die gesetzliche Beschränkung der Haftung des Transporteurs, falls ihre Voraussetzungen vorliegen, gemindert[191].

Liegt bei der Verursachung des Todes des Passagiers auch ein eigenes Verschulden vor, so ist der Anspruch des Hinterbliebenen dem Maß des Verschuldens des Passagiers entsprechend zu mindern[192]. Ein Hinterbliebener aber, der beim Tode des Passagiers mitgewirkt hat, hat keinen Anspruch auf Schadensersatz gegen das mitschuldige Schiff[193].

3. *Die Beweislast*

Die Schadensersatzpflicht des Transporteurs aus dem Death Act setzt voraus, daß der Anspruchsberechtigte seinen Schaden, das Verschulden des Transporteurs oder seiner Erfüllungsgehilfen und den ursächlichen Zusammenhang zwischen Schaden und Verschulden nachweist. Zur Erleichterung der Beweislast wurde von der Rechtsprechung anerkannt, daß ein Beweis des ersten Anscheins genügt[194].

4. *Der Geltungsbereich des Death Acts*

Der Death Act kommt nur dann zur Anwendung, wenn der Unfall auf hoher See stattgefunden hat. Dafür genügt es, daß die den Tod verursachte Handlung auf hoher See stattgefunden hat, auch wenn der Tod des Passagiers in einer späteren Zeit erfolgt ist.

Wird nach dem Statut der Flagge des Schiffes ein breiteres Recht den Hinterbliebenen des Passagiers zuerkannt, so ist dies Recht anzuwenden. Ist aber nach dem Recht dieses Staates ein engerer Anspruch zu gewähren, so kommen die Regeln des Death Acts zur Anwendung. Das gilt auch, wenn das Schiff unter einer ausländischen Flagge fährt. Diese Regel ist ein Ergebnis der Erfahrung aus den Fällen „La Bourgogne"[195] und „Titanic"[196, 197].

---

[191] PARKER, S. 192.

[192] 46 U. S. Cod. § 766; vgl. The Chiswick, 1916, 231 F. 452 C. C. A.; The Eugenia Moran, 1908, 212 U. S. 466; BONASSIES, a. a. O., S. 201; BENEDICT, I 383.

[193] Byrd v. Napoleon Ave. Ferry Co., zit.

[194] The D. H. Senior, S. D. N. Y., 1952 A. M. C. 189; Civil etc. v. Waterman S. S. Co., Petition of Panama Transport Co., S. D. N. Y., 1952, 98 F. Supp. 144 = 1952 A. M. C. 189; BONASSIES, a. a. O., S. 201.

[195] La Bourgogne, zit.

[196] Oceanic S. S. Co. v. Mellor (Fall „Titanic"), 1914, 233 U. S. 718; BENEDICT, I S. 395.

[197] 46 U. S. Cod. § 764.

§ 7: Die Beschränkung der Haftung des Transporteurs

I. Die Beschränkung der Haftung bei Personenschäden

A. DIE ENTSTEHUNGSGESCHICHTE DES GESETZES VOM 5. VI. 1936

Ursprünglich ließ das „admiralty law" keine vertragliche Enthaftung oder Beschränkung der Haftung in dem Bereich des Seerechtes wegen Personenschäden zu. Freizeichnungsklauseln waren daher nur da anerkannt, wo sie ausnahmsweise ein Gesetz erlaubte[198]. Solche Gesetze waren für die Güterbeförderung auf See der Harter Act[199] und der Carriage of Goods by Sea Act[200]. Diese Gesetze hatten zwar keine Anwendung auf die Haftung des Transporteurs bei Passagierbeförderung zur See, wohl aber einen indirekten Einfluß. Nach dem Vorbild dieser Gesetze und der englischen Seepraxis bei der Passagierbeförderung haben die amerikanischen Transporteure zahlreiche Freizeichnungen entwickelt, die trotz der feindlichen Haltung der Rechtsprechung zu jeder „negligence clause", bei Personenschäden von ihr teilweise für gültig gehalten wurden, wenn bestimmte Voraussetzungen und vor allem Kenntnis des Passagiers, vorhanden waren. Während nämlich die Enthaftungsklauseln meistens für nichtig und der öffentlichen Ordnung widersprechend angesehen wurden, sind Beschränkungsklauseln aus dieser Haftung öfters anerkannt worden[201].

Außerdem waren die zeitlichen Beschränkungen der Haftung („time limitations") weitgehend anerkannt. Die Transporteure pflegten ausnahmslos eine unverzügliche Anzeige des Anspruchs sowie sehr kurze Fristen für ein gerichtliches Verfahren zu verlangen.

Die Lage war aber auch hinsichtlich der gesetzlichen Haftungsbeschränkung für die Passagiere nicht günstiger. Der Supreme Court hat nämlich im Jahre 1889[202] den „Limitations Act" von 1851[203] über die Beschränkung der Haftung des Reeders für Sachschäden, um seinen ökonomischen Zweck zu retten, auch für die Haftung des bis dahin für Personenschäden unbeschränkt haftenden Reeders anerkannt. Dies System befugt den

---

[198] Moses v. Hamburg American Packet Co., D. C. N. Y., 1898, 88 F. 329; Janson v. Swedish America Line, zit.

[199] 46 U. S. Cod. §§ 190—195.

[200] 46 U. S. Cod. §§ 1300—1315.

[201] The Majestic, zit.; The Arabic, zit.; Murray v. Cunard S. S. Co., S. C. N. Y., 1922, 193 N. Y. S. 220; Bonassies, a. a. O., S. 748.

[202] Butler v. Boston S. S. Co., 1889, 130 U. S. 527.

[203] Über die Entstehungsgeschichte des Gesetzes siehe Sotiropoulos BRH, S. 162 f.; Robinson, S. 875 ff.

Reeder, seine Haftung auf den Wert des Schiffes nebst Zubehör nach dem Unfall, zuzüglich der Fracht oder der Überfahrtsgelder, zu beschränken. Rasch hat es sich aber gezeigt, daß dies System hinsichtlich der Ansprüche aus Personenschäden unzulänglich ist, weil wegen des Zusammentreffens anderer Ansprüche und die Abandonierung des Haftungsfonds von Schiff und Fracht (im Werte nach dem Unfall) die Ansprüche aus Personenschäden oft nicht befriedigt werden konnten. So bestand z. B. das haftende Vermögen bei dem Fall „Titanic" lediglich aus einigen geretteten Rettungsbooten, während sich die Höhe der Ansprüche auf US $ 22 000 000 belief[204]. Einige Jahre später brannte das Schiff „Morro Castle"[205] nicht sehr weit vom New Yorker Hafen, und dabei kamen 135 Menschen ums Leben. Die Reederei beschränkte ihre Haftung, dem „Limitation Act" gemäß, auf Schiff und Fracht, nämlich auf den völlig ungenügenden Betrag von insgesamt 20 000 Dollar, während sich die gesamten Schadensersatzansprüche auf US $ 1 450 000 beliefen. Als sich im folgenden Jahr ein ähnliches Unglück auf dem Schiff „Mohawk" ereignete, sah sich der Kongreß, nachdem die beiden Fälle ein großes Aufsehen in der Öffentlichkeit erregt hatten, veranlaßt, eine neue Regelung hinsichtlich der Haftung des Reeders für Personenschäden an Bord einzuführen. So wurde im Jahre 1935 (29. VIII.) ein Bundesgesetz verabschiedet, welches im Jahre 1936 (5. VI.) teilweise modifiziert wurde und seitdem in Geltung ist[206]. Dies Gesetz enthält ein Verbot der Freizeichnungsklauseln von Verschulden bei der Passagierbeförderung auf See[207], führt ein neues Beschränkungssystem bei Personenschäden im allgemeinen ein (Summenhaftungssystem)[208] und setzt ein Minimum der erlaubten Verjährungsklauseln bei Personenschäden[209].

B. DAS VERBOT DER FREIZEICHNUNGSKLAUSELN BEI PERSONENSCHÄDEN VON PASSAGIEREN

Das Gesetz vom 5. VI. 1936 erklärt alle Freizeichnungs- oder Beschränkungsklauseln für Personenschäden von Passagieren für nichtig und der

---

[204] Vgl. Norwish v. Wright, 1871, 80 U. S. 104; The Linseed King, zit; SOTIROPOULOS BRH, S. 164, 182; ROBINSON, S. 932; SYMMERS, S. 10; BONASSIES, a. a. O., S. 206.

[205] The Morro Castle, D. C. N. Y., 1938, 1938 A. M. C. 1121; ROBINSON, S. 880.

[206] 46 U. S. Cod. § 183, R. S. Sec. 4283.

[207] 46 U. S. Cod. § 183 c, R. S. Sec. 4283 B.

[208] 46 U. S. Cod. § 183, R. S. Sec. 4283.

[209] 46 U. S. Cod. § 183 b, R. S. 4283 A; darüber ROBINSON, S. 983 ff.; GILMORE-BLACK, S. 722; SOTIROPOULOS BRH, S. 184 ff.; WÜSTENDÖRFER-KAPELLE, in HansRGZ 1939, A. S. 15 ff.; WÜSTENDÖRFER SHR, S. 139; BONASSIES, a. a. O., S. 206.

„public policy" widersprechend[210]. Das Verbot trifft die Haftung des Transporteurs sowie des regierenden Direktors („managers"), des Agenten und des Kapitäns des Schiffes, für Körperschäden oder Tötung von Passagieren auf Grund eines Verschuldens dieser Personen selbst oder der Hilfspersonen des Transporteurs. Dagegen sind Freizeichnungen von der Haftung dieser Personen für Zufallsschäden zulässig[211]. Das Gesetz findet grundsätzlich nur auf „public carriers" Anwendung. Die Anerkennung von Freizeichnungsklauseln eines „private carriers" ist dagegen den allgemeinen Grundsätzen des „admiralty law" überlassen[212]. Das Verbot ist absolut. Untersagt werden sowohl Enthaftungsklauseln als auch Beschränkungen der Haftung sowie Klauseln, die die Verhinderung des Geschädigten, die Klage vor dem zuständigen Gericht oder überhaupt vor Gericht zu führen zum Inhalt haben[213]. Unter Verschulden fallen „negligence" und „fault" des Transporteurs selbst als auch seiner Hilfspersonen. Außerdem hat der Transporteur sowohl das nautische als auch das kommerzielle Verschulden dieser Personen zu vertreten[214].
Das Gesetz findet Anwendung auf alle Schiffe, die Passagiere befördern, ohne zu unterscheiden zwischen Passagier- oder Frachtschiffen, noch zwischen Binnen- oder Seeschiffen, und zwar bei Beförderung zwischen amerikanischen Häfen oder zwischen einem amerikanischen und einem ausländischen Hafen. Dagegen sind Passagierbedingungen ausländischer Transportunternehmer von den amerikanischen Gerichten anerkannt worden, auch wenn es sich z. B. um die Ansprüche eines auf hoher See an Bord eines englischen Schiffes verletzten USA-Bürgers handelt. Die Anerkennung solcher ausländischen Bedingungen betrifft jedoch nur die

---

210 „It shall be unlawfull for the manager, agent, master or owner of any vessel transporting passengers between ports of the United States or between any such port and foreign port to insert in any rule, regulations, contract, or agreement any provision or limitation (1) purpoting, in the event of loss of life or bodily injury arising from negligence or fault of such owner or his servants, to relieve such owner, master or agent from liability beyond any stipulated amound for such loss or injury, or (2) purporting in such event to lessen, weaken, or avoid the right of claimant to a trial by court of competent jurisdiction on the question of liability for such loss or injury, of the measure of damages therefore. All such provisions or limitations contained in any such rule, regulation, contract, or agreement, are declared to be against public policy and shall be null and avoid and no effect." 46 U. S. Cod. 183 c, R. S. Sec. 4283 B; Robinson, S. 556 f.

211 Moses v. Hamburg American Pac. Co., zit.; Gilmore-Black, S. 22; Bonassies, a. a. O., S. 196 ff.; C. J. S. 80, 195.

212 Halpern v. American Export Lines, zit.

213 Moore v. American Scandic Line, zit.; und 1941 A. M. C. 1207; The Valencia, zit.; Arzt, § 1178.

214 The Havanna, zit.; Robinson, S. 533; C. J. S. 80, 193; Arzt, § 1156 (3).

einschlägigen Bestimmungen des ausländischen Rechtes und nicht dieses Recht in seiner Gesamtheit. Das Freizeichnungsverbot übrigens gilt nur für Passagierbeförderung gegen Entgelt. Beim Gefälligkeitstransport sind dagegen Freizeichnungen aus der Schadensersatzpflicht erlaubt, es sei denn, es handelt sich um vorsätzliche oder grobfahrlässige Schädigung[215].

C. DIE GESETZLICHE HAFTUNGSBESCHRÄNKUNG

1. Allgemeines

Durch das Gesetz vom 5. VI. 1936[216] wurde das bis dahin geltende Beschränkungssystem gründlich geändert. Die Änderung betrifft aber nur Personenschäden an Bord, und zwar kommt es zur Anwendung für die Ansprüche aus Körperverletzung oder Tötung jeglicher Personen an Bord und nicht nur für Ansprüche der Passagiere.

Die neue Regelung folgt dem englischen Summenhaftungssystem und dem System des inzwischen unterzeichneten Brüsseler Übereinkommens von 1924. Die Haftungssumme beträgt US $ 60 je Tonne des Raumgehaltes des Schiffes. Unter Tonne ist die englische Registertonne zu verstehen. Diese Summe ist nicht, wie nach dem englischen Recht, zusätzlich zu der Werthaftungssumme zu entrichten. Sie ist vielmehr eine Mindestsumme, auf welche der Geschädigte auf jeden Fall Anspruch hat. Das Seevermögen des Reeders wird nämlich hinsichtlich der Personenschäden nach dem Werthaftungssystem gemessen, und nur wenn diese Summe für jeden Gläubiger von Personenschäden geringer als US $ 60 je Tonne des Schiffes ist, so muß der Reeder bis zu diesem Wert mit seinem Landvermögen haften, so daß jeder geschädigte Passagier mindestens US $ 60 je Tonne des Schiffes bekommt. Übersteigt dagegen der Wert des Seevermögens (nachdem die Verbindlichkeiten aus Sachschäden abgezogen sind) die US $ 60 je Tonne des Schiffes, so darf der Reeder nicht die Differenz behalten, denn seine Haftung bleibt grundsätzlich unter dem Werthaftungssystem[217].

Das Gesetz findet Anwendung nur bei Ansprüchen aus Personenschäden an Bord. Dagegen unterliegen die Ansprüche wegen Beschädigung oder Verlust des Reisegutes dem Werthaftungssystem und werden nach dem Werte von Schiff und Fracht bemessen[218].

---

[215] The Kensington, zit.; Janson v. Swedish, 1950 A. M. C. 1959; Siegelman etc. v. Cunard White Star Ltd., zit.; Bonassies, a. a.. O., 259 ff. (269).

[216] 46 U. S. Cod. § 193, R. S. Sec. 4283.

[217] Gilmore-Black, S. 669; Sotiropoulos BRH, S. 185.

[218] Bonassies, a. a. O., S. 207.

Das Gesetz findet nur auf bestimmte Seeschiffe Anwendung[219]. Gewisse Schiffstypen werden ausgenommen. Ereignet sich eine Passagierfahrt mit einem der ausgenommenen Schiffe, so haftet der Reeder dem Werthaftungssystem nach[220].
Haftungseinheit ist das einzelne Schadensereignis. Die Haftung des Reeders wird nämlich durch jeden neuen Unfall erneuert, so daß der Rechtsprechung viel leichter geneigt, ein persönliches Verschulden des dem Passagier gewähren muß[221].

2. *Personen, für welche die Beschränkung gilt*

Der Vorteil der Beschränkung der Haftung kommt grundsätzlich dem Schiffseigentümer zugute. Unter „Schiffseigentümer" („owner") ist nicht nur der Volleigentümer, sondern auch der Nießbraucher und der Eigentümer, der das bloße Eigentum (ohne Besitz) am Schiff behält, zu verstehen; praktisch werden aber auch alle Personen erfaßt, die ein dingliches Recht an dem Schiff haben[222]. Weil die Schadensersatzpflicht auch auf den Ausrüster des Schiffes ausgedehnt wird, wurde von der Rechtsprechung eine Beschränkung der Haftung des Ausrüsters in Analogie zu der Haftung des Schiffseigentümers ausgesprochen. Dasselbe gilt für den Charterer des Schiffes, wenn er auch die Schiffsbesatzung unter seiner Kontrolle hat[223].

3. *Verbindlichkeiten, für welche der Transporteur unbeschränkt haftet*

Die Haftung des Transporteurs bleibt auf dem vollen Betrag bestehen, soweit er an der schadenstiftenden rechtswidrigen Handlung beteiligt war oder von ihr wußte („privity or knowledge")[224]. Die ältere amerikanische Rechtsprechung nahm ein persönliches Verschulden des Transporteurs nur da an, wo die rechtswidrige Handlung dem Transporteur bekannt war oder er an dieser Handlung persönlich Teil genommen hatte[225].

---

[219] 46 U. S. Cod. § 183; R. S. Sec. 4283 Abs. b—f; Petition of Hockings, D. C. N. Y., 1958, 158 F. Supp. 620 (623) = 1958 A. M. C. 1749; GILMORE-BLACK, S. 719.
[220] Petition of the Dodge, E. D. N. Y., 1959, 173 F. Supp. 906; SOTIROPOULOS BRH, S. 185; BENEDICT, III S. 321.
[221] 46 U. S. Cod. § 183, R. S. Sec. 4283 Abs. d; SOTIROPOULOS BRH, S. 186; GILMORE-BLACK, S. 723; BENEDICT, III S. 402.
[222] ROBINSON, S. 559 f.
[223] SOTIROPOULOS BRH, S. 207 ff.; BENEDICT, III S. 415; vgl. C. J. Sec. 80, 192.
[224] 46 U. S. Cod. § 183, R. S. Sec. 4283 Abs. a; The Linseed King, zit.; Grand Glaize, zit.
[225] EDELMANN, I S. 589; BONASSIES, a. a. O., S. 207.

So wurde z. B. im Falle „The Republic“[226] entschieden, daß die anfängliche Seeuntüchtigkeit des Schiffes nicht ohne weiteres die Beschränkungsmöglichkeit des Transporteurs entfallen läßt, denn sie könnte auf einem Verschulden der Hilfspersonen des Transporteurs beruhen, ohne daß er davon Kenntnis hatte oder daran beteiligt war. Dagegen ist die neuere Rechtsprechung viel leichter geneigt, ein persönliches Verschluden des Transporteurs zu bejahen. So wird heute meistens bei anfänglicher Seeuntüchtigkeit des Schiffes eine „privity or knowledge“ des Transporteurs angenommen[227]. Unbeschränkt haftet der Transporteur weiterhin für seine persönlichen Verträge, PassV. werden aber nie als persönliche Verträge des Transporteurs betrachtet[228].

Der Transporteur haftet für das Verschulden („privity or knowledge“) des Kapitäns des Schiffes, der leitenden Angestellten („superintendent or managing agent“) bei Reisebeginn oder vorher unbeschränkt[229]. Ein Verschulden des Kapitäns während der Reise befugt den Transporteur, seine Haftung zu beschränken[230]. Hinsichtlich des Verschuldens der leitenden Angestellten war schon die ältere Rechtsprechung unter dem Limitation Act von 1851 zum Nachteil des Transporteurs sehr streng ausgerichtet. Für Unternehmen in der Form einer juristischen Person wurde häufig entschieden, daß die persönliche Haftung der juristischen Person nicht nur für das Verschulden ihres Direktors bestehe, sondern auch für das ihrer leitenden Angestellten (managing officers)[231]. Außerdem haftet der Transporteur unbeschränkt für Ansprüche, die wegen Tötung von Passagieren auf hoher See oder in ausländischen Gewässern nach einem ausländischen Recht entstehen, wenn dieses Recht in diesem Fall eine unbeschränkte Haftung vorsieht[232]. Ebenfalls bleibt die Haftung des Transporteurs unbeschränkt, wenn der Schaden des Passagiers aus Nichtbefolgung der Schutzgesetze

---

[226] C. C. A. N. Y., 1894, 61 F. 199.

[227] Sotiropoulos BRH, S. 169; Robinson, S. 945.

[228] Sotiropoulos BRH, S. 170.

[229] 46 U. S. Cod. § 183, R. S. Sec. 4283 Abs. e; Benedict, III S. 383; Gilmore-Black, S. 721 f.; Robinson, S. 950.

[230] Dennoch hat der Transporteur für das Verschulden des Kapitäns in einem ausländischen Hafen unbeschränkt einzustehen, wenn der Kapitän Vollmacht hatte, ihn zu vertreten; so The Edmund Fanning, 1953 A. M. C. 86; The Black Bull, zit.; The Pennsylvania, zit.; vgl. Sotiropoulos BRH, S. 186.

[231] The Linseed King, zit.; Dennoch wurde durch die Anwesenheit des Direktors der Reederei an Bord der „Titanic“ eine persönliche Haftung des Transporteurs nicht angenommen; siehe Fall „Titanic“, zit.; Bonassies, a. a. O., S. 208 Anm. 41.

[232] 46 U. S. Cod. § 764; Benedict, I S. 395; III S. 360 ff.; Gilmore-Black, S. 678.

(„safety laws") oder Explosion, Feuer, Zusammenstoß oder aus einer anderen Ursache, die „unknown defects or imperfections of apparates and hull" verursacht wurde[233]. Es ist daraus leicht zu erkennen, in wie wenig Fällen der Transporteur nach amerikanischem Recht beschränkt haftet. Beschränkbar bleibt nämlich seine Haftung nur, wenn leichte Fahrlässigkeit vorliegt.

II. Enthaftung von der Schadensersatzpflicht wegen Schäden am Reisegut

Viel elastischer zeigt sich die amerikanische Rechtsprechung bei der Freizeichnung des Transporteurs für Beschädigung oder Verlust des Reisegutes[234]. Das Statut von 1936 findet keine Anwendung auf Gepäckschäden. So ist der Transporteur befugt, alle jene Freizeichnungen, die der „public policy" nicht widersprechen, zu vereinbaren[235]. Die Freizeichnungsmöglichkeit betrifft auch das übernommene Reisegut. Dennoch wird in diesem Fall eine Freizeichnung von der Haftung wegen eigenen Verschuldens oder Verschuldens der Hilfspersonen nicht anerkannt[236]. Dagegen sind Beschränkungsklauseln zugelassen. Dennoch werden sie nur unter der Bedingung anerkannt, daß sie nicht Haftungssummen enthalten, die in keinem Maße mehr einen Gegenwert für die beförderte Sache darstellen, und daß der Passagier die Haftungssumme erhöhen kann, indem er einen Zuschlagsbetrag für sein Reisegut bezahlt[237]. Diese Klauseln werden weiterhin von der Rechtsprechung sehr eng gegen den Transporteur ausgelegt, in Fragen der „public policy" und der Freizeichnung von Verschulden, insbesondere die typischen Voraussetzungen für die Gültigkeit der entsprechenden Freizeichnungsklauseln werden streng geprüft. In solchen Fällen greift meistens der „estoppel" Grundsatz Platz[238]. Freizeichnungen, nach welchen der Passagier sein Handgepäck auf eigene Gefahr befördern soll, sind, insofern damit eigentliches Reisegut gemeint ist, nichtig[239].

[233] 46 U. S. Cod. § 491.

[234] Vgl. aber The Kensington, 1902, 183 U. S. 263; MORRISON-STUMBERG, S. 372 f.

[235] The Majestic, zit.; MORRISON-STUMBERG, S. 378; ROBINSON, S. 563 ff.

[236] The city of Norfolk, zit.; The Leviathan, zit.; The Majestic, zit.; CANFIELD-DALZELL, S. 81; LORD-SPRAQUE, S. 291.

[237] The Morro Castle, zit.; The Leviathan, zit.; Isthmian v. McElligot, zit.; = Beschränkung auf 100 US$; Cohn v. U. S. Lines, 1949 A. M. C. 143.

[238] BONASSIES, a. a. O., S. 205; **C. J. S. 80, S. 1135 f.**

[239] The Munargo, D. C. N. Y., 1929, 33 F. 2d 329; C. J. S. 80, 196 (3).

III. Die Verjährung der Ansprüche aus dem PassV.

A. ALLGEMEINE GRUNDSÄTZE

Die Einrichtung der Verjährung („limitation of action") ist in den einzelnen Staaten gesetzlich geregelt. In ihrem bundesrechtlichen Gegenstück ist aber die Regelung sehr ähnlich. Die Verjährungsfristen sind im allgemeinen sehr kurz und hängen von der Art der Forderung ab.

Ansprüche gegen den Transporteur aus einem Delikt („tort") verjähren meistens nach einem Jahr, während für die vertraglichen Ansprüche eine zwei- oder dreijährige Verjährungsfrist vorgeschrieben ist[240].

B. DIE REGELUNG DER VERJÄHRUNGSKLAUSELN („TIME LIMITATIONS")

Bis 1953 stand es dem Transporteur frei, kurze Verjährungsklauseln sowohl für die Anmeldung des Schadens als auch für die Klageerhebung bei Personenschäden durchzusetzen[241]. Da aber nicht alle Transporteure dieselben Verjährungsfristen vereinbarten, waren die amerikanischen Gerichte gegenüber diesen Klauseln sehr verschiedener Auffassung. Grundsätzlich wurde entschieden, daß die Verjährungsfristen der „public policy" nicht widersprechen, weil sie nicht die Enthaftung des Transporteurs, sondern nur die Verkürzung der Zeit, innerhalb deren ein Schadensersatzanspruch geltend gemacht werden kann, bezweckten. Für die Anerkennung dieser Klauseln verlangte die Rechtsprechung, daß sie eine „reasonable" Zeit für die Verjährung dieser Ansprüche enthalten[242].

Das Gesetz vom 29. August 1935[243] hat diese Frage wie folgt geregelt: Nichtig und ohne Wirkung sind alle Klauseln, welche

a) für die Bekanntmachung des Unfalls oder die Schadensanzeige an den Transporteur wegen Körperverletzung oder Tötung an Bord eine kürzere Frist als 6 Monate verlangen[244] oder

---

[240] Parker, S. 192.

[241] Silverman v. Bermuda & West Indies S. S. Co., D. C. N. Y., 1935, 12 F. Sup. 164; C. J. S. 80, 1956.

[242] Hubbard c. Matson N. Co., 1940, 93 P. 2d 846 = 310 U. S. 628 = 84 L. Ed. 1399; Scheibel v. Agwilines Inc., C. C. A. 2nd Cir., 1946, 156 F. 2d 636; Blackwell v. Alaska S. S. Co., D. C. Wash., 1923, 1 F. 2d 334.

[243] 46 U. S. Cod. § 183 b, R. S. Sec. 4283 A.

[244] Das Gesetz führt somit eine neue „public policy" hinsichtlich der Personenschäden an Bord ein; vgl. Moore v. American Scandic Line, zit.

b) für die Klageerhebung eine kürzere Frist als 1 Jahr festsetzen[245].

Dennoch hat das Unterlassen der Schadensanzeige innerhalb der erwähnten Fristen eine Verjährung des Anspruchs nicht zur Folge:

a) wenn der Transporteur, sein Agent oder der Kapitän des Schiffes von der rechtswidrigen Handlung, dem Schaden oder der Tötung Kenntnis hatten und nach der Entscheidung des Gerichtes dem Transporteur durch diese Unterlassung kein Schaden entstanden ist[246].
b) wenn das Gericht entscheidet, daß wegen genügend begründeter Ursache die Anmeldung des Unfalls und des Schadens nicht rechtzeitig erfolgen konnte[247].
c) wenn der Transporteur selbst die Ermöglichung dieser Anmeldung verhindert hat[248].

Eine Prüfung dieser Regeln im Vergleich zu dem Verbot der Freizeichnungsklauseln führt zu der Feststellung, daß durch die im Jahre 1936 (5. VI.) erfolgte Modifizierung des § 183b des Gesetzes vom 29. VIII. 1935 die Regelung des letzteren über die „Time Limitation" (§ 183b) nicht mehr in Geltung sein kann, denn die neue Fassung des § 183c des Gesetzes von 1936 schließt jede Freizeichnungsmöglichkeit hinsichtlich der Ansprüche aus Personenschäden aus. Die amerikanische Rechtsprechung hat trotzdem die Regelung von § 183b des Gesetzes von 29. VIII. 1935 in bezug auf „Time Limitation" nach den Grundsätzen der „equity" angewendet, so daß ihre Geltung heute auf einem von ihr geschaffenen Gewohnheitsrecht beruht[249]. Dafür läßt aber dieselbe Rechtsprechung die Gültigkeit der „Time Limitation" von bestimmten Formalitäten abhängen, die von dem Gesetz vom 29. VIII. 1935 nicht vorgesehen waren[250].

Die „time limitations" gelten nicht im Falle eines Minderjährigen, der einen gesetzlichen Vertreter erst nach dem Ablauf der Fristen bekommen hat[251].

---

[245] Innerhalb dieser Zeiten werden aber die Verjährungsklauseln als „reasonable" und „valid" gehalten; Lewitsky v. Matson, N. Co., S. D. N. Y., 1955, A. M. C. 1061 = 134 F. Supp. 441; Barrete v. Home Lines Inc., D. C. N. Y., 1958, 168 F. Supp. 141.

[246] 46 U. S. Cod. § 183 Abs. b Ziff. 1.

[247] 46 U. S. Cod. § 183 Abs. b Ziff. 2; vgl. Baron v. Co. Gen. Trans., zit.; C. J. S. 80, 195b.

[248] 46 U. S. Cod. § 183 Abs. b Ziff. 3.

[249] Foster v. Cunard White Star Ltd., zit.; C. J. S. 80, 1144; Rogers v. Furness Withy & Co., zit.; Burstein v. U. S. Lines, 1943, 134 F. 2d 89 = 1943 A. M. C. 180, C. A.

[250] So z. B. Signatur, Formel der Klausel, Klarheit, wirkliche Akzeptierung, Kenntnis usw., vgl. darüber: Sally Stapp, S. D. N. Y., 1961 A. M. C. 91; Mayer v. Zimm & Israel Na. Co., C. C. A., 1961 A. M. C. 210; Toohill v. Cunard S. S. Co. Ltd., zit.; The Kungsholm, zit.; Furr v. Societá Italiana etc., zit.

[251] Mitchell v. American Export Lines, S. D. N. Y., 1960, A. M. C. 2407.

Das Gesetz vom 29. VIII. 1935 setzt nur ein Minimum der erlaubten Verjährungsfristen. Das Gesetz findet auf Passagierverträge, die nach einem ausländischen Recht abgeschlossen sind, keine Anwendung, vorausgesetzt, daß der Passagier nach seinem Vertrag und dem in diesem Falle anzuwendenden Recht nicht verpflichtet ist, seine Ansprüche innerhalb derselben Frist, wie von dem Statut festgesetzt, zu erheben und zu melden[252].

Weder das Gesetz vom 29. VIII. 1935 noch die darauf begründete Rechtsprechung finden Anwendung auf Verjährungsklauseln hinsichtlich der Verjährung der Ansprüche aus Schäden oder Verlusten des Reisegutes. Auch diesen Fall löst die Rechtsprechung nach „equity", indem sie eine „reasonable" Frist sowohl für die Schadensanzeige als auch für die Klageerhebung verlangt. Als „reasonable" wird eine Frist von 15 Tagen für die Anmeldung des Schadens und von 6 Monaten für die Klageerhebung angesehen. Kürzere Fristen werden von derselben Rechtsprechung als nichtig und der „public policy" widersprechend erklärt[253].

Auf Ansprüche wegen Tötung von Passagieren auf hoher See hat das Gesetz vom 29. VIII. 1935 keine Anwendung. Nach § 763 des Death Acts haben die Erben von umgekommenen Passagieren eine zweijährige Frist zur Geltendmachung ihrer Ansprüche.

Die Verjährungsfrist läuft von dem Datum der rechtswidrigen Handlung und nicht vom Datum des Todes an. Diese Verjährungsfristen laufen aber nicht, wenn der Anspruchsberechtigte aus durch ihn nicht verschuldeten Gründen verhindert wurde, seinen Anspruch vor Gericht zu bringen. Wird dies Hindernis erst nach dem Ablauf der zweijährigen Frist beseitigt, so ist der Anspruchsberechtigte befugt, innerhalb von 90 Tagen seinen Anspruch vor Gericht geltend zu machen. Dieselbe Verjährungsfrist läuft gegen die Fortsetzung der Klage von den Hinterbliebenen des Passagiers, wenn er während des Verfahrens auf Grund einer an Bord geschehenen Körperverletzung ums Leben gekommen ist[254].

---

252 Jansson v. Swedish American Line, zit.

253 Miller v. International Freighting Co., S. C. N. Y., 1951 A. M. C. 944; Bonassies, a. a. O., S. 205; vgl. C. J. Sec. 80, 90 ff.

254 Sloand v. U. S., W. D. N. Y., 1950 A. M. C. 1059; Benedict, I S. 389 f.

Zweiter Abschnitt

Internationale Vereinheitlichung einiger Regeln über den Passagiertransport auf See

Erstes Kapitel

GESCHICHTLICHER ÜBERBLICK DER VEREINHEITLICHUNGSBESTREBUNGEN

§ 1: Die Entstehungsgründe der Problematik

A. DER PASSAGIERVERKEHR BIS ZUM ANFANG DES 20. JAHRHUNDERTS

Während uns im Altertum sehr selten Rechtsquellen über den PassV. auf See begegnen[1], weil das römische Recht den PassV. auf See in der Vertragsform der „locatio conductio operis" einfügte[2], wurden mit der Schaffung des „libro del consulado del mar"[3] für den Mittelmeerraum, der „Rôles des Jugements d'Oléron"[4] für den Westen und Nordwesten Europas und des Wisby'schen Seerechts[5] für den Norden die ersten bedeutsamen Schritte zur Entwicklung des Rechts der Passagierbeförderung auf See unternommen[6].

---

[1] Dig. 4, 9 Nautae Caupones; Dig. 14, 1 de exercitoria; Dig. 14, 2 de lege rhodia de jactu; vgl. Pappenheim, Seehandel, S. 145.

[2] Dig. 19, 2 § 13, 2, locati conducti.

[3] Sammlung in katalanischer Sprache aus der Praxis des Seegerichts von Barcelona. Entstehungszeit in der zweiten Hälfte des 14. Jh. letzte Redaktion 1370; Text in Übersetzung (Castellanische Sprache) bei Parellada, S. 1; Schaube, S. 1 ff.; Herrmann, S. 12.

[4] Spruchsammlung des Seegerichts der Insel Oleron aus dem 12.—13. Jh., französisch und flämisch abgefaßt; vgl. Pardessus, I S. 283 ff.; IV S. 57 ff.; Wagner, S. 67; Wüstendörfer SHR, S. 21; Zeller, S. 6 ff.

[5] Entstanden im 15. Jh. in der Stadt Wisby, zudem sind die Hanseatischen Statuten hinzugetreten; vgl. Pardessus, III S. 337 ff. und S. 404 ff.; Herrmann, S. 50.

[6] Wagner, S. 57.

Mit unwesentlichen Unterschieden zwischen diesen Statuten war das gesamte Seerecht und somit auch das Recht der Passagierbeförderung auf See, welches durch die Pilgerreisen eine ungeheure Bedeutung bekommen hatte, einheitlich. Gegen Ausgang des Mittelalters geht aber die Passagierbeförderung durch die Abnahme der Pilgerreisen wesentlich zurück. Die Personenbeförderung auf See verschwindet fast völlig aus den Rechtsquellen[7]. Schon aber mit dem Beginn des 18. Jahrhunderts erlebt der Passagierverkehr durch die Auswanderung einen ungeahnten Aufschwung[8]. Die Erfindung des maschinellen Antriebs ermöglicht in den folgenden Jahren auch die Übernahme einer gewöhnlichen Geschäfts- und Vergnügungsreise nach den ausländischen Häfen[9]. Dennoch, als die großen Kodifikationen des vorigen Jahrhunderts entstehen, übernehmen sie hinsichtlich der Passagierbeförderung auf See unverändert das vorher geltende Recht, welches nicht mehr ausreichend noch einheitlich war oder treffen gar keine Regelung dieser Frage.

Nun bringt die Zunahme der Passagierbeförderung auf See durch die schwere internationale Konkurrenz zwischen den Transportunternehmern und die gesetzlichen Schutz benötigende Lage des Passagiers neue Probleme mit sich. Das Problem des Umfangs der Haftung des Reeders wird akut und ruft nach international einheitlicher Regelung[10]. Die unter starkem Konkurrenzkampf leidenden Reeder will man vor totaler Vernichtung wegen allzu hoher Ansprüche bei Verlust oder Beschädigung der zur Beförderung übernommenen Güter oder Personenschäden an Bord schützen[11]. Die erste Frage hat sowohl auf internationaler als auch auf nationaler Ebene sehr früh eine sorgfältige Berücksichtigung erfahren. Dagegen ist die Frage, inwieweit der Reeder für Personenschäden, die durch Tod oder Körperverletzung von Passagieren herbeigeführt worden

[7] Die Ordonnance de la marine (1681) enthält keine ausführlichen Bestimmungen über den Passagiervertrag, und die Regelung des ALR (1794) geht davon aus, daß die auf See beförderten Personen meistens Kaufleute waren, die ihre Güter begleiteten. Dazu Herrmann, S. 51 ff.; Wodrich, S. 10 ff.

[8] Von 1820—1920 wanderten von Europa nach Amerika 72 Mill. Menschen aus, von denen 34 Mill. nach Nordamerika, während die Rückwanderung etwa 20 % der Einwanderung betrug. Von 1776—1820 betrug die Auswanderung schon ca. 250 000 Menschen; Murken, S. 2 ff.; Benoist-Pettier, S. 10 f.

[9] Der gewaltige Zuwachs des transatlantischen Seeverkehrs hatte die Errichtung einer Reihe Passagierlinien zur Folge. Anfänglich betrieben die Passagierlinien den Passagierverkehr mit Segelschiffen. Erst nach der zweiten Hälfte des 19. Jh. wurden die ersten Dampfer in Dienst gestellt. Mit dem Ausgang des 19. Jh. verschwanden die letzten Segelschiffe aus der Weltpassagierflotte.

[10] Sotiropoulos BRH, S. 219 f.

[11] Über die Konkurrenz im transatlantischen Pass.Verkehr vor der Gründung des kontinentalen Zwischendeckpools, s. Murken, S. 11 f.

sind, einzustehen hat, sehr lange unberücksichtigt geblieben[12]. Hauptsächlich hat dies seinen Grund darin, daß die Passagierbeförderung auf See verhältnismäßig spät Bedeutung erlangt hat und daß die Parteien die PassV. hauptsächlich auf Grund der einigermaßen einheitlichen Bef.B. und festen Fahrpreise der Reedereien abschlossen. Schon seit 1880 schlossen die britischen Passagierlinien ihr erstes Poolabkommen, dann folgen im Jahre 1892 der Verband der Nord-Atlantischen Dampferlinien und die Bildung des amerikanischen Schiffahrtstrusts (1902)[13]. Es ist vornehmlich deshalb, daß der auf der Venediger Konferenz des C. M. I. im Jahre 1907, die Vereinheitlichung des Rechtes der Beschränkung die Haftung des Reeders betreffend, hergestellte Entwurf (Art. 13) die Regelung aus Personenschäden erwachsener Ansprüche ausschließlich der nationalen Gesetzgebung überlassen wollte. Eine wesentliche Schwierigkeit, das Recht des PassV. auf See zu vereinheitlichen, liegt außerdem, abgesehen von wirtschaftlichen Interessen und dem Einfluß der stärkeren Vertragspartei, darin, daß meistens um Fragen des Vertrags- oder des Verfahrensrechts verhandelt wird und weniger um seerechtliche Rechtsverhältnisse. Die Vereinheitlichungsversuche stoßen daher grundsätzlich auf Prinzipien des „common law", die in den kontinentalen Rechten nicht vorhanden sind oder der Grundhaltung dieser Rechte widersprechen, z. B. Anerkennung der Freizeichnung. Somit handelt es sich in letzter Analyse um Vereinheitlichung allgemeiner Regeln und Absonderung des Paß-Verkehrsrechts von den allgemeinen Rechtsgrundsätzen, die bis jetzt fast in allen dargestellten Rechten hinsichtlich der Grundprobleme maßgebend sind. Das „common law" bestimmt nämlich für das angloamerikanische Recht die Voraussetzungen der Haftung des Transporteurs bei Personenschäden, und ähnlich kommen in den kontinentalen Rechten für diese Frage die maßgebenden Grundsätze des bürgerlichen Rechts zur Anwendung[14].

B. PROBLEME, WELCHE FÜR EINE VEREINHEITLICHUNG GEEIGNET SIND

Die Vereinheitlichungsbestrebungen auf dem Gebiet des PassV. auf See hatten nie die Vereinheitlichung des Rechtes der Passagierbeförderung in seiner Gesamtheit als Ziel. Sie sind vielmehr auf die wichtigsten Probleme beschränkt, und zwar grundsätzlich auf die Vereinheitlichung der Haftungsnormen im Falle der Tötung oder Körperverletzung eines Passagiers

---

[12] Vgl. Bericht des D. V. I. S. über die Bremer Konferenz 1909, S. 23 f.

[13] MURKEN, S. 50 ff.

[14] Über die Vereinheitlichungsbestrebungen in dem Bereich des Privatrechts und die Aussichten einer solchen Vereinheitlichung siehe DEMOGUE, Unification, S. 1 ff.

an Bord und auf die Freizeichnungsmöglichkeit des Reeders aus dieser Haftung. Diese Probleme sind für die Zwecke einer Vereinheitlichung insofern die wichtigsten von den den PassV. betreffenden Regelungen, als die allgemeinen Grundsätze, auf die zur Ergänzung der Freizeichnungsklauseln zurückgegriffen werden muß, nicht nur für die verschiedenen Seeschiffahrt treibenden Länder kaum die gleichen, sondern auch in den einzelnen Rechten zum Teil umstritten sind[15].

C. DIE ARBEITEN DES COMITE MARITIME INTERNATIONALE (C. M. I.)

Obwohl die Bewegung für die Vereinheitlichung des gesamten Seerechtes von England ausging[16], befaßte sich mit den Problemen der Haftung des Reeders für Personenschäden und der Rechte der Passagiere an Bord erst das C. M. I., und zwar in der Konferenz von Venedig im Jahre 1907, deren Arbeiten eine große Rolle in der Vereinheitlichung des Seerechtes überhaupt und auch des Rechtes des PassV. auf See darstellen[17]. Die Hauptarbeit des C. M. I. geht auf Konferenzen zurück, welche alle zwei bis drei Jahre stattfinden und auf denen mehrere Konventionsentwürfe abgefaßt und diskutiert wurden. Die insgesamt 14 Konferenzen des C. M. I.[18] haben bis jetzt zwei internationale Übereinkommen, die Passagierbeförderung betreffend, zur Folge gehabt, das von Brüssel 10. X. 1957 über das Einschleicherungswesen und das von Brüssel 20. V. 1961 über die Vereinheitlichung einiger Regeln des Passagiertransportes auf See. Auch das Brüsseler Übereinkommen vom 10. X. 1957 über die Beschränkung der Haftung des Reeders ist für die Passagierbeförderung bis zur Ratifizierung des Übereinkommens vom 20. V. 1961 von Bedeutung.

Den Anlaß zu den gesamten Vereinheitlichungsbestrebungen innerhalb des C. M. I. gab die Frage der Beschränkung der Haftung des Reeders. Diese Frage wurde zunächst (Venedig 1907) hinsichtlich der Güterbeförderung und später (Bremen 1909) auch in bezug auf die Personenschäden

---

[15] Über das Problem der Haftung des Reeders wegen Schäden am Reisegut hat man erst nach dem zweiten Weltkrieg eine Vereinheitlichung angestrebt; darüber in Madrid, S. 529 ff.

[16] National Association for the Promotion of Social Science, 1857.

[17] Ripert, I Nr. 80; Frank, a new law for the Seas, in 42, (1926) L. Q. R. 26 ff.; Schulze-Schmidt, S. 6; Sotiropoulos BRH, S. 221 f.; das C. M. I. wurde im Jahre 1897 in Brüssel als Tochtergesellschaft der Intern. Law Association gegründet mit Zweigvereinen in den verschiedenen Ländern.

[18] Venedig, 1907; Bremen, 1909; Paris, 1911; Antwerpen, 1921; Gothenburg, 1923; Pariser Kommission, 1924; Genua, 1925; Antwerpener Kommission, 1926; Amsterdam, 1927; Antwerpen, 1920; Hamburg, 1939 (nicht stattgefunden); Neapel, 1951; Brighton, 1954; Brüssel, 1957; Brüssel, 1961.

an Bord diskutiert. Die Frage der Beschränkung der Haftung des Reeders wegen Personenschäden an Bord hat man jedoch am Anfang nur von der Seite der Interessen des Reeders gesehen. Erst seit der Bremer Konferenz im Jahre 1909 fing man an, dasselbe Problem von der Seite des Gläubigers zu betrachten, d. h. die Ansprüche sämtlicher Personen wegen Körperschäden oder Tod an Bord einzuschließen. Erst später hat man die Ansprüche der Passagiere getrennt behandelt, jedoch am Anfang in Zusammenhang mit Ansprüchen von Auswanderern.

Die nachfolgende Darstellung beabsichtigt, die geschichtliche Entwicklung der Vereinheitlichungsbestrebungen auf dem Gebiet der Passagierbeförderung auf See und die Überlegung über die zeitlich vorgelegten Entwürfe und Abkommen darzulegen, die direkt oder indirekt diese Frage betreffen sowie die Frage der Verwirklichung einer Vereinheitlichung des Rechts der PassV. auf See zu beantworten.

§ 2: Die Beschränkung der Reederhaftung wegen Personenschäden an Bord

A. DIE ZEIT VON 1906—1911

Die Beschränkung der Reederhaftung überhaupt war wegen ihrer hervorragenden Bedeutung und wegen der Verschiedenheit der nationalen Gesetze das erste von den im Rahmen des C. M. I. diskutierten Problemen[19]. Über die Beschränkung der Haftung des Reeders für Personenschäden und Gepäckschäden an Bord enthielt zum ersten Mal der von der Pariser Kommission im Juni 1906[20] vorbereitete Vorentwurf eine von den übrigen Haftungsnormen nicht zu unterscheidende Regelung, während der Venediger Vorentwurf des C. M. I.[21] für ein internationales Abkommen, betreffend die Beschränkung der Reederhaftung, die Regelung der aus Personenschäden erwachsenden Ansprüche ausschließlich der nationalen Gesetzgebung überließ[22]. Dieser Ansicht schloß sich die diplomatische Seerechtskonferenz in Brüssel auf den Arbeitssitzungen von 1909 und 1910 an[23].

[19] Sotiropoulos BRH, S. 216 ff. m. w. N.
[20] Vgl. Bericht Verneaux, in Bulletin C. M. I. 19, 243.
[21] Venediger Vorentwurf, Art. 13; Bulletin C. M. I. 19, XVII.
[22] Pappenheim, Zwangsversicherung der Seeschiffahrtspassagiere und Haftung der Reeder für Personenschäden in Weltw. Arch. 28, 196 ff. (197).
[23] Bulletin C. M. I. 19; Frank, Die Ergebnisse und Arbeiten der diplomatischen Seerechtskonferenz in Brüssel mit besonderem Bezug auf die Beschränkung der Reederhaftung, in D. V. I. S. 1911, S. 14 f.; vgl. Brandis, Beil. zur HansGZ, Hbl. v. 2. II. 1909, S. 5; Sotiropoulos BRH, S. 224 ff.

Zugleich begann man in der Bremer Konferenz im Jahre 1909 darüber zu beraten, welche Rechte dem Passagier, der Besatzung oder Dritten, die durch Verschulden der Hilfspersonen des Transporteurs getötet oder verletzt worden waren, gegen diesen zustehen sollten. Dabei zeigte es sich auf den nachfolgenden Diskussionen in Brüssel (1909—1910), daß dieses Problem gleichzeitig auch das, durch das Fehlen eines Maximums der Haftungssumme, gefährdete Reedereiunternehmen zum Inhalt hatte[24].

Auf dieser Basis wurden die Diskussionen auch in der Pariser Konferenz im Jahre 1911 weitergeführt, obwohl die diplomatische Konferenz lebhaftes Interesse an der Bearbeitung dieses Problems bekundete[25]. Als Ergebnis der einstimmigen Wünsche aller beteiligten Länder, mit Ausnahme der Vereinigten Staaten und Japan, wurde in Paris folgende Resolution angenommen: der Reeder sollte für die Entschädigung verletzter und für die Hinterbliebenen getöteter Personen bis zum Betrage von £ 7.—.— pro Tonne haften[26].

B. DIE ZEIT VON 1911—1924

Der erste Weltkrieg unterbrach die Arbeiten des C. M. I. Jedoch wurde in Frankreich im Jahre 1917 von einer Seerechtskommission eine Regelung der Haftungsbeschränkung des Reeders ausgearbeitet, welche unter anderem in Verbindung mit den von den Venediger Entwürfen vorgeschlagenen Beschränkungsmethoden eine zusätzliche Haftungssumme für Personenschäden vorsah[27]. Hier wurde die ursprünglich in der Pariser Konferenz auf £ 7.—.— pro Tonne vorgesehene Haftungssumme auf £ 8.—.— pro Tonne erhöht. Dieser Entwurf wurde im Jahre 1922 in Brüssel endgültig ausgearbeitet und in das Brüsseler Übereinkommen vom 24. VIII. 1924 aufgenommen. Außerdem kam im Jahre 1924 in Brüssel ein Abkommen über die Schiffsgläubigerrechte zustande, welches den Passagieren Schiffsgläubigerrechte auf dem Schiff gewährt[28].

---

[24] Bremen, 1909, S. 42 ff.

[25] Vgl. Bericht über die Verhandlungen des C. M. I. auf der Konferenz in Paris v. 9.—13. X. 1911, in D. V. I. S., 1911, 6 ff.

[26] Bulletin C. M. I. 30, S. 51, 67, 91, 110; vgl. Bericht in D. V. I. S., a. a. O., S. 35, Anl. 2; Schulze-Schmidt, S. 7.

[27] Sotiropoulos BRH, S. 226 f.; Prodromidès, Nr. 116.

[28] Internationales Übereinkommen zur Feststellung einzelner Regeln über Hypotheken und Privilegien an Seeschiffen gez. in Brüssel 1926; Deutschland hat beide Übereinkommen nicht ratifiziert.

C. DIE BESCHRÄNKUNG DER HAFTUNG DES TRANSPORTEURS WEGEN PERSONENSCHÄDEN NACH DEM BRÜSSELER ÜBEREINKOMMEN VON 1924[29]

Nach dem System des Übereinkommens von 1924 wird die Haftung des Reeders alternativ entweder auf den Wert von Schiff und Fracht oder auf einen Betrag von je £ 8.—.— je Registertonne des Schiffes beschränkt (Art. 1). Für Personenschäden hat der Reeder eine zusätzliche Haftungssumme von £ 8.—.— je Registertonne zu entrichten. Reicht diese Summe zur Deckung der Personenschäden nicht aus, so nehmen die geschädigten Personen bzw. Passagiere für den Restbetrag an der Verteilung der allgemeinen Haftungssumme teil, gleichgültig welche der beiden Beschränkungsmethoden der Reeder ausgewählt hat (Art. 7). Maßgebend ist der Wert des Schiffes nach dem schadenstiftenden Ereignis. Bei Totalverlust des Schiffes erhalten die Gläubiger aus Personenschäden £ 8.—.— je Registertonne des Schiffes.

Die Haftung bleibt unbeschränkt, wenn ein persönliches Verschulden des Reeders vorliegt. Auf die Haftungsbeschränkung können sich außer dem Reeder der Ausrüster und der einfache Unterverfrachter berufen (Art. 10)[30].

Die Lösung des Übereinkommens von 1924 hat für die gesamte Passagierbeförderung Vorteile und Nachteile aufzuzeigen. Der wichtigste Vorteil ist die Beseitigung der mangelnden Rechtseinheit, welche sich bei den großen Passagierunfällen am Anfang des 20. Jahrhunderts bemerkbar machte (Fall „Titanic"). Gegenüber dem englischen Beschränkungssystem wurde, durch die Regelung des Übereinkommens, die Stellung des Reeders in bezug auf schwere Beschädigungen oder Totalverluste des Schiffes erheblich gebessert. Auch die Unklarheiten des Abandonsystems wurden beseitigt. Dagegen wurde die Haftung des Reeders im Vergleich zu dem amerikanischen Beschränkungssystem viel höher. Ein anderer Vorteil für den Reeder ist, daß ihm die Auswahl zwischen Wert von Schiff und Fracht oder von £ 8.—.— je Registertonne des Schiffes zusteht, was unter besonderen Umständen von großer Bedeutung sein kann. Dadurch werden kleine Reedereien bei großen Schiffsunfällen nicht mehr vernichtet.

Auch die Rechte der Passagiere werden durch die Regelung des Übereinkommens begünstigt.

Bei Totalverlust des Schiffes erhalten sie £ 8.—.— je Registertonne des Schiffes, auch wenn der Schiffswert diesen Betrag nicht mehr erreicht.

Die Regelung des Übereinkommens von 1924 betrifft hauptsächlich die Beschränkung der Haftung des Reeders wegen Schäden an Personen,

---

[29] Sotiropoulos BRH, S. 288 ff.

[30] Schaps-Abraham, II Anm. 52.

welche weder zu der Besatzung des Schiffes gehören noch sich als Passagiere dort befinden (Art. 1 Ziff. 1). In bezug auf Passagiere kommt lt. Art. 7 Abs. 3 des Übereinkommens die gleiche Haftungsbeschränkung zur Anwendung, wenn ein Passagier von dem Reeder bzw. Ausrüster, mit dem er einen PassV. abgeschlossen hat, wegen Körperverletzung Schadensersatz verlangt. Ansprüche von Passagieren wegen sonstiger Schäden, so z. B. Gepäckschäden, vertragswidrige Erfüllung usw. sowie Ansprüche Dritter Hinterbliebener beim Todesfall des Passagiers werden nicht berücksichtigt. Außerdem befaßt sich dies Übereinkommen nur mit einigen Fragen der Haftungsbeschränkung des Reeders, so z. B. Festsetzung der Haftsumme, Bestimmung der haftungsberechtigten Personen und den Haftungsfällen. Die Voraussetzungen dieser Haftung wurden den nationalen Regelungen überlassen. Daher erklärt sich, warum, trotz Art. 7 Abs. 3 dieses Übereinkommens, das Problem der Regelung und Vereinheitlichung der Ansprüche von Passagieren offenblieb.

D. DIE REGELUNG DER HAFTUNG DES TRANSPORTEURS WEGEN PERSONENSCHÄDEN AN BORD NACH DEM ÜBEREINKOMMEN VON 1957

Das System des Übereinkommens von 1924, betreffend die Beschränkung der Reederhaftung, wurde durch zahlreiche Ratifikationen, Beitritte und Übernahmen ohne formellen Beitritt verbreitet[31]. Die Tatsache aber, daß die übrigen Länder, vor allem Großbritannien und die Vereinigten Staaten, sich nicht bereit zeigten, dieses Übereinkommen zu ratifizieren, hat dem C. M. I. anfangs der fünfziger Jahre aufgezwungen, wiederum seine Aufmerksamkeit auf die beschränkte Reederhaftung zu lenken und einen Weg zu der erstrebten Rechtsvereinheitlichung zu suchen[32]. Ergebnis dieser Bestrebungen ist das „internationale Übereinkommen über die Beschränkung der Haftung der Eigentümer von Schiffen", das im Jahre 1957 auf der 10. diplomatischen Seerechtskonferenz von 22 Staaten[33] unterzeichnet

[31] Ratifizierungsstaaten: Belgien, 1930; Brasilien, 1931; Dänemark, 1930; Frankreich, 1935; Norwegen, 1933; Polen, 1936; Portugal, 1930; Schweden, 1938; Spanien, 1930; Ungarn, 1930; Beitritte: Dominikanische Republik, 1958; Finnland, 1934; Monaco, 1931; Türkei, 1955; formlose Übernahme: Italien, Schweiz, Libanon, Syrien.

[32] Sotiropoulos BRH, S. 236 f.

[33] Ägypten, Australien, Belgien, Brasilien, Deutschland, Finnland, Frankreich, Großbritannien, Iran, Israel, Italien, Jugoslawien, Kanada, Niederlande, Norwegen, Peru, Polen, Portugal, Schweden, Schweiz, Spanien, Vatikanstaat; Sotiropoulos BRH, S. 254 ff.

wurde. Dabei hat man das Optionssystem des Brüsseler Übereinkommens von 1924 fallen lassen und auf den Grundsätzen des englischen Summenhaftungssystems aufgebaut[34].

Nach der Regelung des Übereinkommens von 1957 wurde die Haftung des Reeders (Art. I Abs. 1 Buchstabe a) wegen Verletzung oder Tötung von Personen, die sich zum „Zweck der Beförderung" (d. h. auch Passagiere) an Bord des Schiffes befinden, beschränkt:

a) auf 3100 Poincaré-Franken[35] je Tonne des Schiffes, wenn nur Personenschäden geltend gemacht werden,

b) auf wiederum 3100 Poincaré-Franken, wenn sowohl Sach- als auch Personenschäden geltend gemacht werden, wobei die ersten 2100 Poincaré-Franken ausschließlich zur Deckung der Personenschäden dienen.

Das nationale Recht der Vertragsstaaten soll die Haftungssumme entsprechend dieser Wertbasis in eigener Währung festsetzen (Art. 3 Abs. 6). Dieselbe Haftung tritt ein (Art. 1 Abs. 1) für Personenschäden außerhalb des Schiffes, z. B. Kollisionsschäden, Schäden während der Ein- und Ausschiffung von Passagieren[36]. Die Beschränkung der Haftung entfällt beim eigenen Vorsatz des Reeders (Art. 1 Abs. I). Zur Sicherung der Ersatzforderungen besteht ein Pfandrecht auf das Schiff. Ein Arrest auf das Schiff ist aufzuheben, sobald der Reeder einen Bürgen oder eine andere Sicherheit bis zur Höhe der Haftungssumme stellt (Art. 5 Abs. I)[37]. Es unterliegt auch hier keinem Zweifel, daß durch diese Regelung die Passagiere wesentlich günstiger gestellt worden sind. Die auffallendste Verbesserung liegt in der Aufstellung *fester Haftungshöchstbeträge*, die nach der Tonnage des beteiligten Schiffes zu berechnen sind. Auf diese Weise wird die Haftung des Transporteurs, für die im Übereinkommen bezeichneten Ansprüche wegen Personenschäden, die den bedeutendsten Teil aller in den nationalen Seerechten geregelten vertraglichen und außervertraglichen Schadensersatzansprüche aus Personenschäden darstellen, auf feste Summen beschränkt. Außerdem soll zunächst die Schuld des Transporteurs grundsätzlich eine *persönliche Schuld* sein und daher vom Schicksal des Schiffes unabhängig werden. Ein weiterer Vorteil liegt darin, daß

---

[34] Das Übereinkommen ist noch nicht in Kraft getreten. Gleichwohl hat es bereits eine gewisse internationale Bedeutung erlangt, weil es von Großbritannien durch den M. S. A. v. 1958 in das innerstaatliche Recht übernommen worden ist.

[35] 1 Poincaré-Franken = 65,5 mg Gold mit Feingehalt v. 900/1000; ausführliches bei Sotiropoulos BRH, S. 308 ff.

[36] Sotiropoulos BRH, S. 262; 267.

[37] Über die Schiffsgläubigerrechte nach dem internationalen Übereinkommen von 1957 siehe Würdinger-Sotiropoulos, S. 45 ff.

den Haftungsabschnitt nicht die Reise[38], sondern das schadenbegründete Ereignis bildet[39]. Außerdem besteht eine Haftung des Transporteurs wegen Tötung von Passagieren deren Hinterbliebenen gegenüber. Trotzdem ist nicht zu übersehen, daß Hauptzweck dieses Übereinkommens die Beschränkung der Haftung des Transporteurs und nicht die Vereinheitlichung der Rechte des Passagiers ist. Daher werden die Entstehungsgründe der Haftung des Transporteurs wegen Personenschäden an Bord nicht erwähnt. Zum anderen wird nur wegen nautischen Verschuldens der Hilfspersonen des Transporteurs gehaftet. Auch die je Tonne des Schiffes gerichtete Haftung hat den Nachteil, daß bei Schiffen mit kleiner Tonnage eine sehr kleine Haftungssumme für die Passagiere gestellt wird. Auch die Schadensersatzberechtigten im Falle einer Tötung von Passagieren werden in dem Übereinkommen nicht erwähnt. Die Bestimmung der in diesem Fall berechtigten Personen wurde den nationalen Regelungen überlassen, was der Rechtseinheit sehr wenig dient. Außerdem enthält das Übereinkommen von 1957 keine Regelung über die Frage der Gültigkeit der Freizeichnungsklauseln beim Passagiertransport. So vermag der Transporteur auch nach der Geltung dieses Übereinkommens, gestützt auf seine wirtschaftliche Überlegenheit, einseitig durch Bef.B. seine Freizeichnung von jeglicher Haftung für Körperschäden zu diktieren. Und da dem Passagier eine Interessenvertretung fehlt, ist er weiter gezwungen, sich den Freizeichnungsklauseln des Transporteurs zu unterwerfen. Somit wird offensichtlich, daß die Frage der Ansprüche wegen Verletzung von Passagieren an Bord auch nach dem Abschluß des internationalen Übereinkommens von 1957 offenbleibt. Die Vereinheitlichung des Rechts der Passagierbeförderung auf See benötigt einer besonderen, der Haftung des Transporteurs aus dem Frachtvertrag abgesonderten Regelung, bei der sowohl die Interessen des Transporteurs als auch die des Passagiers berücksichtigt werden müssen.

§ 3: Die Vereinheitlichungsbestrebungen zum Schutz der Ansprüche wegen Personenschäden an Bord (die Konferenz von Bremen 1909)

Auf der Tagesordnung der Bremer Konferenz des C. M. I. im Jahre 1909 wurde zum ersten Mal die Frage der Vereinheitlichung des Rechtes der Ansprüche wegen Tötung oder Körperverletzung von Personen an Bord

[38] So bis jetzt Deutschland, §§ 756 ff. HGB; Italien, Art. 27 CdN; Griechenland, Art. 86 SeeG.

[39] So England, seit M. S. A. 1894 Sec. 503; Schweiz, Art. 50 Abs. I SeeG.

gestellt. Ein Entwurf von 14 Artikeln wurde der Kommission auf griechische Initiative vorgelegt[40]. Bei den Verhandlungen schien es aber der Konferenz notwendig, über die Sachlage in den verschiedenen beteiligten Ländern zu informieren. Zu diesem Zweck wurde den beteiligten Delegierten ein Fragebogen vorgelegt[41], aus dessen Beantwortung festgestellt wurde:

1. daß für die Haftung des Transporteurs für Personenschäden an Bord in allen beteiligten Ländern die allgemeinen Haftungsgrundsätze maßgebend waren, weil keine besondere Regelung vorhanden war[42];

2. daß der Passagier verpflichtet war, ein Verschulden des Transporteurs zu beweisen[43];

3. daß die Haftung des Transporteurs eine Verschuldenshaftung und nicht eine Kausalhaftung bildete[44].

4. Auf die Frage, welches Verschulden zu beweisen ist, konnten die beteiligten Staaten keine einheitliche Antwort geben; denn während nach deutschem Recht die Beweisführung eines Verschuldens, das der Transporteur zu vertreten hat, verlangt wurde, und nach französischem Recht, irgendwelches Verschulden den Transporteur in Anspruch zu nehmen reichte, war nach amerikanischem Recht der Transporteur für Verletzung der „duty of care" des Kapitäns und der Schiffsbesatzung dem Passagier gegenüber verantwortlich[45].

5. Auch die Frage, welche Personen zum Schadensersatz wegen Verletzung oder Tötung des Passagiers berechtigt sind, konnte nicht einheitlich beantwortet werden. Jedoch mit Ausnahme der Vereinigten Staaten waren die Rechte der Nachkommen bei allen übrigen beteiligten Ländern anerkannt[46].

6. Die Frage des Umfangs des Schadensersatzes, ob nämlich der Schadensersatz lediglich die materiellen Schäden deckt oder ob auch Schmerzensgeld zu gewähren ist und ob der Schadensersatz sich auf direkte Schäden beschränkt oder damit auch indirekte Schäden entschädigt werden, wurde wie folgt beantwortet:

Schmerzensgeld gewährten Deutschland, Belgien, Frankreich, teilweise Schweden, England, während in den Vereinigten Staaten und Griechen-

---

[40] Bulletin C. M. I. 24, 144 ff.; an der Konferenz nahmen teil: Belgien, Deutschland, Frankreich, England, Griechenland, Dänemark, Italien, Niederlande, Japan, Schweden und die Vereinigten Staaten.

[41] Vgl. Bericht des D. V. I. S. über die Bremer Konferenz 1909, S. 23 ff. (37).

[42] Bulletin C. M. I. 24, S. 34 ff.; 67; 70; 90; 107 ff.; 129 ff.

[43] Bulletin C. M. I. 24, S. 38 f.; 67; 90; 190.

[44] A. a. O., S. 39 f., 110, 133 f.

[45] Für das damalige griechische Recht a. a. O., S. 134.

[46] Vgl. a. a. O., S. 63, 72, 88, 110, 137 ff.

land ein solcher Schadensersatz nicht zu gewähren war[47]. Indirekte Schäden waren dagegen nur in Deutschland und Belgien anerkannt[48]. Dabei wurde bei derselben Frage festgestellt, daß in allen beteiligten Ländern kein Maximum der Entschädigungssumme existierte. Der Entschädigungsbetrag war in seinem Maximum von den einzelnen Umständen abhängig. Nur in den Vereinigten Staaten lag ein Gesetzesentwurf vor, welcher das Maximum der Entschädigung des Passagiers im Falle einer Verletzung auf US $ 5000 beschränkte[49].

7. Hinsichtlich der Freizeichungsmöglichkeit wurde ebenfalls festgestellt, daß sie in den meisten beteiligten Ländern anerkannt war. So war die Situation für Deutschland, Belgien, Frankreich, Norwegen, Griechenland, Holland mit Ausnahme der Freizeichnung aus Vorsatz und schwerer Fahrlässigkeit[50].

Nach schwedischem Recht waren die Freizeichnungen nur für das Verschulden dritter Personen anerkannt; weder der Schiffseigentümer, noch der Kapitän konnten sich von eigenem Verschulden oder aus schwerem Verschulden der Hilfspersonen freizeichnen. Die Vereinigten Staaten haben diese Frage verneint und England hat diese Frage nicht beantwortet[51].

8. Als letzte hat die Verjährungsfrage gezeigt, daß in den beteiligten Ländern eine gefährlich uneinheitliche Verjährungszeit galt. In Deutschland, Griechenland, Frankreich und Holland galt eine 30jährige Verjährungsfrist, während in den Vereinigten Staaten die föderalen Gesetze eine Verjährungsfrist von 2—3 Monaten vorsahen[52]. Die Feststellungen aus der Beantwortung der Antwerpener Fragestellung führten zu dem Entschluß, daß wegen der großen Unterschiede in den nationalen Regelungen, die sich auf Grundhaltungen der einzelnen Rechtssysteme berufen, die Vereinheitlichung der Ansprüche von jeglichen Personen an Bord auf unüberwindbare Hindernisse stoßen würde. Somit kam die Konferenz zu dem Entschluß, die Regelung dieser Ansprüche den nationalen Gesetzgebern zu überlassen und nur auf dem Gebiet der Passagierbeförderung eine Vereinheitlichung zu erstreben. Eine Vereinheitlichung des Rechtes der Passagierbeförderung auf See war wegen der Ereignisse der Zeit („Titanic") von allen Delegationen nicht nur erwünscht, sondern auch für notwendig gehalten. Daher wurde in den nachfolgenden Jahren das Problem der Vereinheitlichung des Rechtes der Passagierbeförderung auf

---

47 A. a. O., S. 64, 92.
48 A. a. O., S. 63.
49 A. a. O., S. 40, 111, 139.
50 A. a. O., S. 69, 40 ff., 73, 140, 111.
51 A. a. O., S. 79, 92.
52 A. a. O., S. 65, 141, 41, 112.

See und konkreter die Frage der Ansprüche wegen Tötung oder Körperverletzung von Passagieren an Bord selbständig behandelt[53]. Die ersten Vereinheitlichungsversuche konzentrierten sich auf Vereinheitlichung des Rechtes der Beförderung von Auswanderern. Die Notwendigkeit einer Vereinheitlichung bei Auswanderern war zu jener Zeit wichtiger als bei gewöhnlichen Passagieren, einmal wegen der Auswanderungswelle und zum anderen, weil die Auswanderer aus den ärmeren Schichten kamen.

§ 4: Die Vereinheitlichungsbestrebungen für eine Zwangsversicherung des Passagiers[54]

A. DER HILLSCHE ENTWURF

Nach dem Ende des ersten Weltkrieges wurde das Problem der Vereinheitlichung der Ansprüche aus Verletzung oder Tötung von Passagieren wieder aktuell. Die Frage trat jedoch unter völlig veränderten Verhältnissen auf der Antwerpener Tagung des C. M. I. im Jahre 1921 auf[55]. Schon auf der Brüsseler diplomatischen Konferenz von 1913 brachte die italienische Regierung einen von der britischen Regierung unterstützten Vorschlag über die Aufstellung eines internationalen Systems der Zwangsversicherung für Auswanderer vor. Im Jahre 1917 veröffentlichte Sir Norman Hill ein Memorandum, welches von englischen Reedern dem C. M. I. vorgelegt wurde, in dem er den Gedanken vertrat, daß ein System der obligatorischen Passagierversicherung an Stelle der Entschädigung aus Verschulden treten sollte[56].

B. DIE ENTSTEHUNGSGRÜNDE DES ENTWURFES

Der Gedanke, die Haftung des Reeders auf Schadensersatz durch eine Versicherung zu ersetzen, war durchaus nicht neu. Zahlreiche nationale Gesetze hatten schon seit dem Ende des 19. Jahrhunderts eine Zwangsversicherung der Auswanderer oder eine Beschränkung der Vertragsfreiheit bei dem Abschluß des PassV. eingeführt[57]. Die Überlegung Sir Norman Hills, auch die gewöhnlichen Passagiere auf eine ähnliche Art

---

[53] Bremen, 1909, 165 ff.

[54] Pappenheim, a. a. O., S. 196 f.; Schulze-Schmidt, S. 1 ff.; Raape, a. a. O., S. 265.

[55] Bulletin C. M. I. 47, 233 ff.

[56] A. a. O., S. 234, 251, 259.

[57] Vgl. für Deutschland Art. 16 Ziff. 6 des Bundesgesetzes vom 22. III. 1888; für Spanien: Verordnung v. 7. VIII. und 11. XII. 1920, im Jahre 1924 revidiert; für Großbritannien M. S. A. 1884; Chorley-Giles, S. 89, 90; darüber eingehend Schulze-Schmidt, S. 12 ff.

zu schützen, fand Für- und Gegenstimmen in vielen Ländern[58]. Der Entwurf wurde in einer Zeit vorgeschlagen, in welcher die meisten Schiffahrt treibenden Länder von den Problemen des Schutzes des Auswanderungswesens bedrängt wurden und große Seeunfälle die Öffentlichkeit beunruhigten[59]. So ergab sich die Notwendigkeit, sich mit diesem Entwurf zu beschäftigen. Der ständige Ausschuß des C. M. I. stellte die Frage auf die Tagesordnung der Konferenz zu Gothenburg im Jahre 1923 und fügte ein 8 Fragen umfassendes Blankett bei, das von 14 nationalen Zweigvereinigungen beantwortet wurde. Im Jahre 1923 wurde auf der Gothenburger Konferenz des C. M. I. die Frage der Zwangsversicherung des Passagiers eingehend behandelt[60]. Dennoch war die Meinung überwiegend die, daß es nicht zu den Aufgaben des C. M. I. gehöre, auf Gebieten des sozialen Rechtes, in das eine Zwangsversicherung des Passagiers falle, einzugreifen[61]. Die englischen Schiffseigentümer waren die einzigen, die eine Begeisterung für den Hillschen Entwurf zeigten. Dieser Konferenz gelang nur eine Resolution zur Annahme zu bringen, die den Beschluß enthielt, mit dem Problem eine besondere Kommission zu betrauen[62]. Diese Kommission hat tatsächlich in Paris einen Vorentwurf verfaßt, der im September 1925 der Genuaer Konferenz zur Beratung vorgelegt wurde[63]. Dort forderte die Mehrzahl der beteiligten Staaten mit Ausnahme Deutschlands, der Vereinigten Staaten und Japans, eine Revision zugunsten des Vorentwurfs[64]. So wurde er einer neuen Kommission zur Bearbeitung übergeben, welche ihn vervollständigte und der Amsterdamschen Konferenz im Jahre 1927 vorlegte[65].

---

[58] Bulletin C. M. I. 24, 385; 65; 167 ff.; siehe Report of the third international Shipping Conference 14.—16. IV. 1926, London 1926; Pappenheim, a. a. O., S. 200 ff.

[59] Fälle „Waratah", „Titanic", zit., „Empress of Ireland", „Lusitania", vgl. Bericht Sir Norman Hill's in Bulletin C. M. I. 47, 128 ff.

[60] Bulletin C. M. I. 47, 3 b ff.; 65; 144 ff.

[61] Bulletin C. M. I. 65, 155 ff.; 174 ff.

[62] A. a. O., S. 217.

[63] Bulletin C. M. I. 74, 1 ff.

[64] A. a. O., S. 331, 1471, 473, 325.

[65] Bulletin C. M. I. 75 u. 85. Außer dem C. M. I. haben sich noch andere Vereinigungen mit der Frage der Zwangsversicherung von Passagieren beschäftigt. Namentlich die International Shipping Conference in London 1924, auf der die Reeder der ganzen Welt vertreten waren, hatte zum Ausdruck gebracht, daß die Reeder gewillt sind, an den Arbeiten des C. M. I. in bezug auf die Zwangsversicherung der Passagiere tätigen Anteil zu nehmen. Siehe Report of the second International Shipping Conference, S. 11; vgl. Sir Norman Hill, in Bulletin C. M. I. 74, 16 ff.

C. DER SACHLICHE GELTUNGSBEREICH DES HILLSCHEN ENTWURFES[66].

1. Inhalt des Entwurfes

Nach Art. 2 des Entwurfes verpflichtet sich der Reeder[67], alle Passagiere gegen die Gefahren der Köperverletzung oder Tötung während der Dauer der Seereise in der Form einer Eigenversicherung zu versichern[68]. Diese Versicherung ist für den Reeder und für die Passagiere obligatorisch (Art. 12). Jedoch wird dem Passagier die Möglichkeit gegeben, durch Bezahlung eines höheren Betrages eine Versicherung zu höheren Sätzen abzuschließen[69]. Die Höhe der in Goldwährung zu zahlenden Versicherungssumme ist nach Alter des Passagiers und Grad der Verletzung gestaltet (Art. 2)[70]. Die Rechte der Hinterbliebenen und die Reihenfolge sind von den nationalen Rechten zu bestimmen. Ein Selbstverschulden (aus eigenem Vorsatz oder schwerer Fahrlässigkeit) des Passagiers befreit den Reeder von seiner Schadensersatzpflicht (Art. 4 Abs. II). Darüber hinaus ist der Reeder für sein eigenes Verschulden, für das Verschulden seiner Hilfspersonen, für das Verschulden dritter Personen, für die eigene Fahrlässigkeit des Passagiers und für die Ereignisse höherer Gewalt verantwortlich (Art. 4). Das Recht des geschädigten Passagiers bzw. seiner Hinterbliebenen von den arglistig oder grob fahrlässig den Unfall verursachenden Personen vollen Schadensersatz zu verlangen, bleibt unberührt (Art. 5)[71]. Die Haftung des Reeders ist unbeschränkt persönlich (Art. 7). Jegliche Beschränkungsmöglichkeit nach den nationalen Gesetzen fällt aus, und dabei wird jede Freizeichnungsmöglichkeit ausgeschlossen[72]. Der Hillsche Entwurf betrifft nur die Passagiere und läßt die Ansprüche anderer Personen an Bord außer acht. Die Einführung der Zwangsversicherung wurde einheitlich sowohl für gewöhnliche Passagiere als auch für die Ansprüche der Auswanderer gedacht.

---

[66] Text in Bulletin C. M. I. 85, 13 ff.; vgl. Pappenheim, a. a. O., S. 196 ff.; Schulze-Schmidt, S. 1 ff.; Wodrich, S. 143.

[67] Schulze-Schmidt, S. 35 ff.

[68] Ripert, in Bulletin C. M. I. 70, 15; Schulze-Schmidt, S. 18 ff.; Wodrich, S. 143 f.

[69] Schulze-Schmidt, S. 20.

[70] Schulze-Schmidt, S. 65 ff.

[71] Vgl. Art. 8; Schulze-Schmidt, S. 20.

[72] Wodrich, S. 143 — Insofern der Reeder auch für auf Zufall oder höhere Gewalt zurückzuführende Unfälle verpflichtet wird, ist hier eine Annäherung an das Prinzip der Gefährdungshaftung zu sehen.

2. *Rechtliche Wege des Entwurfes*

Trotz des Versuches Sir Norman Hills, eine neue Art Reederhaftung einzuführen, wurde auf der Konferenz in Amsterdam klargestellt, daß diese auf den allgemeinen Grundsätzen des Versicherungsrechtes beruhte[73]. Der Transporteur würde der Träger der Zwangsversicherung des Passagiers. Durch die Annahme der obligatorischen Versicherung des Passagiers von dem Reeder würden die Grundsätze der zivilen Schadensersatzpflicht beseitigt[74]. Die Entschädigungssumme würde durch einen verbindlichen, einheitlich festgelegten Betrag auch für vorsätzlich verursachte Unfälle im Vergleich zu den geltenden Rechten ungerechtfertigt gemindert[75]. Demgegenüber träte durch das Verbot der Freizeichnungsklausel für die meisten Rechtsordnungen eine Umgestaltung der Haftung des Transporteurs ein, und zwar zu seinen Lasten, da er unter der Vertragsfreiheit praktisch nur für seinen eigenen Vorsatz haftete. Die Schadensersatzpflicht würde durch die Einwirkung des Unfalles auf die Erwerbsfähigkeit des Passagiers bestimmt[76]. Für die durchaus wichtige Frage des Kreises der Anspruchsberechtigten blieben jedoch die nationalen Gesetze bestimmend (Art. 4)[77].

Die erwähnten Grundlinien des Entwurfes bilden gerade den Kern seiner Vorteile und Nachteile und waren die Hauptpunkte der lebhaften Auseinandersetzungen während der Konferenz des C. M. I. in Amsterdam[78]. Von dieser Konferenz wurde jedoch wieder eine Subkommission mit der Aufgabe belastet, den Entwurf der Zwangsversicherung der Passagiere nach den neuen Erfahrungen aus den letzten Kommissionen und in Übereinstimmung mit der Meinung des Bureau International du Travail zu bearbeiten und einen weiteren Entwurf vorzubereiten, in dem die Rechte und Pflichten beider Parteien möglichst gerecht berücksichtigt werden könnten. Die Arbeiten dieser Kommission wurden im Jahre 1930 der Antwerpener Konferenz vorgelegt. Jedoch war das einzige Ergebnis dieser Konferenz, daß sie die Unterzeichnung des Entwurfes ablehnte und

---

[73] Schulze-Schmidt, S. 17; Wodrich, S. 144; Pappenheim, a. a. O., S. 210.

[74] Bischop, Das Problem einer obligatorischen Schiffspassagier-Unfallversicherung, in VersWiss. 1926, 97 ff.

[75] Wodrich, S. 145.

[76] Wodrich, S. 147; Schulze-Schmidt, S. 53.

[77] Schulze-Schmidt, S. 56; Wodrich, S. 148.

[78] Amsterdam, 1927; Bulletin C. M. I. 85, 309 ff.; siehe ebenda Berichte Deutschlands, S. 56 ff.; der Verein. Staaten, S. 78 ff.; Griechenlands, S. 197 ff.; Norwegens, S. 58 ff.; Hollands, S. 211, 240 ff.; Schwedens, S. 112 ff.; vgl. Bischop, a. a. O., S. 103 ff.

zu dem Beschluß kam, daß die Haftung für Personenschäden nicht durch Zwangsversicherung zu lösen sei und daß dem Transporteur die Rechtsstellung eines Versicherers nicht aufzuzwingen sei[79].

D. DER GEGENENTWURF BISSCHOPS

Nach dem die Diskussionen über den Hillschen Entwurf zu keinem Ergebnis gekommen waren, unternahm W. Bisschop den Versuch in einem Gegenentwurf die Haftung des Reeders für Personenschäden auf internationaler Grundlage durch Ausschaltung des Versicherungsgedankens zu regeln[80].

Obwohl durch die Regelung dieses Entwurfes die Stellung der Passagiere wesentlich günstiger ausgefallen wäre, wurde er auf der Antwerpener Konferenz des C. M. I. (1930) mit der Begründung abgelehnt, daß er den Reedern eine nicht zumutbare Belastung einbrächte[81]. In dieser Konferenz wurden somit beide Entwürfe endgültig abgelehnt. Zur Fortsetzung der Diskussionen über dieses Problem wurde eine Konferenztagung für das Jahr 1939 in Hamburg festgelegt. Diese Konferenz hat aber wegen der Ereignisse der Zeit nicht stattgefunden.

Somit wurde die Vereinheitlichung der Ansprüche der Passagiere für lange Zeit zu ihren Ungunsten aufgegeben, denn für den Reeder hatte man, wie dargestellt, durch das Übereinkommen von 1924 schon eine Beschränkung der Haftung für die meisten Fälle eingeführt. Daneben wurde die Gewohnheit, sich freizuzeichnen, in den Kreisen der Reeder verbreitet, da es dafür in den meisten Ländern kein gesetzliches Hindernis gab und die zustandegekommenen Übereinkommen, welche die Freizeichnungsmöglichkeit des Reeders ausschlossen oder wesentlich beschränkten, auf dem Gebiet der Passagierbeförderung keine Anwendung finden.

---

[79] Wodrich, S. 249; Pappenheim, a. a. O., S. 209; vgl. die Ansichten Deutschlands im Bulletin C. M. I. 88, 21 ff.; der Niederlande, S. 34 ff.; Schwedens, S. 54 ff.; Verein. Staaten, a. a. O., 89, S. 6 ff.; Japans, S. 34 ff. Siehe auch die Resolution der Internationalen Shipping Conference v. Juni 1928 in London in Bulletin C. M. I. 85, S. X; ein weiteres Echo hat das System der obligatorischen Unfallversicherung der Passagiere nur in dem Gebiet des Luftrechtes gefunden. Vgl. f. Spanien Gesetz v. 26. VII. 1929 für den Abschluß einer Unfallversicherung bei inländischen Eisenbahnen, durch das Gesetz v. 26. IX. 1941 auf Reisende mit Kraftfahrzeugen und Verkehrsflugzeugen erweitert; für Italien CdN Art. 941.

[80] Bischop, Limitation of Shipowners liability and compulsory insurance of passengers, London 1927; auch Bem. in 35 Col. L. R. 246, 264; Wodrich, S. 150 ff.; Pappenheim, a. a. O., S. 213 ff.

[81] Wodrich, S. 151; Pappenheim, a. a. O., S. 223 f.

§ 5: Der Anlaß zu den Vereinheitlichungsbestrebungen nach dem zweiten Weltkrieg

A. DIE SACHLAGE NACH DEM ZWEITEN WELTKRIEG

Nach dem zweiten Weltkrieg nimmt der Passagierverkehr auf See wieder einen bedeutenden Platz im Seehandel ein. An Stelle des Zwischendecks entwickelt sich die Touristenklasse. Die Auswanderung tritt im Verhältnis zu Anfang des 20. Jahrhunderts wesentlich zurück, während die Vergnügungsreise einen unerwarteten Aufschwung nimmt[82].
Im Jahre 1963 (1. Juni) bietet die Welthandelsflotte 301 406 Passagierplätze an, davon:[83]

Vereinigte Staaten	22 668	
Großbritannien	66 087	mit 259 Passagierschiffen
Frankreich	26 531	mit 63 Passagierschiffen
Deutschland	1 293	mit 7 Ozeandampfern und 13 Carg./Passagierschiffen
Italien	37 247	
Niederlande	19 064	
Griechenland	9 665	mit 70 Passagierschiffen
Japan	5 913	mit 193 Passagierschiffen

B. INTERNATIONALE UND NATIONALE EINFÜHRUNG ZWINGENDER SEERECHTLICHER GRUNDSÄTZE

Der nach dem zweiten Weltkrieg so stark aufgeblühte Passagierverkehr hat im Rahmen der vollen Vertragsfreiheit die wirtschaftliche Verstärkung der Position des Reeders zur Folge. An die Stelle der kleinen kapitalistischen Partenreederei ist heute die großbetriebliche Aktienreederei getreten. Der Konkurrenzkampf unter den Schiffahrtslinien haben Betriebsgemeinschaften und Konzerne mit anderen Transporteuren völlig ausgeschaltet[84]. Auf diese wirtschaftliche Überlegenheit gestützt, diktiert nun der Transporteur seine Bef.B.[85]. Diese wirtschaftliche Entwicklung ist zum größten Teil von den nationalen Gesetzgebern außer acht gelassen worden. Jedoch gelten schon mehrere internationale oder natio-

[82] Der Transatlantische Verkehr betrug im Jahre 1951 — 809 390; 1955 — 945 487; 1957 — 1 037 200 ; 1958 — 958 000; 1959 — 884 000; 1960 — 850 000 Passagiere, Benoist-Pettier, S. 33.

[83] Vgl. Bericht der Statistik der Schiffahrt, in: ISF 1963, 7.

[84] Heute existieren eine Konferenz für den Nord-Atlantischen, eine für den Süd-Atlantischen Verkehr und eine für den Indischen Ozean. Die Konferenzen setzen Preise, Tarife, Bedingungen und Zwischenverhältnisse der Mitglieder-Reedereien fest, je nach der Klasse, Länge, Art der Reise und Tonnage des Schiffes, vgl. Benoist-Pettier, S. 40.

[85] Clamer, S. 25; Wodrich, S. 154.

nale Schutzgesetze, welche zwar nicht die Vertragsfreiheit, aber wohl die Bedingungen der Pflichten eines Seeunternehmens in bezug auf das Leben der an Bord befindlichen Personen regeln[86].
Demgegenüber hat man das Recht der meisten Arten des Transportverkehrs vereinheitlichen können[87]. Es seien hier als Beispiel das Internationale Übereinkommen von Brüssel vom 25. VIII. 1924 über die Güterbeförderung auf See, das Warschauer Übereinkommen vom 12. X. 1929 über den Lufttransport, im Jahre 1955 in Den Haag modifiziert, die Konvention von Bern und das Abkommen von Genua vom 19. V. 1956 über den Internationalen Landtransport erwähnt. Diese Übereinkommen beziehen sich entweder auf den Gütertransport oder auf die Regelung der Haftung des Transporteurs für Verlust oder Beschädigung des Reisegutes zu Lande[88]. Nur das Warschauer Übereinkommen enthält eine Regelung über die Haftung des Transporteurs hinsichtlich der Ansprüche wegen Tötung oder Verletzung von Passagieren. Außerdem wurde in einigen Ländern die Vertragsfreiheit des Transporteurs erheblich beschränkt.

1. Niederlande

In den Niederlanden gelten seit 1924 (1926)[89] nicht mehr die allgemeinen Grundsätze des niederländischen BGB (Art. 1401—1407), sondern der Transporteur hat für die Sicherheit des Passagiers vom Augenblick der Einschiffung bis zur Ausschiffung Sorge zu tragen (Art. 522 Abs. I HGB Niederlande). Er hat einen von dem Passagier an Bord erlittenen Schaden, der durch einen Zufall in Zusammenhang mit der Beförderung entstanden ist, zu ersetzen, es sei denn, er ist in der Lage, den Entlastungsbeweis zu führen (Art. 522 Abs. II HGB Niederlande). Der Transporteur haftet weiterhin sowohl für eigenes Verschulden als auch für Handlungen von Personen, die er zur Verrichtung von Arbeiten bestellt hat und für Sachen, derer er sich bei der Beförderung bedient (Art. 523 HGB Niederlande). Auch die Vertragsfreiheit wird insofern beschränkt, als Freizeichnungen bezüglich einer Beschränkung der Haftung des Transporteurs für Personenschäden und die Beweislast nichtig sind (Art. 524 HGB Niederlande). Die Haftung des Transporteurs ist nach dem Vorbild des Summenhaftungssystems (Art. 525 HGB) für Personen- und Sachschäden

---

[86] Die Hauptregelung enthält der S. S. V. London 1948, der bis Dezember 1958 in den meisten Ländern in Kraft getreten war.
[87] PRODROMIDÈS, La responsabilité du transporteur dans le transport international des passagers et de leur bagages, in D. M. F. 1957, 195 f.
[88] Vgl. das Int. Abkommen für Eisenbahntransport v. 1952 (Art. 28).
[89] Gesetz v. 22. XII. 1924 und 10. VI. 1926. Siehe Übersetzung in deutscher Sprache bei SCHÄDEE, Niederl. Seerecht, Textausgabe, den Haag 1929; vgl. die Situation vor dem Seegesetz in Bulletin C. M. I. 24, 107 ff.; CLAMER, S. 114.

auf 50 Gulden pro Nettokubikmeter des Schiffes beschränkt. Die Beschränkung der Haftung entfällt, wenn der Transporteur den Schaden durch eigenen Vorsatz oder Fahrlässigkeit verursacht hat (Art. 527 HGB Niederlande).

2. *Italien*

In Italien[90] wurden von dem Codice della Navigatione die für die Passagiere auf See geltenden Grundsätze auch geändert[91]. Der CdN führte eine zwingende Haftung des Transporteurs für Personenschäden an Bord ein[92]. Der Transporteur ist für Schäden verantwortlich, die der Passagier zwischen Ein- und Ausschiffung erleidet (Art. 409 CdN). Der Transporteur wird mit dem Entlastungsbeweis belastet (Art. 386 CdN). Er hat die Handlungen der Schiffsbesatzung sowie die vom Kapitän eingegangenen Verpflichtungen zu vertreten, soweit sie das Schiff und die Reise betreffen (Art. 274 CdN). Freizeichnungen hinsichtlich der zwingenden Haftung des Transporteurs sind nicht gestattet (Art. 392 CdN).

Der CdN statuiert ein eigenes Beschränkungssystem auf der Basis der Werthaftung. Demnach haftet der Transporteur grundsätzlich mit seinem ganzen Vermögen. Er hat aber die Möglichkeit, beim zuständigen Gericht einen Antrag auf Haftungsbeschränkung zu stellen (Art. 275 f. CdN). Die Haftung beschränkt sich somit auf eine Summe, welche dem tatsächlichen Wert des Schiffes bei Antragstellung und der Bruttofracht entspricht. Diese Summe muß in jedem Fall dem Werte des Schiffes von mindestens $^1/_5$ bis höchtsens $^2/_5$ des Schiffswertes bei Antritt der Reise entsprechen[93].

3. *Griechenland*

Dagegen enthält das neue griechische Seegesetzbuch keine Regelung für Personenschäden von Passagieren[94]. Aus diesem Grunde wird das Fracht-

[90] Die italienische Passagierflotte erhöhte sich im Jahre 1963 auf 719 395 Großtonnen.

[91] Der CdN ist im Jahre 1941 erschienen und seit 1942 in Kraft getreten; darüber Wohlhaupter, a. a. O., S. 172 f.; für das ältere Recht siehe Giannini, S. 1 ff.

[92] Art. 385 CdN Wohlhaupter, a. a. O.; Wodrich, S. 155; Clamer, S. 115 f.

[93] Clamer, S. 115; eine dem italienischen Recht ähnliche Regelung haben die Skandinavischen Länder übernommen (s. Art. 169—183 des Seegesetzes).

[94] Gesetz Nr. 3816 von 1958 am 2. IX. 1958 in Kraft getreten; den Text des Gesetzes in griechischer, französischer und englischer Sprache siehe in der Veröffentlichung des griechischen Seeamtes, Piräus 1960; darüber Potamianos, S. 1 ff.

recht auf die Rechtsbeziehungen zwischen Passagier und Transporteur angewendet[95]. Auf eine Regelung für Personenschäden hat man verzichtet, weil eine internationale Regelung dieses Problems zu erwarten war[96].

Das Zivilrecht gewährt dem Passagier Schadensersatz nach dem Deliktsrecht, falls eine Körperverletzung die Voraussetzungen einer unerlaubten Handlung erfüllt. Es ist aber zweifelhaft, ob auch eine vertragliche Pflicht des Transporteurs, den Passagier unversehrt nach dem Bestimmungsort zu befördern, anerkannt ist. Das führende Schrifttum bejaht diese Frage[97]. Freizeichnungsklauseln sind nach dem griechischen Recht nur insofern gültig, als sie nicht gegen die öffentliche Ordnung verstoßen[98]. Der schadensersatzpflichtige Reeder hat die Wahl zwischen Abandon und Werthaftung (Art. 85 des Seegesetzes)[99]. Statt der Abandonerklärung, die vor dem Landgericht schriftlich zu erfolgen hat (Art. 90), kann der Transporteur eine Haftungsbeschränkung auch dadurch erlangen, daß er für jede Reise eine Summe anbietet, die $^{3}/_{10}$ des Schiffswertes am Reiseanfang und zusätzlich noch weitere $^{3}/_{10}$ zur Deckung von Personenschäden beträgt. Die zweiten $^{3}/_{10}$ dienen ausschließlich dem Ausgleich von Personenschäden, während die ersten $^{3}/_{10}$ zusammen mit der Fracht zur Befriedigung von Ansprüchen auf Sachschadensersatz und den noch ungedeckten Personenschadensersatz zur Verfügung stehen (Art. 86 SeeG).

C. DIE RÜCKWIRKUNGEN DER VERSCHIEDENHEIT DER NATIONALEN REGELUNGEN FÜR DIE FREMDEN RECHTSORDNUNGEN

Im Gegensatz zu der zwingenden Neuregelung der erwähnten europäischen Nationen sind in Deutschland, Frankreich und Großbritannien Gesetzgebung und Rechtsprechung im wesentlichen unverändert[100] geblieben. Dabei ist in Frankreich durch die neue Auffassung der Cour de Cassation für die gesamte französische Passagierschiffahrt eine sehr ge-

---

[95] S. Landgericht Piräus 4142/1962, welches die Klage eines an Bord verletzten Passagiers mit der Begründung ablehnt, daß es sich um nautisches Verschulden der Hilfspersonen handelte, für welches der Reeder nicht einzustehen hat (Art. 138 des SeeG, betreffend die Haftung des Reeders für Schäden am Frachtgut), dazu Bem. ARGYRIADIS, in E. E. D. 1963, 228 ff.

[96] POTAMIANOS, S. 36.

[97] Für das ältere Recht siehe ANASTASSIADIS, II § 338.

[98] MICHAILIDIS-NOUAROS, in Erm. Ak., Art. 332 Anm. 14, 20; Art. 334 Anm. 57.

[99] SOTIROPOULOS BRH, S. 244 f.; TSANGARIS, Art. 84 ff.; TSIRINDANIS, Bem. in E. E. D., 1961, 6 ff.

[100] Madrid, 1955, S. 265 ff.

fährliche Situation entstanden[101]. Die Anwendung von Art. 1384 I C. civ. bedeutet eine unbeschränkte Haftung des Transporteurs, und zwar ohne Exculpationsmöglichkeit. Die Konsequenzen einer solchen Haftung werden zu einer Erhöhung der Fahrpreise führen, was aber zum Nachteil der französischen Transporteure und zu Gunsten der ausländischen Passagierschiffahrt sein wird[102].

Allerdings ist die Rechtsprechung der Cour de Cassation nicht nur für die französische, sondern auch für die internationale Passagierschiffahrt gefährlich: Nach Art. 3 C. civ. können Ausländer als Erben eines auf französischen Gewässern getöteten Passagiers ihre Klage gegen den Transporteur (französischen oder nicht) vor den französischen Gerichten unter den Voraussetzungen des Art. 1384, I. C. civ. führen. Dies kann als Ergebnis haben, daß sogar englische Transporteure persönlich unbeschränkt einzustehen haben[103].

Die Ungleichheit des Rechtes der Passagierbeförderung auf See hat auch für die amerikanische Rechtsordnung unangenehme Folgen. Sehr oft wurden die amerikanischen Gerichte gezwungen, fremde Passagierbedingungen anzuerkennen und dabei ein ihrer Rechtsordnung nicht entsprechendes Recht anzuwenden[104].

Dieser Stand des internationalen Passagierverkehrs nach dem zweiten Weltkrieg führte zu dem allgemeinen Wunsch, eine international einheitliche Regelung für das Recht der Passagierbeförderung oder mindestens einige Regeln über die Haftung des Transporteurs beim Passagiertransport zur See zu treffen[105].

---

[101] Die französische Passagierschiffahrt nimmt in den letzten Jahren einen sehr bedeutenden Teil in der Weltpassagierschiffahrt ein. Z. B. im Jahre 1959 wurden nach und aus den französischen Häfen 4 200 000 Passagiere befördert und im Jahre 1961 belief sich die französische Passagiertonnage auf 110 000 Gr. Ton., und somit war Frankreich mit 13,7 v. H. in der Weltpassagiertonnage beteiligt; vgl. Benoist-Pettier, S. 61 ff.; Prodromidès, a. a. O., S. 196.

[102] Lindon, Conclusions, a. a. O., zit.; S. 520.

[103] Ripert, II Nr. 2000—1; Siquier, S. 107.

[104] Im Falle „Siegelmann v. Cunard White Star Line" zit.; hat das Gericht die Bef.B. einer englischen Reederei hinsichtlich der Frage der „time Limitations" angewendet; ebenso wurde im Falle „Janson v. Swedish-American Line, zit., bei Verletzung eines USA-Passagiers auf einem schwedischen Schiff in schwedischen Gewässern das schwedische Recht angewendet. Auch im Falle „Rosenthal v. Co. Gen. Trans.", bei Verletzung eines USA-Passagiers auf einem französischen Schiff wurde das französsiche Recht für maßgebend erklärt; vgl. Bonassies, a. a. O., Teil II, D. M. F. 1959, 259 ff.; Edelman, S. 254 ff.; Schaps-Abraham, II Vorb. § 664 Anm. 19, 22.

[105] Würdinger, Die Vereinheitlichung des Seerechts in Gegenwart und Zukunft, Schriften des D. I. V. S., Reihe A, Heft 1, 1963, bes. S. 16 ff.

Zweites Kapitel

DAS ÜBEREINKOMMEN VON 1961 ÜBER DIE VEREINHEITLICHUNG EINIGER REGELN DER PASSAGIERBEFÖRDERUNG AUF SEE. ZUGLEICH VERGLEICH UND KRITISCHE WERTUNG DER DARGESTELLTEN RECHTE

§ 1: Die Entstehungsgeschichte des Übereinkommens von 1961

A. DIE DIPLOMATISCHE KONFERENZ IN NEAPEL 1951

Auf italienische Initiative[1] kam das Problem der Vereinheitlichung des Rechtes der Passagierbeförderung auf See auf die Tagesordnung der Konferenz des C. M. I. in Neapel im Jahre 1951. Das Problem wurde aber auf neuer Basis diskutiert und die alten Entwürfe wurden außer Acht gelassen. Festsetzung einer Höchstsumme für die Haftung des Transporteurs, Haftung für Seeuntüchtigkeit des Schiffes und für nautisches Verschulden, Ausschluß der „negligence"-Klausel, Festsetzung des Einflusses der höheren Gewalt auf das Verschulden des Transporteurs und Fixierung von kurzen Fristen für die Verjährung der Ansprüche der Passagiere waren die Hauptpunkte, für welche die Vereinheitlichung dieses Problems erfolgen sollte.

Ergebnis dieser Konferenz, während deren Arbeiten sich die erste Opposition Großbritanniens[2] und der Vereinigten Staaten[3] zeigten, war die Gründung einer Kommission unter Präsident Offerhaus, die das Problem zu untersuchen und der nächsten Konferenz einen Entwurf vorzulegen hatte[4].

B. DIE DIPLOMATISCHE SEEKONFERENZ IN MADRID 1955

Die von der Neapel-Konferenz bestellte Kommission hat einen Entwurf bearbeitet auf Grund einer Arbeit, die ihr von der Association Francaise du Droit Maritime vorgelegt worden war. Der Text des von der Kom-

[1] Bulletin C. M. I. 105, S. 153 ff.; 159 ff. (Bericht Giannini).
[2] A. a. O., S. 364.
[3] A. a. O., S. 375.
[4] A. a. O., S. 376.

mission bearbeiteten Entwurfes wurde von der Konferenz des C. M. I. im September 1954 in Brighton geprüft und der Madrider Konferenz des C. M. I. im Jahre 1955 vorgelegt. Nach lebhaften Diskussionen und leichten Änderungen wurde dieser Text von den beteiligten Delegierten angenommen.

C. DER MADRIDER ENTWURF[5]

Der von der Madrider Konferenz angenommene Entwurf lehnt sich weitgehend an die Haager Regeln an[6]. Der Entwurf erfaßt Schadensfälle anläßlich eines internationalen Personentransportes zur See durch ein Seeschiff (seagoing vessel), welches die Flagge eines Vertragsstaates führt (Art. 2)[7]. Die Verantwortlichkeit des Reeders für Schäden, welche durch Tod oder Verletzung des Passagiers entstanden sind, wurde nach dem Vorbild der Haager Regeln ausgerichtet. Voraussetzung der Haftung ist ein Verschulden des Transporteurs oder seiner Erfüllungsgehilfen (Art. 5)[8]. Die Beweislast, daß ein solches Verschulden vorliegt, wird nach dem Vorbild der Haager Regeln in den meisten Fällen dem Passagier zur Last fallen (Art. 5). Im Falle von Seeuntüchtigkeit des Schiffes hat aber der Transporteur zu beweisen, daß er die notwendige Sorgfalt ausgeübt hat, um das Schiff in einem seetüchtigen Zustand zu stellen und zu halten (Art. 5, Ziff. 1). Für die Fälle des Schiffszusammenstoßes, der Strandung und bei Schiffbruch genügt nach Art. 5 Ziff. 2a als Voraussetzung für die Haftung ein Verschulden des Kapitäns, der Schiffsbesatzung, des Lotsen und anderer im Management beschäftigten Leute nicht, wenn diese Schadensfälle durch einen navigatorischen Irrtum oder durch Verschulden der Schiffsbesatzung bei der Bedienung des Schiffes entstanden sind. Der Transporteur haftet also hier auch für fremdes Verschulden. Gegen diese Vorschrift haben sich in der Madrider Konferenz Norwegen und Schweden gestellt. Bei einem Selbst- oder Mitverschulden des Passagiers entfällt die Haftung des Transporteurs (Art. 6).

In Anlehnung an das Warschauer Übereinkommen wird die Haftung des Transporteurs auf eine Höchstsumme von 125 000 Poincaré-Franken beim Todesfall und bei Personenschäden von Passagieren beschränkt[9]. Von Art. 11—12 waren kurze Verjährungsfristen vorgesehen. Der Madrider

---

[5] Prodromidès, a. a. O., S. 195 ff.; v. Laun, Der Madrider Entwurf eines internationalen Abkommens betreffend die Beförderung von Passagieren zur See, in Hansa 1956, 1571 f. (1572).

[6] Madrid, 1955, S. 434; v. Laun, a. a. O., S. 1571; Clamer, S. 119; Siquier, S. 98 ff.

[7] V. Laun, a. a. O.; Prodromidès, a. a. O., S. 199.

[8] Siquier, S. 100 ff., 143 ff.

[9] V. Laun, a. a. O., S. 1572.

Entwurf machte weiterhin keinen Unterschied zwischen Passagierbeförderung gegen Entgelt und Gefälligkeitstransport[10].
Schon auf der Konferenz in Brighton hat die amerikanische Delegation erklärt, daß für eine Unterzeichnung vor dem Kongreß eine Internationale Konvention mit dem Inhalt des in Brighton vorbereiteten Entwurfes keine Chancen habe, weil die Stellung des Passagiers durch diesen Entwurf gegenüber dem geltenden Recht wesentlich verschlechtert würde[11].
Dagegen hat die englische Delegation während der Arbeiten der Madrider Konferenz geäußert, daß die britischen Reeder gegen eine solche Konvention sind, weil sie ihnen die bis jetzt herrschende Vertragsfreiheit nähme.

D. DIE DIPLOMATISCHE KONFERENZ IN BRÜSSEL 1957

Nach dem Mißerfolg des Madrider Entwurfes hat die Konferenz in Madrid eine neue Kommission unter dem Präsidium von Asser beauftragt, einen Entwurf für die nächste Konferenz vorzubereiten. Dieser Entwurf[12] wurde von der diplomatischen Konferenz in Brüssel 1957 vollständig umgeändert, von allen Ländern, außer den Vereinigten Staaten, Ägypten, Portugal und der UdSSR angenommen[13] und den Regierungen der beteiligten Staaten zur Stellungnahme übermittelt.
Dieser Entwurf unterscheidet sich von dem Madrider Entwurf durch die Einschränkung seines Anwendungsbereiches, durch seine Rechtssystematik und durch die Verschärfung der Haftungsvorschriften[14].

E. DIE DIPLOMATISCHE KONFERENZ IN BRÜSSEL 1961 UND DER ABSCHLUSS DES ÜBEREINKOMMENS VON 1961[15]

Der Brüsseler Entwurf von 1957 über die Unifizierung einiger Regeln des Passagiertransportes auf See wurde im Jahre 1961 (17.—30. April) der XI. Diplomatischen Seerechtskonferenz in Brüssel vorgelegt. Die Tagesordnung enthielt die Entwürfe von zwei internationalen Übereinkommen, und zwar a) den Entwurf von 1957 für eine „Convention Internationale pour l'unification de certaines règles en matière de trans-

---

[10] Prodromidès, a. a. O., S. 201.
[11] Madrid, 1955, S. 541—542.
[12] Text in Bruxelles, 1957, S. 755 ff.; vgl. Röhreke-Necker, Die Diplomatische Seerechtskonferenz Brüssel 1957, in Hansa 1957, S. 2218.
[13] Bruxelles, 1957, S. 443 f.
[14] Röhreke-Necker, a. a. O.; Ripert, La Conference Diplomatique de Bruxelles de 1957, in D. M. F. 1957, 716 ff.
[15] Dagna, La XI Sessiona de la conferenca Internationale di diritto maritimo, Bruxelles 30. IV. 1961, Veröffentlichungen der Assiciatione Italiana di diritto maritimo, Luglio 1961.

port de passagers par mer“ und b) den Entwurf von 1959 in Rijeka für eine „Convention rélative à la responsabilité des exploitants de navires nucléaires“. Dieser Konferenz, auf welcher 54 Staaten vertreten waren[16], gelang es, ein internationales Übereinkommen über den ersten Entwurf zu verabschieden. Der endgültige Text der Konvention wurde nach eingehenden Diskussionen und einigen Änderungen mit 36 Stimmen bei 9 Stimmenthaltungen angenommen[17].

§ 2: Die Haftung des Transporteurs nach dem Übereinkommen von Brüssel 1961

A. DIE HAUPTLINIEN DES ÜBEREINKOMMENS

Das Übereinkommen von 1961, das insgesamt 12 Artikel und ein zusätzliches Protokoll mit 3 Vorbehalten enthält, regelt nur einzelne, allerdings besonders wichtige Fragen des Passagiertransports. Zweck des Übereinkommens war nicht die Vereinheitlichung des gesamten Rechts des Passagiertransports auf See, sondern die auf internationaler Ebene einheitliche Regelung der meist umstrittenen Punkte auf diesem Gebiete. Kernstück des Übereinkommens ist daher die Regelung der Haftung des Transporteurs bei Verletzung oder Tötung von Passagieren während der Durchführung des PassV. und die Beschränkung dieser Haftung auf einen per-capita-Höchstbetrag nach dem Vorbild des Warschauer Übereinkommens[18]. Von den Pflichten des Transporteurs sind daher durch das Übereinkommen nur die Sorgfaltspflichten geregelt worden. Dagegen wurde

---

[16] Bruxelles, 1961, S. 240 f.

[17] Für den Text haben gestimmt: Albanien, Argentinien, Australien, Belgien, Birma, Bulgarien, Canada, Chile, China, Dänemark, Finnland, Israel, Italien, Japan, Jugoslawien, Kambodscha, Liberia, Marokko, Malaisia, Monako, Norwegen, Österreich, Polen, Portugal, Rumänien, Schweden, Schweiz, Spanien, Tschechoslowakei, Tunesien, Türkei, UdSSR, Ukraine, Vatikan.
Der Stimme haben sich enthalten: Deutschland, Frankreich, Großbritannien, Griechenland, Iran, Niederlande, Philippinen, Vereinigte Staaten.
Die Unterzeichnungsstaaten sind (bis 20. Mai 1961): Belgien, Birma, Chile, Dänemark, Dominikanische Republik, Deutschland, Griechenland, Indien, Italien, Kambodscha, Liberia, Marokko, Norwegen, Philippinen, Polen, Portugal, VAR, Schweiz, Spanien, Türkei, Jugoslawien.

[18] Das Übereinkommen folgt der neuen Fassung des Warschauer Übereinkommens (WA) von Den Haag 1955; insofern ist die Literatur und Rechtsprechung über dieses Übereinkommen mutatis mutandis auch für die Probleme, welche von seiner Anwendung herkommen, maßgebend; deutsches Schrifttum zu der Neufassung des WA siehe bei Schleicher-Regmann-Abraham, S. 386; Riese, Die internationale Luftprivatkonferenz in Den Haag zur Revision des WA im September 1955, in ZLR 1956, S. 4 ff.

eine Regelung über den Abschluß des PassV., den Kontrahierungszwang, die Fahrkarte, die Form des PassV., die Abtretung des Vertragsverhältnisses sowie die Beförderungspflichten den nationalen Gesetzen und den seerechtlichen Gebräuchen überlassen[19]. Die Regelung des Übereinkommens entspricht auch der Lage in der internationalen Problematik. Die Probleme, welche es behandelt, sind gerade diejenigen, die eine einheitliche Lösung benötigen. Die Hauptprobleme entstehen nämlich daraus, daß in den schon dargestellten Rechten und entsprechend in ihren Tochterrechten keine einheitliche Rechtsprechung über das Problem der Freiheit des Transporteurs, Freizeichnungen zu vereinbaren, besteht. Eine einheitliche Regelung über die Gültigkeit der Freizeichnungsklauseln sollte das Kernstück jeder Vereinheitlichungsbestrebung innerhalb eines Abkommens über dieses Gebiet sein. Denn da treffen sich die Interessen sowohl des Passagiers als auch des Transporteurs. Dagegen kann dahingestellt bleiben, ob der Transporteur sich unter Kontrahierungszwang befinden soll oder ob die Fahrkarte ein „contract ticket" bildet oder nicht. Übrigens ist das letztere auch von großer Bedeutung für die Sicherheit des Rechtes und die Vermeidung von Mißverständnissen innerhalb des internationalen Passagierverkehrs. Es ist allerdings nur aus traditionellen Gründen, daß sich in diesem Punkt die verglichenen Rechte unterscheiden. Mit Recht nimmt aber das Übereinkommen keine Stellung zu der Abtretung der Rechte aus dem Vertrage und die Art der Durchführung der Beförderungspflichten. Dazu wird eine Vereinheitlichung einiger Hauptnormen des Schuldrechtes erforderlich, was für diese Frage weder notwendig noch zur Zeit zu ermöglichen ist.

Ebenso fällt eine Regelung über die Beförderung des Reisegutes und die Haftung des Transporteurs wegen Verlustes oder Beschädigung des Reisegutes fort[20]. Weiterhin wurde die Frage der Schiffsgläubigerrechte wegen Körperschäden der Passagiere der nationalen Regelung überlassen. Das Übereinkommen enthält keine Vorschrift über die Haftung des Transporteurs für Verspätung. Dies gibt dem Transporteur die Freiheit, jede Haftung für Verspätungsschäden auszuschließen und die Fahrpläne nicht als Bestandteil des PassV. zu bezeichnen. Auch über den kombinierten Transport enthält das Übereinkommen keine Vorschriften. Liegt ein solcher Transport vor, so hat das Übereinkommen nur für den Teil der Beförderung auf See Anwendung. Dasselbe gilt im Bereich des Warschauer Übereinkommens in bezug auf eine Luftfahrt. Eine Verpflichtung des ersten Transporteurs für die Ereignisse der gesamten Reise kann sich nur auf ausdrückliche Vereinbarungen beziehen[21].

---

[19] Siquier, S. 177 ff.

[20] Röhreke-Necker, a. a. O., S. 2219.

[21] Siquier, S. 187.

Das Übereinkommen enthält eine zwingende Regelung der geregelten Probleme[22]. Die nationalen Gesetze kommen nur ergänzend zur Anwendung[23]. Ansprüche wegen Tötung oder Körperverletzung von Passagieren können nur unter den Voraussetzungen des Übereinkommens geltend gemacht werden (Art. 10 Abs. 1). Wie die Erfahrung bis jetzt gezeigt hat, ist auf diesem Gebiet die zwingende Regelung das einzige Mittel zum Schutz des Passagiers gegen die faktische Monopolstellung des Transporteurs[24]. Die „Take or leave it" Regel gilt in Wirklichkeit nicht nur im englischen Recht, sondern auch in den sonst dargestellten Rechten. Für eine dispositive Regelung spricht auch nicht, daß im französischen, deutschen und amerikanischen Recht die Freizeichnungen nur insofern anerkannt werden, als sie der „public policy" nicht widersprechen. Denn auch dann hat man mit dem uneinheitlichen Begriff der öffentlichen Ordnung zu rechnen. Auch der Schutz der Rechtsprechung ist nicht immer der beste. Dies hat sich im Fall der „Lamoricière" am klarsten gezeigt. Denn bei der Notwendigkeit, die Lage des Passagiers zu verbessern, besteht die akute Gefahr, den schon durch die starke Konkurrenz des Lufttransports leidenden Transporteur wirtschaftlich zu vernichten. Das war auch einer von den Gründen, weswegen die Reeder bei den Vorarbeiten des C. M. I. so sehr daran interessiert waren, eine obligatorische Regelung zu erreichen[25]. Von den geltenden Rechten erscheint in diesem Punkt das amerikanische Recht vorbildlich, weil es, abgesehen von seiner übertriebenen Neigung, die Passagiere zu schützen, eine zwingende Regelung über die regelungsbedürftigen Fragen vorschreibt und eine Vertragsfreiheit nur hinsichtlich nebensächlicher Fragen bestehen läßt. Die heutige wirtschaftliche Überlegenheit des Transporteurs erlaubt dem Passagier, trotz sorgfältig vorgesehener internationaler Schutzgesetze, keine Vertragsfreiheit mehr. Die Intervention des Gesetzgebers ist notwendig, und dies kann auch für das englische Recht gelten. Der Einwand, daß eine solche Intervention der liberalen Grundhaltung des englischen Rechts widerspricht, erfüllt insofern nicht die Erwartungen der Gerechtigkeit, da es sich nicht um geldliche Beziehungen, sondern um die Unversehrtheit und das Leben von Menschen handelt. Wirtschaftliche Interessen und Rechtstradition sollen in einem neuzeitlichen Recht dahingestellt bleiben, wenn die Frage des Schutzes von Menschenleben erhoben wird.

---

[22] Ebenso Niederlande HGB, Art. 524; Italien CdN, Art. 415; Skandinavien SeeG, S. 171; USA Rev. Stat. Sec. 4282 b.

[23] Entsprechend die Regelung des WA Art. 21 u. 29 Abs. 2; Koffka-Bodenstein-Koffka, a. a. O., S. 239 ff.

[24] Vgl. Clamer, S. 125; Schaps-Abraham, II S. 853; Wodrich, S. 119 ff.; Wüstendörfer SHR, S. 280 ff.; SF 357 ff.; v. Gierke, S. 609.

[25] Wodrich, S. 152; Siquier, S. 177 f.

B. ÖRTLICHER GELTUNGSBEREICH DES ÜBEREINKOMMENS

Das Übereinkommen gilt nur, wenn es sich um eine internationale Passagierbeförderung auf See handelt (Art. 1 f.)[26]. Eine solche Beförderung liegt vor, wenn der von den Parteien des PassV. vereinbarte Abgangs- und Bestimmungsort in den Gebieten von zwei Vertragsstaaten liegt oder wenn beide Orte im selben Staat gelegen sind, das Schiff aber während der Reise einen ausländischen Hafen anläuft[27]. Da in jedem Falle der vereinbarte Abgangs- und Bestimmungsort und der vereinbarte Zwischenhafen für die Frage der Anwendung des Übereinkommens maßgebend sind, spielt es keine Rolle, wenn die tatsächlich gefahrene Strecke von der vereinbarten abweicht[28]. Das Übereinkommen hat keine Anwendung, wenn Hin- und Rückfahrt gemeinsam vereinbart werden, d. h. bei Rückfahrten, wenn der Bestimmungsort der Hinfahrt in einem Nicht-Vertragsstaat liegt, die einfache Rückfahrt also keine internationale Beförderung im Sinne des Übereinkommens ist[29].

Maßgebend für die Frage, welcher der Abfahrt- und welcher der Bestimmungsort ist und ob ein Zwischenhafen anzulaufen ist, sind nicht die tatsächlichen Verhältnisse, wie sie sich im Laufe der Fahrt entwickeln, sondern nur die vertraglichen Vereinbarungen der Parteien. Deshalb bleibt eine z. B. zwischen Venedig und Athen geplante Fahrt international, auch wenn sie infolge einer Beschädigung des Schiffes in einem italienischen Hafen ihr vorzeitiges Ende findet, und auch eine Fahrt zwischen Marseille und einer französischen Kolonie, die ohne Zwischenhafen erfolgen sollte, wird nicht dadurch international, daß wegen schlechten Wetters das Schiff die Balearen anlaufen muß[30].

Es ist klar, weswegen das Übereinkommen seinen Anwendungsbereich auf internationale Beförderungen beschränkt. Wenn schon die Änderung und Vereinheitlichung des Rechtes der Passagierbeförderung für internationale Fahrten, bei denen öfter schwere Konflikte wegen der Reaktion der Wirtschaft entstehen, so schwer fällt, so ist es so gut wie sicher, daß die einzelnen Länder nicht gewillt sind, ihr nationales Recht auch für nationale Beförderungen zu ändern.

---

[26] SIQUIER, S. 125 f.

[27] RÖHREKE-NECKER, a. a. O., vgl. Madrider Entwurf Art. 1 g; PRODROMIDÈS, a. a. O., S. 199; WA Art. 1 Abs. 2; SCHLEICHER-REYMANN-ABRAHAM, S. 277, Anm. 34.

[28] SIQUIER, S. 126.

[29] Vgl. SIQUIER, S. 127; anders das WA Art. 1 Abs. 2; SCHLEICHER-REYMANN-ABRAHAM, S. 271, Anm. 39.

[30] Vgl. KOFFKA-BODENSTEIN-KOFFKA, S. 270.

C. SACHLICHER GELTUNGSBEREICH DES ÜBEREINKOMMENS

Das Übereinkommen gilt (Art. 1 b) für die Beförderung von Passagieren auf See. Die Beförderung des Reisegutes wird im Gegensatz zu der Regelung des Warschauer Abkommens den nationalen Gesetzen überlassen. Das Übereinkommen findet nur auf solche Beförderungen Anwendung, denen ein PassV. zugrunde liegt. PassV. („contrat de transport") bedeutet im Sinne des Übereinkommens ein von einem Transportunternehmen oder für seine Rechnung abgeschlossener Vertrag über die Beförderung eines Passagiers mit Ausschluß eines Frachtvertrages (Art. 1 b)[31].

Die Frage, ob und wann ein PassV. zustande gekommen ist (Offerte, Bindung an die Offerte, Annahme, Dissens, Abschluß durch Vertreter, Willensmängel und Vertrag zugunsten Dritter usw.) ist von dem Übereinkommen nicht geregelt worden. Ergänzend kommt in diesem Falle das nationale Recht zur Anwendung. Eine Form für den Abschluß des PassV. wird von dem Übereinkommen nicht gefordert[32]. Dies entspricht wohl den Grundsätzen des deutschen, französischen und amerikanischen Rechtes, nicht aber der Seepraxis bei allen diesen Ländern. Vielmehr verlangt die herrschende internationale Seepraxis die Ausgabe einer Fahrkarte, und in diesem Punkt sind diese Rechte einheitlich, sofern man die Bef.B. als das wahre und lebende Recht betrachtet. Daher hätte eine Vereinheitlichung in diesem Punkt nur noch die tatsächliche Gleichheit feststellen sollen. Die Einführung einer Abschlußform wäre nicht unnötig, denn viele Ungewißheiten in der Rechtsprechung der Gerichte der verschiedenen Länder ergeben sich daraus, daß diese Gerichte in der Auslegung ihrer Rechtsordnung und der geltenden Bef.B. oft unter verschiedenen Grundsätzen zu entscheiden haben. Die Konflikte sind noch größer, wenn vor einem Gericht die Frage der Abschlußform eines ausländischen PassV. erhoben wird. Das Problem gehört nicht zu den unwichtigen, weil es in absolutem Zusammenhang mit dem Anfangspunkt der Passagiereigenschaft und somit mit Rechten und Pflichten aus dem Vertrage steht. Zu einer Lösung der Frage ist am besten die englische Praxis heranzuziehen. Diese entspricht auch größtenteils der internationalen Schiffahrtspraxis bei großen Seereisen und würde den Beweis der Eigenschaft des Passagiers nicht nur bei der normalen Entwicklung des PassV., sondern auch bei Prozeßverfahren vereinfachen.

---

[31] Siquier, S. 119.
[32] Ebenso das WA, darüber Schleicher-Reymann-Abraham, S. 276 Anm. 31.

D. DIE VERTRAGSPARTEIEN

1. Der Passagier

Im Sinne des Übereinkommens sind Passagiere alle Personen, welche auf Grund eines PassV. mit einem Schiff befördert werden (Art. 10). Der Kreis dieser Personen ist infolgedessen sehr ausgedehnt, weil damit auch Personen, welche gegen Gefälligkeit befördert werden, gemeint sind. Das Übereinkommen findet keine Anwendung auf Personen, welche ohne PassV. befördert werden, z. B. blinde Passagiere, oder auf Beförderungen, die für Rechnung der Militärbehörden erfolgen[33]. Es genügt aber für die Anwendung des Übereinkommens, daß die Parteien glaubten, einen wirksamen PassV. abgeschlossen zu haben. Unter diese Voraussetzungen fallen auch vermeintliche Vertragsbeförderungen von Geschäftsunfähigen, die selbst kontrahiert haben, oder von Personen, die in ihrer Geschäftsfähigkeit beschränkt sind und bei denen der Vertrag nicht die Zustimmung des gesetzlichen Vertreters findet, oder Fälle, bei denen für eine der Vertragsparteien versteckter Dissenz vorliegt.

Das Übereinkommen findet auf Ansprüche der Besatzung des Schiffes (einschl. Dienstpersonal, Stewards, Musiker, Ärzte, Friseure etc.) keine Anwendung, da diese Personen nicht auf Grund eines PassV. an der Seefahrt teilnehmen[34]. Ihre Rechte und Pflichten ergeben sich aus dem jeweils für sie maßgebenden nationalen Arbeits- und Sozialrecht[35].

Vertragspartner des Transporteurs ist derjenige, dem eine Beförderung versprochen wird. Er braucht jedoch nicht mit der beförderten Person oder demjenigen, zu dessen Gunsten die Beförderung erfolgt, identisch zu sein. Insoweit fällt unter das Übereinkommen auch ein PassV. zugunsten eines Dritten[36].

Wie auch von dem Madrider Entwurf vorgesehen war, findet das Übereinkommen Anwendung sowohl bei Transport gegen Entgelt als auch bei reiner Gefälligkeitsfahrt[37]. Hier erhebt sich die Frage, ob durch die Unterstellung der Fälle aus einem Gefälligkeitstransport unter die Regelung des Übereinkommens für den Transporteur eine unnötige Belastung entsteht. Denn bei einem Transport ohne Entgelt liegt eigentlich kein Grund für eine Zwangsregelung vor[38].

---

[33] Siquier, S. 120; Prodromidès, a. a. O., S. 201.

[34] Siquier, S. 122.

[35] Für das deutsche Recht BGB §§ 611 ff.

[36] Vgl. WA Art. 1; Koffka-Bodenstein-Koffka, S. 268.

[37] Commission de Brighton, S. 301.

[38] Prodromidès, a. a. O., S. 201; Siquier, S. 122; das WA findet Anwendung nur bei Beförderung gegen Entgelt (Art. 1 Abs. 1), darüber Schleicher-Reymann-Abraham, S. 259 Anm. 6.

Auch die geltenden Rechte weichen nicht wesentlich voneinander ab, was die Eigenschaft des Passagiers betrifft. Klare Regeln haben weder die kontinentalen noch die angelsächsischen Rechte entwickelt. Dennoch verbirgt sich hinter scheinbaren Verschiedenheiten ein allgemein einheitlicher Grundsatz des PassV. Passagier ist für alle diese Rechtsordnungen jede Person, die infolge eines PassV. sich an Bord eines Schiffes zum Zwecke der Beförderung befindet. Einheitliches und notwendiges Element für die Eigenschaft des Passagiers ist somit die Existenz eines PassV. Dagegen wird die Entgeltlichkeit oder die Gegenleistung nicht von allen Rechten einheitlich bewertet. Der Passagier gegen Entgelt genießt nach deutschem und französischem Recht einen weitergehenden Schutz, weil er für seine Beförderung bezahlt und in diesem Betrag auch die Sorgfalt für seine Unversehrtheit mitbezahlt ist. Dennoch wird von diesen Rechten ein leichter Sorgfaltsgrad auch für den auf Gefälligkeit mitfahrenden Passagier angenommen.

Im Gegensatz dazu versteht das englische Recht nach dem „consideration"-Grundsatz die Eigenschaft des Passagiers nach dem entrichteten Fahrpreis. Personen, die aus Gefälligkeit befördert werden, sind Gäste des Transporteurs und unternehmen ihre Beförderung „at own risk". In diesem Zusammenhang merkt man durch eine Gegenüberstellung, wie weit das amerikanische Recht, welches nicht nur die ohne Entgelt fahrenden Passagiere, sondern auch die „invitees" (Gäste an Bord) mit einem Anspruch auf Schadensersatz wegen Verletzung der Sorgfaltspflichten des Transporteurs ausstattet, von seinem Mutterrecht abweicht[39]. Eine eingehende Prüfung überzeugt davon, daß die Haltung sowohl des amerikanischen als auch die davon ganz verschiedene des englischen Rechtes den wirtschaftlichen Tatsachen und Bedürfnissen nicht entspricht. Den Transporteur mit einer Sorgfaltspflicht auch gegenüber Passagieren ohne Entgelt haften zu lassen, bedeutet eine harte und unnötige Erhöhung seiner Haftung, für die er nicht versichert ist. Die Aufnahme von Passagieren aus Gefälligkeit sollte leichteren Haftungsgrundsätzen unterliegen. Das Gegenstück des englischen Rechtes ist aber auch für kontinentale Gerechtigkeitsbegriffe nicht annehmbar. Wenn es sich um das Leben eines Menschen handelt, sollte auch bei Gefälligkeitstransport eine gewisse Sorgfalt ausgeübt werden. Daher ist die Auffassung des deutschen und französischen Rechtes, welche eine Haftung des Transporteurs bei Gefälligkeitstransport für Vorsatz und grobe Fahrlässigkeit anerkennen, durchaus richtiger.

---

[39] „There are cases holding that visitor to a passenger who is about to disembark is an invitee to whom the shipowner owes a duty of due care. The theory is that this is a part of tradition, and it is part of the consideration for which a passenger pays." Edelman, S. 247.

2. *Der Transporteur*

Nach Art. 1 a des Übereinkommens ist „Transporteur“ derjenige, der als Vertragspartei einen PassV. vereinbart und die Eigenschaft des Eigentümers, des Reeders oder des Verfrachters des für die Beförderung bestimmten Schiffes besitzt.

Ein Kontrahierungszwang besteht für den Transporteur nach dem Übereinkommen nicht. Es kommen infolgedessen die nationalen Gesetze ergänzend zur Anwendung. Die Frage ist für das deutsche Recht ohne Bedeutung, weil es eine ausdrückliche Beförderungspflicht des Transporteurs nicht kennt[40]. Die Regelung des Übereinkommens war hinsichtlich dieser Frage die einzig richtige, weil es weder notwendig noch möglich scheint, die Vertragsstaaten zu verpflichten, einen Kontrahierungszwang anzunehmen oder nicht.

Ist der Reeder des Schiffes nicht Vertragspartei des Passagiers, so ist gegen ihn nur eine quasi-deliktische Klage möglich, weil er von den Voraussetzungen und Bedingungen des PassV. nicht geschützt wird. Zweckmäßiger wäre es, den Reeder des Schiffes auch in diesem Fall unter denselben Voraussetzungen wie den kontrahierenden Transporteur haften zu lassen.

Das Übereinkommen findet auch dann Anwendung, wenn der „Transporteur“ ein Staat oder eine öffentliche Stelle in Ausübung von Handelstätigkeit ist (Art. 13)[41].

Der Anwendung des Übereinkommens unterliegen sowohl Beförderungen, die der Staat oder eine juristische Person durch ein von ihm betriebenes Transportunternehmen[42] vornimmt, als auch diejenigen, welche durch ein Schiff ausgeführt werden, das nicht einem solchen öffentlichen Transporteur gehört.

3. *Schiffe, auf welche das Übereinkommen Anwendung findet*

Das Übereinkommen findet Anwendung nur auf internationale Beförderungen, die mit einem „Seeschiff“ („batiment de mer“, „seagoing vessel“) erfolgen. Was unter dem Begriff „Seeschiff“ zu verstehen ist, wurde den nationalen Regelungen überlassen. Binnenschiffahrt als auch Binnenschiffe in nationalen oder internationalen Fahrten fallen nicht unter die Regelung des Übereinkommens[43].

---

[40] Ebenso das WA; darüber SCHLEICHER-REYMANN-ABRAHAM, S. 274 Anm. 30.

[41] Ebenso WA Art. 2 Abs. 1; darüber SCHLEICHER-REYMANN-ABRAHAM, S. 281 Anm. 1.

[42] Große staatliche Transportunternehmungen zur See bestehen in Frankreich und den Vereinigten Staaten.

[43] BREUER, a. a. O., S. 1230; SIQUIER, S. 123.

Das Übereinkommen findet Anwendung nur, wenn das Schiff entweder unter der Flagge eines der Vertragsstaaten fährt oder wenn der Abreise- oder der Bestimmungshafen im Staatsgebiet eines Vertragsstaates liegt (Art. 2)[44]. Somit wird mit Hilfe einer Paramountklausel den Vertragsstaaten die Ausdehnung der Anwendung des Übereinkommens ermöglicht[45].

„Vertragsstaat" („Etat Contractant") ist im Sinne des Übereinkommens derjenige Staat, welcher das Übereinkommen, zu dem beigetreten wird, ratifiziert hat und es nicht gekündigt hat (Art. 1 g). Bloße Zeichnung des Übereinkommens kann also einen Staat nicht verpflichten, das Übereinkommen anzuwenden.

E. PFLICHTEN DES TRANSPORTEURS

Während die reinen Beförderungspflichten der freien Bestimmung der Parteien und der Regelung der nationalen Rechtsordnungen überlassen sind, befaßt sich Art. 3 des Übereinkommens mit den Sorgfaltspflichten des Transporteurs hinsichtlich der Unversehrtheit des von ihm beförderten Passagiers[46]. Art. 3 unterscheidet zwischen Sorgfaltspflichten des Schiffseigentümers oder des Reeders des Schiffes und denen des Verfrachters.

1. Die Sorgfaltspflichten des Schiffseigentümers bzw. des Reeders

Dem Schiffseigentümer obliegt die Pflicht, für die Unversehrtheit des Passagiers auf jede Weise zu sorgen (Art. 3 Abs. 1)[47]. Dafür hat er maßgebliche Sorgfalt („due diligence", „diligence reasonable"), d. h. eine normale, von jedem Transporteur zu erwartende Sorgfalt, auszuüben[48]. Die verlangte Sorgfalt bezieht sich nicht nur auf eigene Handlungen des Transporteurs, sondern auch auf die „diligence" seiner Hilfspersonen. Er hat infolgedessen für die sichere und unversehrte Beförderung des Passagiers selbst zu sorgen und auch dafür zu sorgen, daß seine Hilfspersonen innerhalb „of the scope of their employment" geeignete Sorgfalt ausüben, um das Schiff jederzeit seetüchtig, gehörig bemannt, eingerichtet und ausgerüstet zu halten und die Sicherheit des Passagiers in jeder Hinsicht zu schützen[49]. Art. 3 des Übereinkommens bildet somit das Kernstück seiner

---

[44] WA Art. 1 Abs. 2.

[45] Der Madrider Entwurf verlangte für die Anwendung des Übereinkommens, daß das Schiff unter der Flagge eines der Vertragsstaaten fährt, darüber PRODROMIDÈS, a. a. O., S. 200.

[46] SIQUIER, S. 137.

[47] SIQUIER, S. 138.

[48] SIQUIER, S. 139.

[49] SIQUIER, S. 120.

Regelung und gibt eine Antwort zu der meistens umstrittenen Frage des Rechtes des PassV., ob nämlich dem Transporteur eine solche Pflicht obliegt oder nicht. Art. 3 des Übereinkommens hat zu lebhaften Diskussionen geführt, wegen der in ihm enthaltenen Regelung der Haftung sowohl für anfängliche als auch für nachträgliche Seeuntüchtigkeit des Schiffes. Trotzdem wurde aber diese Regelung von der Mehrheit der Delegierten angenommen und sogar auch auf den Nicht-Eigentümer-Transporteur ausgedehnt. Die Regelung ist für die meisten Schiffahrtsnationen fremd, und sozial betrachtet bildet sie zwar einen Fortschritt für den Schutz des Passagiers an Bord, sie erhöht jedoch das Risiko des Transporteurs in einem solchen Grad, der dazu führen kann, daß die großen Schiffahrtsnationen aus rein wirtschaftlichen Gründen die Ratifizierung des Übereinkommens endgültig ablehnen.

2. *Die Sorgfaltspflicht des Verfrachters*

Die Pflichten des Schiffseigentümers treffen nach Art. 3 Abs. 1 auch den Reeder des Schiffes. Dagegen unterscheiden sich die Sorgfaltspflichten des Verfrachters insofern von denen des Schiffseigentümers und des Reeders, als dieser auch verantwortlich ist, daß der Schiffseigentümer oder der Reeder und ihre Hilfspersonen die in Art. 3 Abs. 1 vorgeschriebene Fürsorge ausüben. Der Verfrachter hat, mit anderen Worten, für das Verschulden des Schiffseigentümers oder des Reeders und dasjenige ihrer Hilfspersonen einzustehen.

3. *Die Dauer der Sorgfaltspflicht*

Die Sorgfaltspflicht besteht nur während des Aufenthaltes des Passagiers an Bord und bei seiner Ein- und Ausschiffung[50]. Dagegen besteht keine Sorgfaltspflicht des Transporteurs für den Aufenthalt des Passagiers auf der Anlegebrücke oder am Kai. Das Übereinkommen unterscheidet nicht zwischen einem privaten Kai des Transporteurs und einem öffentlichen Kai.

Eine Sorgfaltspflicht des Transporteurs während der Zubringerdienste vom Festland bis zum Schiff oder umgekehrt besteht nur dann, wenn der Fahrpreis auch die Kosten dieser Beförderung einschließt und der Transporteur selbst das Zubringefahrzeug stellt (Art. 1 e)[51].

[50] Ebenso Niederlande, HGB Art. 522 I, Italien, CdN Art. 409; vgl. WA Art. 17; SCHLEICHER-REYMANN-ABRAHAM, S. 344 Anm. 4; SIQUIER, S. 123.

[51] V. LAUN, a. a. O., S. 1571; CLAMER, S. 120.

Die Regelung entspricht den von der kontinentalen und angelsächsischen Rechtsprechung entwickelten Grundsätzen, die zum größten Teil einheitlich sind, und setzt der Ungewißheit der gewöhnlichen Freizeichnungen in den einzelnen Verträgen ein Ende.

F. SCHADENSERSATZ WEGEN PERSONENSCHÄDEN

Der Transporteur ist nach Art. 4 Abs. 1 für jeden Schaden schadensersatzpflichtig, der eine Tötung oder Verletzung im Verlaufe der Beförderung verursacht, sofern die Schädigung auf Vorsatz oder Nachlässigkeit des Transporteurs oder seiner im Rahmen ihrer Dienstverrichtungen handelnden Hilfspersonen beruht[52]. Somit werden Ansprüche aus Verletzung und Tötung von Passagieren gleich behandelt. Diese Regelung war mehr von Frankreich als von England und den Vereinigten Staaten gewünscht worden, weil in diesen Ländern eine Regelung über dieses Problem schon vorhanden ist.

1. *Die Anspruchsberechtigten*

Zum Schadensersatz wegen Körperverletzung oder Tötung sind der Passagier selbst und seine Hinterbliebenen berechtigt. Schäden dritter Personen werden nach diesem Übereinkommen nicht ersetzt (Art. 10 Abs. 2)[53]. Bei Tötung des Passagiers ist seinen Repräsentanten nach Art. 10 Abs. 3 ein Anspruch auf Schadensersatz gegen den Transporteur und seine Leute zu gewähren[54].

Das Übereinkommen nennt nur Personen, welche überhaupt als Anspruchsberechtigte in Frage kommen. Wer anspruchsberechtigt ist, läßt sich von den nationalen Rechtsordnungen bestimmen. Obwohl die Regelung der nationalen Rechtsordnungen sehr verschiedene Personenkreise enthalten, hat man von der Vereinheitlichung einer solchen Frage abgesehen, um die Einheit der übrigen nationalen Transportgrundsätze (Land-, Eisenbahn-, Lufttransport) nicht zu gefährden[55].

2. *Die zu ersetzenden Schäden*

Das Übereinkommen betrifft nur die Deckung von Ansprüchen aus Körperschäden oder Tötung, Sachschäden aber, die von der Atomenergie

---

[52] Clamer, S. 120 f.

[53] Siquier, S. 163; diese Einschränkung ist in dem WA nicht enthalten.

[54] Clamer, S. 121 — Der Madrider Entwurf nannte dagegen die ersatzpflichtigen Personen; darüber Prodromidès, a. a. O., S. 259.

[55] Clamer, S. 121; Siquier, S. 164 ff.

verursacht werden, sind vom Schadensersatz im Rahmen dieses Übereinkommens ausgeschlossen. Ebenfalls sind Schadensersatzansprüche wegen Verlustes oder Beschädigung des Reisegutes nicht zu gewähren.
Das Übereinkommen beschränkt nicht die Art und den Umfang der Schadensersatzansprüche aus einer Körperverletzung. Es überläßt somit der Regelung der nationalen Rechtsordnungen, ob dem Passagier auch für indirekte Schäden Ersatz und Schmerzensgeld zu gewähren sind. Es wurde aber während der Arbeiten der XI. Konferenz 1961 in Brüssel angenommen, daß der Begriff „damages" sowohl materielle als auch immaterielle Schäden einschließt[56].
Der Begriff „Körperverletzung" („lèsions corporelles") war lebhaft umstritten, besonders wegen des unterschiedlichen Umfanges der Bezeichnung „personal injuries" nach dem angloamerikanischen Recht und des entsprechenden Ausdrucks „lèsions corporelles" im französischen Text. Zum Schluß überwog die Meinung, daß bei beiden Bezeichnungen körperliche und geistige Krankheiten gemeint sind.

3. Vermutete Verschuldenshaftung

Das Übereinkommen macht die Schadensersatzpflicht des Transporteurs von einem Verschulden abhängig, das er zu vertreten hat (Art. 4 Abs. 1)[57]. Ein solches Verschulden ist entweder ein eigenes des Transporteurs während der Durchführung des PassV. („au cours du transport"), der einen Schaden aus Vorsatz oder Fahrlässigkeit verursacht hat, oder ein Verschulden seiner Hilfspersonen in Ausführung ihrer Dienstverrichtungen.
Das Problem der Verschuldens- oder Erfolgshaftung des Transporteurs wurde bei den Vorbereitungsarbeiten des Übereinkommens lange diskutiert, wegen eines Vorschlages der sowjetischen Delegation, eine Erfolgshaftung nach dem Vorbild der Haager Regeln für die Passagierbeförderung einzuführen. Mit Recht wurde aber dieser Vorschlag von der Mehrheit abgelehnt, weil eine solche Belastung für den Transporteur untragbar wäre. Der Passagier behält seine Bewegungsfreiheit an Bord und ist einem Gut, welches aufbewahrt und festgelagert wird, nicht vergleichbar[58]. Die Regelung des Übereinkommens entspricht übrigens auch den nationalen Rechten der meisten Schiffahrtsnationen. Dem Transporteur eine Zufallshaftung aufzubürden, wie das amerikanische Recht es tut, bedeutete für ihn eine wirtschaftlich untragbare Belastung. Die Zufalls-

---

[56] Vgl. Madrid, 1955, S. 290.
[57] Ebenso der Madrider Entwurf, Art. 5 ff. 2 n.
[58] Clamer, S. 121; Wodrich, S. 151, 159; Enneccerus-Nipperdey, § 949 Anm. 4 S. 951; Müller-Erzbach, Gefährdungshaftung und Gefahrtragung, in AcP 106, 309 ff. (347 f.); Rümelin, Culpahaftung und Causalhaftung, in AcP 88, 285 ff. (295).

haftung ist zwar für andere Verkehrsmittel eingeführt worden, so z. B. für den Eisenbahntransport und den Busverkehr, aber bei diesen Verkehrsmitteln ist meistens der Staat selbst Transporteur oder eine juristische Person des öffentlichen Rechts, die sich in gesetzlicher Monopolstellung befindet und daher die höhere Haftung wirtschaftlich ausgleichen kann.

Für den Passagierverkehr auf See empfiehlt sich dagegen, solange dieser auf Privatinitiative unternommen wird, nur eine Verschuldenshaftung, und zwar nach dem Vorbild des Übereinkommens und nicht bis zur „smallest negligence", wie das amerikanische Recht vorschreibt. Eine Haftung für „due diligence" oder desgleichen für Sorgfalt eines ordentlichen Transporteurs, wie sie als Begriff mit seiner Beschränkung aus dem Frachtrecht bekannt sind, ist für die Haftung des Transporteurs beim Passagierverkehr die allein richtige.

In Abweichung von den Haager Regeln, dem Recht des Güterverkehrs und der Regelung des Warschauer Abkommens besteht nach dem Übereinkommen von 1961 eine Haftung des Transporteurs sowohl für kommerzielles als auch für nautisches Verschulden (Art. 4 Abs. 2). Die Regelung entspricht den von der Rechtsprechung der meisten Länder entwickelten Grundsätze, nicht aber der Seepraxis. Die Einführung einer solchen Regelung ist aber dadurch gerechtfertigt, daß sehr oft ein solches Verschulden der Hilfspersonen aus der Schiffsbesatzung vorliegt und daß die Freizeichnung aus nautischem Verschulden in den meisten Fällen zur Befreiung des Transporteurs von seiner Schadensersatzpflicht führte. Die Verschärfung der Haftung nach den Vorschriften des Übereinkommens ist außerdem im Vergleich zu der Haftung des Verfrachters beim Gütertransport nur scheinbar, weil nach der Regelung des Übereinkommens der Transporteur nur für Verschulden haftet, während den Verfrachter eine Kausalhaftung trifft.

4. Haftung für das Verschulden der „Leute" des Transporteurs

Nach Art. 3 Abs. I des Übereinkommens hat der Transporteur für das Verschulden seiner Leute („ses préposés", „his servants") einzustehen[59]. Unter diese Personen sind alle diejenigen zu verstehen, deren er sich bei der Ausführung des PassV. bedient. Es ist nicht erforderlich, daß diese „Leute" in einem unmittelbaren Abhängigkeitsverhältnis zu dem Transporteur stehen, sofern nur auf Grund eines Vertragsverhältnisses eine gewisse Weisungsbefugnis besteht. Infolgedessen gehören zu den „Leuten" des Transporteurs nicht nur die eigentliche Schiffsbesatzung, sondern auch

[59] Dagegen enthielt der Madrider Entwurf keine Regelung über die Haftung für Hilfspersonen; Prodromidès, a. a. O., S. 274.

die Angehörigen des Landpersonals, mit denen der Transporteur zur Bedienung des Schiffes und zur Abfertigung der Passagiere einen Vertrag abgeschlossen hat, sofern ihre Funktionen zu den vertraglichen Obliegenheiten des Transporteurs gehören.
Führt der Transporteur den Passagiertransport mit einem ihm nicht gehörenden, ihm aber mit Besatzung überlassenen (vercharterten) Schiff durch, so hat er auch für die Besatzungsmitglieder dieses Schiffes einzustehen (Art. 3 Abs. 2).

5. *Mitwirkendes Verschulden des Passagiers*

Beweist der Transporteur, daß Vorsatz oder Fahrlässigkeit des Passagiers den Schaden verursacht oder bei der Entstehung des Schadens mitgewirkt haben, so kann das Gericht nach Maßgabe seines heimischen Rechts entscheiden, ob der Transporteur nicht oder nur in vermindertem Umfang zum Schadensersatz verpflichtet ist[60]. Der Einfluß des mitwirkenden Verschuldens wird also nach Maßgabe des heimischen Rechts des angerufenen Gerichts berücksichtigt[61].
Eine Vereinheitlichung dieser Frage scheitert daran, da es sich um Grundnormen der heimischen Rechte handelt, bei denen zwischen kontinentalen und angloamerikanischen Rechtsordnungen prinzipielle Unterschiede bestehen. Da aber die angloamerikanischen Rechtsordnungen in den letzten Jahren auch dazu neigen, die Grundsätze der „contributory negligence" beim Passagiertransport anzuwenden und einen nach Maßgabe des Grades des mitwirkenden Verschuldens verminderten Schadensersatz zu gewähren, wäre vielleicht die Einführung eines solchen Grundsatzes, der für die kontinentalen Rechte die Regel ist, nicht unmöglich. Die Absicht des Übereinkommens war aber, wie schon gesagt, einige Regeln über die Passagierbeförderung auf See zu vereinheitlichen und nur die groben Ungerechtigkeiten auf diesem Gebiet zu mildern.

6. *Beweislast*

Der Passagier hat nach dem Übereinkommen das Verschulden des Transporteurs zu beweisen (Art. 4 Abs. 3)[62].
Jedoch wird lt. Artikel 4 Abs. 2 im Falle einer Tötung oder Verletzung von Passagieren wegen Schiffbruchs, Schiffszusammenstoßes, Strandung, Explosion oder Ausbruchs von Feuer auf dem Schiff ein Verschulden zu

---

[60] Art. 5; BREUER, a. a. O., S. 1230; SIQUIER, S. 157.
[61] Analog Art. 21 des WA; ebenfalls der Madrider Entwurf Art. 6; vgl. SCHLEICHER-REYMANN-ABRAHAM, S. 358 Anm. 1; PRODROMIDÈS, a. a. O., S. 261.
[62] RÖHREKE-NECKER, a. a. O., S. 2219; RIPERT, a. a. O., S. 718; so auch Niederlande, HGB Art. 522; Italien, CdN Art. 409; Skandinavien, SeeG, Art. 171.

Lasten des Transporteurs oder seiner Hilfspersonen vermutet[63]. Von dieser Haftung kann sich der Transporteur nur dann entlasten, wenn er den Beweis führt, daß ihn bei der Verursachung des Schadens kein Verschulden trifft. Die Beweislastverteilung im Übereinkommen stellt in diesen Fällen eine Verschuldenshaftung mit umgekehrter Beweislast dar. Die Schadensersatzpflicht des Transporteurs tritt daher nicht ein, wenn er beweist, daß er und seine Leute alle erforderlichen Maßnahmen getroffen haben, um den Schaden zu verhindern oder daß sie diese Maßnahmen nicht treffen konnten. Der Kläger hat in allen anderen Fällen zu beweisen, daß der Schaden auf Vorsatz oder Fahrlässigkeit des Transporteurs oder seiner Hilfspersonen zurückzuführen ist (Art. 4 Abs. 3). Auch hier ist man dem Vorbild des WA (Art. 17, 20 Abs. 1, 23 des WA) gefolgt. Dagegen oblag dem Transporteur nach dem Madrider Entwurf (Art. 5 Ziff. e) die Beweislast nur im Falle der Seeuntüchtigkeit des Schiffes[64]. Dafür sah aber der Madrider Entwurf eine Reihe von „cas exceptés“ vor, nach dem Vorbild der Haager Regeln.

Die Regelung des Madrider Entwurfes wurde mit Recht von den meisten Delegationen abgelehnt. Denn erstens ist sie mit einer Kausal- und nicht mit Verschuldenshaftung versehen und zweitens führt sie zu unbilligen Ergebnissen für beide Vertragsparteien.

Die Regelung des Übereinkommens ist insofern geeigneter, obwohl nicht die absolut passende. Es wäre zweckmäßiger, dem Transporteur auch im Falle der Seetüchtigkeit des Schiffes die Beweislast aufzubürden. Seetüchtigkeit tritt meistens aus Ursachen ein, die dem Passagier nicht ohne weiteres auffällig und beweisbar sind. Dagegen ist der Transporteur mit seinen Fachleuten viel leichter in der Lage zu beweisen, daß ihn bei der Verursachung der Seeuntüchtigkeit des Schiffes kein Verschulden trifft. Das Problem ist deswegen eines von den wichtigsten, weil die meisten Passagierunfälle durch Seeuntüchtigkeit des Schiffes verursacht werden.

In den nationalen Rechten ist die Beweislastverteilung im Falle einer Körperverletzung bei der Durchführung eines PassV. meistens Gegenstand der allgemeinen Grundsätze über die Beweislast.

Das deutsche Recht hat bis jetzt keine feste Regel entwickelt. Der andauernde Streit zwischen Schrifttum und Rechtsprechung dient keinesfalls der Rechtssicherheit. Sollte aber die Rechtsprechung des BGH als die maßgebende gelten, so ist nach deutschem Recht ein Beweis des ersten Anscheins von der Schuldlosigkeit des Transporteurs für seine Befreiung von der Schadensersatzpflicht ausreichend.

---

[63] Die amerikanische Delegation wollte auch im Falle der Seeuntüchtigkeit des Schiffes die Beweislast dem Transporteur aufbürden. Der Vorschlag wurde aber von der Mehrheit abgelehnt; BRUXELLES, 1961, S. 189, 191.

[64] Vgl. Art. 4 § 2 der Haager Regeln; PRODROMIDÈS, a. a. O., S. 263—4.

Der Richtung des deutschen BGH entsprechend die Beweislastregeln der englischen Rechtsprechung.

Nach französischem Recht muß der Transporteur, um sich zu befreien, den vollen Entlastungsbeweis führen.

Dagegen hat der Passagier nach amerikanischem Recht das Verschulden des Transporteurs zu beweisen, wobei ein Beweis des ersten Anscheins genügt.

Aus der Verschiedenheit dieser Regeln ist ein gemeinsames Element heranzuziehen. Alle diese Rechte belasten den Beweisführenden nicht mit einem vollen Beweis, sondern nur mit dem Beweis des ersten Anscheins, was Umkehrung der Beweislast zu Lasten des Gegners bedeutet. Nicht die beste Beweislastverteilung ist diejenige, die den Passagier in letzter Analyse mit dem eigentlichen Beweis des Verschuldens des Transporteurs belastet, wie z. B. das deutsche und englische Recht. Vielmehr sind die Beweislastgrundsätze des französischen und amerikanischen Rechtes vorzuziehen.

Der Anspruchsberechtigte muß als Kläger die Bestandteile seiner Klage beweisen. Dies ist ein allgemeiner Rechtsgrundsatz, den auch die angelsächsischen Rechte dem römischen Klagerecht entnommen haben. Dieser Grundsatz soll auch für die Klage eines Passagiers oder seiner Hinterbliebenen gelten, er muß aber den heutigen Verhältnissen entsprechend angepaßt werden. Dem Passagier oder vielmehr seinen Hinterbliebenen fehlt meistens jede Möglichkeit zur Einsicht in die Ursache des Schadens. Er ist in den meisten Fällen außerstande, die den Unfall verursachenden Tatsachen in ihrer technischen und nautischen Bedeutung zu würdigen und befindet sich daher in Beweisnotstand, welcher zur Zurückweisung seiner Klage führt. Dagegen ist der Transporteur mit seinem fachkundigen Personal viel leichter in der Lage zu beweisen, daß ihn bei der Verursachung des Schadens kein Verschulden trifft oder daß der Unfall durch Verschulden des Passagiers verursacht wurde. Dies soll für jegliches Verschulden gelten, durch das eine Körperverletzung oder Tötung verursacht worden ist, sei es kommerzielles oder nautisches Verschulden oder ein Fall von Seeuntüchtigkeit des Schiffes. Eine gerechte Verteilung der Beweislast ist somit dadurch zu erreichen, daß dem Passagier nur die Last der Führung eines prima-facie Beweises obliegt.

§ 3: Die Beschränkung der Haftung des Transporteurs

A. DIE VERTRAGLICHEN HAFTUNGSBESCHRÄNKUNGEN

Unter dem Regime des Übereinkommens sind alle Bestimmungen des PassV. nichtig, durch welche die Haftung des Transporteurs gegenüber dem geschädigten Passagier oder seinen Hinterbliebenen ganz oder teil-

weise ausgeschlossen wird oder durch die die in diesem Übereinkommen bestimmte Haftungssumme herabgesetzt wird (Art. 9)[65].
Ungültig sind auch Klauseln, welche den Transporteur von seiner nach Art. 4 Abs. 2 geregelten Beweislast befreien oder die Beweislastverteilung ändern oder den Streit einer besonderen Gerichtsbarkeit oder Schiedsgerichtsbarkeit unterwerfen (Art. 9).
Die Unwirksamkeit der Freizeichnungsklauseln nach Art. 9 hat nicht zugleich die Nichtigkeit des PassV. zur Folge. Der PassV. bleibt somit wirksam, und zwar selbst dann, wenn die Parteien den Vertrag ohne die Freizeichnungsklauseln nicht abgeschlossen hätten[66]. Als Vertragsinhalt gilt dann die Haftungsordnung in Art. 6 (Art. 9 letzter Satz).
Gegen das Verbot der Freizeichnungsklauseln wird sich ein ernstlicher Einwand nicht erheben lassen.

B. DIE GESETZLICHE HAFTUNGSBESCHRÄNKUNG[67]

Nach Art. 6 des Übereinkommens haftet der Transporteur dem Passagier gegenüber nur bis zum Betrage von 250000 Goldfranken[68]. Dieser Betrag ist nach französischen Poincaré-Franken im Werte von 65,5 Milligramm Gold von 900/1000 Feingehalt ausgedrückt (Art. 6 Abs. 1)[69].
Diese Höchstsumme schließt die bei der Rechtsverfolgung entstandenen Kosten nicht ein (Art. 6 Abs. 5). Sie ist aber auch dann maßgebend, wenn nach der lex fori die Entschädigung als Geldrente festgesetzt werden kann (Art. 6 Abs. 2).
Art. 6 Abs. 1 Satz 2 bestimmt weiterhin, daß der zu zahlende Betrag bei der Umrechnung in die nationale Währung abgerechnet werden kann[70].
Die Umrechnung soll am Tage der Bezahlung vorgenommen werden (Art. 6 Abs. 1 Satz 3).

---

[65] Vgl. WA, Art. 23, 32; Madrider Entwurf, Art. 10; Prodromidès, a. a. O., S. 275; Breuer, a. a. O., S. 1230; Clamer, S. 1123.
[66] WA, Art. 23.
[67] Legendre, La Conference Diplomatique de Bruxelles de 1961, in D. M. F. 1961, 387 ff.; Breuer, a. a. O., S. 1230.
[68] Der Madrider Entwurf beschränkte die Haftung des Transporteurs gleichmäßig wie das WA auf 125000 Goldfranken für Personenschäden, 6000 Goldfranken für abgegebenes Reisegut und auf 4000 Goldfranken für andere Schäden des Passagiers; dazu Prodromidès, D. M. F. 1957, S. 270; vgl. Abraham, a. a. O., S. 359 Anm. 1; — Ein Vorschlag der amerikan. Delegation über die Erhöhung dieses Betrages auf 400000 Goldfranken wurde fast einstimmig abgelehnt. Dagegen fanden andere Delegationen den auf 250000 Goldfranken beschränkten Betrag sehr hoch.
[69] S. Sotiropoulos BRH, S. 308 b.
[70] Breuer, a. a. O., S. 1230; ebenso WA, Art. 1 Abs. 4.

Kann nach dem heimischen Recht des angerufenen Gerichts die Entschädigung in der Form einer Geldrente festgesetzt werden, so darf der Kapitalwert der Rente diesen Höchstbetrag nicht übersteigen (Art. 6 Abs. 2)[71].

Jeder Staat ist nach Art. 6 Abs. 3 befugt, durch ein nationales Gesetz für seine eigenen Transporteure eine höhere Haftungssumme zu bestimmen. Dieser Absatz entstand, nachdem die englische Delegation auf der diplomatischen Seerechtskonferenz in Brüssel 1957 dargelegt hatte, daß Großbritannien eine, neben der Regelung des Übereinkommens von 1957, zusätzliche Regelung, welche dem Passagier einen der Höhe nach beschränkten Anspruch einräume, nicht annehmen würde[72]. Jedoch entsprach die Haftungssumme aus Art. 6 noch nicht den Erwartungen der englischen Delegation, die vielmehr in dem Übereinkommen die Möglichkeit eines Vorbehaltes durchsetzen wollte, nach welchem die Haftungsbeschränkung des Art. 6 für sie nicht gelten und demnach nur die Haftungsnormen des Übereinkommens von 1957 über die Beschränkung der Haftung des Transporteurs für England Anwendung finden sollten[73].

Die englische Opposition gegen die Einführung einer „per capita"-Haftung gründete sich auf die Tatsache, daß in allen Fällen, wo die Zahl der verletzten oder getöteten Passagiere gering ist, der Haftungsfond viel größer bei dem geltenden Summenhaftungssystem als bei der von dem im Übereinkommen vorgeschlagenen „per capita"-Haftung ist. Nach der englischen Auffassung schütze das Summenhaftungssystem im Falle einer großen Seekatastrophe den Transporteur vor totaler wirtschaftlicher Vernichtung. Daher sollte nach derselben Delegation auch im Falle der Haftung für Körperschäden oder Tötung von Passagieren das System des Übereinkommens von 1957 angenommen werden[74]. Dennoch wurde dieser Vorschlag von der Mehrheit zurückgewiesen, und daher haben Großbritannien und die USA das Übereinkommen nicht unterzeichnet.

Im Gegensatz zu dem Übereinkommen von 1957 ist die Haftung des Transporteurs von vornherein „beschränkt" und nicht „beschränkbar"[75]. Eine Handlung des Reeders ist daher für die Beschränkung seiner Haftung nicht erforderlich. Der Höchstbetrag der Haftung ist von dem Gericht von Amts wegen zu berücksichtigen. Die genannte Haftungs-

---

[71] SIQUIER, S. 151; vgl. WA, Art. 22 Abs. 1; SCHLEICHER-REYMANN-ABRAHAM, S. 359 f.

[72] BREUER, a. a. O., S. 1230.

[73] BREUER, a. a. O., S. 1231; vgl. RÖHREKE-NECKER, a. a. O., S. 2219; — Diesen Vorschlag hat im Jahre 1961 die amerikan. Delegation weiter vertreten. Bruxelles, 1961, S. 216 f., 229 ff., 233 ff.

[74] Bruxelles, 1961, S. 179 f., 181, 184; vgl. CLAMER, S. 58.

[75] Vgl. SOTIROPOULOS BRH, S. 335.

summe ist zwingendes Recht. Der Passagier kann aber mit dem Transporteur eine höhere Haftungssumme vereinbaren[76].
Das dargestellte System führt also eine „per capita"-Haftung des Transporteurs ein bis zu der genannten Summe, die von jedem Schadensersatzberechtigten geltend gemacht werden kann. Übersteigen aber die wegen der Verletzung oder Tötung eines Passagiers zu leistenden Entschädigungen den Betrag von 250000 Goldfranken, so sind nach Art. 6 Abs. 6 des Übereinkommens die einzelnen Entschädigungen in dem Verhältnis zu verringern, wie sich ihr Gesamtbetrag zu dem Höchstbetrag verhält.
Der im Art. 6 genannte Betrag ist nur Höchsthaftungssumme. Der Geschädigte muß weiterhin seinen Schaden nach dem maßgeblichen Recht des betreffenden Staates nachweisen, und auf Grund dessen wird ihm im Rahmen des Höchstbetrages ein Schadensersatz gewährt.
Die Festsetzung des per capita-Systems in dem Übereinkommen hat den Vorteil, daß es den Umfang der Haftung des Transporteurs vorhersehbar macht und somit die Versicherung des Transporteurs gegen Unfälle ermöglicht[77]. Mit einer wesentlichen Mehrbelastung des Transporteurs durch die Einführung des „per capita"-Systems ist außerdem nicht zu rechnen. Die Zahl der Unfälle ist im Verhältnis zu den beförderten Personen meistens sehr gering und die Sicherheit des Lebens scheint auf See größer als bei den anderen Transportmitteln zu sein[78]. Die Hauptgefahr für den haftenden Reeder aus der Einführung des „per capita"-Systems droht bei katastrophalen Unglücksfällen[79], die seinen wirtschaftlichen Ruin herbeiführen können. Diese Gefahr hätte das Übereinkommen durch die Festsetzung eines angemessenen Höchstbetrages mit Berücksichtigung der Größe des Schiffes wesentlich verringern können.
Das eingeführte „per capita"-System unterscheidet nicht zwischen See- und Landvermögen des Transporteurs. Somit ist der Schiffseigentümer bzw. der Reeder in Abweichung von dem traditionellen Haftungsfond mit seinem ganzen Vermögen verantwortlich.
Im Vergleich zu dem geltenden deutschen Beschränkungssystem auf Schiff und Fracht[80] und dem französischen Abandonsystem[81] ist die Regelung

---

[76] Vgl. WA, Art. 22 Art. 1 Satz 3.
[77] Ripert, a. a. O., S. 718.
[78] Vgl. Bulletin C. M. I., Nr. 65, S. 172, 177; Nr. 74, S. 384; Pappenheim, a. a. O., S. 223.
[79] Z. B. „Bourgogne", zit.; „Titanic", zit.; „Lamoricière", zit.
[80] Deutschland ist auf dem Wege, das Übereinkommen von 1957 zu ratifizieren. Die Ratifizierung des Übereinkommens von 1961 ist aber noch ungewiß und in dem Stadium der Überlegung.
[81] Frankreich hat das Übereinkommen von 1957 seit 7. VII. 1959 ratifiziert; siehe Verordnung vom 3. XII. 1959 J. O., v. 6. XII. 1959, 11, 669 D. M. F. 1961, 144.

des Übereinkommens für den Passagier absolut günstiger. Die „per capita"-Haftung gewährt dem Passagier eine feste Entschädigungssumme, während in beiden anderen Systemen die Entschädigung des Passagiers von dem restlichen Wert des Schiffes abhängig ist. Diese Überlegung gilt nicht ohne weiteres für einen Vergleich des angloamerikanischen Summenhaftungssystems hinsichtlich Personenschäden zu dem System des Übereinkommens[82]. Das amerikanische Summenhaftungssystem ist dem des französischen und deutschen Rechts überlegen, da es in jedem Fall, d. h. auch wenn das Schiff nicht mehr vorhanden ist oder wenn Ansprüche, die den Wert des Schiffes übersteigen, zusammenlaufen, dem Passagier eine Mindestsumme bis $ 60 je Tonne des Schiffes gewährt. Ein Vergleich des amerikanischen Summenhaftungssystems zu dem des Übereinkommens zeigt jedoch, daß bei dem letzteren die Entschädigungssumme für den Passagier am sichersten geregelt ist.

C. DIE BESCHRÄNKUNG DER HAFTUNG DER HILFSPERSONEN

Wird einer der Leute des Transporteurs wegen eines Schadens in Anspruch genommen, so kann er sich auf die Haftungsbeschränkung berufen, die nach Art. 6 des Übereinkommens für den Transporteur gilt, sofern er beweist, daß er in Ausführung seiner Verrichtungen gehandelt hat (Art. 12 Abs. 1).

Die Haftung der Hilfspersonen wird somit wie die Haftung des Transporteurs gleichmäßig auf 250 000 Poincaré-Franken beschränkt. Diese Vorschrift ist jedoch nicht anzuwenden, wenn von dem Kläger nachgewiesen wird, daß der Schaden durch eine Handlung oder Unterlassung der Leute des Transporteurs verursacht worden ist, die entweder in der Absicht Schaden herbeizuführen („... de provoquer un dommage") oder leichtfertig und in dem Bewußtsein begangen wurde, daß möglicherweise ein Schaden einsetzen könne (Art. 12 Abs. 3)[83] werden beide, Transporteur und die schuldige Person, angeklagt, so darf die gesamte Entschädigungssumme nicht den von Art. 9 festgesetzten Betrag übersteigen. Für die geltenden Rechte, außer der englischen Seepraxis, ist diese Regel des Übereinkommens neu. Die Haftung der Hilfspersonen ist nach den kontinentalen Rechten und dem amerikanischen Recht unbeschränkt. Das gilt

[82] Die Vereinigten Staaten haben weder das Übereinkommen von 1957 noch das von 1961 unterzeichnet. Das Summenhaftungssystem gilt nur in den USA, seitdem (1958) Großbritannien ihr Beschränkungssystem dem des Übereinkommens von 1957 angepaßt hat.

[83] WA, Art. 25; SCHLEICHER-REYMANN-ABRAHAM, S. 409.

auch für die Haftung des Kapitäns, es sei denn, er ist mit dem Reeder identisch und das Verschulden wurde von einer Personen der Schiffsbesatzung verursacht.

Nur nach englischem Recht wird durch ausdrückliche Vereinbarung in den Bef.B. die Haftung der Hilfspersonen beschränkt.

Die Zweckmäßigkeit einer solchen Beschränkung ist sehr zweifelhaft, auch wenn die Hilfspersonen in Ausführung der Verrichtungen des Transporteurs handeln. Schon gegen die Beschränkung der Haftung des Reeders für das Verschulden seiner Hilfspersonen werden heute Zweifel erhoben[84]. Für diesen aber rechtfertigt sich eine Beschränkung der Haftung dadurch, daß er durch die Größe und Art seines Betriebes kaum in der Lage ist, die Aufsicht über diese Personen zu führen, noch die Durchführung des PassV. selbst zu überprüfen. Der dahinterstehende Gedanke, daß die Hilfspersonen meistens nach Anweisungen des Transporteurs oder des Reeders des Schiffes handeln, soll nicht zu dem Ergebnis führen, daß ihre Haftung in gleichem Maße wie die Haftung des Transporteurs beschränkt wird; denn schließlich überläßt sich der Passagier während der Dauer der Reise ihrer Obhut und Sorgfalt.

D. FÄLLE UNBESCHRÄNKTER PERSÖNLICHER HAFTUNG

Für die Beschränkung der Haftung des Transporteurs ist nach dem Übereinkommen von Wichtigkeit, auf wessen Verschulden es ankommt. Wird von dem Kläger bewiesen, daß der Transporteur den Schaden durch eine eigene Handlung oder Unterlassung verursacht hat, die entweder in der Absicht, Schaden herbeizuführen oder leichtfertig und in dem Bewußtsein begangen wurde, daß ein Schadensersatz wahrscheinlich sei (Art. 7), so verliert er die Beschränkung seiner Haftung nach Art. 6 und haftet den Schadensersatzberechtigten gegenüber persönlich unbeschränkt[85].

Art. 7 enthält somit den wichtigsten Fall, bei dem den Transporteur eine unbeschränkte Haftung treffen kann. Und zwar sind die Fälle, in denen der Kläger die Voraussetzungen des Art. 7 nachweisen kann, verhältnismäßig selten, jedoch ist die Regelung des Art. 7 ein zweckmäßiges Mittel, um den Transporteur zu möglichst großer Sorgfalt anzuspornen[86].

Die Regelung des Übereinkommens umschließt sowohl Vorsatz als auch eine Fahrlässigkeit, die dem Vorsatz gleichzustellen ist, d. h. bewußte

---

[84] Anonym, Limitation of shipowners liability — The Brussels Convention 1957, in 68 Yale L. J., 1675 ff. (1713); Anonym, Limited Liability in commercial enterprises, in 57 Col. L. R., 83 (110); Gilmore-Black, S. 667.

[85] Siquier, S. 158 ff.; vgl. Sotiropoulos BRH, S. 305.

[86] Ähnlich das WA, Art. 25; Schleicher-Reymann-Abraham, S. 365 Anm. 1.

Fahrlässigkeit. Hier ist man dem Warschauer Übereinkommen gefolgt und hat die Ausdrücke Vorsatz und grobe Fahrlässigkeit vermieden, nachdem sich unter der alten Fassung des Warschauer Abkommens (Art. 25) so viele Interpretationsschwierigkeiten zwischen den kontinentalen und angelsächsischen Rechtsordnungen, welche den Begriff der groben Fahrlässigkeit im kontinentalen Sinne nicht kennen, entstanden waren[87]. Der Haftungsumfang des Transporteurs hängt also sehr stark von dem Grade seines Verschuldens ab. Wenn der Kläger die volle Haftung des Beklagten erreichen will, muß er das Vorliegen des qualifizierten Verschuldens beweisen, wobei ein prima-facie-Beweis genügen dürfte.

Die Rechtsfolge des Art. 7 ist so, daß der Transporteur sich nicht auf diejenigen Bestimmungen des Abkommens berufen kann, die seine Haftung ausschließen oder beschränken. Solche Bestimmungen des Übereinkommens sind z. B. Art. 3, welcher dem Transporteur eine Enthaftungsmöglichkeit gibt, indem er beweist, daß er alle erforderlichen Maßnahmen zur Verhütung des Schadens getroffen hat oder daß er diese Maßnahmen nicht treffen konnte, und Art. 6, welcher die Haftung auf 250 000 Goldfranken beschränkt[88].

Liegen die Voraussetzungen des Art. 7 vor, so soll die Stellung des Geschädigten gegenüber dem allgemeinen Recht nicht verschlechtert werden. Wo also nach dem nationalen Recht für vorsätzlich oder grobfahrlässig zugefügte Schäden bis zur vollen Höhe des Schadens gehaftet wird, haftet auch der Transporteur bis zur vollen Höhe des Schadens[89].

Im Gegensatz zum Art. 25 des Warschauer Abkommens, welches eine persönlich unbeschränkte Haftung des Transporteurs wegen eigener vorsätzlicher und grobfahrlässiger Handlungen und diejenigen seiner Hilfspersonen vorsieht, beschränkt Art. 7 des Übereinkommens von 1961 die persönlich unbeschränkte Haftung des Transporteurs nur auf Fälle seiner eigenen vorsätzlichen Handlungen[90].

Die Regelung schränkt den Bereich der unbeschränkten Haftung insofern ein, als in den meisten Fällen die Transporteure eine juristische Person sind, bei der nicht immer einfach zu beurteilen ist, welche Handlungen welcher Personen als Handlungen des Transporteurs anzusehen sind[91].

---

[87] Siquier, S. 159; Prodromidès, a. a. O., S. 273; vgl. Möller, Die Grade des Verschuldens des Luftfrachtführers in ihrer Auswirkung auf seine Haftung aus Beförderungsverträgen, in ZLR 1955, 248 ff.; Schleicher-Reymann-Abraham, S. 366 ff.; Abraham, Die internationale Rechtsprechung zum WA, in ZLR 1953, 85 ff. und 1954, 71 ff.

[88] Vgl. WA, Art. 25; Schleicher-Reymann-Abraham, S. 370 Anm. 11.

[89] Schleicher-Reymann-Abraham, S. 370 Anm. 13.

[90] Siquier, S. 161.

[91] Siquier, S. 162.

Die Haftungsverschärfung des Art. 7 kann nicht durch Vereinbarung ausgeschlossen werden, und zwar auch dann nicht, wenn nach dem maßgeblichen nationalen Recht die Haftung für Vorsatz oder grobe Fahrlässigkeit durch private Vereinbarung ausgeschlossen werden kann[92].

E. BEZIEHUNGEN ZWISCHEN DEM ÜBEREINKOMMEN VON 1961 ZU DEM ÜBEREINKOMMEN VON 1957 UND DEN NATIONALEN HAFTUNGSGRUNDSÄTZEN

Art. 8 des Übereinkommens bestimmt, daß die Rechte und Pflichten des Transporteurs hinsichtlich der Beschränkung seiner Haftung, wie sie von anderen Übereinkommen oder den nationalen Gesetzen vorgeschrieben sind, nicht berührt werden.

Diese Vorschrift ist von besonderem Interesse für die Länder, die das Übereinkommen von 1957 über die Beschränkung der Haftung des Transporteurs ratifiziert haben und die Länder, in denen die nationale Regelung von den Übereinkommen verschieden ist.

Unterliegen nun die Ursache und die Art des Schadens (z. B. Körperverletzungen an Bord):

a) der Regelung beider Übereinkommen,
b) der Regelung eines von den beiden Übereinkommen und der nationalen Regelung,
c) der Regelung beider Übereinkommen und gleichzeitig der nationalen Regelung,

so ist es dem Transporteur überlassen, zu wählen, mit welchem Beschränkungssystem er haften will.

Eine eigenartige Vereinheitlichung hat eigentlich das Übereinkommen von 1961 eingeführt, wenn nämlich in einem Falle drei Beschränkungssysteme zur Wahl stehen, und obwohl man annehmen muß, daß durch dieses Übereinkommen die Stellung des Passagiers sich im Verhältnis zu gewissen Rechtsordnungen gebessert hat, ist jedoch der starke Einfluß der Reeder nicht zu übersehen. Dennoch liegt auf der Hand, daß durch die Regelung des Übereinkommens die Passagiere wesentlich günstiger gestellt wurden; gegenüber der gegenwärtigen nahezu gänzlichen Rechtlosigkeit stellt fast jede Änderung eine Verbesserung des Rechtes des Passagierverkehrs dar.

---

92 WA, Art. 25; Schleicher-Reymann-Abraham, S. 371 Anm. 4.

§ 4: Verjährung der Schadensersatzansprüche, Gerichtsbarkeit, zeitlicher Geltungsbereich, Vorbehalte

A. ANMELDUNG DES SCHADENS

Im Falle einer Körperverletzung ist der Passagier nach der Regelung des Übereinkommens (Art. 11 Abs. 1) zu einer doppelten Anzeige verpflichtet. Er hat dem Transporteur seine Verletzung unverzüglich anzuzeigen und sie innerhalb von 15 Tagen nach seiner Ausschiffung bei ihm anzumelden. Versäumt er diese Frist, so wird nach Art. 11 Abs. 2 des Übereinkommens vermutet, daß er das Schiff unversehrt verlassen hat[93]. Im Falle einer Tötung sind aber diese Anzeigen nicht nötig.

B. VERJÄHRUNGSFRISTEN

Das Übereinkommen unterscheidet zwischen Verjährungsfristen für Ansprüche aus Körperverletzung und solchen aus Tötung des Passagiers.

Im Falle einer Körperverletzung verjährt der Anspruch des Passagiers nach einem Jahr (Art. 11 Abs. 3). Diese Frist beginnt mit der Ausschiffung des verletzten Passagiers von Bord (Art. 11 Abs. 4). Bei Tötung des Passagiers verjährt der Schadensersatzanspruch seiner Hinterbliebenen ebenso nach einem Jahr. Beide Fälle unterscheiden sich aber durch den Beginn der Fristen, und zwar:

a) Ereignet sich der Tod des Passagiers an Bord des Schiffes, so beginnt die Verjährungsfrist für seine Hinterbliebenen mit dem Tage, an dem die Ausschiffung des Passagiers stattfinden würde (Art. 11 Abs. 5).

b) Trat der Tod des Passagiers infolge einer an Bord erlittenen Körperverletzung erst nach seiner Ausschiffung ein, so beginnt die Verjährungsfrist mit dem Datum des Todes des Passagiers. Dennoch kann ein Anspruch der Hinterbliebenen nur innerhalb von 3 Jahren seit der Körperverletzung geltend gemacht werden (Art. 11 Abs. 6). Art. 11 entspricht auch den durch die Praxis festgesetzten Fristen[94].

Die Umstände der Einstellung und der Unterbrechung der obengenannten Fristen richtet sich nach der lex fori. Auf jeden Fall darf aber nach 3 Jahren seit der Ausschiffung des Passagiers ein von diesem Übereinkommen gewährter Anspruch gegen den Transporteur und seine Leute erhoben werden (Art. 11 Abs. 6, II).

---

[93] SIQUIER, S. 171 f.

[94] SIQUIER, S. 172 Anm. 1

C. GERICHTSSTAND

Im Gegensatz zu dem Madrider Entwurf[95], welcher die zuständigen Gerichte festsetzte, verzichtet das Übereinkommen auf eine Regelung der mit seiner Anwendung zusammenhängenden prozeßrechtlichen Fragen. Ein Vereinheitlichungsversuch würde hier, wegen der großen Unterschiede in dem Prozeßrecht und der Gerichtsverfassung der einzelnen Länder, wenig Chancen haben.

Nichtsdestoweniger werden alle Klauseln, die den Gerichtsstand ändern oder ein Schiedsgericht vereinbaren, für nichtig erklärt (Art. 9). Die Nichtigkeit dieser Klauseln bezieht sich auf eine im voraus vereinbarte Veränderung des Gerichtsstandes. Dagegen steht nach dem Eintritt des Schadens im Belieben des geschädigten Passagiers oder seiner Hinterbliebenen mit dem Transporteur ein anderes Gericht oder ein anderes Schiedsgericht als zuständig zu vereinbaren[96].

D. ZEITLICHER GELTUNGSBEREICH DES ÜBEREINKOMMENS

Nach Art. 17 tritt das Übereinkommen in Kraft drei Monate nach der Hinterlegung der zweiten Ratifikationsurkunde zwischen den ersten Ratifikationsstaaten. Somit wurde die Geltung des Übereinkommens von der Ratifizierung von nur zwei Vertragsstaaten abhängig gemacht.

Diese Vorschrift kann durchaus die Folgen haben, daß Staaten mit Passagierschiffahrt zögern werden zu dem Übereinkommen beizutreten, weil in einem solchen Falle ihre Transporteure sofort an die Haftungsregelung des Übereinkommens gebunden würden, während die übrige ausländische Konkurrenz diesen strengeren Haftungsnormen nicht unterliegt.

Auch ist nicht ansprechend, daß Staaten ohne Passagierschiffahrt das Übereinkommen zuerst ratifizieren, weil in einem solchen Fall praktisch nur der erste Ratifizierungsstaat mit Passagierschiffahrt durch die Regelung des Übereinkommens belastet wird[97].

Art. 17 und das Scheitern ihrer besonderen Vorbehaltswünsche, waren die wichtigsten Gründe der Ablehnung der Unterzeichnung des Übereinkommens seitens der Vereinigten Staaten und Großbritanniens. So wird dieses Übereinkommen ohne besondere Bedeutung sein, bis die größeren Passagierschiffahrtsnationen sich darüber einigen, es gemeinsam zu ratifizieren[98].

---

[95] Art. 13

[96] SIQUIER, S. 174 f.

[97] Siehe aber LEGENDRE, a. a. O., S. 392.

[98] BREUER, a. a. O., S. 1231.

E. DIE VORBEHALTE

Das Übereinkommen ist, nach dem ersten Vorbehalt, nicht anzuwenden, wenn es bestimmte Reisen, die normalerweise als internationale Reisen anzusehen wären, nach dem nationalen Recht der Staaten, zwischen denen die Reise erfolgt, nicht als internationale Reisen gelten[99].

Nach dem zweiten Vorbehalt ist das Übereinkommen nicht anzuwenden, wenn beide, Passagier und Transporteur, dieselbe Staatsangehörigkeit besitzen.

Der dritte Vorbehalt gibt den Vertragsstaaten das Recht, dem Übereinkommen Gesetzeskraft zu verleihen und es in die nationale Gesetzgebung mit allgemeiner Gültigkeit einzufügen oder es nur im Verhältnis zu den Vertragsstaaten gelten zu lassen[100].

Andere Vorbehalte hatte die XI. Konferenz nicht genehmigt, weil man der Meinung war, daß bei geschickten Vorbehalten die einzelnen Staaten das Übereinkommen nicht anwenden würden[101].

---

[99] Bruxelles, 1961, S. 239; Breuer, a. a. O., S. 1231.

[100] Breuer, a. a. O.

[101] Bruxelles, 1961, S. 224 ff. — Schlußvorschriften sind in den Art. 15—22 enthalten. Das Übereinkommen ist noch nicht in Kraft getreten. Bis 15. Oktober 1963 war von keinem Signatarstaat ratifiziert worden. Cuba ist diesem Übereinkommen am 7. I. 1963 beigetreten; siehe Stockholm, 1963, S. 68.

Drittes Kapitel

BESTREBUNGEN FÜR DIE VEREINHEITLICHUNG EINIGER REGELN DER HAFTUNG DES TRANSPORTEURS BEI VERLUST ODER BESCHÄDIGUNG DES REISEGUTES

A. ALLGEMEINES

Zum ersten Mal enthielt der Madrider Entwurf im Jahre 1955 eine Regelung über die Haftung des Transporteurs wegen Gepäckschäden. Diese Frage sollte auf der geplanten Hamburger Tagung im Jahre 1939, welche infolge des Kriegsausbruchs nicht stattfand, behandelt werden.

B. DIE REGELUNG DES MADRIDER ENTWURFES

Die Regelung des Madrider Entwurfes hinsichtlich Gepäckschäden folgte hauptsächlich der Regelung des Warschauer Abkommens und betraf eine Regelung über die Haftung des Transporteurs a) für übernommenes Reisegut („registered luggage")[1], b) Kabinengepäck und in besondere Aufbewahrung gegebenes Gepäck („cabin luggage" und „stored luggage")[2] und c) Wertgegenstände[3].

Als Reisegepäck („bagages") war von Art. 1 d jede dem persönlichen Gebrauch dienende Sache definiert[4].

Der Entwurf fixierte einen Höchstbetrag bis zu 600 Poincaré-Franken pro Passagier wegen Schäden bei Verlust oder Beschädigung des übernommenen Reisegutes und bis zu 4000 Poincaré-Franken für das übrige Reisegut und die von dem Passagier mitgebrachten Sachen[5].

Die Regelung des Entwurfes wurde von vielen Delegationen, vor allem von den angloamerikanischen, stark kritisiert. Diese Delegationen erklärten sich bereit, ein Abkommen über die Haftung des Transporteurs für Reisegut zu verabschieden[6]. Ihren Ansichten nach sollte diese Frage der Vertragsfreiheit überlassen werden.

Somit wurden die Sätze über das Reisegut von dem Madrider Entwurf abgestrichen. Auch der Entwurf von 1957, der im Jahre 1961 von der XI. Diplomatischen Seerechtskonferenz adoptiert und verabschiedet wurde, enthielt keine Vorschrift über die Haftung des Transporteurs wegen Gepäckschäden.

---

1 Art. 4 Abs. a; Prodromidès, a. a. O., S. 260.
2 Art. 4 Abs. b; dazu a. a. O., S. 205.
3 Art. 4 Abs. c; v. Laun, a. a. O., S. 1572.
4 Prodromidès, a. a. O., S. 201.
5 Art. 7 Abs. b u. c; vgl. WA, Art. 22 Abs. b u. c; Prodromidès, a. a. O., S. 271.
6 Legendre, a. a. O., S. 383.

C. DER ENTWURF VON ATHEN

Diese Frage wurde aber wieder auf der Tagesordnung der Athener Konferenz des C. M. I. im Jahre 1962 aufgeworfen. In dieser Konferenz wurde ein neuer selbständiger Konventionsentwurf über die Haftung des Transporteurs wegen Gepäckschäden von der norwegischen Delegation des C. M. I. vorgelegt[7].

Eine wesentliche Änderung des Athener Entwurfes im Vergleich zu dem Madrider Entwurf ist die Definition des Reisegutes. Die juristische Definition des Reisegutes ist auch im Rahmen eines nationalen Gesetzes außerordentlich schwierig, wegen der Verschiedenheit der Sachen, welche dieser Begriff umfassen soll[8].

Der Madrider Entwurf enthielt (Art. 1 c)[9] einen umschreibenden Begriff des Reisegutes. Der Athener Entwurf enthält jedoch eine weitere Fassung: Reisegut sind nach Art. 1 Abs. e des Entwurfes, alle Gegenstände, die bei Gelegenheit eines PassV. und in Zusammenhang damit befördert werden, mit Ausschluß solcher Gegenstände, über die ein Konnossement ausgestellt wurde[10].

Darüber hinaus hat sich die Konferenz hauptsächlich mit folgenden Fragen beschäftigt:

a) auf welchen Haftungszeitraum sich das Abkommen erstrecken soll (Art. 1 f);

b) auf welcher Basis die Haftung geregelt werden soll (Art. 4), wobei eine Haftung des Transporteurs nur für kommerzielles Verschulden angenommen wurde;

c) welches Haftungssystem für die Beschränkung der Haftung des Transporteurs passend sei; Art. 6 des Entwurfes enthält eine per capita-Haftung bis zu einem bestimmten Betrag[11];

d) ob die Bestimmungen des Abkommens zwingendes Recht sein sollen. Auf diese Frage waren alle Delegationen einig, daß die Einführung nachgiebiger Vorschriften keinen Sinn hätte.

---

[7] An dieser Konferenz nahmen teil: Belgien, Canada, Dänemark, Deutschland, Frankreich, Griechenland, Großbritannien, Israel, Italien, Niederlande, Norwegen, Polen, Schweden, Vereinigte Staaten von Amerika, Jugoslawien; LEGENDRE, a. a. O., S. 374.

[8] Darüber Bericht über Vortrag von DELOUKAS, Die Haftung des Seebeförderers für das Gepäck der Passagiere unter besonderer Berücksichtigung des Versicherungsverhältnisses, in ZfV 1962, 654 u. in VersWiss. 1962, 606 f.

[9] Nach dem Vorbild des ital. CdN Art. 410 Abs. 2.

[10] DELOUKAS, a. a. O.

[11] LEHBUHN, a. a. O., S. 659.

Viele Delegationen z. B. englische, amerikanische, kanadische, sind jedoch gegen eine Vereinheitlichung der Beförderung des Reisegutes auf See[12]. Andere Delegationen waren jedoch mit Recht der Meinung, daß die nationalen Gesetze nach dem Vorbild einer internationalen Regelung geändert werden sollen[13].

D. DER ENTWURF VON STOCKHOLM

1. Allgemeines

Die Tendenzen innerhalb der Konferenz des C. M. I. in Athen im Jahre 1962 waren dermaßen widersprechend, daß sie zu keinem endgültigen Beschluß führen konnten. Deshalb wurde das Problem der Vereinheitlichung der Regeln über das Reisegut während der 26. Konferenz des C. M. I. in Stockholm im Jahre 1963 nochmals diskutiert. Dieser Konferenz ist es gelungen, den in Athen über dieses Thema abgefaßten Entwurf zu revidieren und einen endgültigen Text für eine internationale Konferenz zu beschließen[14].

Der in Stockholm bearbeitete Entwurf tritt wie der Entwurf von Athen selbständig neben das Übereinkommen von 1961 über die Vereinheitlichung einiger Regeln zum Passagiertransport auf See[15]. Die in ihm enthaltene Regelung lehnt sich zwar dem System des Passagierabkommens an, folgt inhaltlich aber weitgehend den Haager Regeln.

Der Entwurf regelt nur die vertragliche[16] internationale[17] Beförderung von Reisegut auf See.

Voraussetzung für die Anwendbarkeit seiner Regeln ist somit eine Beförderung von Reisegut, die nicht auf Grund eines PassV. erfolgt und somit nicht unter die Regelung des Entwurfes fällt. Dies gilt z. B. für das Reisegut von blinden Passagieren sowie für das Reisegut des Dienstpersonals und das der Schiffsbesatzung. In allen diesen Fällen bestimmen sich die Ansprüche der Geschädigten nach dem maßgebenden nationalen

---

[12] Die britische Delegation hat ihre negative Meinung ausdrücklich angebracht, indem sie äußerte, daß sie in Zukunft nicht bereit ist, an internationalen Vereinheitlichungsarbeiten über dieses Thema teilzunehmen. Ihre Ansicht begründet Großbritannien darauf, daß ein solches Bedürfnis nicht bestehe, weil jeder Passagier von der ihm angebotenen Möglichkeit einer Reisegepäckversicherung Gebrauch machen könne und daß er es in der Praxis überwiegend tue.

[13] Stockholm, 1963, S. 274; vgl. LEGENDRE, a. a. O., S. 396; LEHBUHN, a. a. O., S. 657 ff.; DELOUKAS, a. a. O., S. 654.

[14] LEHBUHN, C. M. I. Konferenz Stockholm, in VersR 1963, 693 ff.

[15] Zunächst Passagierabkommen.

[16] Art. 1 Abs. b.

[17] Art. 1 Abs. g.

Recht. Liegt ein internationaler PassV. vor, so ist die Regelung des Entwurfes stets anwendbar, gleichgültig ob die Beförderung gegen Entgelt erfolgt oder nicht.
Die Beförderung gilt als international, wenn nach dem PassV. entweder der Abfahrts- oder der Bestimmungsort in dem Gebiet zweier Vertragsstaaten liegen — wobei Unterbrechungen der Beförderung und Schiffswechsel unerheblich sind —, oder wenn diese Orte zwar im Gebiet eines Vertragsstaates liegen, aber nur ein Zwischenhafen im Gebiet eines anderen Staates (der nicht zu den Vertragsstaaten zu gehören braucht) angelaufen wird.
Der Entwurf in seiner Gesamtheit wurde mit großer Mehrheit angenommen[18]. Jedoch entspricht das Stimmenverhältnis im wesentlichen den Stellungnahmen, die das Übereinkommen über die Beförderung von Passagieren zur See gefunden hat[19].

2. *Der Begriff des Reisegutes*

Der Begriff des Reisegutes wird am weitesten ausgedehnt und sehr abstrakt gehandhabt[20]. Alle Sachen, die auf Grund eines PassV. befördert werden, sind als Reisegut zu betrachten. Diese Definition schließt alle Sachen ein, die der Passagier als Reisegut mit sich bringt. Darunter fallen auch Kostbarkeiten, Wertpapiere, Geld, Schmuck und sogar Kraftfahrzeuge und Automobile. Da aber für den Transporteur kein Abschlußzwang besteht, ist er immer befugt, einige Sachen von dem Reisegut auszuschließen und in seinen Bef.B. anzugeben, welche Sachen er nicht als Reisegut befördern will. Diese Regelung war ein Ausweg aus der Ungleichheit der Meinungen hinsichtlich der Frage der Definition des Reisegutes und dabei die richtige für ein internationales Übereinkommen dieser Art[21]. Darüber hinaus wird das Reisegut in folgende Gruppen eingeteilt:
a) Reisegut, das der Passagier mit sich führt („Handgepäck") oder in seiner Kabine aufbewahrt („Kabinengepäck")
b) Reisegut, das dem Transporteur abgegeben wird („übernommenes Reisegut")
c) Fahrzeuge, Kraftfahrzeuge, Automobile
d) Geld, Wertpapiere, Kostbarkeiten, Juwelen usw.

---

[18] Die deutsche Delegation hat zugestimmt, Großbritannien und Japan haben gegen den Entwurf gestimmt. Die Niederlande und die Vereinigten Staaten von Amerika haben sich der Stimme enthalten; Röhreke, Die Stockholmer Seerechtskonferenz des C. M. I., in Hansa 1963, 1502ff.
[19] Röhreke, a. a. O., S. 1503.
[20] Art. 1 Abs. e.
[21] Deloukas, a. a. O., S. 654.

Diese Unterscheidung ist von vielfacher Bedeutung für den Zeitraum der Beförderung, und zwar für die Dauer und die Art der Haftung des Transporteurs sowie für den Umfang der Haftungsbeschränkungen.

3. *Die Haftungszeiten*

Der Transporteur haftet für Verlust oder Beschädigung des Handgepäcks und des Kabinengepäcks von dem Zeitpunkt der Einschiffung bis zu seiner Ausschiffung. Diese Zeiten schließen auch den Zubringerdienst über Wasser ein. Dagegen ist die Haftung des Transporteurs für Schäden, die am Kai oder in den Hafenanlagen eintreten, ausgeschlossen[22].

Werden an Bord Kraftfahrzeuge, Fahrzeuge, Motorräder, Automobile usw. gebracht, so hat der Transporteur nur vom Zeitpunkt ihrer Einschiffung bis zu ihrer Ausschiffung einzustehen. Für den Zubringerdienst über Wasser oder Land übernimmt er dagegen keine Verantwortung[23].

Für alle anderen Sachen, die als Reisegut gebracht werden, beschränkt sich die Haftung des Transporteurs auf die Zeit zwischen der Abgabe und der Annahme des Reisegutes. Dies gilt sowohl für das sogenannte „übernommene Reisegut", als auch für Wertpapiere, Gold, Schmuck, Juwelen usw. (Gruppen b und d)[24]. Eine Haftung des Transporteurs für nicht übernommenes Reisegut der Gruppe d ist ausgeschlossen[25].

4. *Die Sorgfaltspflicht des Transporteurs*

Die Leistung des Transporteurs besteht darin, das Reisegut unversehrt an den Bestimmungsort zu bringen. Dazu hat der Transporteur alle erforderlichen Maßnahmen zu treffen (due diligence) und muß sicherstellen, daß seine „Leute" alles tun, um das Schiff sowohl am Anfang als auch während der Dauer der Reise seetüchtig, gehörig bemannt und ausgerüstet zu halten. Darüber hinaus hat er dafür zu sorgen, daß das Schiff von Anfang bis Ende der Reise fähig ist, das Reisegut nach dem Bestimmungsort unversehrt („safe") zu befördern[26]. Welche die erforderlichen Maßnahmen sind, läßt sich nur nach Berücksichtigung aller Umstände des Einzelfalls beurteilen. Mindesterfordernis dürfte in der Regel die Einhaltung aller gesetzlichen und behördlichen Vorschriften über die sichere Beförderung von Reisegut sein.

---

[22] Art. 1 Abs. f Satz 1.

[23] Art. 1 Abs. f Satz 2.

[24] Art. 1 Abs. f Satz 3.

[25] Art. 4 Abs. 3.

[26] Art. 3 Abs. 1; eine derartige Verpflichtung ist dem Verfrachter bei jeder Art von Frachtvertrag auferlegt (§ 559 HGB).

Ist der Transporteur mit dem Reeder des Schiffes nicht identisch, so muß er sicherstellen, daß der Schiffseigentümer oder der Reeder bzw. Ausrüster des Schiffes und seine Leute, die von Art. 3 Abs. 1 erforderlichen Maßnahmen für die sichere Beförderung des Reisegutes treffen[27].

Diese Regelung ist von besonderer Bedeutung für Rundreisen und touristische Fahrten, die von Reiseagenturen ausgeführt werden.

5. Die Haftung des Transporteurs für sein eigenes Verschulden und für das Verschulden seiner „Leute“

Der Transporteur haftet für Verluste oder Beschädigung des Reisegutes, die durch sein eigenes schuldhaftes Verhalten oder durch das schuldhafte Verhalten seiner „Leute“ („servants or agents“) während der Ausübung ihrer Dienstobliegenheiten („acting within the scope of their employement“) zugefügt worden sind[28]. Diese Haftung besteht nur für das kommerzielle Verschulden der Leute des Transporteurs. Für nautisches Verschulden seiner Leute hat er nicht einzustehen[29]. Diese Bestimmung ist an die den Haager Regeln geläufige Unterscheidung zwischen „nautischem“ und „kommerziellem“ Verschulden angelehnt[30]. Die Abweichung von dem Passagierabkommen in dieser Beziehung ist durchaus richtig, denn die Beförderung des Reisegutes ist vielfach ganz ähnlich zu bewerten, wie die der Frachtgüter[31].

Im Gegensatz zu dem geltenden deutschen und französischen Recht, das die Haftung des Transporteurs wegen Handlungen seines Landpersonals unbeschränkt läßt, wird die Haftung des Transporteurs nach der Regelung des Entwurfes für Handlungen des See- und Landpersonals beschränkt[32]. Diese Ausdehnung der Beschränkung der Haftung erlangt für Gepäckschäden besondere Bedeutung, weil das Reisegut meistens dem Landpersonal übergeben wird und in der Praxis die meisten Beschädigungen und Verluste bei seiner Ein- und Ausschiffung verursacht werden. Hat ein — vom Transporteur zu beweisendes — Selbstverschulden des Passagiers den Schaden allein verursacht oder mitverursacht oder ihn nachträglich verschlimmert, so kann dies nach Maßgabe der lex fori zur völligen oder teilweisen Entlastung des Transporteurs führen[33].

---

[27] Art. 3 Abs. 2.

[28] Art. 4 Abs. 1.

[29] Art. 4 Abs. 2.

[30] Haager Regeln, Art. 4 § 2a; § 607 Abs. 2 HGB; ähnlich Art. 20 Abs. 2 des WA.

[31] Deloukas, a. a. O. (Vers.Wiss.), S. 606.

[32] Ebenso das Passagierabkommen.

[33] Art. 5.

Für Verlust oder Beschädigung von nicht vertragsmäßig abgegebenen Kostbarkeiten, Wertpapiere, Geld, Juwelen usw. hat der Transporteur nicht einzustehen[34]. Hier kann eine Haftung des Transporteurs nur nach Maßgabe der nationalen Regelungen eintreten.

6. Die Beweislast

Der Entwurf enthält eine interessante Regelung der Beweislastverteilung je nach der Art des beschädigten oder verlorengegangenen Reisegutes.

a) Wird das „Handgepäck" oder das „Kabinengepäck" des Passagiers beschädigt oder geht es verloren, so hat der Passagier den Beweis zu erbringen, daß der daraus entstandene Schaden auf ein Verschulden des Transporteurs oder seiner Leute zurückzuführen ist[35]. Diese Regelung ist deshalb gerechtfertigt, weil sowohl das Handgepäck als auch das Kabinengepäck des Passagiers während der gesamten Dauer der Beförderung in seiner Obhut bleiben.
b) Für Beschädigung oder Verlust aller anderen Arten von Reisegut (d. h. übernommenes Reisegut, Kraftfahrzeuge, Fahrzeuge, Automobile usw.; Kostbarkeiten, Wertpapiere, Geld usw.) soll, bis zum Beweis des Gegenteils, ein Verschulden des Transporteurs oder seiner Leute angenommen werden. Also der Transporteur hat in diesem Fall den Entlastungsbeweis zu erbringen, daß bei der Verursachung des Schadens weder ihm noch seinen Leuten ein Verschulden zur Last fällt[36].
c) Den Umfang der eingetretenen Schäden hat der Passagier zu beweisen[37].

7. Die Beschränkung der Haftung des Transporteurs

Die Haftung des Transporteurs wird durch den Entwurf kasuistisch nach Haftungshöchstsummen beschränkt. Die Haftungsbeschränkung gilt ohne Rücksicht darauf, ob Ersatzansprüche auf Vertrags-, Delikts- oder Erfolgshaftung gestützt werden. Die Haftungshöchstsummen (die vertraglich erhöht, jedoch nicht herabgesetzt werden können[38]) betragen:

a) Für Hand- und Kabinengepäck 6000 Poincaré-Franken je Passagier[39].
b) Für Fahrzeuge, Kraftfahrzeuge, Automobile usw. bis 20 000 Poincaré-Franken je Fahrzeug[40].

---

[34] Art. 4 Abs. 3.
[35] Art. 4 Abs. 4.
[36] Art. 4 Abs. 5.
[37] Art. 4 Abs. 6.
[38] Art. 6 Abs. 7.
[39] Art. 6 Abs. 1.
[40] Art. 6 Abs. 2.

c) Die Haftung des Transporteurs für abgegebene Wertsachen (Geld, Wertpapiere, Juwelen, Kostbarkeiten usw.) bleibt unbeschränkt, wenn der Passagier bei ihrer Abgabe eine Werterklärung überreicht hat. Liegt keine Werterklärung vor, so erhöht sich die Haftung des Transporteurs höchstens auf 10 000 Poincaré-Franken je Passagier[41].

d) Für alle übrigen Sorten von Reisegut (damit ist hauptsächlich das übernommene Reisegut" gemeint) beträgt die Haftungshöchstsumme 10 000 Poincaré-Franken je Passagier[42].

Es ist zu begrüßen, daß auch bei diesem Entwurf, wie bei dem Passagierabkommen, die Beschränkung der Haftung sich grundsätzlich nach dem per capita-System aufbaut. Somit ist der zu zahlende Betrag für beide Vertragsparteien im voraus zu erkennen.

In Anlehnung an die Regelung des Passagierabkommens wird die Haftung der „Leute" des Transporteurs in gleichem Maße wie die Haftung des Transporteurs beschränkt. Die Beschränkung der Haftung der Leute des Transporteurs setzt voraus, daß sie in Ausübung ihrer Dienstobliegenheiten gehandelt haben[43].

Der Transporteur ist nicht befugt, seine Haftung nach Art. 6 des Entwurfes zu beschränken, wenn nachgewiesen wird, daß der Schaden durch seine Handlung oder Unterlassung verursacht worden ist, die entweder in der Absicht, Schaden herbeizuführen, oder leichtfertig und in dem Bewußtsein begangen wurde, daß ein Schaden mit Wahrscheinlichkeit eintreten werde[44]. Dasselbe gilt für die Beschränkung der „Leute" des Transporteurs.[45]

8. Das Verbot der Freizeichnungsklauseln

Durch den Entwurf wird jede vertragliche Freistellung von der vorstehend dargelegten Haftung des Transporteurs für nichtig erklärt und zugleich bestimmt, daß der PassV. im übrigen gleichwohl gültig und der Regelung des Entwurfes unterworfen bleibt[46].

9. Die Ausschlußfristen

Dem Beispiel der internationalen Schiffahrtspraxis folgend, sieht der Entwurf von Stockholm sehr kurze Anzeige- und Ausschlußfristen („time limitations") vor. Der Passagier hat unverzüglich nach der Entdeckung

[41] Art. 6 Abs. 1.
[42] Art. 6 Abs. 4.
[43] Art. 12 Abs. 1.
[44] Art. 7; vgl. Art. 7 des Passagierabkommens und 25 des WA.
[45] Art. 12 Abs. 3.
[46] Art. 9.

des Schadens oder des Verlustes seines Reisegutes oder jedenfalls binnen 7 Tagen nach seiner Ausschiffung, bei Hand- und Kabinengepäck und bei allen anderen Arten binnen 7 Tagen nach der Annahme des Reisegutes, dem Transporteur Anzeige zu erstatten. Wird die Anzeigefrist versäumt, so wird, bis zum Beweis des Gegenteils, vermutet, daß das Reisegut in gutem Zustand und dem PassV. entsprechend abgeliefert worden ist[47].

Diese Vorschrift enthält eine Beweislastregel, die für den Passagier die Beweislast umkehrt: er hat nunmehr zu beweisen, daß das Reisegut bereits bei der Annahme durch den Transporteur in beschädigtem Zustand war.

Die Klage auf Schadensersatz kann nur binnen einer Ausschlußfrist von einem Jahr erhoben werden. Die Frist beginnt mit dem Tage der Ausschiffung des Reisegutes und bei Totalverlust des Schiffes mit dem Tage, an dem das Schiff am Bestimmungsort hätte ankommen sollen[48]. Hier handelt es sich nicht um eine Verjährungsfrist, sondern um eine Ausschlußfrist. Die Ansprüche erlöschen also mit dem Fristablauf.

Die Zukunft dieses Entwurfes ist trotz seiner hervorragenden Formulierung noch ungewiß. Es bleibt daher nur zu wünschen, daß die diesbezüglichen Bemühungen fortgesetzt werden und schließlich eine gewisse Angleichung der verschiedenen nationalen Rechte über die Beförderung des Reisegutes erfolgen wird.

Schlußfolgerungen

Als Schlußfolgerungen dieser Untersuchung sind zwei Feststellungen zu treffen: Erstens, daß das Recht der Passagierbeförderung auf See dringend einer internationalen Vereinheitlichung bedarf und zweitens, daß auch innerhalb der nationalen Rechtsordnungen eine zwingende Neuregelung nötig ist.

Vereinheitlicht können jedoch nicht alle Rechtsbeziehungen werden, die aus einem Passagiervertrage entstehen. Die Vereinheitlichung des gesamten Rechtes der Passagierbeförderung auf See würde vor allem daran scheitern, daß die allgemeinen Lehren des Obligationsrechtes von dem die Rechtsverhältnisse abgeleitet werden, in den einzelnen Ländern meistens noch all zu sehr von einander abweichen. Dagegen besteht sicherlich ein Bedürfnis, mindestens diejenigen Rechtsbeziehungen aus dem Passagiervertrage durch einheitliche internationale Regeln zu ordnen, bei denen das internationale Interesse die Verschiedenheit der nationalen Rechtsordnungen überwindet.

---

[47] Art. 11 Abs. 1.
[48] Art. 11 Abs. 2.

Solche Fragen sind: Regelung der Haftung des Transporteurs für Personen und Gepäckschäden, Verbot der Freizeichnungsklauseln, Einführung eines gerechten Beschränkungssystems und Festsetzung von kurzen Verjährungsfristen.

Regelung der Haftung des Transporteurs für Personen- und Gepäckschäden bedeutet Verschuldenshaftung nach dem Vorbild des Übereinkommens von 1961, und zwar Haftung für eigenes Verschulden und für das Verschulden der Leute des Transporteurs, Beweislast zu Lasten des Passagiers mit der Erleichterung eines prima-facie-Beweises, Verbot der Freizeichnungsklauseln bei Personen- und Gepäckschäden, Beschränkung der Haftung des Transporteurs per capita, unbeschränkte Haftung des Schädigers und Einführung von kurzen Verjährungsfristen.

Nach diesem Vorbild sollte sowohl eine internationale Vereinheitlichung des Rechtes des Passagierverkehrs als auch eine Erneuerung der nationalen Rechte erfolgen.

Solange aber noch durch die Anerkennung von Bef.B. neben der Geltung eines „ex cathedra" bestehenden Rechts zweierlei Rechte zur Anwendung kommen und solange auch ein internationales Übereinkommen den nationalen Bestimmungen nicht entspricht, hat eine internationale Regelung keinen großen Sinn.

Es bleibt folglich, um die Rechtsstellung der Passagiere gerecht zu gestalten, nur die Einführung einer zwingenden Haftung im Personentransport auf See übrig; nachgiebiges Recht auf diesem Gebiet bedeutet nichts anderes als Rechtlosigkeit der Partei, die wirtschaftlich nicht stark genug ist, um einer Wegbedingung ihrer Rechte mit Erfolg zu widerstehen. Es entspricht auch nicht mehr den heutigen rechtspolitischen Anschauungen, daß der Transporteur besser gestellt ist als der Passagier. Daher ist zu hoffen, daß die internationale Vereinheitlichung des Rechtes der Passagierbeförderung auf See und die Erneuerung der nationalen Regelungen nicht der fernen Zukunft angehören.

Das deutsche Seerecht. Kommentar und Materialsammlung. 3 Bände mit Register- und Ergänzungsbänden. Begründet von Reichsgerichtsrat Dr. GEORG SCHAPS, fortgeführt von Senatspräsident Dr. MAX MITTELSTEIN und Rechtsanwalt Dr. JULIUS SEBBA. Dritte, umgearbeitete und erweiterte Auflage von Dr. jur. HANS JÜRGEN ABRAHAM. Lexikon-Oktav. 1959/1967. Halbleder DM 1428,—

Das Seerecht. Ein Grundriß mit Hinweisen auf die Sonderrechte anderer Verkehrsmittel, vornehmlich das Binnenschiffahrts- und Luftrecht. 2., ergänzte und erweiterte Auflage von Professor Dr. jur. HANS JÜRGEN ABRAHAM. Oktav. XII, 195 Seiten. 1960. Ganzleinen DM 22,—
(Lehrbücher und Grundrisse der Rechtswissenschaft 21)

Schiffahrtsrecht. 2 Bände, herausgegeben von Rechtsanwalt Dr. WERNER VAHLDIEK (enthaltend Seerecht und Binnenschiffahrtsrecht). Oktav. XVI, 743 Seiten. 1953. Halbleinen DM 29,70
(Entscheidungen des Reichsgerichts in Zivilsachen, Sammlung der noch wichtigen Entscheidungen. Gruppe III: Handelsrecht, Nebengesetze)

Die Beschränkung der Reederhaftung. Eine rechtshistorische und rechtsvergleichende Studie von Rechtsanwalt Dr. PANAYOTIS K. SOTIROPOULOS. Oktav. XXVIII, 422 Seiten. 1962. DM 45,—
(Übersee-Studien zum Handels-, Schiffahrts- und Versicherungsrecht 30)

Der räumliche Geltungsbereich der Haager Regeln. Von Dr. KARL-HARTMANN NECKER. Oktav. XX, 113 Seiten. 1962. DM 15,—
(Übersee-Studien zum Handels-, Schiffahrts- und Versicherungsrecht 31)

Der Beginn der Liegezeit nach See- und Binnenschiffahrtsrecht unter Berücksichtigung gebräuchlicher Charterformulare von Rechtsanwalt Dr. RAINER PETERS, Hamburg. Oktav. XIX, 188 Seiten. 1964. DM 28,—
(Übersee-Studien zum Handels-, Schiffahrts- und Versicherungsrecht 32)

Binnenschiffahrts- und Flößereirecht. (VORTISCH-ZSCHUCKE). Kommentar. 3., ergänzte Auflage von Rechtsanwalt und Notar OTTO VORTISCH. Oktav. XIX, 631 Seiten. 1964. Ganzleinen DM 72,—
(Sammlung Guttentag 36)

Das Recht des Schiffskredits. Unter besonderer Berücksichtigung des Schiffsregisterwesens. Zusammengestellt und erläutert von Rechtsanwalt Dr. FRITZ PRAUSE. 2. Auflage. Etwa 600 Seiten. 1967. Im Druck.
(Sammlung Guttentag 242)

WALTER DE GRUYTER & CO · BERLIN

FSC
www.fsc.org
MIX
Papier | Fördert gute Waldnutzung
FSC® C083411

Kolibri 360 GmbH
Ferdinand-Jühlke-Straße 7
99095 Erfurt, Deutschland
produktsicherheit@kolibri360.de